Regionalökonomik

Theorie und Politik

von
Professor
Dr. Wiebke Störmann
Fachhochschule Schmalkalden

Oldenbourg Verlag München

Bibliografische Information der Deutschen Nationalbibliothek

Die Deutsche Nationalbibliothek verzeichnet diese Publikation in der Deutschen
Nationalbibliografie; detaillierte bibliografische Daten sind im Internet über
<http://dnb.d-nb.de> abrufbar.

© 2009 Oldenbourg Wissenschaftsverlag GmbH
Rosenheimer Straße 145, D-81671 München
Telefon: (089) 45051-0
oldenbourg.de

Lektorat: Wirtschafts- und Sozialwissenschaften, wiso@oldenbourg.de
Herstellung: Dr. Rolf Jäger
Coverentwurf: Kochan & Partner, München
Gedruckt auf säure- und chlorfreiem Papier
Gesamtherstellung: Books on Demand GmbH, Norderstedt

ISBN 978-3-486-59173-6

Inhalt

Vorwort   VII

Abbildungsverzeichnis   IX

Tabellenverzeichnis   XIII

1 Einleitung   **1**

1.1   Aufbau des Buches 1

1.2   Begriffe und Definitionen 3
1.2.1   Region und Stadt 3
1.2.2   Raumwirtschaftstheorie 9
1.2.3   Regionalpolitik 11

1.3   Elemente empirischer Analyse 13
1.3.1   Regionales Einkommen 14
1.3.2   Human Development Index 22
1.3.3   Konzentrations- und Spezialisierungsindikatoren 30

2 Statische Raumwirtschaftstheorie   **39**

2.1   Standortfaktoren und Standorttheorie 39
2.1.1   Standortfaktoren für Unternehmen 39
2.1.2   Standortfaktoren für Haushalte 47
2.1.3   Systematik der Standorttheorie 51

2.2   Industrielle Standorttheorie 53
2.2.1   Ältere Theorie der industriellen Standortwahl 53
2.2.2   Neuere Konzepte der industriellen Standortwahl 61

2.3   Bodennutzungstheorien 67
2.3.1   Grundmodell der Landnutzung 67
2.3.2   Neuere Bodennutzungstheorien 73

2.4   Theorie des räumlichen Wettbewerbs 81

2.5   Theorie zentraler Orte 87

2.6   Neuere Konzepte von Stadtsystemen 97

3   **Dynamische Raumwirtschaftstheorie**   **107**

3.1   Handel und Entwicklung... 107
3.1.1   Neoklassische Außenhandelstheorie 107
3.1.2   Keynesianische Konzepte des Außenhandels 125
3.1.3   Neue Außenhandelstheorie 133
3.1.4   Neue Ökonomische Geographie.. 138

3.2   Wachstum und Entwicklung 148
3.2.1   Neoklassisches Grundmodell des Wachstums 148
3.2.2   Keynesianische Wachstumstheorie.. 160
3.2.3   Neue Wachstumstheorie.. 172
3.2.4   Evolutorische Ökonomik 181

4   **Wirtschaftspolitische Eingriffe in die räumliche Entwicklung**   **195**

4.1   Regionale Strukturpolitik.. 195
4.1.1   Europäische Regionalpolitik 196
4.1.2   Instrumente der regionalen Strukturpolitik in Deutschland ...205

4.2   Regionale Effekte des Finanzausgleichs 215
4.2.1   Horizontaler Finanzausgleich...215
4.2.2   Vertikaler Finanzausgleich...222

Literaturverzeichnis   **227**

Stichwortverzeichnis   **241**

Vorwort

Warum ist der mittlere Neckarraum für die Automobilindustrie attraktiver als Mecklenburg-Vorpommern? Und: Wie sinnvoll ist die wirtschaftspolitische Förderung von Clustern? Warum sind die Einkommen der privaten Haushalte in Inner London, Hamburg und Oberbayern die höchsten in der EU? Warum schrumpfen in Europa viele Städte, während weltweit Megacities explosionsartig wachsen? Und wie kann Politik diese Trends beeinflussen?

Mit diesen Fragen wie diesen beschäftigt sich die Regionalökonomik. Das Buch gibt einen Überblick über statische und dynamische Theorien sowie die wichtigsten regionalpolitischen Instrumente. Statische Ansätze befassen sich mit Standortentscheidungen von Unternehmen und Haushalten sowie mit Raumstrukturen, die sich daraus ergeben. Beispielsweise geht es darum, zu erklären, nach welchen Kriterien sich in Städten Wohn- und Geschäftsviertel ausbilden. Statische Theorien analysieren aber auch Interdependenzen zwischen Städten verschiedener Größe und Funktion, zum Beispiel mit dem System zentraler Orte, das in der Raumordnung und Landesplanung eine besondere Rolle spielt. Dynamische Theorien befassen sich mit einer wachsenden Wirtschaft. Eine Kernfrage ist hier, ob sich die wirtschaftlichen Unterschiede zwischen Regionen im Zeitablauf vergrößern oder verringern. Sowohl auf europäischer als auch auf nationaler Ebene werden verschiedene Instrumente eingesetzt, die auf den Ausgleich regionaler Unterschiede in den Lebensverhältnissen der Bevölkerung gerichtet sind. Diese Instrumente werden im Rahmen des vorliegenden Buches dargestellt und im Hinblick auf ihre Zweckmäßigkeit kritisch überprüft.

Das Buch richtet sich an Studierende der Wirtschaftswissenschaften und der Wirtschaftsgeographie sowie an Praktiker, die sich einen Überblick über die wirtschaftspolitischen Handlungsempfehlungen verschiedener Theorieansätze verschaffen möchten. Die Darstellungsweise ist sowohl formal als auch verbal und graphisch, so dass der Kern der Theorien auch ohne spezielle mathematische Kenntnisse verständlich wird. Zu den formalen Darstellungen werden jeweils einfache Beispiele gegeben.

Mein besonderer Dank gilt Prof. Dr. Erik Gawel für inhaltliche Hinweise, Dr.-Ing. Ludger Schneider-Störmann für seine technische Unterstützung sowie Dr. Arnold Störmann und Christina Hufeld für ihre redaktionellen Anmerkungen. Verbleibende Fehler gehen selbstverständlich zu Lasten der Autorin.

Abbildungsverzeichnis

Abb. 1.1   HDI-Entwicklung der Ländergruppe mit hohem Niveau der menschlichen Entwicklung 25

Abb. 1.2   HDI-Entwicklung der Ländergruppe mit mittlerem Niveau der menschlichen Entwicklung 28

Abb. 1.3   HDI-Entwicklung der Ländergruppe mit niedrigem Niveau der menschlichen Entwicklung 29

Abb. 1.4   Spezialisierung der EU-Mitgliedsstaaten 35

Abb. 1.5   Gini Koeffizienten der Konzentration 36

Abb. 2.1   Standortdreieck nach Weber 56

Abb. 2.2   Isodapane 58

Abb. 2.3   Faktorpreisgradient 59

Abb. 2.4   Agglomerationsraum 60

Abb. 2.5   Standortdreieck nach Moses 62

Abb. 2.6   Optimale Faktoreinsatzkombination 63

Abb. 2.7   Expanisonspfade 64

Abb. 2.8   Landrente 71

Abb. 2.9   Wettbewerb um die Landnutzung 72

Abb. 2.10   Residenzielle Segregation 76

Abb. 2.11   Berücksichtigung von Umwelteinflüssen 77

Abb. 2.12   Bid rent Funktionen verschiedener Branchen 78

Abb. 2.13   Standortwahl nach Hotelling 82

Abb. 2.14   Marktbereich und Preise 85

Abb. 2.15   Reaktionsfunktionen und Gleichgewicht im Hotelling Modell 87

Abb. 2.16   Nachfragekegel 89

Abb. 2.17   Entwicklung der Absatzgebiete 91

Abb. 2.18   Städtehierarchie, k=3 92

Abb. 2.19   Verkehrsprinzip, k=4 93

Abb. 2.20   Verwaltungsprinzip, k=7 94

Abb. 2.21   Städtenetz nach Lösch 96

Abb. 2.22   Gleichgewichtsbedingungen 105

Abb. 3.1   Relative Angebotsfunktion 112

Abb. 3.2   Konsummöglichkeiten mit und ohne Außenhandel 113

Abb. 3.3   Relative Güterpreise, relative Faktorpreise und Faktoreinsatzverhältnisse 116

Abb. 3.4   Elemente der Edgeworth-Box 117

Abb. 3.5   Allokation der Ressourcen 118

Abb. 3.6   Güterpreisausgleich 119

Abb. 3.7   Ursachen des Außenhandels 120

Abb. 3.8   Wohlfahrtseffekte der Migration 124

Abb. 3.9   Input-Output Tabelle 128

Abb. 3.10   Interregionale Input-Output-Tabelle 132

Abb. 3.11   Handelsschema bei steigenden Skalenerträgen und monopolistischer
            Konkurrenz 137

Abb. 3.12   Externe positive Skalenerträge und Handelsverluste 138

Abb. 3.13   Kostenverläufe und Nachfrage 141

Abb. 3.14   Regionale Gleichgewichte in Abhängigkeit der Transportkosten 147

Abb. 3.15   Gleichgewicht im Solow-Swan Modell ohne technischen Fortschritt 152

Abb. 3.16   Goldene Sparquote 155

Abb. 3.17   Solow-Swan Modell mit technischem Fortschritt 159

Abb. 3.18   Domar Modell 165

Abb. 3.19   Kaldor Modell der kumulativen Verursachung 171

Abb. 3.20   Zwei-Sektoren Modell mit Forschung und Entwicklung nach Romer (1990).. 175

Abb. 3.21   Bifurkationsdiagramm 183

Abb. 3.22   Interdependenzen im Allen-Sanglier Modell 187

Abb. 3.23 Entwicklung der Bevölkerungszahl im Allen-Sanglier Modell 188

Abb. 3.24 Simulationsschritte des Modells von Allen und Sanglier 193

Abb. 4.1   Ausgleichswirkungen des Finanzausgleichs 219

Abb. 4.2   Ausgleichswirkungen des Finanzausgleichs 221

Abb. 4.3   Ausgleichswirkungen des Finanzausgleichs 223

Abb. 4.4   Ausgleichswirkungen des Finanzausgleichs 225

Tabellenverzeichnis

Tab. 1.1   Die gebräuchlichsten Regionsabgrenzungen 4

Tab. 1.2   Größenklassen der Städte im Zeitablauf, Einwohnerzahlen 6

Tab. 1.3   Raumplanung in Deutschland...12

Tab. 1.4   Entstehungsrechnung 15

Tab. 1.5   Verteilungsrechnung...15

Tab. 1.6   Verwendungsrechnung 16

Tab. 1.7   Zusammenhang zwischen Entstehungs-, Verteilungs- und
            Verwendungsrechnung 17

Tab. 1.8   Systematik der individuellen wirtschaftlichen Aktivitäten 17

Tab. 1.9   Ungleichheitskoeffizienten bezogen auf das Welteinkommen 20

Tab. 1.10   Gini Koeffizienten in verschiedenen Ländern 21

Tab. 1.11   Geographische Cluster und Regionen...22

Tab. 1.12   Human Development Index 23

Tab. 1.13   Rangliste der Länder nach HDI-Werten 26

Tab. 1.14   Beispiel zum Standortquotient, Beschäftigungsdaten......................................32

Tab. 1.15   Beispiel zum Standortquotient, Beschäftigungsanteile s 32

Tab. 1.16   Beispiel zum Standortquotient, Beschäftigungsanteile l..................................32

Tab. 2.1   Standortfaktoren in der Literatur 42

Tab. 2.2   Ausstattungen von Zentren mit öffentlichen und privaten Gütern....................49

Tab. 2.3   Grundkonstellationen räumlicher Wirtschaftsmodelle 52

Tab. 2.4   Grundkonstellationen der Agglomerationseffekte im Weber-Modell...............61

Tab. 2.5   Typen von Standorttheorien...66

Tab. 2.6   Die Modelle von Christaller und Lösch (Gemeinsamkeiten, Unterschiede).......95

Tab. 2.7   Stadtgrößen in Deutschland... 98

Tab. 2.8   Gruppierung der Großstadt- und Metropolregionen
            nach der Beschäftigtenzahl in wissensintensiven Marktdienstleistungen........... 99

Tab. 2.9   Gruppierung der Großstadt- und Metropolregionen nach dem
            Beschäftigtenzuwachs in wissensintensiven Marktdienstleistungen 100

Tab. 2.10   Entwicklungspfade europäischer Großstadt- und Metropolregionen 101

Tab. 2.11   Politik und städtische Konzentration... 102

Tab. 3.1   Arbeitskoeffizienten und maximale Produktionsmengen................................. 108

Tab. 3.2   Multiplikatorprozess.. 126

Tab. 3.3   Fördervoraussetzungen nach dem GRW-Rahmenplan...................................... 127

Tab. 3.4   Beispiel zum Input-Output-Modell.. 129

Tab. 3.5   Beispiel zu den Handelsgewinnen bei monopolistischer Konkurrenz.............. 136

Tab. 3.6   Neue Ökonomische Geographie und Neue Wachstumstheorie im Überblick .. 173

Tab. 3.7   Unterschiede zwischen Neoklassik und Evolutionsökonomik 186

Tab. 3.8   Elemente des Modells von Allen und Sanglier.. 192

Tab. 3.9   Theoretische Konzepte zur Erklärung der räumlichen Ballung
            ökonomischer Aktivität (Auswahl)... 194

Tab. 4.1   EU-Strukturfonds 201

Tab. 4.2   Mitfinanzierung von Länderaufgaben durch den Bund................................... 207

Tab. 4.3   Verpflichtungsermächtigung 2007 (Bund) in Mio. Euro............................... 210

Tab. 4.4   Aufteilung der Strukturfondsmittel 2007–2013 nach Bundesländern 211

1 Einleitung

1.1 Aufbau des Buches

Das Lehrbuch gibt einen Überblick sowohl über die wesentlichen Konzepte der räumlichen Wirtschaftstheorie als auch über die Ziele und Instrumente der ökonomisch orientierten Regionalpolitik.

Da der Großteil der ökonomischen Literatur in neoklassischer Tradition von den räumlichen Dimensionen des wirtschaftlichen Handelns absieht, sollen im ersten Kapitel zunächst der Aufbau des Buches erläutert, die Begriffe Region und Stadt eingeführt sowie die Konzepte der Raumwirtschaftstheorie und Regionalpolitik definiert werden (Kapitel 1.1 und 1.2). Im Anschluss daran werden wesentliche Kennzahlen zur Beschreibung des Ist-Zustandes von Regionen vorgestellt sowie die empirische Entwicklung dieser Kennziffern kurz skizziert (Kapitel 1.3).

Gegenstand des zweiten Kapitels sind statische Konzepte der räumlichen Wirtschaftstheorie. Ansatzpunkte dieser mikroökonomisch fundierten Theorien sind jeweils die Standortentscheidungen der einzelnen wirtschaftlichen Akteure (Unternehmen und Haushalte). Um die Standortwahl von Unternehmen und Haushalten analysieren zu können, werden zunächst die Faktoren systematisiert, die diese Entscheidungen grundsätzlich beeinflussen können (Kapitel 2.1).

Die Darstellung der Theorien zur Standortentscheidung von Unternehmen beginnt mit den transportkostenorientierten neoklassischen Ansätzen in der Tradition von Weber und Moses (Kapitel 2.2). Daran anschließend werden die Bodennutzungstheorien für den Unternehmens- und Haushaltssektor dargestellt. Detailliert werden dabei die Ansätze von Thünens, Alonsos und Muths besprochen. Aus den Bodennutzungstheorien ergeben sich Erklärungen für innerstädtische Strukturen (Kapitel 2.3).

Ebenfalls zu den statischen Theorien zählt das Modell des räumlichen Wettbewerbs, basierend auf den Arbeiten Hotellings. Hier handelt es sich um eine Schnittstelle zwischen Raumwirtschaftstheorie und traditioneller mikroökonomischer Preistheorie. Ergebnis ist eine räumliche Anordnung verschiedener Unternehmen, also ein erster Schritt im Hinblick auf die Entstehung von Raumstrukturen (Kapitel 2.4). In einem weiteren Schritt wird die Betrachtung mit dem System zentraler Orte auf Interdependenzen zwischen den Städten erweitert. Hier werden zunächst die Theorien von Christaller und Lösch dargestellt und anschließend deren Weiterentwicklungen skizziert. Auch diese Analyse bleibt jedoch statisch (Kapitel 2.5).

Gegenstand des dritten Kapitels sind dynamische Konzepte der Raumwirtschaftstheorie. Unter dem Oberthema Handel und Entwicklung werden hier die Modelle der Außenhandels- theorie im Hinblick darauf überprüft, ob Handel zur konvergenten oder divergenten Entwick- lung von Regionen beiträgt. Als Grundlage der Diskussion werden hier zunächst die auf komparativen Vorteilen basierenden klassisch-neoklassischen Modelle der Außenhandels- theorie nach Ricardo, Heckscher-Ohlin und Rybczynski sowie das neoklassische Konzept der Faktorwanderung vorgestellt. Alle diese Theorien sagen eine interregionale Konvergenz der Preisrelationen auf den Güter- und Faktormärkten vorher, die aus allokativer Sicht zu Wohlfahrtsgewinnen führt, aber in distributiver Hinsicht Gewinner und Verlierer hervor- bringt. Die Darstellung wird um die traditionellen keynesianischen Ansätze der Exportbasis- theorie ergänzt, die ebenfalls dem Handel eine wesentliche Rolle für die wirtschaftliche Ent- wicklung von Regionen zuschreiben. Ebenso wie in den dargestellten realwirtschaftlichen Außenwirtschaftstheorien, die komparative Kosten als Ursache des internationalen Handels analysieren, werden auch in dem erläuterten neoklassischen Konzept der Faktorwanderung konstante Skalenerträge angenommen. Diese zentrale Annahme wird im Rahmen der Neuen Außenhandelstheorie und der Neuen Ökonomischen Geographie aufgehoben mit der Folge, dass Konvergenz weniger wahrscheinlich wird (Kapitel 3.1).

Das zweite Oberthema des dritten Kapitels betrifft die Diskussion um Wachstum und Ent- wicklung. Auch hier werden zunächst die Implikationen der klassisch-neoklassischen und keynesianischen Ansätze diskutiert. Beginnend mit den Arbeiten von Solow und Swan prog- nostiziert die neoklassische Wachstumstheorie, dass regional unterschiedliche Wachstumsra- ten zu einem Aufholprozess führen, der im Gleichgewicht bei gleichen regionalen Rahmen- daten das gleiche Pro-Kopf-Einkommen zur Folge hat. Demgegenüber hat sich beginnend mit den Modellen von Harrod und Domar eine keynesianisch geprägte Wachstumstheorie entwickelt, deren Ergebnisse hinsichtlich der Selbstregulierungskräfte des Marktes weitaus weniger optimistisch sind als die neoklassische Wachstumstheorie in der Tradition von So- low und Swan. Auch in Wachstumspoltheorien kommt eine gewisse Skepsis gegenüber neo- klassischen Gleichgewichtstheorien zum Ausdruck. Erklärungsansätze für Wachstum liegen nach der Theorie der Wachstumspole in interindustriellen Beziehungen sowie in Multiplika- tor- und Akzeleratorbeziehungen. Gerade letzteres verdeutlicht den Bezug zur keynesiani- schen Theorie. Anders als die neoklassische Wachstumstheorie liefert schließlich auch die Neue Wachstumstheorie Erklärungsansätze für dauerhafte Divergenz zwischen Regionen. Parallelen zu manchen Konzepten der Neuen Wachstumstheorie und der Neuen Ökonomi- schen Geographie zeigen sich in den räumlichen Ansätzen der evolutionären Ökonomik, die zum Abschluss des dritten Kapitels vorgestellt werden (Kapitel 3.2).

Das vierte Kapitel befasst sich mit den Instrumenten der ökonomisch orientierten Regional- politik. Hierbei geht das Lehrbuch zunächst auf traditionelle Konzepte und Instrumente der regionalen Strukturpolitik in Europa und Deutschland ein. Im Mittelpunkt der Betrachtung stehen die Europäischen Strukturfonds und die Gemeinschaftsaufgabe „Verbesserung der regionalen Wirtschaftsstruktur" (Kapitel 4.1). Neben der regionalen Strukturpolitik, der diese Aufgabe aus theoretischer Sicht zukommt, ist in der politischen Praxis auch der Finanzaus- gleich darauf ausgerichtet, die Lebensbedingungen in den verschiedenen Regionen einander anzugleichen. Damit enthält der Finanzausgleich zahlreiche regionalpolitische Maßnahmen, die an sich systemfremd sind und den allgemeinen Anforderungen an ein Finanzausgleichssystem widersprechen. Im Rahmen des vierten Kapitels werden sie insbesondere im Hinblick auf ihre Ausgleichswirkung untersucht (Kapitel 4.2).

1.2   Begriffe und Definitionen

1.2.1   Region und Stadt

Die Definition einer Region ist in der Regionalökonomik nicht einheitlich. „Allgemein versteht man unter einer **Region** einen aufgrund bestimmter Merkmale abgrenzbaren, zusammenhängenden Teilraum mittlerer Größenordnung in einem Gesamtraum" (Sinz 2005b, 919). Sie kann sinnvoll nur im Zusammenhang mit einer bestimmten wissenschaftlichen Fragestellung oder einem konkreten politischen Handlungszweck abgegrenzt werden.

Die Diskussion um den Begriff der Region ist in anderen Disziplinen intensiver geführt worden als in der Wirtschaftswissenschaft. Die Begründung ergibt sich unmittelbar aus dem Stellenwert des Begriffs für die jeweilige Disziplin. Ellwein und Mittelstraß (1996) diskutieren die Rolle der Region im geographischen, politischen, historischen, soziokulturellen, ökologischen und ökonomischen Kontext und erläutern dabei sehr unterschiedliche Definitionen einer Region. Selbst wenn man sich aber auf den volkswirtschaftlichen Kontext beschränkt, wie dies in der Raumwirtschaftstheorie der Fall ist, finden sich je nach Untersuchungsziel ganz verschiedene Begriffsbestimmungen.

Um von einer Region sprechen zu können, wird in der Regel ein räumlicher Zusammenhang vorausgesetzt. Die Region soll also im Hinblick auf die Merkmale, die sie charakterisieren, verbunden sein. Diese Forderung nach einem Zusammenhang wird auch als Kontingenz oder Kohärenz bezeichnet. Prinzipien der Regionsbildung sind das Ähnlichkeits- und das Verflochtenheitsprinzip. Erfolgt die Regionsabgrenzung nach dem **Ähnlichkeitsprinzip**, dann ist eine Region gerade so definiert, dass bezüglich der untersuchten Eigenschaft nach Möglichkeit Homogenität vorliegt. Die Regionen werden folglich als homogen bezeichnet. Beispiele sind etwa das Vorhandensein der gleichen Bodeneigenschaften, die Verwendung der gleichen Währung oder das Vorliegen des gleichen durchschnittlichen Pro-Kopf-Einkommens. Üblicher als die Regionsabgrenzung nach dem Ähnlichkeitsprinzip ist die Typisierung nach dem **Verflochtenheitsprinzip**. Dabei aggregiert man alle Elemente zu einer Region, die funktional zusammenhängen. Diese Gebiete werden als Funktionalregionen bezeichnet. Ein Beispiel für einen funktionalen Zusammenhang sind Pendlerströme zwischen Arbeitsplatz und Wohnort. Grenzt man Regionen nach diesem Kriterium ab, wird von Arbeitsmarktregionen gesprochen. Oft sind Funktionalregionen über die Verflechtung zwischen Zentren und den sie umgebenden Gebieten definiert, wobei die Verflechtungen nahe des Zentrums am stärksten ausgeprägt sind und bis zum Rand der Peripherie immer weiter abnehmen. Ein Beispiel für einen solchen funktionalen Zusammenhang ist die Versorgung der Bevölkerung mit bestimmten Dienstleistungen beispielsweise in den Bereichen Gesundheit, Bildung oder Kultur. So werden etwa Spezialkliniken, Universitäten, Theater oder Museen in der Regel in Zentren vorgehalten und von der Bevölkerung des Umlandes mitgenutzt. Die Fahrten zwischen dem Wohnort und dem Zentrum, in dem die Dienstleistung angeboten wird, bilden den funktionalen Zusammenhang. Wird die Region nach dem Kriterium der Versorgung mit diesen Dienstleistungen abgegrenzt, ist die Rede von zentralörtlichen Verflechtungsbereichen (Sinz 2005b, 921).

Oft spielen bei der Abgrenzung von Regionen weder Homogenität noch Funktion eine Rolle, sondern vielmehr historische Gegebenheiten, die zur Entstehung von Verwaltungseinheiten wie Länder oder Gemeinden geführt haben. Regelmäßig sind solche administrativen Regionen nicht deckungsgleich mit Funktionalregionen (Eckey/Schwengler/Türck 2007, 6). Die folgende Tabelle 1.1 stellt noch einmal die gebräuchlichsten Regionsabgrenzungen gegenüber. Dabei bedeutet NUTS „Nomenclature des unités territoriales statistiques" oder übersetzt „Systematik der Gebietseinheiten für die Statistik". Sie wurde 1980 vom Europäischen Amt für Statistik entwickelt, um die Vergleichbarkeit von Statistiken innerhalb Europas zu erhöhen. „Agenturbezirke" sind die räumlichen Abgrenzungen der Bundesagentur für Arbeit.

Tab. 1.1   Die gebräuchlichsten Regionsabgrenzungen

Region	
Funktionalregion	Verwaltungsregion
Arbeitsmarktregion	Gemeinde
Raumordnungsregion	Kreis
Zentralörtlicher Bereich	NUTS-Region
	Agenturbezirke

Quelle: Eckey/Schwengler/Türck 2007,7.

Manchmal wird als weiterer Definitionstyp neben der homogenen und der funktionalen Region die **Planungsregion** genannt. In diesem Fall stehen zur Regionsabgrenzung die Planungsziele im Vordergrund. Hierzu schreibt Schätzl (2001, 99): „Die Planungsregion schließlich ist eine politische und administrative Gebietseinheit, deren Abgrenzung sich aus Planungszielen ableitet". Dem ist allerdings entgegenzusetzen, dass der Bildung von Regionen zu politischen oder verwaltungsmäßigen Zwecken oft keine Ziele oder Grundsätze, sondern vielmehr historische Gegebenheiten zugrunde liegen (Eckey/Schwengler/Türck 2007, 6.) Sofern überhaupt methodische Grundsätze erkennbar sind, handelt es sich bei den meisten Planungsregionen um eine Mischung aus Ähnlichkeitsprinzip und Verflochtenheitsprinzip (Sinz 2005b, 921). Die Planungsregion ist also kein eigener Regionstyp sondern üblicherweise eine Mischform aus homogener und funktionaler Region, wobei meist die Funktion im Vordergrund steht.

Zum Verständnis des Regionsbegriffes trägt auch eine Abgrenzung zwischen Raumwirtschaftstheorie und Regionalpolitik einerseits sowie Außenwirtschaftstheorie und -politik andererseits bei. Regionen sind stets kleiner als die gesamte Volkswirtschaft oder der Nationalstaat. Regionen sind deshalb offener als Volkswirtschaften, die Interaktionen zwischen Regionen sind also stärker ausgeprägt als diejenigen zwischen Nationalstaaten. Aus diesem Grund sind auch Skalenerträge, externe Effekte und Übertragungseffekte (Spillover) in der Regionalökonomie bedeutsamer als in der Außenwirtschaftslehre (Krieger-Boden 2005, 899). Bezüglich der Heterogenität der Größenordnungen von Regionen hält Schätzl fest: „Der Begriff der Region wird in der raumwirtschaftstheoretischen Literatur für die unterschiedlichsten Raumeinheiten verwendet, etwa für Standorte einzelner Betriebe, Städte, intranationale, nationale und supranationale Gebietseinheiten, aber auch für komplexe hierarchische Systeme im Sinne A. Löschs. Am häufigsten und wohl auch am sinnvollsten wird der Begriff Region verwendet für Teilräume einer nationalen Volkswirtschaft, die größer sind als urbane Siedlungen" (Schätzl 2001, 99).

Wie schon bei der Eingrenzung des Begriffs Region zeigt sich auch bei der Definition von „**Stadt**" eine Uneinheitlichkeit nicht nur zwischen den verschiedenen Wissenschaften, die sich mit dem Thema befassen, sondern auch innerhalb der Disziplinen. Die intensivsten Diskussionen zum Stadtbegriff finden sich in der Geographie, aber auch in der Geschichtswissenschaft, der Soziologie und im Verwaltungsrecht. Hier soll die Diskussion nur insoweit aufgenommen werden, als sie zum Verständnis raumwirtschaftstheoretischer und insbesondere stadtökonomischer Modelle erforderlich ist. Aufgrund der großen Überschneidungen zwischen Geographie und Ökonomie wird im Folgenden der geographische Stadtbegriff als Ausgangspunkt gewählt und die ökonomischen Aspekte besonders hervorgehoben. Der Stadtbegriff umfasst nach Zehner (2001) die folgenden Merkmale:

- **Zentralität**: Städte üben Funktionen für sich selbst und ihr Hinterland aus, beispielsweise stellen sie medizinische, kulturelle, politische und administrative Dienstleistungen nicht nur für ihre eigenen Bewohner, sondern auch für die des Umlandes bereit. Umgekehrt werden sie vom Hinterland mit natürlichen Ressourcen wie Nahrungsmitteln oder Naherholungsgebieten versorgt. Aus diesen Beziehungen ergibt sich sowohl in administrativer Hinsicht eine Stadt-Umland-Problematik (Borchmann et al. 2007, 875f.) als auch aus ökonomischer Perspektive die Frage nach dem Finanzausgleich. Von seiner Grundidee sollte der Finanzausgleich auf die Schaffung horizontaler Bedarfsgerechtigkeit gerichtet sein, d.h. eine Mindestversorgung mit öffentlichen Leistungen sollte bei gleicher zumutbarer Mindestanstrengung in allen Teilräumen gewährleistet sein. Zur Erfüllung dieser Zielsetzung sind ungebundene Transfers grundsätzlich geeignet, vorausgesetzt, es finden sich aussagekräftige Indikatoren für den Bedarf und die Leistungsfähigkeit eines Landes. Geht man aber davon aus, dass das jeweilige Umland von der Größe der Ballungsgebiete profitiert, weil in den Zentren entgeltfrei Güter bereitgestellt werden, die auch den Umlandbewohnern Nutzen stiften, sind ungebundene Transfers nicht das geeignete Mittel zur Internalisierung dieser räumlichen externen Effekte. In Analogie zu der von Pigou entwickelten Stücksubvention mit dem Ziel einer Kompensation externer Effekte im privaten Sektor müssten die Zuweisungen vielmehr zweckgebunden sein und eine Finanzierungsbeteiligung vorsehen. Auch dieses Konzept weist jedoch Mängel auf: Selbst wenn die Probleme der Messung von externen Effekten gelöst werden könnten, führt eine Abgeltung externer Nutzen durch Transfers nur dann zum effizienten Ergebnis, wenn die Nutznießer jeweils in Höhe der ihnen entstehenden positiven externen Effekte zur Finanzierung der Transfers herangezogen werden. Die Abgeltung externer Nutzen würde überdies unter der Prämisse nur ungenauer Quantifizierbarkeit in der politischen Praxis dazu führen, dass der Transfergeber einen Anreiz hat, die externen Nutzen zu unterschätzen, um geringere Zahlungen leisten zu müssen. Die Transfernehmer würden dagegen die positiven externen Effekte tendenziell überschätzen, um höhere Finanzzuweisungen fordern zu können (Störmann/Hansmeyer 1993, 9ff.)

- **Mindestgröße**: Die statistische Abgrenzung des Stadtbegriffs variiert stark zwischen verschiedenen Staaten, wobei die Mindesteinwohnerzahl meist auf 2000 bis 5000 Einwohner beziffert wird und die Schwellenwerte für Klein-, Mittel- und Großstädte im Zeitablauf seit dem 10./11. Jahrhundert tendenziell ansteigen, wie auch die folgende Tabelle 1.2 zeigt.

Tab. 1.2   Größenklassen der Städte im Zeitablauf, Einwohnerzahlen

Größenklassen	Römische Zeit	10./11. Jh.	Um 1800	Heute
Großstädte	Mehr als 30 000	mehr als 6 000	mehr als 20 000	mehr als 100 000
Mittelstädte	6 000–30 000	1 200–6 000	4 000–20 000	20 000–100 000
Kleinstädte	600–6 000	120–1 200	500–4 000	5 000–20 000
Landstädte				2 000–5 000
Zwergstädte	weniger als 600	weniger als 120	weniger als 500	weniger als 2 000

Quelle: Richter (1991, 113)

- Hohe **Dichte** von Wohnstätten und Arbeitsplätzen: Im Vergleich zu anderen Siedlungsformen weisen Städte eine große horizontale Dichte der Bebauung auf. Mit zunehmender Stadtgröße wächst in der Regel auch die vertikale Dichte der Baumasse (Wolf 2005, 1048).
- Funktionsräumliche Gliederung in **Stadtviertel**: Städte sind durch die „räumliche Nachbarschaft gleichartiger Einrichtungen" (Zehner 2001, 27) gekennzeichnet. Traditionell bestehen beispielsweise in Innenstädten Banken- und Büroviertel neben Vierteln, die vom Einzelhandel geprägt sind oder auch reinen Wohnvierteln. Diese städtischen Strukturen lösen sich im Prozess der Suburbanisierung allerdings zunehmend auf, Innenstädte veröden und sollen durch Verstärkung kultureller Events wiederbelebt werden. Wolf spricht hier von einer „Festivalisierung" der entleerten Städte (Wolf 2005, 1050).
- Starke soziale Kontraste: In Städten ist das Problem der räumlichen **Segregation** besonders ausgeprägt. Segregation bezeichnet dabei die „disproportionale Verteilung von Elementarten über Teilgebiete eines Gebietes" (Friedrichs 2005, 1021). Mikrosoziologisch lässt sich dieses Phänomen in erster Näherung durch das Vorliegen eines doppelten Filters erklären. Als Kriterium der Wohnortwahl zieht der Haushalt zunächst sein Einkommen heran (erster Filter). Hat er wegen eines hohen Einkommens viele Auswahlmöglichkeiten, so entscheidet er sich entsprechend seinem Lebensstil und seiner Stellung im Lebenszyklus für ein Wohnviertel, in dem ihm die Bewohner möglichst ähnlich sind (zweiter Filter). Dieses Modell kann jedoch die Segregation nicht vollständig erklären, weil es etwa die Diskriminierung durch Vermieter nicht erfasst. Makrosoziologische Hypothesen werden hinsichtlich der Einkommensungleichheit, des Anteils ethnischer Minderheiten und des Umfangs des Wohnungsangebotes formuliert. Sie gehen meist davon aus, dass die Segregation mit zunehmender Einkommensungleichheit und wachsenden Anteilen ethnischer Minderheiten steigt und mit zunehmendem Wohnungsangebot abnimmt (Friedrichs 2005, 1022).
- Entstehung von **Innovationen**: Städte gelten als Ausgangspunkte von „Trends, Normen und Wertvorstellungen" (Zehner 2001, 27) in Gesellschaft, Kultur und Politik. Hinzu kommt, dass Agglomeration, also die Ballung von Unternehmen und Haushalten in Städten, die Entstehung technischer und wirtschaftlicher Neuerungen fördert. Unter Innovati-

on soll im Folgenden eine neue Technik, Organisation oder Idee verstanden werden. Der Prozess der Innovationsverbreitung lässt sich charakterisieren als Akzeptanz der Innovation im Zeitablauf. Gewöhnlich unterscheidet man Haushalts- und Unternehmensinnovationen. Der Terminus Unternehmensinnovation beinhaltet, dass es sich bei der annehmenden Wirtschaftseinheit um eine Firma handelt. Demgegenüber besagt der Begriff Haushaltsinnovation, dass ein Individuum die Innovation annimmt. Die genannten Formen der Neuerungen weisen vielfältige Interdependenzen auf, unterscheiden sich aber unter anderem darin, dass Unternehmensinnovationen risikoreicher sind als Haushaltsinnovationen (Störmann 1993, 43). Die folgenden Ausführungen beziehen sich überwiegend auf Unternehmensinnovationen. Solche Innovationen erhöhen die Produktivität und fördern das wirtschaftliche Wachstum, sind also in gesamtwirtschaftlicher Betrachtung wünschenswert. Zugleich besteht ein positiver Rückkopplungseffekt zwischen der Innovationstätigkeit in Ballungszentren und dem städtischen Wachstum. Ist die Innovationstätigkeit in Agglomerationen hoch, so wirkt sich dies positiv auf das städtische Wachstum aus. Wachstum der Agglomeration bedeutet dann wiederum verstärkte Innovationstätigkeit Die Ursache der hohen Innovationstätigkeit in Ballungszentren liegt in verminderter Unsicherheit (Evans 1972, 56). Ballungsvorteile entstehen vornehmlich in Branchen, in denen sowohl die Outputnachfrage als auch der Herstellungsprozess mit Unsicherheit behaftet sind (Vernon 1960, 68ff.). In diesen Industriezweigen ist die vertikale Integration nur eingeschränkt möglich. Vielmehr sind sie aufgrund der Unsicherheit auf die Delegation an Spezialisten angewiesen. Hervorgerufen durch hohen Wettbewerbsdruck besteht die Notwendigkeit, diese schnell zu erreichen und persönliche Kontakte zu pflegen. Spezialisierung wirkt in zweierlei Weise risikominimierend: Einerseits verfügen Spezialisten über bessere Informationen und vermindern so die Unsicherheit, andererseits wird das unternehmerische Risiko auf diese Weise über eine größere Anzahl von Firmen verteilt. Neben der Spezialisierung reduziert auch die Nähe zu den Absatzmärkten in Ballungszentren die Unsicherheit der Outputnachfrage für die Unternehmen (Papageorgiou 1983, 402). Spiegelbildlich hierzu verringern sich mit steigender industrieller Agglomeration die Unsicherheiten der Haushalte bezüglich des Outputangebotes. Durch zunehmende Industriekonzentration an einem Standort sinken dort die Suchkosten der Individuen und die Nachfrage steigt. Dies wiederum verstärkt den Agglomerationsvorteil für die Unternehmen (Lichtenberg 1960, 56ff.). Fazit ist also, dass Ballungszentren eine hohe Innovationstätigkeit aufweisen und dieser Effekt sich selbst verstärkt (Richardson 1979, 61ff.). Es bleibt jedoch nicht bei den positiven Wirkungen für die Stadt selbst, die Effekte strahlen vielmehr auch in den sie umgebenden ländlichen Raum aus. Als Formen der Verbreitung von Neuerungen im Raum werden vor allem die hierarchische und die geographische **Diffusion** diskutiert. Letztere besagt in der einfachsten Version des Begriffes, dass eine Innovation in einem Zentrum auftritt und aufgrund der Struktur des Kommunikationsnetzes zunächst in dessen Nachbarorte und später in entlegenere Städte verbreitet wird. Diese Auslegung der geographischen Diffusion kann allerdings nur für unterentwickelte Länder mit schlecht ausgebautem Informationssystem als plausibel gelten (Pedersen 1970, 203). Neuere Ansätze gehen demgegenüber davon aus, dass es mehrere Ausgangsorte der Diffusion geben kann und die Möglichkeiten der Diffusion nicht zwingend auf Nachbarorte beschränkt sind. Zudem wird nicht nur die Informationsweitergabe, sondern auch die soziale Unterstützung nach Einführung der Innovation als wesentlicher

Faktor zur Erklärung des räumlichen Diffusionsverlaufs betrachtet (Störmann 1993, 44).
Im Unterschied zur geographischen Diffusionstheorie unterstellt die Theorie der hierar-
chischen Verbreitung von Innovationen eine Verbreitung der Neuerung entlang der Hie-
rarchieebenen des Städtesystems, d.h. von den größten Zentren zu den kleinsten Orten.
Determinanten des Diffusionsverlaufs sind diesem Ansatz zufolge die Stadtgrößen und
die räumlichen Distanzen zwischen den Orten. Dabei wird unterstellt, dass sich die Innovation in der ersten Phase relativ langsam von den größten Zentren auf die nächst untere
Hierarchieebene verbreitet. Im Folgenden Zeitabschnitt gibt es nun auf der niedrigeren
Hierarchiestufe eine größere Anzahl von Orten, die die Innovation angenommen haben
und wiederum an hierarchisch untergeordnete Städte weitergeben. Der Diffusionsverlauf
beschleunigt sich demnach. Wenn der größte Teil der Orte die Neuerung bereits eingeführt hat, d.h. der Prozess in die Sättigung geht, verlangsamt sich die Diffusionsge-
schwindigkeit und geht schließlich gegen Null (Pedersen 1970, 208ff.).Nicht zuletzt daraus resultieren die positiven Wohlfahrtseffekte der Innovation in Städten.

• **Überfüllungseffekte**: In der Literatur werden die verschiedenen Erscheinungsformen
  von Agglomerationsnachteilen oft unter dem Begriff „Überfüllungseffekte" zusammengefasst (Richardson 1973, 21). Agglomerationsnachteile für Unternehmen bestehen in
  höheren Inputpreisen (Bodenrenten, Löhne) und Überfüllungseffekten im Transportwesen. Eindeutig ist, dass die Preise für den Produktionsfaktor Land mit zunehmender
  Nachfrage steigen, da sich das Angebot nicht für alle Arten unternehmensnaher Landnutzung beliebig erweitern lässt. Zwar ist es grundsätzlich möglich, durch mehrgeschossige
  Bauweise das Angebot an Büroflächen zu vergrößern, für bestimmte Typen von Fabrik-
  geländen ist dies jedoch undurchführbar. Löhne steigen dann mit zunehmender Stadtgröße, wenn die Nettoagglomerationseffekte für Haushalte negativ werden. Wollen die Unternehmen einen potentiellen Arbeitnehmer für einen bestimmten Job gewinnen, müssen
  sie ihm über den Lohn einen Ausgleich für die Überfüllungsnachteile verschaffen. Die
  meistgenannten Ausprägungen von Überfüllungsnachteilen für Individuen sind die Überfüllung des Verkehrsnetzes und Umweltverschmutzung (Thompson 1968, 60), daneben
  zählen aber auch hohe Lebenshaltungskosten, großer Bedarf an öffentlichen Investitionen
  und soziale Konflikte zu den Formen negativer Agglomerationseffekte für Haushalte
  (Hansen 1974, 12). Ob die Transportkosten aufgrund überfüllter Verkehrswege tatsächlich mit der Stadtgröße steigen, wird häufig in Frage gestellt, da öffentliche Transportsysteme steigende Skalenerträge aufweisen (Richardson 1973, 27ff.). Unstrittig ist dagegen
  die positive Abhängigkeit der Umweltverschmutzung von der Bevölkerungszahl und der
  Industriekonzentration. Auch hier wird aber die Relevanz weiterer Determinanten der
  Umweltbelastung wie Bevölkerungsdichte, Klima und Industriestruktur betont (Richardson 1973, 30f.).

Zusammenfassend soll unter einer Stadt ein zusammenhängendes Gebiet verstanden werden,
das durch Zentralität, hohe Bevölkerungszahl und hohe Dichte von Wohn- und Arbeitsplätzen gekennzeichnet ist. Eine Region wird dann in der Regel als ein räumliches Gebiet charakterisiert, das einerseits größer als ein einzelnes Stadtgebiet, andererseits aber kleiner als
die gesamte Volkswirtschaft ist. Nur in Ausnahmefällen, in denen es um weltweite Vergleiche geht, wird Region mit einem Nationalstaat oder einer Gruppe von Nationalstaaten
(Cluster) gleichgesetzt (wie beispielsweise in der Analyse von Levy/Chowdhury 1995).

1.2.2   Raumwirtschaftstheorie

Wirtschaftstheorie mit räumlicher Dimension wird häufig synonym als „Raumwirtschafts-theorie" oder „Regionalökonomik" bezeichnet. Kernfragen der Raumwirtschaftstheorie betreffen dabei die räumliche Verteilung wirtschaftlicher Aktivitäten (Konzentration und Spezialisierung) sowie die Frage nach Divergenz oder Konvergenz der regionalen Wirtschaftsentwicklung (Krieger-Boden 2005, 899). Die ökonomisch ausgerichtete Raumwirtschaftstheorie ist damit ein Teilbereich der Raum- und Regionalwissenschaft, wobei letztere immer fächerübergreifend arbeiten. Raum- und Regionalwissenschaft wiederum lassen sich nicht trennscharf gegeneinander abgrenzen. Während der Begriff der „Raumwissenschaft" durch Stellungnahmen des Wissenschaftsrates festgelegt ist und synonym zu „Raumforschung" verwendet wird (Wissenschaftsrat 2000, 8f.), fehlt eine allgemein akzeptierte Bestimmung des Begriffs „Regionalwissenschaft" (Maier 2005, 973).

Zentrales Konzept der Raumwirtschaftstheorie ist der Raumbegriff. In den Wirtschaftswissenschaften wurde dieser Begriff längst nicht so intensiv diskutiert wie etwa in der Mathematik, der Physik oder der Philosophie. Oft wird der Begriff des Raumes im umgangssprachlichen Sinn verwendet, also als „Ausgedehntheit von materiellen Dingen" (Blotevogel 2005, 831.) Im wissenschaftlichen Schrifttum finden sich zahlreiche weit ausdifferenzierte Raumkonzepte, die hier nur insoweit dargestellt werden, als sie das Verständnis der Raumwirtschaft prägen. Mit Blotevogel (2005) lassen sich die ökonomierelevanten Raumkonzepte wie folgt systematisieren:

- Absoluter Raum („**Behälter-Raum**"): Die Vorstellung vom Raum als leerem Behälter oder Kasten, der unabhängig von den Gegenständen oder Lebewesen existiert, die ihn ausfüllen, geht bereits auf Aristoteles zurück und wurde von Isaac Newton wesentlich weiterentwickelt. Für die Gesellschaftswissenschaften gilt dieser Raumbegriff jedoch zunehmend als unbrauchbar (Löw 2001). Bezogen auf den Gegenstand der Regionalökonomik impliziert der Behälterbegriff, dass Funktionszusammenhänge zwischen verschiedenen Räumen nicht erfasst werden. Zudem ist der Begriff statisch, so dass die Entwicklung von Raumstrukturen mit dem Behälter-Konzept nicht untersucht werden kann. Darüber hinaus werden auch die Beziehungen zwischen sozialem Verhalten und Räumen sowie die Rolle von Institutionen bei der Gestaltung von Räumen vernachlässigt.
- **Relationaler Raum**: Beginnend mit den Arbeiten von Gottfried Wilhelm Leibnitz und maßgeblich vorangetrieben durch Albert Einstein hat sich in der Physik die Auffassung durchgesetzt, dass Raum und Zeit konstruiert sind, so dass Raum und Rauminhalt stets zusammenhängen. In den Gesellschaftswissenschaften lässt sich der relationale Raumbegriff so interpretieren, dass die räumlichen Dimensionen durch verschiedene Einflussgrößen, vor allem aber durch die individuellen Empfindungen von Menschen verzerrt werden : „Die räumliche Vergesellschaftung ändert sich nun dahingehend, dass Kinder Raum nicht als etwas einheitliches sie Umgebendes kennen lernen, den sie mit zunehmendem Alter mehr und mehr entdecken, sondern dass Kinder einzelne Räume kennen die wie Inseln über die Stadt verteilt liegen, und die nur durch die eigene biographische Erfahrung einen Zusammenhang erfahren" (Löw 2001, 83).
- Raum als formale **Ordnungsstruktur**: Dieses Raumkonzept enthält Elemente sowohl des absoluten als auch des relationalen Raumbegriffs. „Der Raum wird hier als zwei-

bzw. dreidimensionaler metrischer Ordnungsrahmen erdoberflächlich lokalisierbarer Objekte aufgefasst" (Blotevogel 2005, 834). Raum ist damit im Koordinatensystem darstellbar, er lässt sich kartografisch erfassen. Diesem Verständnis folgen die einzelwirtschaftlich ausgerichteten traditionellen ökonomischen Standortmodelle. Hier geht es vor allem um die optimale Standortwahl sich rational verhaltender Akteure bei vollkommener Information. Das Problem der unternehmerischen Standortwahl lässt sich in diesen Modellen darauf reduzieren, denjenigen Ort als Firmensitz zu etablieren, an dem der Gewinn maximal bzw. die Kosten minimal werden. Dabei gelten die distanzabhängigen Kosten, also die Transportkosten, als relevanteste Kostenart. Analog wählen diesen Ansätzen zufolge Haushalte ihren Wohnsitz unter dem Aspekt der Nutzenmaximierung bzw. Kostenminimierung. Unter modifizierten Annahmen über das Verhalten der einzelwirtschaftlichen Akteure folgen diesem Raumkonzept auch die behaviouristischen Standorttheorien. Dabei wird zwar gewinnmaximierendes durch satisfizierendes Verhalten ersetzt, die Vorstellung vom kartografisch abbildbaren Raum bleibt aber bestehen. Aus dem Zusammenwirken der Unternehmen und Haushalte ergeben sich Raumstrukturen, die in Landschaftsstrukturmodellen erfasst werden. Aus den Annahmen über das individuelle Verhalten der Unternehmen und Haushalte ergibt sich, dass auch die aggregierte Betrachtung im Rahmen der Landschaftsstrukturmodelle den Raum als formale Ordnungsstruktur begreift.

- Gesellschaftlicher Raum: Diesem Raumkonzept zufolge ist Raum nicht „Behälter" und damit unabhängig von sozialen Zusammenhängen. Er gewinnt seine Bedeutung für die **Gesellschaft** beispielsweise erst als verwaltungsmäßig abgegrenztes Gebiet, als Wirtschaftsraum oder als Kulturraum. Klassifikationen des gesellschaftlichen Raumes können nach ganz unterschiedlichen Kriterien erfolgen, etwa nach der Größe in
  - „Mikroraum (Leiblichkeit des Menschen, personaler ‚Erfahrungsraum'),
  - Mesoraum (Stadt, Region als räumlicher Arbeits- und Lebenszusammenhang),
  - Makroraum (Nationalstaat, Weltwirtschaft)" (Blotevogel 2005, 837.)
  - Eine andere Klassifikation ordnet die gesellschaftlichen Räume nach den theoretischen Ansätzen, die ihnen zugrunde liegen, in folgende Kategorien ein:
  - psychologische Räume (z.B. Städtische Räume, die erst durch Interaktion von Individuen und Gruppen entstehen),
  - symbolische Räume (z.B. Raumbilder des Stadtmarketings),
  - politische Räume (z.B. Staatsgebiete),
  - relationale Wirtschaftsräume (räumliche Ordnungen der Wirtschaft, die aus dem Zusammenspiel von Transportkosten, Markt und Standortkonkurrenz, Agglomerationseffekten und Netzwerken entstehen),
  - wirtschaftliche Kräftefelder (Zentrum-Perepherie-Gefüge gemäß der Polarisationstheorie),
  - ökonomische Milieus (z.B. innovative Milieus durch Netzwerke).

Im Folgenden soll der Raumbegriff sowohl im Sinne der formalen Ordnungsstruktur als auch im Sinne des gesellschaftlichen Raumkonzeptes verwendet werden. Hier sind insbesondere das Konzept des Mesoraumes bzw. der relationalen Wirtschaftsräume, der wirtschaftlichen Kräftefelder oder der ökonomischen Milieus von Bedeutung.

1.2.3   Regionalpolitik

Der Begriff Regionalpolitik wird oft synonym zu „Raumordnung", „Raumordnungspolitik" und „Raumentwicklung" verwendet. Spricht man von Raumordnung, so kann wiederum dreierlei gemeint sein: erstens die bestehende räumliche Ordnung, zweitens eine überörtliche und interdisziplinäre normative Vorgabe für die räumliche Ordnung (Leitbild) und drittens der Einsatz von Politikinstrumenten zur Erreichung des Leitbildes. Um Begriffsverwirrungen zu vermeiden, bietet es sich an, die bestehende Ordnung als Raum- und Siedlungsstruktur zu bezeichnen. Unter **Raumordnung** sollen dann die durch Gesetz geregelten Aufgaben ver- standen werden. So entwickelt die Bundesraumordnung nach dem Raumordnungsgesetz (ROG) Leitbilder, die durch die Landes- und Regionalplanungen der einzelnen Bundesländer gestaltet und verwaltet werden. Raumordnung stellt das Gesamtkonzept für raumwirksame Fachplanungen, die den Städtebau, das Wohnungswesen, die Verkehrsplanung, die Land- schaftsplanung, die Wasserwirtschaft und die Regionale Strukturpolitik betreffen (Sinz 2005a, 863). Das zuständige Bundesministerium erläutert dazu „Die Raumordnung konzen- triert sich in ihren Aufgaben auf drei Bereiche:

- Erarbeitung von längerfristigen Konzeptionen und Leitbildern, planerischen Vorgaben und ordnerischen Maßnahmen, um Zersiedlung und Überlastung zu vermeiden und Res- sourcen zu sichern (Prinzip der Nachhaltigkeit).
- Entwicklung der Regionen in ökonomischer, ökologischer und sozialer Hinsicht. Damit soll größeren Abwanderungen aus den wirtschaftsschwachen peripheren Räumen entge- gengewirkt werden (Prinzip der Regionalisierung).
- Ausgleich zwischen den wirtschaftsstarken und den wirtschaftsschwächeren Regionen, um eine möglichst gleichmäßige räumliche Entwicklung zu gewährleisten (Prinzip der Gleichwertigkeit)." (Bundesministerium für Raumordnung, Bauwesen und Städtebau 1996, 4).

In jüngeren Beiträgen des Ministeriums ist – in Übereinstimmung mit der Wortwahl der Europäischen Union – häufiger von Raumentwicklung als von Raumordnung die Rede, wo- bei beide Begriffe gleichbedeutend verwendet werden.

Unter „Raumordnungspolitik" sollen schließlich alle Tätigkeiten des Staates oder öffentlich- rechtlicher Körperschaften verstanden werden, die auf die optimale Gestaltung von Räumen gerichtet sind (Sinz 2005a, 863). Dazu schreibt Brösse (1982,22) „Raumordnungspolitik besteht in der bewussten Handhabung geeigneter Instrumente durch den Staat oder dem Staat nahe stehender Institutionen, um eine zielbezogene Gestaltung, Entwicklung und Nutzung von Räumen oder Regionen zu erreichen." Der Begriff der Raumordnungspolitik ist damit tendenziell weiter gefasst als der der Raumordnung, die Trennung bleibt allerdings unscharf. Beiden gemein ist die Formulierung überörtlicher, fachübergreifender Leitbilder und ihre Umsetzung. Seifert definiert Raumordnung in diesem Sinne als „… die gesamte Tätigkeit des Staates, die räumlichen Bedingungen so zu verändern, dass ein leitbildgerechter räumli- cher Zustand erreicht wird. Damit ist Raumordnung ein zielorientiertes Handeln und nicht etwa eine Zustandsbeschreibung." (Seifert 1986, 6). Albers (1988, 4) beschreibt Raumord- nung noch allgemeiner als „… das Bemühen um eine den menschlichen Bedürfnissen ent-

sprechende Ordnung des räumlichen Zusammenlebens auf der Ebene" von Regionen und
Ländern.

Raumordnung wiederum bildet nur einen Teilbereich der **Raumplanung**. Lendi und Elsasser
(1985, VI) formulieren hierzu: „Raumplanung ist die zielbewusste, ordnende, zukunftgerich-
tete Einflussnahme in politische Verfahren, die sich im Raum und für den Lebensraum nach-
haltig auswirken, unter Wahrung der Entscheidungsfreiheit zukünftiger Generationen." Die
folgende Tabelle 1.3 stellt das System der Raumplanung in Deutschland dar:

Tab. 1.3   Raumplanung in Deutschland

Förderale Ebene	Planungsebene	Rechtsgrundlage	Planungsinstrument	Materielle Inhalte
Bund	Raumordnung	Raumordnungs-gesetz (ROG)		Grundsätze der Raumordnung
Länder	Landesplanung Regionalplanung	ROG und Landespla-nungsgesetze	Raumordnungsplan Regionalplan	Ziele der Raumord-nung
Kommunen	Bauleitplanung	Baugesetzbuch (BauGB)	Flächennutzungsplan	Darstellung der Art der Bodennutzung
			Bebauungsplan	Regelung der Be-bauung von Grundstücken

Quelle: Turowski (2005, 896), eigene Darstellung

Die weiteren Überlegungen dieser Arbeit betreffen neben der räumlichen Wirtschaftstheorie
vor allem die ökonomische Facette der Raumordnungspolitik, die auch als regionale Strukturpolitik bezeichnet wird. **Regionale Strukturpolitik** zielt darauf ab, die volkswirtschaftliche Struktur anders zu gestalten, als der Marktprozess sie ergeben hätte. Diese bewusste
Beeinflussung der Marktergebnisse durch staatliche Institutionen ist zugleich das Merkmal
jeder Wirtschaftspolitik, es handelt sich also um Wirtschaftspolitik mit räumlicher Ausrichtung. Zugleich soll regionale Strukturpolitik ein Leitbild der räumlichen Ordnung verwirklichen, sie umfasst also die volkswirtschaftliche Seite der Raumordnungspolitik (Eckey 2005,
933 f.).

Es gibt eine Vielzahl regionalpolitischer Instrumente, die jeweils Auswirkungen sowohl auf
die Einzelwirtschaft, als auch auf die Gesamtwirtschaft und auf die soziale Wohlfahrt haben.
Strittig ist, inwieweit sich diese Fakten durch regionalpolitische Maßnahmen beeinflussen
lassen. Dabei soll unter Regionalpolitik nicht etwa jede raumwirksame von Hoheitsträgern
durchgeführte Maßnahme verstanden werden, sondern nur die bewusste Einflussnahme auf
die Entwicklung von Regionen mit dem Ziel der bestmöglichen Realisierung regionalpolitischer Ziele. Letztere lassen sich grundsätzlich in distributive und allokative Ziele unterscheiden. Als übergeordnetes distributives Ziel gilt die Verminderung räumlicher Disparitäten,
dieses verteilungspolitische Ziel ist auch unter dem Begriff „Ausgleichziel" bekannt. Das
allokative Ziel sieht in seiner dynamischen Variante das größtmögliche gesamtwirtschaftliche Wachstum vor und wird daher auch „Wachstumsziel" genannt.

1.3 Elemente empirischer Analyse

Im Hinblick auf die ökonomische Entwicklung von Städten und Regionen lassen sich „stilisierte Fakten" feststellen. Als **stilisierte Fakten** werden dabei „breit gestützte, nicht notwendig universelle Generalisierungen empirischer Beobachtungen" (Heine/Meyer/Strangfeld 2007, 583)verstanden, die sich auf räumliche Gegebenheiten beziehen, wie zum Beispiel die nachfolgenden Verallgemeinerungen:

- Bestimmte Gruppen von Haushalten oder Unternehmen bestimmter Branchen siedeln sich an speziellen Orten im Stadtgebiet oder in der Region an.
- Die räumliche Ausdehnung von Märkten ist für verschiedene Unternehmen unterschiedlich.
- Es gibt räumliche Unterschiede hinsichtlich des investierten Kapitals. Dabei sind Investitionen abhängig von der lokalen Verfügbarkeit eingesetzter Produktionsfaktoren (Rohstofflager, Arbeitsmärkte), der Lage der Gütermärkte, den Transportkosten von Inputs und Outputs, der räumlichen Ausdehnung von Marktgebieten und dem unternehmerischen Verhalten.
- Die meisten industriellen Aktivitäten tendieren zur räumlichen Ballung, d.h. zur Clusterbildung. Letztere kann in unterschiedlichen Formen auftreten, etwa als Industriepark, Klein- oder Großstadt.
- Standortwechsel, Expansion von Unternehmen und Firmenschließungen haben Auswirkungen für die übrige städtische und regionale Wirtschaft wie auch für die gesamte Volkswirtschaft.
- Sowohl für die Zunahme regionaler Unterschiede in der Wirtschaftskraft als auch ihre Abnahme sind im Zeitablauf möglich.

Basis jeder regionalpolitischen Entscheidung muss zunächst die empirische Bestandsaufnahme sein. Aus diesem Grund werden im Folgenden Abschnitt drei Typen von Kennzahlen vorgestellt, die dazu dienen, den Zustand einer Region zu beschreiben.

Um die (ökonomische) Entwicklung von Regionen und die Wohlfahrt seiner Einwohner zu beurteilen, werden verschiedene Typen von **Kennzahlen** herangezogen, von denen hier nur diejenigen vorgestellt werden sollen, mit deren Hilfe im Folgenden Abschnitt die empirischen Ergebnisse zur Divergenz ausgewertet werden. Im einzelnen sind dies:

- das Einkommen der Region, das aus der Volkswirtschaftlichen Gesamtrechnung (VGR) zu entnehmen ist und einen der wichtigsten eindimensionalen Indikatoren darstellt, der zudem oft mit gesamtwirtschaftlicher Wohlfahrt gleichgesetzt wird. Andere bedeutende Indikatoren beziehen sich etwa auf den Arbeitsmarkt, die Migration, die Infrastruktur und das vorhandene Humankapital. Sie alle wirken sich aber auf das regionale Einkommen aus. Deshalb soll die Analyse an dieser Stelle auf das Einkommen beschränkt bleiben. Einkommensdifferenzen innerhalb von Regionen und zwischen Gruppen von Regionen lassen sich mit dem Gini-Koeffizienten, dem Ungleichverteilungsmaß nach Hoover oder dem Theil-Index abbilden (Portnov/Felsenstein 2005).

- das Niveau der menschlichen Entwicklung, gemessen als Human Development Index (HDI). Hierbei handelt es sich um einen künstlich zusammengesetzten Index, der mehrere Einzelindikatoren zu einer einzigen Kennzahl zusammenfasst (UNDP 1990). Dieses Konzept zur Wohlfahrtsmessung geht über die Betrachtung des Pro-Kopf-Einkommens hinaus. Letzteres ist aber als Teilindex im HDI enthalten. Die Verbreiterung des Wohlfahrtsmesskonzeptes geschieht aus der Erkenntnis heraus, dass „viele raumwirtschaftliche Phänomene … zu komplex [sind], um sie mit einzelnen Variablen hinreichend beschreiben zu können" (Schätzl 2000, 84).

- die Spezialisierung und Konzentration der Industrie, gemessen als Spezialisierungskoeffizient und Lokalisierungskoeffizient. Fasst man alle regionalen Abweichungen des untersuchten Merkmals zu den durchschnittlichen Ausprägungen des Merkmals zusammen, so erhält man den Krugman-Index der Spezialisierung bzw. den Krugman-Index der Konzentration. Der Standortquotient fasst wiederum die Informationen über beide Kategorien, also Spezialisierung und Konzentration, zusammen (Wolf 2004).

1.3.1   Regionales Einkommen

Viele Einzelindikatoren der Regionalanalyse stammen aus der Volkswirtschaftlichen Gesamtrechnung (VGR). Die populärsten Kennzahlen aus der VGR sind das Bruttoinlandsprodukt (BIP) und das Bruttonationaleinkommen (BNE). Letzteres wurde früher als Bruttosozialprodukt (BSP) bezeichnet. Der Begriff des BNE entspricht der verbindlichen Vorgabe durch das Europäische System Volkswirtschaftlicher Gesamtrechnungen (ESVG). Beide Indikatoren werden für regionale Vergleiche in der Regel nicht in absoluten Zahlen, sondern als Pro-Kopf-Größe herangezogen. Dahinter steht die Vorstellung, dass das Pro-Kopf-Einkommen den individuellen Nutzen eines repräsentativen Individuums widerspiegelt und als Maß für die gesellschaftliche Wohlfahrt geeignet ist. Im Folgenden sollen die Bestandteile von BIP und BNE näher erläutert und ihre zentrale Stellung in der Volkswirtschaftlichen Gesamtrechnung betrachtet werden.

Bei der Volkswirtschaftlichen Gesamtrechnung handelt es sich um ein „System von Definitionen gesamtwirtschaftlicher Größen und deren empirische Darstellung" (Woll 1996, 331). Zu unterscheiden ist in diesem Zusammenhang die Kreislaufanalyse, die im wesentlichen ein Definitionssystem bildet und die **Volkswirtschaftliche Gesamtrechnung** als Teilgebiet der Statistik, die dieses Definitionssystem mit Daten unterfüttert. Im Folgenden soll die VGR als Bereich der Statistik verstanden werden, das die in einem bestimmten Zeitraum (meist ein Jahr) neu erstellten Werte einer Region oder eines Staates erfasst. In einer weiten Definition umfasst die Volkswirtschaftliche Gesamtrechnung neben der „nationalen Buchhaltung" auch die „Input-Output-Analyse", wobei letztere die nationale Buchhaltung ausbaut und vervollständigt. Das Hauptaugenmerk der Input-Output-Analyse liegt auf der Beziehung verschiedener volkswirtschaftlicher Sektoren untereinander. Sie wird im Zusammenhang mit keynesianischen Theorien noch genauer betrachtet. An dieser Stelle soll der Begriff der VGR – wie es meist implizit geschieht – mit der nationalen Buchhaltung gleichgesetzt werden. In den folgenden Abschnitten wird das System der Volkswirtschaftlichen Gesamtrechnung nur insoweit kurz skizziert (Darstellung nach Woll 1996, 331ff. mit aktualisierten Begriffen nach Behrens 2004, 38ff.), wie es für die regionale Strukturanalyse erforderlich ist.

Tab. 1.4   Entstehungsrechnung

Bruttoinlandsprodukt
(= Wert der im Inland hergestellten Güter und Dienstleistungen   abzüglich des Werts importierter Vorleistungen)
+ Saldo der Primäreinkommen aus der übrigen Welt
= Bruttonationaleinkommen (ehem. Bruttosozialprodukt zu Marktpreisen)

Quelle: Woll (1996, 337), eigene Darstellung

Alle Größen der Volkswirtschaftlichen Gesamtrechnung haben eine Zeitdimension. Dabei enthält die VGR nur Stromgrößen, also Größen, die sich auf einen Zeitraum beziehen- Im Gegensatz dazu enthalten Vermögensrechnungen ausschließlich Bestandsgrößen, die für einen Zeitpunkt definiert werden. Der Zeitraum liegt stets in der Vergangenheit, es handelt sich also um eine ex post-Analyse. Weil im Rahmen der VGR nicht nur Mengen von Gütern und Dienstleistungen erfasst werden, sondern alle Mengen mit Preisen gewichtet sind, wird dies auch als Wertrechnung bezeichnet. Es gilt das Kreislaufaxiom, d.h. die Gesamtmenge aller einfließenden Ströme muss mit der Gesamtheit der ausfließenden Ströme übereinstimmen.

Tab. 1.5   Verteilungsrechnung

Arbeitnehmerentgelte
+ Unternehmens- und Vermögensentgelte
= Volkseinkommen
+ Produktions- und Importabgaben an den Staat   abzüglich Subventionen vom Staat
+ Abschreibungen
= Bruttonationaleinkommen (ehem. Bruttosozialprodukt zu Marktpreisen)

Quelle: Woll (1996, 338), eigene Darstellung

Die VGR unterscheidet die wirtschaftlichen Akteure in drei Sektoren: Haushalt, Unternehmen und Staat. Dabei zählen zum Sektor „Haushalt" alle Privathaushalte im üblichen Wortsinn, aber auch alle private Institutionen ohne Erwerbscharakter, also beispielsweise Unternehmensverbände, Gewerkschaften, Kirchen oder politische Parteien.

Dem Unternehmenssektor werden alle Institutionen zugeordnet, die Güter und Dienstleistungen produzieren und diese mit der Absicht der Gewinnerzielung am Markt veräußern. Den Staat bilden alle Institutionen, die Dienstleistungen für die Gesamtgesellschaft erbringen und zur Finanzierung Zwangsabgaben erheben. Für jeden Sektor werden Eingangs- und Ausgangsströme mit der Methode der doppelten Buchführung auf Konten erfasst.

Das Sozialprodukt lässt sich in der VGR auf drei verschiedene Arten ermitteln (Woll 1996, 334ff.): in der Entstehungs-, der Verwendungs- und der Verteilungsrechnung.

Die Entstehungsrechnung fragt danach, in welchen Bereichen die Wirtschaftsleistungen entstanden sind (Tabelle 1.4).

Tab. 1.6   Verwendungsrechnung

Privater Konsum
+ Staatskonsum
= Konsum
+ Bruttoinvestitionen (=Nettoinvestitionen + Ersatzinvestitionen)
+ Außenbeitrag (=Export – Import)
+ Saldo der Primäreinkommen aus der übrigen Welt
= Bruttonationaleinkommen (ehem. Bruttosozialprodukt zu Marktpreisen)

Quelle: Woll (1996, 338), eigene Darstellung

Aus der Verteilungsrechnung geht hervor, wie sich das Einkommen auf die Faktoren Arbeit und Kapital verteilt, d.h. ob es sich um Einkommen aus unselbständiger Arbeit oder Einkommen aus Unternehmertätigkeit und Vermögen handelt (Tabelle 1.5).

Die Verwendungsrechnung gibt Auskunft darüber, wozu die produzierten Güter und Dienstleistungen verwendet werden, ob sie konsumiert oder investiert werden und in welchem volkswirtschaftlichen Sektor dies der Fall ist (Tabelle 1.6). Die Beziehungen zwischen Entstehungs-, Verteilungs- und Verwendungsrechnung sind in Tabelle 1.7 dargestellt.

Die Verwendung des Bruttonationaleinkommens (das bis 1999 als Bruttosozialprodukt bezeichnet wurde) bzw. Bruttoinlandsproduktes als Wohlstandsindikator ist nicht unproblematisch. Einerseits wird die gesamtwirtschaftliche Wohlfahrt unterschätzt, weil nicht alle produzierten Güter und Dienstleistungen, sondern nur ein Teil der marktlichen Aktivitäten erfasst werden. Tabelle 1.8 veranschaulicht, dass auf diese Weise Haushaltsproduktion, Nachbarschaftshilfe und Schwarzarbeit nicht abgebildet werden. Auch die verbesserte Lebensqualität durch mehr Freizeit führt nicht zu einer Erhöhung der Kennzahlen. Hinzu kommt, dass Qualitätsverbesserungen von Gütern und Leistungen nicht zum Ausdruck gebracht werden, wie etwa verbesserte Rechtssicherheit oder Verkehrswege. Andererseits bringt die Berechnung eine Überschätzung der Wohlfahrt mit sich, weil Umweltnutzungen und Bestandsänderungen von Ressourcen vernachlässigt werden, die für die gegenwärtige, aber vor allem für künftige Generationen zu Wohlfahrtseinbußen führen. Um diesen Mangel zu heilen, führt das statistische Bundesamt umweltstatistische Erhebungen und Umweltökonomische Gesamtrechnungen durch.

Tab. 1.7   Zusammenhang zwischen Entstehungs-, Verteilungs- und Verwendungsrechnung

| Bruttonatio-
naleinkom-
men

BNE | ≡ | Bruttoinlandsprodukt
BIP

Saldo der Primärein-
kommen aus der
übrigen Welt
F | ≡ | Arbeitnehmerentgelte *W*
Unternehmens- und Vermö-
gensentgelte *Pr*
Produktions- und Importab-
gaben an den Staat abzüglich
Subventionen vom Staat *Ti*

Abschreibungen *D* | ≡ | Privater Konsum *C*
Staatsverbrauch *G*

Bruttoinvestitionen I_E

Außenbeitrag *Ex-Im*

Saldo der Primärein-
kommen aus der
übrigen Welt
F |
| | | ENTSTEHUNG | | VERTEILUNG | | VERWENDUNG |

Quelle: Woll 1996, 340, eigene Darstellung

Tab. 1.8   Systematik der individuellen wirtschaftlichen Aktivitäten

Wirtschaftliche Aktivität des Individuums			
Formelle Aktivität		Informelle Aktivität	
marktliche Aktivität (entgeltlich)			nicht-marktliche Aktivität (unentgeltlich)
Hauptbeschäftigung	Nebenbeschäftigung	Schwarzarbeit	Eigenarbeit
Legale Beschäftigung am ersten und zweiten Arbeitsmarkt (Legaler Sektor)		Beschäftigung am Schwarzmarkt	Haushalts- produktion	Nachbar- schaftshilfe

Quelle: eigene Darstellung

Eine Überschätzung der Wohlfahrt ergibt sich auch aus dem Umstand, dass definitionsgemäß Haushalte keine Investitionen tätigen. Langlebige Konsumgüter von Haushalten werden daher nicht wie Investitionsgüter des Unternehmenssektors behandelt, so dass Schäden an langlebigen Konsumgütern von Haushalten nicht zu Abschreibungen führen und Reparaturen das Sozialprodukt erhöhen. Hinzu kommt, dass auch der Staat definitionsgemäß nur konsumiert und nicht investiert. Wenn der Staat durch Verwaltungsarbeiten, die Schaffung des ordnungsrechtlichen Rahmens oder den Ausbau der Verkehrswege die Voraussetzungen für die Produktion der Unternehmen schafft, dann gilt dies aufgrund der gewählten Definition nicht als Vorleistung, sondern als Staatskonsum (Baßeler/Heinrich/Koch 1999, 276 ff.).

Zur Messung der **Einkommensungleichheit** existieren zahlreiche Kennzahlen (zur Übersicht siehe beispielsweise Coulter 1989). Die folgenden Darstellungen sollen sich auf die nach Hoover, Gini und Theil benannten Koeffzienten zur Messung der Ungleichheit des Pro-Kopf-Einkommens in und zwischen Regionen beschränken. Sie sind die bekanntesten Maße zur Analyse regionaler Einkommensdisparitäten (Darstellung nach Portnov/Felsenstein 2005).

Seien A_i und A_j die Bevölkerungszahlen in den Regionen i und j und A_{tot} die Gesamtbevölkerung des Staates. Die Gesamtzahl der Regionen sei mit n gegeben. Die Größe $\bar{y}$ bezeichne das nationale Durchschnittseinkommen pro Kopf, y_i und y_j seine die Pro-Kopf-Einkommen in den Regionen i und j. Dann ergeben sich die Maße der regionalen Ungleichverteilung als (Portnov/Felsenstein 2005, 49)

$$Gini = \frac{1}{2n^2\,\bar{y}} \sum_{i=1}^{n} \sum_{j=1}^{n} \left| y_i - y_j \right| \qquad \text{Gini-Koeffizient} \qquad (1.1)$$

$$HC = \frac{1}{2} \sum_{i=1}^{n} \left| \frac{A_i}{A_{tot}} \cdot \frac{y_i}{\bar{y}} - \frac{A_i}{A_{tot}} \right| \qquad \text{Hoover-Koeffizient} \qquad (1.2)$$

$$TE(0) = \frac{1}{n} \sum_{i=1}^{n} \ln \frac{\bar{y}}{y_i} \qquad \text{Theil-Index} \qquad (1.3)$$

Der **Gini-Koeffizient** ist zweifellos der bekannteste der genannten Indizes. Er lässt sich am besten mit Bezug auf die Lorenzkurve erklären. Letztere ergibt sich, wenn für alle Regionen „geordnet nach der Höhe des Pro-Kopf-Einkommens, auf der Abszisse die kumulierten Prozentwerte der Bevölkerung und auf der Ordinate die entsprechenden kumulierten Prozentanteile des Einkommens" (Schätzl 2000, 61) abgetragen werden. Ein Zustand perfekter Gleichverteilung würde bestehen, wenn die kumulierten Prozentwerte der Bevölkerung jeweils den kumulierten Prozentwerten des Einkommens entsprechen würden, also beispielsweise ein Viertel der Bevölkerung über ein Viertel des Einkommens verfügen würde und die Hälfte der Bevölkerung über die Hälfte des Einkommens. Diese Gleichverteilungen liegen auf der 45 Grad Linie. Der Gini-Koeffizient entspricht in der Grafik der Fläche zwischen der 45 Grad Linie („Linie der Gleichverteilung", Schätzl 2000, 61) und der Lorenzkurve. Bei einer vollkommenen Gleichverteilung entspricht die Lorenzkurve genau der 45 Grad Linie und der Gini-Koeffizient hat den Wert Null. Bei vollkommener Ungleichheit nimmt der normierte Gini-Koeffizient den Wert Eins an.

Der **Hoover-Koeffizient** hat vor allem den Vorteil, dass er direkt als Anteil des Einkommens interpretierbar ist, den ein zentraler Planer umverteilen müsste, um Gleichverteilung zwischen den Regionen zu erzielen. Auch dieser Wert ist auf das Intervall zwischen Null (perfekte Gleichheit) und Eins (perfekte Ungleichheit) normiert.

Eine solche einfache Interpretation wie für den Hoover-Koeffizienten ist für den **Theil-Index** nicht möglich. Er wird als Entropiemaß (also Maß für die Unordnung) bezeichnet, weil er den Unterschied zwischen der maximalen Entropie (die bei vollkommener Gleichverteilung vorliegt) und der tatsächlich bestehenden Entropie misst. Aus mathematischer Sicht spricht für den Theil-Index, dass er über eine Reihe von Eigenschaften verfügt, die jedes Ungleichheitsmaß aufweisen sollte (siehe dazu Lüthi 1981, 23ff.). Gibt es keine Ungleichheit, so nimmt der Index den Wert Null an, bei vollkommener Ungleichheit erreicht er in der hier gegebenen Definition den Wert Eins. In der Literatur finden sich oft nicht-normierte Darstellungen des Theil-Entropiemaßes, die ohne jede Ungleichheit den Wert Null annehmen. Bei n Regionen und perfekter Ungleichheit ist der Wert des nicht normierten Index dann $\ln(n)$.

Das folgende einfache Beispiel soll die Messung regionaler Ungleichheit mit Hilfe der Indizes nach Gini, Hoover und Theil noch einmal verdeutlichen: Angenommen in einer Volkswirtschaft gebe es fünf Regionen ($i=1,..,5$), die der Einfachheit halber jeweils gleichstark besiedelt seien (A_i =1 für alle i). Das Preisniveau sei ebenfalls aus Vereinfachungsgründen auf Eins normiert. Das reale Pro-Kopf-Einkommen betrage in den Regionen 1, 2 und 3 jeweils zehn Gütereinheiten, in Region 4 belaufe es sich auf zwanzig Gütereinheiten und in Region 5 auf 50 Gütereinheiten. Für den Theil-Index ergibt sich aus der Formel ein Wert von 0,599. Im Vergleich dazu nehmen der Gini-Koeffizient und der Hoover-Index geringere Werte an. Der Gini-Koeffizient errechnet sich für dieses Beispiel mit Hilfe der Formel als *Gini*=0,36. Alternativ zur Formelberechnung lässt sich der Gini-Koeffizient mit Hilfe der Lorenzkurve auch graphisch ermitteln. Die Lorenzkurve entspricht in diesem Beispiel dem Linienzug durch die Punkte $(0,0),(20,10),(40,20),(60,30),(80,50),(100,100)$. Der Gini-Koeffizient ist definiert als Quotient aus dem Flächeninhalt zwischen Diagonale und Lorenzkurve und dem Flächeninhalt des Dreiecks durch die Punkte (0,0), (1,0) und (1,1). Für den Hoover-Index ergibt sich schließlich aus der Formel ein Wert von HC=0,3, d.h. wenn ein zentraler Planer in diesem Beispiel eine vollkommene Gleichheit der Pro-Kopf-Einkommen in allen Regionen erreichen wollte, müsste er dreißig Prozent des Einkommens umverteilen.

Die weltweiten Einkommensunterschiede sind drastisch, dies lässt sich mit einigen Zahlen aus dem Entwicklungsbericht der Vereinten Nationen (UNDP 2007, 280) verdeutlichen. Dabei beziehen sich die Werte für das Bruttonationaleinkommen pro Kopf auf das Jahr 2005 und sind in US-Dollar ausgedrückt. Die Zahlen in Klammern sind Kaufkraftparitäten, ebenfalls in US-Dollar (zu konstanten Preisen des Jahres 2005). Dem Entwicklungsbericht zufolge betrug das weltweite durchschnittliche Pro-Kopf-Einkommen im genannten Jahr 6.954 Dollar (9.543 Dollar). In den Entwicklungsländern belief sich der Durchschnitt auf 1.939 Dollar (5.282 Dollar), die am geringsten entwickelten Länder erreichten lediglich 424 Dollar (1.499 Dollar). Demgegenüber belief sich das Pro-Kopf-Einkommen im Durchschnitt der OECD-Staaten auf 29.860 Dollar (29.197 Dollar), in den Hocheinkommensstaaten der O-ECD sogar auf 35.696 Dollar (33.831 Dollar).

Untersuchungen der Vereinten Nationen zeigen, dass sich die Einkommensdisparitäten im Laufe der vergangenen zwei Jahrhunderte deutlich verstärkt haben (UNDP 1999, 38). Andere Quellen erkennen diese Entwicklungstendenz über wesentlich längere Zeiträume. Während beispielsweise Westeuropa und Afrika vor zweitausend Jahren über ein ähnlich hohes Pro-Kopf-Einkommen verfügten, haben sich ab etwa 1000 n.Chr. Einkommensunterschiede zugunsten Westeuropas herausgebildet, die sich insbesondere seit ca. 1800 dramatisch verstärkten (Maddison 2001, 264). Ähnliche Tendenzen zeigen sich auch im weltweiten Einkommensvergleich. „Festzuhalten bleibt somit – ohne dass damit die Bedeutung der neuerlichen Beschleunigung der Disparitätsentwicklung in der zweiten Hälfte des 20. Jahrhunderts herabgespielt werden soll -, dass die Anfänge der Herausbildung der globalen Einkommensungleichheit bereits in der ersten Hälfte des zweiten Jahrtausends zu suchen sind." (Henrich 2004, 13). Vergleicht man die Welteinkommen in der zweiten Hälfte des vergangenen Jahrhunderts mit Hilfe des Hoover-Index und des Gini-Koeffizienten, so zeigen sich für beide Kennzahlen steigende Werte, die in Tabelle 1.9 wiedergegeben werden:

Tab. 1.9   Ungleichheitskoeffizienten bezogen auf das Welteinkommen

Koeffizient	1960	1970	1980	1989	1998
Hoover	0,5	0,54	0,56	0,63	0,69
Gini	0,54	0,57	0,60	0,65	0,70

Quelle: Henrich (2004, 13).

Starke Einkommensunterschiede zeigen sich aber nicht nur weltweit, sondern auch in den einzelnen Ländern. Tabelle 1.10 gibt exemplarisch Einblick in Gini-Koeffizienten verschiedener Länder, wobei die zugrundeliegenden Studien sich auf unterschiedliche Jahre beziehen und auch bezüglich der Methode und des Datentyps nicht strikt zwischen den Ländern vergleichbar sind (UNDP 2007, 284).

Die Länder wurden so ausgewählt, dass in der Ländergruppe mit hohem und mittlerem Niveau der menschlichen Entwicklung die zehn höchsten und die zehn geringsten vom Entwicklungsprogramm der Vereinten Nationen angegebenen Werte für den Gini-Koeffizienten enthalten sind. In der Ländergruppe mit geringem Niveau der menschlichen Entwicklung sind aufgrund der geringen Anzahl der Gruppenmitglieder alle Länder genannt, für die in der Studie des Entwicklungsprogramms der Vereinten Nationen Werte des Gini-Index angegeben wurden. Die Reihung der Länder entspricht ihrem jeweiligen Rang des Human Development Index. Insgesamt zeigen die ausgewählten Daten, dass es in allen Ländergruppen Staaten mit starken und weniger stark ausgeprägten Einkommensunterschieden gibt. Dabei weisen aber Länder mit einem höheren Niveau der menschlichen Entwicklung tendenziell weniger stark ausgeprägte Einkommensunterschiede auf als Länder mit mittlerem oder geringem Niveau der menschlichen Entwicklung.

Levy und Chowdhury (1995) analysieren die weltweiten Einkommensdisparitäten für die Periode von 1960 bis 1990 mit Hilfe des Theil-Index. Insgesamt stieg der auf 1 normierte Theil-Index von 0,4819 im Jahr 1960 auf 0,6515 im Jahr 1990. Dabei zeigen sich aber deutliche zeitliche und regionale Entwicklungsunterschiede. Untersucht werden insgesamt 154 Staaten, die vier geographischen Clustern und innerhalb der Cluster wiederum fünfzehn Regionen zugeordnet sind. Tabelle 1.11 erläutert die Einteilung näher. Im Rahmen der Analyse errechnen die Autoren den Theil-Index als Ungleichheitsmaß sowohl für Einkommensunterschiede zwischen den Clustern als auch für Disparitäten zwischen und innerhalb der Regionen (interregionale und intraregionale Ungleichheit).

Auf Basis der ausgewerteten Daten teilen Levy und Chowdhury (1995, 6ff.) den Untersuchungszeitraum in drei Phasen ein: Phase 1 datiert von 1960 bis 1968 und ist eine Periode stark wachsender Einkommensungleichheit, Phase 2 ein Zeitraum der leichten Annäherung zwischen 1969 und 1983 und Phase 3 eine Stagnationsperiode von 1984 bis 1990.

Den größten Anteil an der gesamten Einkommensungleichheit haben während dieser Periode die Unterschiede innerhalb von Regionen, gefolgt von den Differenzen zwischen den Clustern. Unterschiede zwischen den Regionen eines Clusters haben in Phase 1 den geringsten Anteil an den globalen Einkommensdisparitäten. Speziell die deutlich ansteigenden intraregionale Ungleichheit in Asien verursacht in der ersten Phase die starke Zunahme der weltweiten Einkommensunterschiede. Demgegenüber waren die Unterschiede innerhalb der anderen Cluster relativ gering.

Tab. 1.10 Gini Koeffizienten in verschiedenen Ländern

Ländergruppe mit hohem Niveau der menschlichen Entwicklung (High Human Development)		Ländergruppe mit mittlerem Niveau der menschlichen Entwicklung (Medium Human Development)		Ländergruppe mit geringem Niveau der menschlichen Entwicklung (Low Human Development)	
HDI Rang, Staat	Gini Koeffizient	Rang, Staat	Gini Koeffizient	Rang, Staat	Gini Koeffizient
2. Norwegen	25,8	73. Kasachstan	33,9	156. Senegal	41,3
6. Schweden	25,0	75. Kolumbien	58,6	157. Eritrea	-
8. Japan	24,9	76. Ukraine	28,1	158. Nigeria	43,7
11. Finnland	26,9	83. Armenien	33,8	159. Tansania	34,6
14. Dänemark	24,7	89. Ecuador	53,6	160. Guniea	38,6
21. Hong Kong	43,4	95. Paraguay	58,4	161. Ruanda	46,8
22. Deutschland	28,3	107. Indonesien	34,3	162. Angola	-
25. Singapur	42,5	111. Moldavien	33,2	163. Benin	36,5
32. Tschechische Republik	25,4	114. Mongolei	32,8	164. Malawi	39,0
36. Ungarn	26,9	116. Kirgisistan	30,3	165. Sambia	50,8
38. Argentinien	51,3	117. Bolivien	60,1	166. République de Côte d'Ivoire	44,6
40. Chile	54,9	118. Guatemala	55,1	167. Burundi	42,4
42. Slowakei	25,8	121. Südafrika	57,8	169. Äthiopien	30,0
46. Uruguay	44,9	122. Tadschikistan	32,6	170. Tschad	-
48. Costa Rica	49,8	124. Botswana	60,5	171. Zentralafrikanische Republik	61,3
49. Mexiko	46,1	125. Namibia	74,3	172. Mosambik	47,3
62. Panama	56,1	136. Pakistan	30,6	173. Mali	40,1
63. Malaysia	49,2	138. Lesotho	63,2	174. Niger	50,5
66. Bosnien und Herzegowina	26,2	146. Haiti	59,2	175. Guinea-Bissau	47,0
70. Brasilien	57,0	153. Jemen	33,4	176. Burkina Faso	39,5
				177. Sierra Leone	62,9

Quelle: UNDP (2007, 281ff.).

In der zweiten Phase, zwischen 1969 und 1983 ist insgesamt eine langsame Konvergenz festzustellen. Die Unterschiede innerhalb der Regionen werden deutlich reduziert, insbesondere gilt dies für Asien. Inter- und intraregionale Differenzen wirken sich in Phase 2 etwa gleich stark auf die gesamte Einkommensunterschiede aus, die Unterschiede zwischen den Clustern erklären etwa ein Fünftel der gesamten Einkommensungleichheit.

Die dritte Phase reicht von 1984 bis zum Ende des Untersuchungszeitraumes 1990. In dieser Periode blieb die gesamte Einkommensungleichheit nahezu unverändert, der Anteil der interregionalen Ungleichheit nahm kontinuierlich zu. Dies ist vor allem durch wachsende Unterschiede zwischen den Regionen des amerikanischen Clusters zu erklären, aber auch die interregionalen Einkommensungleichheiten in Afrika, Asien und Europa nehmen in der dritten Phase zu.

Tab. 1.11 Geographische Cluster und Regionen

Cluster	Regionen
Afrika	Nordafrika, Ostafrika, Zentral- und Westafrika, Südafrika
Amerika	Nordamerika, Zentralamerika, Südamerika, Karibik
Asien	Mittelerer Osten und Golf, Südasien, Ostasien und Pazifik
Europa	Nordeuropa und Britische Inseln, Südeuropa, Osteuropa, Skandinavien

Quelle: Levy/Chowdhury (1995, 2).

Interregionale Vergleiche anhand des Bruttonationaleinkommens bzw. Bruttoinlandsproduktes werden in der Praxis durch drei Ursachen erschwert: Erstens haben sich die statistischen Systeme der ehemaligen Zentralverwaltungswirtschaften von denen der westlichen Industrienationen deutlich unterschieden, wodurch zumindest intertemporale Vergleiche problematisch sind. Zweitens ist es schwierig, für internationale Vergleiche auf Basis der Volkswirtschaftlichen Gesamtrechnungen geeignete Wechselkurse zu finden, weil nicht nur die Kaufkraft den Wechselkurs beeinflusst. Aus diesem Grund werden die Daten der Volkswirtschaftlichen Gesamtrechnungen mit Hilfe von Kaufkraftparitäten vergleichbar gemacht. Ein Beispiel soll dieses Vergleichbarmachen erläutern: Angenommen, ein Kilo Birnen einer bestimmten Sorte und Qualität kostet in den USA 2 Dollar und in Deutschland 4 Euro. Dann berechnet sich die Kaufkraftparität Deutschlands in Relation zu den USA als 2 Euro zu 1 Dollar. Damit ist die Kaufkraftparität in Dollar ausgedrückt. Diese Vorgehensweise wird nun nicht nur für ein einziges Produkt (hier die Birnen der bestimmten Sorte und Qualität), sondern für einen ganzen Warenkorb gewählt, um die Daten der VGR international vergleichbar zu machen. Drittens schließlich ist ein Vergleich von Ländern problematisch, die sich hinsichtlich des Anteils des nicht marktlichen Sektors, der Altersstruktur oder bezüglich des Umfang und der Effizienz des Staatssektors deutlich unterscheiden. Nicht zuletzt diese Argumente haben zur Entwicklung zahlreicher Wohlfahrtsmaße geführt, die bezüglich sozialer und ökologischer Indikatoren weit über die Volkswirtschaftliche Gesamtrechnung hinausgehen (Schätzl 2000, 18ff.).

1.3.2   Human Development Index

Einer der bekanntesten gesellschaftlichen Indikatoren ist der Human Development Index (HDI), den das United Nations Development Programme (UNDP) seit 1990 veröffentlicht. Zur Begründung des Index und seiner Bestandteile heisst es: „Human development is a process of enlarging people's choices. In principle, these choice can be infinite and change over time. But at all levels of development, the three essential ones are for people to lead a long and healthy life, to aquire knowledge and to have access to resources needed for a decent

standard of living. If these essential choices are not available, many other opportunities re-
main inaccessible" (UNDP 1990, 10). Menschliche Entwicklung wird also in den Dimensionen Langlebigkeit, Bildungsstand und Lebensstandard definiert.

Um **Langlebigkeit** zu erfassen, wird die Lebenserwartung bei der Geburt herangezogen. Zur
Messung des **Bildungsstandes** dient die Alphabetisierungsquote, die zu zwei Dritteln in den
Indikator Bildung eingeht, und die durchschnittliche Brutto-Einschulungsquote in den Berei-
chen der primären, sekundären und tertiären Bildung („combined primary, secondary and
tertiary gross enrolment", UNDP 2007, 356), die mit einem Drittel gewichtet wird. In der
Praxis wird als Obergrenze der Alphabetisierungsquote 99% angesetzt. Der **Lebensstandard**
wird durch das reale Bruttoinlandsprodukt pro Kopf zu Kaufkraftparitäten auf Basis des US-
Dollars erfasst (KKP US$). Mit dem BIP will das Entwicklungsprogramm der Vereinten
Nationen alle Dimensionen menschlicher Entwicklung abbilden, die nicht durch die Indikatoren Lebensdauer und Bildung erfasst werden. An dieser Stelle muss noch einmal auf die
oben erörterte Problematik des Bruttoinlandsproduktes oder Bruttonationaleinkommens als
Wohlfahrtsmaß hingewiesen werden.

Tab. 1.12 Human Development Index

Dimen-sion	„A long and healty life" (Langlebigkeit)	„Knowledge" (Bildungsstand)		„A decent standard of living" (angemessener Lebens-standard)
Indikator	Lebenserwartung bei der Geburt	Alphabetisierungsrate bei Erwachsenen (gewichtet mit 2/3)	durchschnittli-che Einschu-lungsquote (gewichtet mit 1/3)	reales Bruttoinlandsprodukt pro Kopf zu Kaufkraft-paritäten (US-Dollar)
Unter-grenze	25	0	0	100
Ober-grenze	85	100	100	40 000
Index	Lebenserwartungs-index	Bildungsindex		Bruttonationaleinkommens-index

Quelle: UNDP(2007, 355f.), eigene Darstellung.

Für die Indikatoren sind jeweils Ober- und Untergrenzen festgelegt. Die Festlegung der
Grenzen erscheint allerdings willkürlich. Die Vorgehensweise impliziert zudem, dass Werte,
die über die Obergrenze hinausgehen, keine menschlichen Entwicklungsfortschritte mehr
anzeigen. Anders ausgedrückt bedeutet die Obergrenze von 40.000 US-Dollar für das reale
Bruttoinlandsprodukt pro Kopf zu Kaufkraftparitäten, dass für höhere Bruttoinlandsprodukte
kein zusätzlicher Nutzen unterstellt wird, d.h. dass Pro-Kopf-Einkommen über 40 000 US-
Dollar einen Grenznutzen von Null haben. Analoges gilt für die Obergrenzen der Lebenserwartung und des Bildungsstandes (Schätzl 2000, 91f.). „Das DIW schlägt daher vor, keinen
abnehmenden Grenznutzen zusätzlichen Einkommens oberhalb des von UNDP gewählten
Schwellenwertes anzunehmen und den Bildungsstand über die durchschnittliche Anzahl der
absolvierten Schuljahre zu messen. Ziel dieser Modifikationen ist es, durch eine stärkere
Berücksichtigung der Entwicklungsunterschiede den realen Verhältnissen näherzukommen."
(Schätzl 2000, 166).

Tabelle 1.12 fasst die drei Dimensionen des HDI und die dazu gehörigen Indikatoren noch einmal zusammen. Um die Summe der drei Indexwerte zu ermitteln, werden zunächst die Indikatoren von 0 bis 100 skaliert. Dabei lautet die allgemeine Formel

$$\text{Dimension Index} = (\text{aktueller Wert} - \text{Untergrenze})/(\text{Obergrenze} - \text{Untergrenze}) \quad (1.4)$$

Da das Einkommen höhere Werte annimmt, wird es logarithmisch umgerechnet. Der Gesamtwert des HDI ergibt sich als arithmetisches Mittel, indem man die drei Indikatorenwerte zunächst addiert und die Summe dann durch Drei dividiert (UNDP 2007, 356.) Mögliche Werte für den HDI liegen dann zwischen 0 und 1. Der Einteilung des UNDP zufolge gilt das Niveau der menschlichen Entwicklung für HDI-Werte von mindestens 0,8 als hoch ($HDI \geq 0,8$), für Werte unter 0,5 als gering ($HDI < 0,5$) und für dazwischen liegende Werte als mittelhoch ($0,8 < HDI \leq 0,5$) (UNDP 2007, 229ff.)

Exemplarisch soll die Vorgehensweise der HDI-Berechnung für **Deutschland 2005** erläutert werden (zum Verfahren siehe UNDP 2007, 356, zu den Daten siehe UNDP 2007, 229). Die Werte für die Teilindizes Lebenserwartung, Einschreibungsquote und Bruttoinlandsprodukt beziehen sich dabei jeweils auf das Jahr 2005, die Alphabetisierungsquote wurde zwischen 1995 und 2005 erhoben und auf 99 Prozent festgesetzt. Die Lebenserwartung bei Geburt belief sich 2005 in Deutschland auf 79,1 Jahre, die durchschnittliche Einschulungsquote betrug im selben Jahr 88 Prozent, das reale Bruttoinlandsprodukt pro Kopf wird für 2005 mit 29 461 KKP US-Dollar beziffert. Die Werte der Teilindizes und des HDI ergeben sich dann wie folgt:

$$\text{Lebenserwartungsindex} \qquad \frac{79,1 - 25}{85 - 25} = 0,902 \qquad\qquad (1.5)$$

$$\text{Alphabetisierungsrate} \qquad \frac{99 - 0}{100 - 0} = 0,99 \qquad\qquad (1.6)$$

$$\text{Einschulungsquote} \qquad \frac{88 - 0}{100 - 0} = 0,88 \qquad\qquad (1.7)$$

$$\text{Bildungsindex} \qquad 0,99 \cdot \frac{2}{3} + 0,88 \cdot \frac{1}{3} = 0,953 \qquad\qquad (1.8)$$

$$\text{BIP-Index} \qquad \frac{\log(29461) - \log(100)}{\log(40000) - \log(100)} = 0,949 \qquad\qquad (1.9)$$

$$\text{HDI} \qquad \frac{0,902 + 0,953 + 0,949}{3} = 0,935 \qquad\qquad (1.10)$$

Mit dem Wert 0,935 nimmt Deutschland Platz 22 in der weltweiten Rangfolge des HDI ein (UNDP 2007, 234, Tabelle 1.13). Die Kritik am HDI ist vielfältig, dies gilt jedoch generell für zusammengesetzte Kennzahlen: „Die konzeptionellen und methodischen Schwächen des Human Development Index haben gezeigt, dass die Auswahl und Gewichtung von Indikatoren ein zentrales Problem bei der Analyse komplexer regionalökonomischer Phänomene darstellt" (Schätzl 2000, 93).

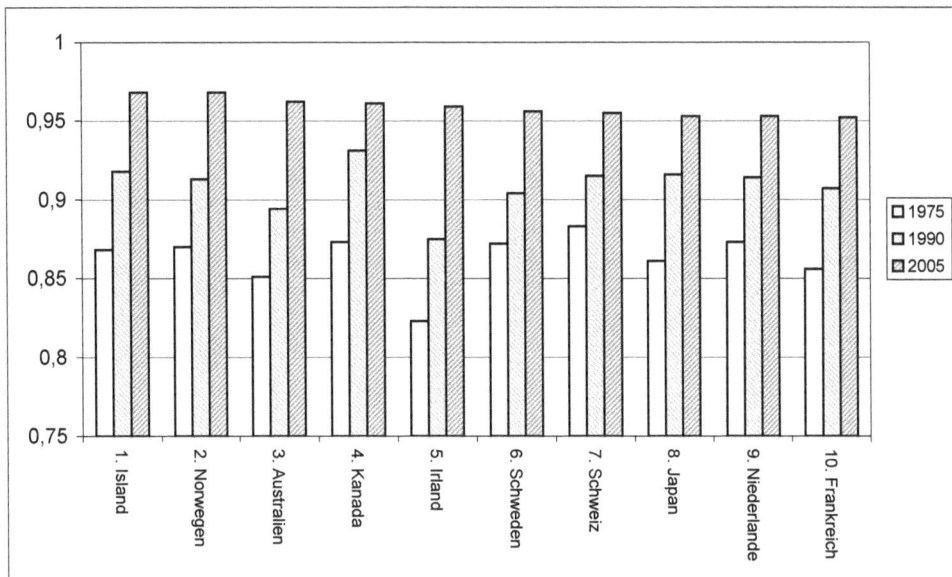

Abb. 1.1   HDI-Entwicklung der Ländergruppe mit hohem Niveau der menschlichen Entwicklung
(Quelle: UNDP (2007, 234), eigene Darstellung)

Konkret lässt sich gegen den HDI einwenden, dass die Addition der Indexwerte die Austauschbarkeit der drei Entwicklungsdimensionen impliziert. Eine multiplikative Verknüpfung würde demgegenüber klarstellen, dass aus geringen Werten auch nur einer Größe ein insgesamt geringer Entwicklungsstand folgt. Gerade deshalb wird die additive Vorgehensweise häufig kritisiert (z.B. Reichel 1991, 60), allerdings stimmen die Ergebnisse weitgehend mit denen von Expertenbefragungen überein (Chowdhury/Squire 2006, 766).

Tab. 1.13 Rangliste der Länder nach HDI-Werten

Ländergruppe mit hohem Niveau der menschlichen Entwicklung (High Human Development) $HDI \geq 0,8$	Ländergruppe mit mittlerem Niveau der menschlichen Entwicklung (Medium Human Development) $0,8 < HDI \leq 0,5$	Ländergruppe mit geringem Niveau der menschlichen Entwicklung (Low Human Development) $HDI < 0,5$
Island	Dominica	Senegal
Norwegen	St. Lucia	Eritrea
Australien	Kasachstan	Nigeria
Kanada	Bolivarische Republik Venezuela	Vereinigte Republik Tansania
Irland	Kolumbien	Guinea
Schweden	Ukraine	Ruanda
Schweiz	Samoa	Angola
Japan	Thailand	Benin
Niederlande	Dominikanische Republik	Malawi
Frankreich	Belize	Sambia
Finnland	China	République de Côte d'Ivoire
USA	Grenada	Burundi
Spanien	Armenien	Demokratische Republik Kongo
Dänemark	Türkei	Äthiopien
Österreich	Suriname	Tschad
Großbritannien	Jordanien	Zentralafrikanische Republik
Belgien	Peru	Mosambik
Luxemburg	Libanon	Mali
Neuseeland	Ecuador	Niger
Italien	Philippinen	Guinea-Bissau
Hong Kong	Tunesien	Burkina Faso
Deutschland	St. Vincent und die Grenadinen	Sierra Leone
Israel	Fidschi	
Griechenland	Iran,. Islam. Republik	
Singapur	Paraguay	
Republik Korea	Georgien	
Slovenien	Guyana	
Zypern	Aserbaidschan	
Portugal	Sri Lanka	
Brunei Darussalam	Malediven	
Barbados	Jamaica	
Tschechische Republik	Kapverden	
Kuwait	El Salvador	
Malta	Algerien	
Katar	Vietnam	
Ungarn	Besetzte Palästinensische Gebiete	
Polen	Indonesien	
Argentinien	Arabische Republik Syrien	
Vereinigte Arabische Emirate	Turkmenistan	
Chile	Nicaragua	
Bahrain	Moldawien	
Slovakei	Ägypten	

Litauen	Usbekistan
Estland	Mongolei
Lettland	Honduras
Uruguay	Kirgisistan
Kroatien	Bolivien
Costa Rica	Guatemala
Bahamas	Gabon
Seychellen	Vanuatu
Kuba	Südafrika
Mexiko	Tadschikistan
Bulgarien	São Tomé und Príncipe
Saint Kitts und Nevis	Botsuana
Tonga	Namibia
Libysch-Arabische Dschamahirija	Marokko
Antigua und Barbuda	Äquatorialguinea
Oman	Indien
Trinidad und Tobago	Salomonen
Rumänien	Laos
Saudi-Arabien	Kambodscha
Panama	Myanmar
Malaysia	Bhutan
Belarus	Komoren
Mauritius	Ghana
Bosnien und Herzegowina	Pakistan
Russische Föderation	Mauretanien
Albanien	Lesotho
Republik Mazedonien	Kongo
Brasilien	Bangladesch
	Swasiland
	Nepal
	Madagaskar
	Kamerun [
	Papua-Neuguinea
	Haiti
	Sudan
	Kenia
	Dschibuti
	Timor-Leste
	Simbabwe
	Togo
	Jemen
	Uganda
	Gambia

Quelle: UNDP (2007, 229ff.), eigene Darstellung

Auf die Probleme, die mit der Festlegung der Ober- und Untergrenzen einhergehen, wurde bereits zuvor hingewiesen, ebenso auf die Schwächen des Bruttoinlandsproduktes oder Bruttonationaleinkommens als Wohlfahrtsindikator.

Oft wird auch die Datenbasis des HDI als problematisch angesehen. So verursacht die Um-
rechung des Bruttonationaleinkommens pro Kopf zu Kaufkraftparitäten methodische
Schwierigkeiten. Hinzu kommt, dass die Alphabetisierungsquote in verschiedenen Ländern
unterschiedlich definiert wird. Die Einschulungsrate liefert keine Aussage über die Bil-
dungsqualität. Analog wird auch die Lebensdauer rein quantitativ erfasst, sie gibt keine Auskunft über die Lebensqualität. Trotz aller Kritik gilt der HDI aber als Wohlfahrtsmaß, das
dem eindimensionalen Indikator Pro-Kopf-Einkommen überlegen ist (Schätzl 2000, 90ff.)
und das vor allem auch normative Wirkung hat (Nübler 1995, 176).

Die wichtigste Rolle des HDI ist es, den Begriff des Human Development, also der menschlichen Entwicklung, in den Mittelpunkt zu rücken und die Betrachtung nicht länger auf das
Pro-Kopf-Einkommen zu beschränken. Einen ähnlichen Ansatz verfolgt die Weltbank mit
dem Index für Wohlstand und Nachhaltigkeit, der sich aus Sachkapital, Humankapital und
Naturvermögen errechnet. Gerade die Bewertung des Naturvermögens verschiedener Länder
erweist sich jedoch in der Praxis als schwierig und ruft vielfältige Kritik hervor (Wollnik
1997, 5f.).

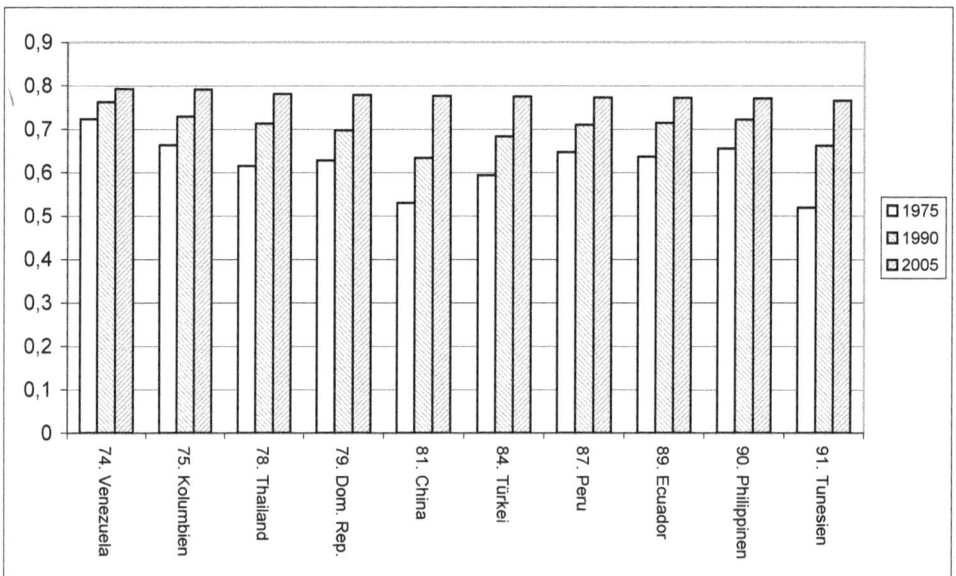

Abb. 1.2   HDI-Entwicklung der Ländergruppe mit mittlerem Niveau der menschlichen Entwicklung
(Quelle: UNDP (2007, 235), eigene Darstellung)

Im Jahr 2005 lag der durchschnittliche Wert des Human Development Index weltweit bei
0,743. Dabei zeigen sich allerdings große Unterschiede zwischen Entwicklungs- und Indust-
rieländern. Der Durchschnittswert in der Gruppe der Entwicklungsländer betrug im selben
Zeitraum 0,691, wobei die am wenigsten entwickelten Länder durchschnittlich nur 0,488

erreichten. Demgegenüber belief sich der entsprechende Wert für die OECD Staaten auf 0,916, für die Hocheinkommensländer der OECD sogar auf 0,947.

Unterteilt man die untersuchten Staaten nach ihrem Niveau der menschlichen Entwicklung, dann zeigt sich für die Ländergruppe mit hohem Niveau der menschlichen Entwicklung (High Human Development) ein durchschnittlicher Indexwert von 0,897 für 2005. Für die Ländergruppe mit mittlerem Niveau der menschlichen Entwicklung (Medium Human Development) ergibt sich ein HDI von 0,698 und für die Ländergruppe mit geringem Niveau der menschlichen Entwicklung (Low Human Development) ein Indexwert von 0,436.

Unterteilt man die Ländergruppen nach dem Einkommen, so zeigt sich für die Hocheinkommensstaaten im Jahr 2005 ein Durchschnittswert des HDI von 0,936, für die mittlere Einkommensgruppe errechnet sich ein Wert von 0,776 und für die Ländergruppe mit niedrigem Einkommen wurde ein Wert von 0,570 ermittelt (UNDP 2007, 232). Die Rangliste der Länder nach HDI-Werten ist in Tabelle 1.13 dargestellt.

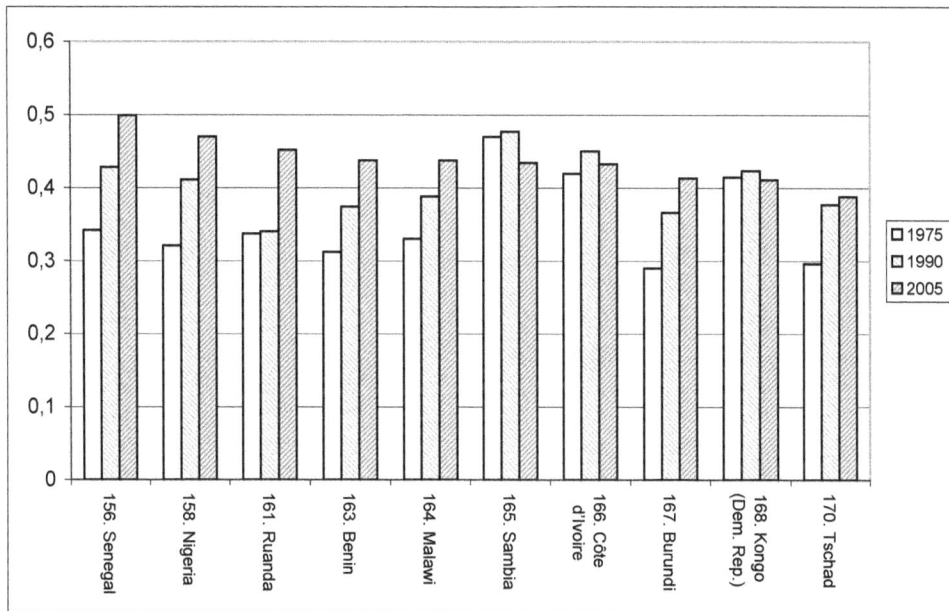

Abb. 1.3   HDI-Entwicklung der Ländergruppe mit niedrigem Niveau der menschlichen Entwicklung (Quelle: UNDP (2007, 236f.), eigene Darstellung)

Tendenziell gilt, dass Länder mit einem geringen Pro-Kopf-Einkommen starke Unterschiede in ihren HDI-Werten aufweisen. Viele dieser Länder erreichen diesen Berechnungen zufolge ein mittleres Niveau der menschlichen Entwicklung. Länder mit mittlerem Pro-Kopf-Einkommen erreichen typischerweise HDI-Werte von mindestens 0,5, Länder mit hohem

Pro-Kopf-Einkommen erzielen regelmäßig einen HDI-Wert von mindestens 0,8 (Schätzl 2000, 162f.).

Ein grundsätzliches Problem für den Vergleich der Entwicklung des Human Development Index im Zeitablauf besteht darin, dass es Ziel des HDI ist, eine Rangfolge der Staaten auszuweisen und nicht absolute Werte. Wenn die Analyse auf die Rangstellen beschränkt wird, dann lassen sich keine längerfristigen Entwicklungen darstellen (Wollnik 1997, 5).

Vergleicht man die absoluten Werte des HDI in den verschiedenen Ländergruppen im Zeitablauf, so ist festzustellen, dass sich die Indexzahlen in fast allen Ländern erhöht haben. Weiterhin rückläufige Entwicklungen finden sich allerdings in der Gruppe von Ländern mit dem ohnehin geringsten Entwicklungsstand. In den folgenden Abbildungen 1.1 bis 1.3 sind die Trends des HDI für jeweils zehn Länder jeder Gruppe dargestellt. Es handelt sich jeweils um die ersten zehn Länder der Gruppe nach der HDI-Rangfolge aus Tabelle 1.13, sofern die jeweiligen Daten vollständig vorlagen. Der Vergleich erfolgt über einen Zeitraum von 30 Jahren jeweils für die Jahre 1975, 1990 und 2005.

1.3.3   Konzentrations- und Spezialisierungsindikatoren

Indikatoren der Spezialisierung gehen der Frage nach, ob die wirtschaftlichen Strukturen in verschiedenen Teilräumen eines Gesamtgebietes gleich sind oder sich unterscheiden. Anders formuliert: Ist die **Industriestruktur** in der betrachteten Region genauso wie im Gesamtgebiet oder hat sich die Region auf eine bestimmte Wirtschaftsaktivität **spezialisiert**? Angenommen, im Gesamtgebiet gebe es $k=1,...,m$ Branchen und $i=1,...,n$ Regionen. Untersuchungsgegenstand ist der Anteil s einer bestimmten Branche k an der gesamten Wirtschaftsaktivität der Region i zum Zeitpunkt t, also $s_i^k(t)$. Wirtschaftsaktivität lässt sich beispielsweise über die Beschäftigung messen (Haas/Südekum 2005, 2). Wenn das Ausmaß der Wirtschaftsaktivität der Branche k in Region i zum Zeitpunkt t mit $x_i^k(t)$ bezeichnet wird, ist der Anteil $s_i^k(t)$ definiert als

$$s_i^k(t) = \frac{x_i^k(t)}{\sum_k x_i^k(t)}$$
(1.11)

(Wolf 2004, 13). Konkret geht es hier beispielsweise um den Anteil der Beschäftigung im Thüringer Maschinenbau an der Thüringer Gesamtbeschäftigung.

Indikatoren der **Lokalisierung** eines Wirtschaftszweiges befassen sich mit der Frage, ob die wirtschaftlichen Aktivitäten räumlich konzentriert sind, und zwar einerseits branchenübergreifend, andererseits branchenspezifisch. Anders ausgedrückt: Welche Industriezweige neigen zur Agglomeration, welche zur Dispersion? Hier ist der Untersuchungsgegenstand der Anteil einer bestimmten Region i an der Gesamtaktivität der Branche k, also $l_i^k(t)$ mit

$$l_i^k(t) = \frac{x_i^k(t)}{\sum_i x_i^k(t)} . \tag{1.12}$$

(Wolf 2004, 14). Gefragt wäre hier beispielsweise, wie viel Prozent des Maschinenbaus in Thüringen angesiedelt ist.

Der **Standortquotient** $r_i^k(t)$ kombiniert beide Informationstypen und standardisiert die genannten Anteile. Er setzt $s_i^k(t)$ ins Verhältnis zum Anteil der Branche k an der gesamten Wirtschaftsaktivität. Analog setzt der Standortquotient $l_i^k(t)$ in Relation zum Anteil der Region i an der gesamten Wirtschaftsaktivität

$$r_i^k(t) = \frac{s_i^k(t)}{\sum_i x_i^k(t) \Big/ \sum_i \sum_k x_i^k(t)} = \frac{l_i^k(t)}{\sum_k x_i^k(t) \Big/ \sum_i \sum_k x_i^k(t)} \tag{1.13}$$

(Wolf,N. (2004), 14). Stimmt der Anteil s der betrachteten Branche k an der Wirtschaftsaktivität der Region i mit dem Anteil der Branche k an der Wirtschaftsaktivität im Gesamtgebiet überein, nimmt der Standortquotient den Wert 1 an. Ein Standortquotient größer Eins bedeutet demnach, dass die Branche k in der Region stärker vertreten ist als im Durchschnitt, die Branche hat also eine besondere Bedeutung für die Beschäftigung in der Region. Analog ergibt sich ein Standortquotient von 1, wenn der Anteil der untersuchten Region i an der Gesamtaktivität der Branche k und der Anteil der Region i an der Wirtschaftsaktivität im Gesamtgebiet gleich sind. Hier heißt ein Standortquotient größer Eins, dass die Branche in der untersuchten Region stärker konzentriert ist als im Durchschnitt, die Region spielt demnach eine besondere Rolle für die Branche.

Das folgende Beispiel soll die Zusammenhänge noch einmal illustrieren. Dabei beziehen sich die Daten auf einen bestimmten Zeitpunkt t, zur besseren Übersicht wird dieser Index aber weggelassen. Gegeben seien vier Industriezweige k=1,2,3,4 und vier Regionen i=1,2,3,4. Die Beschäftigtenzahlen x der Branchen in den Regionen lassen sich der Tabelle 1.14 entnehmen.

Der Anteil s eines Industriezweiges k an der gesamten Wirtschaftsaktivität der Region i ergibt sich dann wie in Tabelle 1.15 aufgeführt. Analog lässt sich der Anteil l einer Region i an der Gesamtaktivität der Branche k ermitteln wie in Tabelle 1.16 dargestellt.

Tab. 1.14 Beispiel zum Standortquotient, Beschäftigungsdaten

Branche k	Region 1 x_1^k	Region 2 x_2^k	Region 3 x_3^k	Region 4 x_4^k	Summe über alle Regionen $\sum_i x_i^k$
1	30	20	150	150	350
2	70	120	85	25	300
3	60	30	15	95	200
4	40	30	50	30	150
Summe über alle Branchen $\sum_k x_i^k$	200	200	300	300	1000

Quelle: eigene Berechnungen

Tab. 1.15 Beispiel zum Standortquotient, Beschäftigungsanteile s

Branche k	Region 1 $s_1^k \cdot 100$	Region 2 $s_2^k \cdot 100$	Region 3 $s_3^k \cdot 100$	Region 4 $s_4^k \cdot 100$
1	15	10	50	50
2	35	60	$28\,\tfrac{1}{3}$	$8\,\tfrac{1}{3}$
3	30	15	5	$31\,\tfrac{2}{3}$
4	20	15	$16\,\tfrac{2}{3}$	10
Summe über alle Branchen $\sum_k s_i^k$	100	100	100	100

Quelle: eigene Berechnungen

Tab. 1.16 Beispiel zum Standortquotient, Beschäftigungsanteile l

Branche k	Region 1 $l_1^k \cdot 100$	Region 2 $l_2^k \cdot 100$	Region 3 $l_3^k \cdot 100$	Region 4 $l_4^k \cdot 100$	Summe über alle Regionen $(\sum_i l_i^k) \cdot 100$
1	8,57	5,71	42,86	42.86	100
2	$23\,\tfrac{1}{3}$	40	$28\,\tfrac{1}{3}$	$8\,\tfrac{1}{3}$	100
3	30	15	7,5	47,5	100
4	$26\,\tfrac{2}{3}$	20	$33\,\tfrac{1}{3}$	20	100

Quelle: eigene Berechnungen

Aus den oben angegebenen Daten lässt sich nun der Standortquotient r_i^k ermitteln. Dies soll beispielhaft für r_1^1 gezeigt werden.

$$r_1^1 = \frac{s_1^1}{\sum_i x_i^1 \bigg/ \sum_i \sum_k x_i^k} = \frac{0,15}{350 \bigg/ 1000} = \frac{l_1^1}{\sum_k x_1^k \bigg/ \sum_i \sum_k x_i^k} = \frac{0,0857}{200 \bigg/ 1000} = 0,4286 \ (1.14)$$

Der Standortquotient ist kleiner als Eins, somit kann davon ausgegangen werden, dass die Branche 1 in der Region 1 schwächer vertreten ist als im Durchschnitt. Analog ist das Ergebnis auch so zu verstehen, dass die Branche 1 in der Region 1 weniger stark konzentriert ist als im Durchschnitt.

Will man nun herausfinden, wie spezialisiert eine bestimmte Region im Vergleich zu allen übrigen Regionen des Teilraums ist, so gibt der **Krugman-Spezialisierungsindex** $K_i(t)$ Auskunft. Der Index ist definiert als

$$K_i(t) = \sum_k \left| s_i^k(t) - s_{-i}^k(t) \right|, K \in [0,2]. \tag{1.15}$$

Dabei bezeichnet $s_{-i}^k(t)$ den Anteil s einer bestimmten Branche k an der gesamten (durchschnittlichen) Wirtschaftsaktivität in allen Regionen mit Ausnahme der Region i zum Zeitpunkt t (Wolf 2004, 14). Der Index nimmt den Wert 0 an, wenn die Branchenanteile in der betrachteten Region i genau mit dem Durchschnitt des Gesamtgebiets übereinstimmen. Er hat den Wert 2, wenn der Unterschied zwischen Region und Gesamtgebiet maximal ist (Haas/Südekum 2005, 2). Im oben angeführten Beispiel nimmt der Index für Region 1 den Wert 0,5 an.

Die regionale Spezialisierung lässt sich auch mit dem Gini Koeffizienten formulieren. Gefragt ist, ob sich eine bestimmte, hier betrachtete Region i auf bestimmte Industriezweige spezialisiert hat oder ob hier viele verschiedene Branchen vertreten sind. Im Folgenden wird der Anteil der Branche k an der gesamten Beschäftigung mit $s^k(t)$ bezeichnet, wobei gilt

$$s^k(t) = \frac{\sum_i x_i^k(t)}{\sum_i \sum_k x_i^k(t)}. \tag{1.16}$$

Der Quotient aus $s_i^k(t)$ und $s^k(t)$ wird als $R^k(t)$ bezeichnet, das arithmetische Mittel der $R^k(t)$ heißt $\bar{R}(t)$.

$$R^k(t) = \frac{s_i^k(t)}{s^k(t)} \tag{1.17}$$

$$\bar{R}(t) = \frac{1}{m} \sum_{k=1}^{m} R^k(t) \tag{1.18}$$

Nun werden die Werte von $R^k(t)$ in absteigender Reihenfolge sortiert. Die Position der Branche in der Reihung wird λ^k genannt. Der **Gini Index der regionalen Spezialisierung** lässt sich dann (in verkürzter Schreibweise ohne Bezugnahme auf den Zeitpunkt t) schreiben als

$$Gini_i^s = \left(\frac{2}{m^2 \cdot \bar{R}} \right) \cdot \left[\sum_{k=1}^{m} \lambda^k \left| R^k - \bar{R} \right| \right]. \tag{1.19}$$

(Falcioglu/Akgüngör 2006, 5f.). Ohne Spezialisierung hat der Gini Index einen Wert von 0, bei vollkommener Spezialisierung erreicht er einen Wert von 1. Dabei wird im Unterschied zur üblichen Definition des Gini Koeffizienten mit $\bar{R}$ als Referenzmaßstab nicht etwa die vollkommene Gleichverteilung aller Industrien herangezogen, sondern die durchschnittliche Verteilung der Industrien über die Regionen im Gesamtgebiet (siehe dazu auch Devereux/Griffith/Simpson 1999). Im obigen Beispiel nimmt der Gini Index der Spezialisierung für Region 1 den Wert $Gini_1^s = 0,483$ an.

Analog kann auch die Konzentration der Industrie mit dem Gini Index gemessen werden. Gefragt ist dann, ob eine bestimmte Branche k regional konzentriert oder ob sie über den gesamten Wirtschaftsraum verstreut ist. Im Folgenden wird der Anteil der Region i an der gesamten Beschäftigung mit $l_i(t)$ bezeichnet, wobei gilt

$$l_i(t) = \frac{\sum_k x_i^k(t)}{\sum_i \sum_k x_i^k(t)}. \tag{1.20}$$

Der Quotient aus $l_i^k(t)$ und $l_i(t)$ heißt $C_i(t)$, der Durchschnitt der $C_i(t)$ wird $\bar{C}(t)$ genannt.

$$C_i(t) = \frac{l_i^k(t)}{l_i(t)} \tag{1.21}$$

$$\bar{C}(t) = \frac{1}{n} \sum_{i=1}^{n} Ci(t) \tag{1.22}$$

Analog zum Vorgehen beim Gini Index der Spezialisierung werden auch die Werte von $C_i(t)$ in absteigender Reihenfolge sortiert. Die Position der Region in der Reihung erhält die Bezeichnung λ_i. Der **Gini Index der Konzentration** lässt sich dann (in verkürzter Schreibweise ohne Bezugnahme auf den Zeitpunkt t) formulieren als

$$Gini_k^c = \left(\frac{2}{n^2 \cdot \overline{C}} \right) \cdot \left[\sum_{i=1}^{n} \lambda_i \left| C_i - \overline{C} \right| \right] . \qquad (1.23)$$

(Falcioglu/Akgüngör 2006, 6). Gäbe es keine Konzentration, so nähme der Ginikoeffizient den Wert Null an, bei vollkommener Konzentration der betrachteten Branche auf eine einzige Region käme es zu einem Gini Index von 1. Im oben erläuterten Beispiel beträgt der Gini Index der Konzentration bezogen auf die Branche 1 $Gini_1^c = 0,535$.

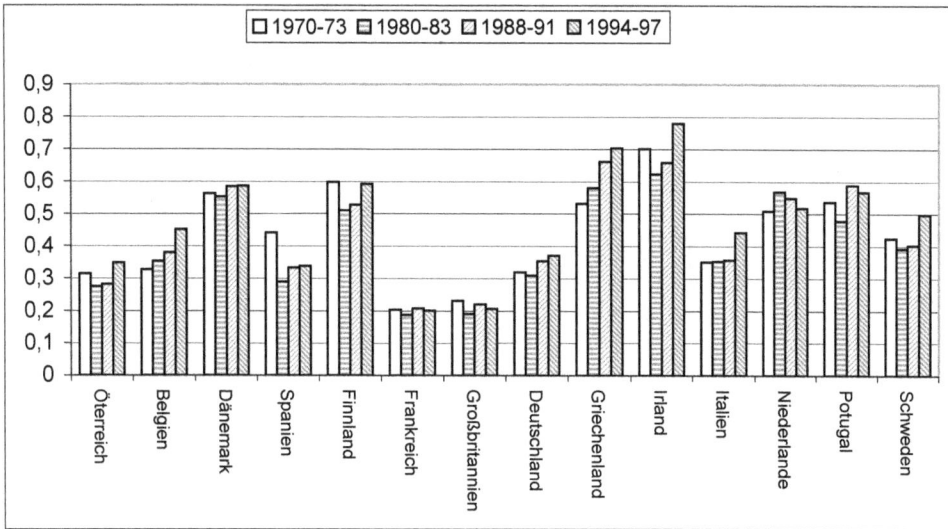

Abb. 1.4   Spezialisierung der EU-Mitgliedsstaaten
(Quelle: Combes/Overman (2003, 18), eigene Darstellung)

Mit der Einigung **Europas** meldeten sich Ökonomen – an führender Stelle Paul Krugman – zu Wort, die durch das Zusammenwachsen des Wirtschaftsraumes eine stärkere regionale Spezialisierung und industrielle Konzentration erwarteten. Empirisch zeigt sich jedoch, dass sich eine wachsende Spezialisierung von Regionen nur dann nachweisen lässt, wenn man zur Regionsabgrenzung die Staatsgrenzen heranzieht. Es gab also eine stärkere Spezialisierung der Mitgliedsstaaten (Haas/Südekum 2005, 1).

Abbildung 1.4 gibt den Krugman-Spezialisierungsindex für 14 europäische Staaten im Zeitraum 1970 bis 1997 wieder. Es zeigt sich, dass Großbritannien und Frankreich die am wenigsten spezialisierten Mitgliedsstaaten sind, in Irland und Griechenland ist die Spezialisierung am deutlichsten ausgeprägt. Generell ist die Spezialisierung in den großen europäischen Kernstaaten (Frankreich, Großbritannien, Deutschland) vergleichsweise gering, in den kleineren Randstaaten (Österreich, Belgien, Niederlande) dagegen relativ stark. Dies gilt insbesondere auch für Skandinavien (Schweden, Dänemark, Finnland) und die Kohäsionsländer (Griechenland, Irland, Portugal) (Combes/Overman 2003, 19f.).

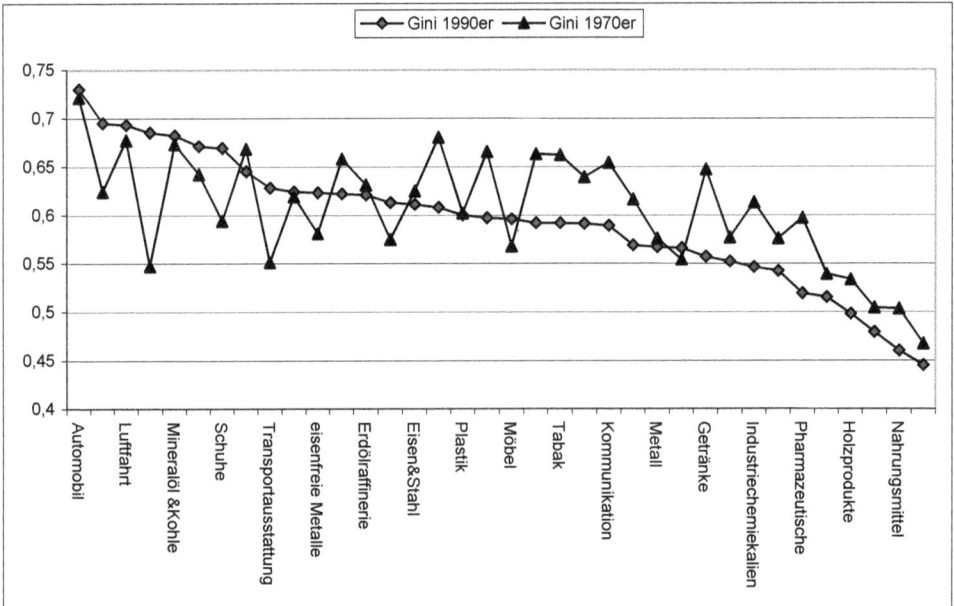

Abb. 1.5   Gini Koeffizienten der Konzentration
(Quelle: Combes/Overman (2003, 22), eigene Darstellung)

Eine Spezialisierung der Regionen innerhalb von Mitgliedsstaaten ist zwar teilweise auch zu beobachten, lässt sich aber nicht für alle EU-Länder nachweisen. Molle (1997) kommt in einer Untersuchung von 96 EU-Regionen im Zeitraum 1950 bis 1990 zum Resultat, dass in den meisten Regionen die Spezialisierung zurückgegangen ist. Demgegenüber stellen Midelfart-Knarvik und Overmann (2002) fest, dass es in der Mehrheit der untersuchten Regionen zu stärkerer Spezialisierung gekommen ist. Die Ergebnisse der länderübergreifenden Studien sind allerdings mit Vorbehalt zu betrachten, da die Datenbasis problematisch ist (Combes/Overman 2003, 20f.). beschränkt man die Analyse auf einzelne Mitgliedsstaaten der EU, so ist die Datenlage zwar günstiger, allerdings lassen sich die Ergebnisse für verschiedene Länder dann nicht ohne weiteres vergleichen. Eine Untersuchung der spanischen Regionen zeigt etwa, dass in einer kleinen Zahl von Regionen eine geringfügige Zunahme der Spezialisierung zu verzeichnen war, in der Mehrzahl der Regionen dagegen eine moderate Abnahme (Paluzie/Ons/Tirado 2001). Untersuchungen speziell der deutschen Regionen kommen zum Ergebnis, dass die regionale Spezialisierung seit 1990 nicht zugenommen hat (Haas/Südekum 2005, 4).

Hinsichtlich der Industriekonzentration in Europa zeigt sich ebenfalls kein einheitliches Bild. Während einige Branchen im Zuge des europäischen Einigungsprozesses steigende Konzentrationstendenzen aufweisen, ist die Konzentration in anderen Industriezweigen zurückgegangen (Combes/Overman 2003, 22). Abbildung 1.5 zeigt die Gini-Koeffizienten der Konzentration für verschiedene Branchen in den 1990er und 1970er Jahren sowie die Veränderungen der Konzentration in diesem Zeitraum. Dabei sind die Industriezweige nach abnehmender Konzentration geordnet.

Soll die Konzentration auf regionaler Ebene gemessen werden, so ist wie bei der Quantifizierung der Spezialisierung auch hier die Datenbasis problematisch (Combes/Overman 2003, 23). Analog zur Analyse der Spezialisierungstendenzen kommt Molle (1997) in seiner Untersuchung von 96 EU-Regionen im Zeitraum 1950 bis 1990 zum Resultat, dass in den meisten Regionen die Konzentration zurückgegangen ist. Für Deutschland lässt sich eine zunehmende Konzentration bestimmter moderner Dienstleistungszweige in den alten Bundesländern feststellen, während in anderen Industriezweigen Dekonzentrationsprozesse beobachtbar sind (Haas/Südekum 2005, 1ff.). Räumliche Konzentration ist generell vor allem in technologieintensiven und wissensbasierten Branchen sowie in Industriezweigen mit steigenden Skalenerträgen anzutreffen (Combes/Overman 2003, 26). Die Ursachen sowohl der räumlichen Konzentration von Wirtschaftszweigen als auch der Spezialisierung von Regionen sollen in den folgenden Kapiteln erörtert werden.

2 Statische Raumwirtschaftstheorie

2.1 Standortfaktoren und Standorttheorie

2.1.1 Standortfaktoren für Unternehmen

Ansatzpunkte der Untersuchung räumlicher Strukturen sind stets die Wanderungsbewegungen von Individuen einerseits und die Standortwahl von Unternehmen andererseits. Wenngleich die simultane Betrachtung der Haushalts- und Unternehmensentscheidungen sowie der gesamtwirtschaftlichen Agglomerationswirkungen wünschenswert erscheint, beschränken sich die meisten Arbeiten aus Gründen der Praktikabilität nur auf einen dieser Aspekte. Im Rahmen ökonomischer Beiträge wird dabei oft die Unternehmensentscheidung in den Vordergrund gerückt, Haushaltsentscheidungen werden jedoch indirekt über das Arbeitsangebot und die Konsumnachfrage mitberücksichtigt.

Um die Standortwahl von Unternehmen analysieren zu können, sollen die Faktoren systematisiert werden, die diese Entscheidungen grundsätzlich beeinflussen können. Dabei spielt es zunächst keine Rolle, ob sie die Unternehmensentscheidungen bei der Suche nach dem gewinnmaximalen Standort im Sinne neoklassischer Ansätze beeinflussen oder der evolutorischen Theorie entsprechend erst dann zum Tragen kommen, wenn gravierende Verschlechterungen der Ertragslage das Unternehmen zwingen, seine bisherige Standortentscheidung zu überprüfen. Innerhalb der Standorttheorie werden drei Gruppen von **Standortfaktoren** unterschieden:

- Kostenfaktoren, also der Zugang zu den eingesetzten Produktionsmitteln,
- Nachfragefaktoren, also der Zugang zu den Outputmärkten und schließlich
- rein persönliche Entscheidungskriterien der Unternehmer
  (Perloff 1960, 75).

Unter Kostenfaktoren werden wiederum

- Boden und Kapital,
- Arbeit,
- Produktionsmaterial sowie
- Transportbedingungen

zusammengefasst.

Der **Kostenfaktor** Boden und Kapital umfasst sowohl die Erhältlichkeit und den Preis des Faktors Boden im eigentlichen Sinne sowie den Zugang zu Sachkapital und den Zins als auch die Verfügbarkeit und den Preis natürlicher Ressourcen. Damit fallen insbesondere auch Erhältlichkeit und Kosten der Energie unter diesen Standortfaktor. Bezieht man die regionalpolitischen Handlungsparameter ein, so sind unter den Kostenfaktor „Boden und Kapital" auch Erschließungskosten, Investitionsbeihilfen, Sonderabschreibungen, Kredithilfen sowie gemeindliche Ertragssteuern zu fassen (Hansmeyer/Fürst/Zimmermann 1975, 138).

Erhältlichkeit und Preis des Faktors Arbeit werden wesentlich durch die Lohnsätze und das Angebot an lokalen öffentlichen Gütern bestimmt. Eingriffsmöglichkeiten der Regionalpolitik liegen vor allem in der Förderung haushaltsnaher Infrastruktureinrichtungen wie z.B. Einkaufsmöglichkeiten, Kultur- und Sporteinrichtungen sowie im Angebot an Aus- und Fortbildungsstätten (Hansmeyer/Fürst/Zimmermann 1975, 138).

Determinanten der Materialkosten sind die räumliche Struktur von Angebot und Nachfrage auf den Beschaffungsmärkten sowie das dort herrschende Preissystem. Hier sind regionalpolitische Eingriffe mit dem Ziel einer diversifizierten Wirtschaftsstruktur durch entsprechende Anwendung der Investitionsbeihilfen, Sonderabschreibungen und Kredithilfen möglich.Die Transportkosten sind abhängig von der Gestalt des Verkehrsnetzes und bestimmten transporttechnisch relevanten Eigenschaften des betrachteten Produktes. Das relevante regionalpolitische Instrument zur Verbesserung der Transportbedingungen ist der Anschluss an ein überregionales Verkehrsnetz (Hansmeyer/Fürst/Zimmermann 1975, 138).

Die Gruppe der **Nachfragefaktoren** beinhaltet einerseits die räumliche Verteilung des Angebotes und der Nachfrage sowie die daraus ableitbaren Konsequenzen für den Wettbewerb. Andererseits sind hier diejenigen Eigenschaften des Produktes von Bedeutung, die die Notwendigkeit räumlicher Nähe von Anbietern und Nachfragern hervorrufen. Die regionalpolitischen Handlungsparameter, die zur Beeinflussung von unternehmerischen Standort- und individuellen Wanderungsentscheidungen und damit zur Verteilung von Angebot und Nachfrage im Raum geeignet sind, wurden bereits skizziert. Produktabhängige Charakteristika, wie beispielsweise die Unsicherheit der Outputnachfrage und des Herstellungsprozesses, sind dagegen regionalpolitisch nicht steuerbar (Greenhut 1956, 279f.).

Unter die Kategorie der **„rein persönlichen" Entscheidungskriterien** fallen beispielsweise das psychische Einkommen der Unternehmer, ihre geographischen Vorlieben oder ihr Risikoverhalten (Greenhut 1956, 281). Diese Gruppe von Kriterien der Standortwahl vernachlässigen die meisten Autoren jedoch mit der Begründung, dass sich solche Faktoren nicht in standorttheoretischen Ansätzen erfassen lassen. Politische Eingriffsparameter auf kommunaler Ebene bestehen in der Bereitstellung solcher lokalen öffentlichen Güter, die die örtlichen Wohn- und Freizeitwerte steigern (Fürst/Zimmermann 1973, 103ff.). Beispiele für die in der Standorttheorie im Einzelnen diskutierten verschiedenen Standortfaktoren aus den Kategorien Kosten- und Nachfragefaktoren bietet Tabelle 2.1.

Für **internationale** Standortentscheidungen nennt Badri (2007, 4) noch eine Reihe weiterer Faktoren:

- Politische Situation: Hierunter fallen die Stabilität des Regimes, den Schutz gegen Enteignung, Staatsverträge oder die Einstellung gegenüber ausländischem Kapital.
- Globaler Wettbewerb: Gemeint sind die Nähe zu internationalen Märkten, die Marktpotentiale und die Erhältlichkeit von Kapital.
- Staatliche Regulierung: Zu dieser Kategorie fallen die Klarheit der Investitionsvorschriften, Regulierung von Joint Ventures und Mergers, Regulierung des Transfers von Gewinnen ins Ausland, Besteuerung, Vorschriften über den Anteil ausländischer Mitarbeiter in Unternehmen, Bürokratie und Preisregulierung.
- Wirtschaftliche Faktoren: Hierunter werden der Lebensstandard, das Pro-Kopf-Einkommen, die Stabilität der Währung, der Leistungsbilanzstatus und staatliche Hilfen erfasst.

Letztlich lassen sich auch die für internationale Standortentscheidungen relevanten Faktoren wieder in die Kategorien Kosten- und Nachfragefaktoren unterteilen. Aus diesem Grund sollen sie in den folgenden Überlegungen nicht als Sonderkategorie behandelt werden.

Analog können auch die Vor- und Nachteile räumlicher Ballung („Agglomerationseffekte") als Kosten- und Nachfragefaktoren aufgefasst werden. Die Bezeichnung Agglomerationseffekte umfasst diejenigen positiven und negativen Auswirkungen auf Unternehmensgewinne bzw. individuelle Nutzenniveaus, die durch räumliche Konzentration von Unternehmen und/oder Haushalten entstehen und über den Marktmechanismus übertragen werden. Im Anschluss an Hoover (1937) erfolgt die Aufspaltung der Agglomerationsvorteile für Firmen in interne und externe **Skalenerträge**. Interne steigende Skalenerträge werden durch die Ausdehnung der Produktionsmenge einer einzelnen Firma erwirtschaftet. Sie können insbesondere in Ballungszentren realisiert werden, da Unternehmen, die mit sinkenden Durchschnittskosten arbeiten, von steigender Bevölkerungszahl und damit von steigender Nachfrage profitieren. Externe steigende Skalenerträge entstehen durch Arbeitsteilung und verminderte Unsicherheit. Nach Vernon (1960, 68ff.) entstehen externe Agglomerationsvorteile vornehmlich in solchen Branchen, in denen sowohl die Outputnachfrage als auch der Herstellungsprozess mit Unsicherheit behaftet sind. In diesen Industriezweigen ist die vertikale Integration nur eingeschränkt möglich. Vielmehr sind sie aufgrund der Unsicherheit auf die Delegation an Spezialisten angewiesen. Hervorgerufen durch hohen Wettbewerbsdruck besteht die Notwendigkeit, diese schnell zu erreichen und persönliche Kontakte zu pflegen.

Spezialisierung wirkt in zweierlei Weise risikominimierend: einerseits verfügen Spezialisten über bessere Informationen und vermindern so die Unsicherheit, andererseits wird das unternehmerische Risiko auf diese Weise über eine größere Anzahl von Firmen verteilt. Neben der Spezialisierung reduziert auch die Nähe zu den Absatzmärkten in Ballungszentren die Unsicherheit der Outputnachfrage für die Unternehmen. Externe steigende Skalenerträge treten in Form von Lokalisations- oder Urbanisierungsvorteilen auf. Erstere sind für einzelne Firmen extern, für die gesamte Branche aber intern. Häufig zitierte Ursachen für Lokalisationsvorteile sind spezialisierte Arbeitskräfte, Bildungsstätten oder Forschungseinrichtungen sowie Marketingorganisationen, Reparatur- und Zulieferbetriebe.

Tab. 2.1   Standortfaktoren in der Literatur

Standortfaktor	Erläuterung	Literaturquelle
Transport	Luft- und Wasserwege, Straßen, Bahnlinien, Rohrleitungsnetz, Kommunikationsinfrastruktur, Lager, Großhandel	Hoover (1937), Loesch (1954), Greenhut (1956), Nelson (1973), Moriaty (1980), Schmenner (1982), Mc Kinnon (1989), Haitani/Marquis (1990), Gold (1991), Pietlock (1992), Thisse et. al. (1996), Mazzarol/Choo (2003)
Arbeit	Erhältlichkeit von hoch- und geringqualifizierter Arbeit, Lohnsätze, Arbeitseinstellung, Verlässlichkeit, Gewerkschaften, Lebenshaltungskosten	Greenhut (1956), Pred (1977), Moriaty (1980), Schmenner (1982), Haitani/Marquis (1990), Gold (1991), Pietlock (1992), Wheeler/Moody (1992), Ma (2006)
Rohmaterial	Nähe zum Angebot, Erhältlichkeit von Rohmaterial, Lagermöglichkeiten für Rohmaterialien, Standort der Anbieter, Frachtkosten	Weber (1929), Greenhut (1956),), Moriaty (1980), Schmenner (1982), Wheeler/Moody (1992), Chan (2005)
Märkte	existierender/potentieller Konsumgütermarkt, existierender Erzeugermarkt, Verschiffungskosten zum Marktgebiet, Marketingdienstleistungen, Wettbewerbsposition, Einkommens- und Bevölkerungstrends, Nähe zu verwandten Industriezweigen	Hotelling (1929), Hoover (1948), Lösch (1954), Greenhut (1956), Pred (1977), Moriaty (1980), Schmenner (1982), Haitani/Marquis (1990), Gold (1991), Pietlock (1992), Wheeler/Moody (1992), Drezner/Drezner (1996), Hansen/Roberts (1996), Figueiredo et al. (2002), Cieslik (2005), Siebert (2006)
Industriegelände	Erhältlichkeit von Land, Bodenpreise, entwickelte Industrieparks, Versicherungskosten, Erhältlichkeit von Krediten, Nähe zu anderen Industrien, kommunale Entwicklungsprojekte	Hoover (1948), Greenhut (1956), Moriaty (1980), Schmenner (1982), Mason (1987), Mc Connell/Schwab (1990), Wheeler/Moody (1992)
Versorgungsbetriebe	Einstellung der Versorgungsbetriebe, Kosten und Qualität der Wasserversorgung und Abwasserentsorgung, Kosten und Qualität der Entsorgung von Industrieabfällen, Erhältlichkeit und Kosten von Brennstoffen, elektrischer Energie, Gas, Kohle, Atomkraft	Greenhut (1956), Heckman (1978), Moriaty (1980), Schmenner (1982), Gold (1991), Pietlock (1992), Rex (1993)
Einstellung der Regierung, Rechtssystem, soziale Normen	Baurecht, Gebietsaufteilung, Entschädigungsvorschriften, Versicherungsvorschriften, Sicherheitsüberwachung, Umweltschutz	Greenhut (1956), Schmenner (1982), Hudson (1988), Tosh et al. (1988), Young (1994), Groothuis/Miller (1994)
Steuersystem	Steuerbemessungsgrundlage, gewerbliche Vermögenssteuer, Struktur der Unternehmensbesteuerung, Steuerbefreiungen, Umsatzsteuer	Greenhut (1956), Schmenner (1982), Tosh et al. (1988), Haitani/Marquis (1990), Wheeler/Moody (1992), Young (1994), Luce (1994)
Klima	Schneefall, Regen, Temperatur, Umweltverschmutzung, Lebensbedingungen	Greenhut (1956), Moriaty (1980), Schmenner (1982), Haitani/Marquis (1990), Mc Connell/Schwab (1990)
Gemeinschaft	Bildungs- und Forschungseinrichtungen, Einstellung der Bevölkerung, Qualität der Schulen, Religiöse Einrichtungen, Büchereien, Freizeiteinrichtungen, Medizinische Versorgung, Einkaufmöglichkeiten, Hotels, Banken	Greenhut (1956), Moriaty (1980), Schmenner (1982), Haitani/Marquis (1990), Mc Connell/Schwab (1990), Simons (1992), Rex (1993), Audretsch/Stephan (1996), Hansen/Roberts (1996)

Quelle: Badri (2007, 3f.), eigene Darstellung

Lokalisationsvorteile sind insbesondere für kleine Firmen von Bedeutung, da Großunternehmen eher interne steigende Skalenerträge realisieren können. Urbanisierungsvorteile hängen von der Größe der Agglomeration ab. Im Gegensatz zu Lokalisationsvorteilen begünstigen sie nicht nur einen bestimmten Industriezweig, sondern alle an einem Standort ansässigen Firmen. Urbanisierungsvorteile resultieren aus umfangreichem und vielfältigem Arbeitsangebot, großen Absatzmärkten, umfassendem Angebot des Dienstleistungssektors und effizienter Bereitstellung der Infrastruktur. Hier wird insbesondere die Bedeutung des Verkehrswesens, der öffentlichen Versorgungsbetriebe sowie allgemeiner Bildungs- und Forschungseinrichtungen hervorgehoben. Den genannten Urbanisierungs- und Lokalisationsvorteilen stehen ab einer bestimmten Stadtgröße Agglomerationsnachteile in Form höherer Inputpreise (Bodenrenten, Löhne), Überfüllungseffekte im Transportwesen sowie steigende Umweltbelastung gegenüber (Störmann 1993, 34ff.).

Aus der Gewichtung von Kosten- und Nachfragefaktoren ergeben sich folgende mögliche **Entscheidungsmuster** für die Standortwahl (Perloff 1960, 76ff.):

- Reine Inputorientierung: Hierunter gehört der Zugang zu Ressourcen, zu Zwischenprodukten und zu „Marktinputs", d.h. Inputs, die in Outputmärkten entstehen. Der Zugang zu Ressourcen ist beispielsweise für Bergwerksbetriebe der wesentliche Standortfaktor. Als Beispiel für die Relevanz des Zugangs zu Zwischenprodukten gilt die Papierindustrie. Beispielhaft für die Orientierung an Marktinputs wird ein Teil der Abfallentsorgungsindustrie angeführt.
- Reine Marktorientierung: Hierunter ordnet Perloff im Gegensatz zur oben gewählten Systematik nicht nur die Orientierung an Absatzmärkten (für Endprodukte), sondern auch an Beschaffungsmärkten (für Zwischenprodukte und Produktionsmittel) als Kriterien der Standortwahl. Orientierung an Endproduktmärkten liegt typischerweise im Einzelhandel sowie im Dienstleistungssektor vor.
- Gleichzeitige Orientierung an Märkten und Produktionseinsatzfaktoren: Dieses Muster ist typisch für Großhandelsbetriebe und Automobilindustrie.
- Variierende Standortmuster, die von der speziellen Zusammensetzung der Märkte und Inputs sowie von besonderen Eigenschaften der betrachteten Region bestimmt werden: Hier werden beispielsweise Petroleumraffinerien oder die petrochemische Branche angeführt.
- Weder Orientierung an Märkten noch an Produktionsmittelquellen: Beispielsweise lässt sich für die Textilindustrie und einige Zweige der Elektroindustrie weder ein Markt- noch ein Inputorientierungsmuster feststellen.

Die Bedeutung der Input- bzw. Marktorientierung konnte empirisch insbesondere für die Standortwahl neu gegründeter Großunternehmen sowie expandierender etablierter Firmen bestätigt werden. Darüber hinaus zeigte sich aber auch die Relevanz der „rein persönlichen Entscheidungskriterien". So wurde beispielsweise in einer von Mueller und Morgan (1969) in den USA durchgeführten Befragung von Führungskräften der „historische Zufall" als wesentlicher Einflussfaktor des Standortwettbewerbs genannt. Der Begriff des historischen Zufalls umfasst hier einerseits zufällige Erfindungen neuer Produktionsverfahren, die das Wachstum eines Industriezweiges an einem bestimmten Standort begünstigen, andererseits aber auch „rein persönliche" Entscheidungskriterien wie beispielsweise persönliche Einstellungen der Firmengründer sowie bereits bestehende Geschäftsbeziehungen. Rein persönliche Entscheidungskriterien erhalten vornehmlich dann Gewicht, wenn mehrere annähernd gleich geeignete Standorte zur Wahl stehen und sind für kleine Firmen ausschlaggebender als für große (Mueller/Morgan 1969, 429ff.). Die Bedeutung der rein persönlichen Entscheidungskriterien in Abhängigkeit der Unternehmensgröße wird auch in der Untersuchung von Fürst und Zimmermann (1973) deutlich. Die Größenabhängigkeit ist nicht zuletzt darauf zurückzuführen, dass die Differenziertheit und die Intensität der Informationsverarbeitung mit zunehmender Unternehmensgröße und wachsender Investitionssumme ansteigen (Fürst/Zimmermann 1973, 73 ff.). Gerade dieser Aspekt der Standortentscheidung steht im Mittelpunkt des **verhaltenswissenschaftlichen** Ansatzes der Standortwahl nach Pred (1967, 1969), dessen Kern sich folgendermaßen charakterisieren lässt (Schätzl 2003, 63):

- Unternehmen sind bei der Standortwahl unterschiedlich gut informiert und können die Informationen zudem unterschiedlich gut verarbeiten. Gut informierte Unternehmen haben in der Regel größeren wirtschaftlichen Erfolg und treffen bessere Standortentscheidung als schlecht informierte Unternehmen.
- Neben den bekannten und objektiv messbaren Kriterien beeinflussen auch individuelle Präferenzen, subjektive Einschätzungen sowie Zufallseinflüsse die Standortwahl. Verschiedene Unternehmen, die über den gleichen Informationsstand und gleiche Informationsverarbeitungskapazität verfügen, wählen daher unterschiedliche Standorte. Sie behalten die gewählten Standorte bei, so lange sie keine Verluste machen.
- Unternehmen müssen ihre Standortentscheidungen laufend überprüfen. Einerseits führen veränderte Umweltbedingungen dazu, dass ehemals optimale Standorte nicht mehr geeignet sind. Andererseits verbessern sich im Zeitablauf der Informationsstand und die Informationsverarbeitungskapazität der Unternehmen, so dass die optimale Standortwahl wahrscheinlicher wird.

In engem Zusammenhang mit dem Modell von Pred steht eine Forschungsrichtung innerhalb der evolutorischen Ökonomik, die Regeln untersucht, die dem individuellen Verhalten zugrunde liegen. Die Arbeiten innerhalb dieses Zweiges der evolutorischen Ökonomik basieren größtenteils auf den Werken von Alchian (1950) und Simon (1955). Simon stellt der in der Neoklassik behaupteten individuellen **Rationalität** das Konzept der begrenzten Rationalität entgegen. Letzteres basiert auf der Annahme, dass die Zukunft nur eingeschränkt vorhersehbar und die Fähigkeit des menschlichen Geistes zur Problemlösung begrenzt sind. Daher können die Konsequenzen alternativer Aktionen im günstigsten Fall als Häufigkeitsverteilungen angegeben werden. Da sich die Häufigkeitsverteilungen überlappen, ist eine objektive Gewinnmaximierung nicht möglich. Die Entscheidung muss also unter subjektiven Gesichtspunkten erfolgen (Blattner 1977, 12f.). Auch Alchian geht davon aus, dass es unter Unsicherheit keine sinnvolle Modellierung gewinnmaximierenden Verhaltens geben kann. Unabhängig von der individuellen Zielsetzung wählt der Selektionsmechanismus des Marktes diejenigen Firmen aus, die, verglichen mit ihren Konkurrenten, die relativ höchsten positiven Gewinne erwirtschaften. Dieser Mechanismus verläuft analog zur natürlichen Selektion in der Biologie. Die Firmen imitieren entweder erfolgreiche Konkurrenten oder bringen Innovationen hervor. Die Imitation weist dabei Parallelen zur genetischen Vererbung auf, die Innovation verläuft analog zu biologischen Mutationen (Alchian 1950, 213ff.). Die Grundideen Alchians sind sowohl in der klassischen Theorie der Firma als auch in evolutorische Modelle aufgenommen worden. So lässt sich das Konzept von Alchian durch die **Als-ob-Hypothese** mit dem neoklassischen Ansatz vereinbaren. Demnach wählt der Selektionsmechanismus diejenigen Firmen aus, die ihre wirtschaftliche Lage optimieren und die überlebensnotwendigen Normalgewinne erzielen, unabhängig davon, nach welchem Muster sich die Firma verhalten hat. Daher können Wirtschaftswissenschaftler aggregierte Vorhersagen treffen, „als ob" jede Firma ihren langfristigen Gewinn (Enke 1951, 567) oder ihren erwarteten Gewinn (Friedman 1966, 21) maximieren würde.

Im Rahmen evolutorischer Modelle wird betont, dass die Als-ob-Hypothese nur langfristig Gültigkeit besitzt und auch nur dann, wenn sich das Selektionskriterium im Zeitablauf nicht ändert. Um realistisches Verhalten in der kurzen Frist mit der Als-ob-Hypothese in Einklang zu bringen, werden zusätzliche Annahmen eingeführt. Nach dem Konzept von Cyert und March (1963) entscheiden die Firmen anhand von Regeln, die sie entsprechend dem **Satisfizierungsprinzip** beibehalten, solange sie zu befriedigenden Resultaten führen. Dies ist die Parallele zur biologischen Vererbung. Anderenfalls werden die Verhaltensmuster in Analogie zur Mutation ersetzt. Die neuen Regeln ergeben sich aus einem Suchprozess, der nicht zielgerichtet auf ein stabiles Gleichgewicht zusteuert. Seine Ergebnisse sind vielmehr stochastischer Natur. Der Selektionsmechanismus wird durch die Annahme eingeführt, dass die sich nach erfolgreichen Regeln verhaltenden (rentablen) Firmen expandieren, während unrentable schrumpfen oder vollständig aus dem Markt ausscheiden (March 1978/1990, 306).

Gewinnmaximierungsannahme und Satisfizierungshypothese werden häufig verschiedenen Unternehmensgrößen als plausibel zugeordnet. Während Grossunternehmen dazu tendieren, ihre Entscheidungen im Sinne von Hotelling, Weber und Moses zu treffen und ihre Gewinne zu maximieren, entscheiden sich kleine Unternehmen für satisfizierendes Verhalten. Sie werden zunächst häufig am Wohnsitz des Firmengründers angesiedelt. Wenn es im Zeitablauf zum Standortwechsel kommt, imitieren sie oft die Standortwahl der Großunternehmen. Insgesamt ergibt sich hieraus für die Standortwahl eine Konstellation aus Marktführern und Marktfolgern, wie sie für Oligopolmodelle unter Unsicherheit typisch ist (McCann 2001, 40).

Bezogen auf die Standortwahl ist ein Abweichen von der klassischen Gewinnmaximierungshypothese grundsätzlich naheliegend, weil die für die optimale Auswahl erforderlichen Informationen relativ schwer zugänglich und daher teuer sind. Die Standorte sind zahlreich und heterogen, eine Beschaffung von Informationen über alle relevanten Alternativen ist kaum möglich. Wenn Firmen über begrenzte Informationen verfügen, tendieren sie nach Baumol (1959) dazu, ihre Umsätze und nicht ihre Gewinne zu maximieren. Während Umsatz- und Gewinnmaximierung im Hotelling Modell zur Auswahl desselben Standortes führen, ergeben sich im Weber Modell in der Regel für die beiden Ziele verschiedene Lösungen (McCann 2001, 36). Hinzu kommt, dass bei unvollkommener Information die im Unternehmen tätigen unterschiedlichen Akteure verschiedene Ziele verfolgen und daher nicht die gleichen Standorte bevorzugen. So ist es möglich, dass aus Sicht des Personalchefs ein Standort optimal ist, an dem es ein vielfältiges Arbeitsangebot und wenig Tarifauseinadersetzungen gibt. Dies muss nicht der gleiche Standort sein, an dem Vertriebsmanager den höchsten Umsatz realisieren können oder die Logistik zu den geringst möglichen Kosten erfolgt. Unter diesen

Bedingungen postulieren Cyert und March (1963) die Auswahl eines „befriedigenden" (satisfizierenden) Standortes, an dem der Gewinn zwar positiv, aber nicht maximal ist (McCann 2001, 38).

Der Konflikt zwischen Gewinnmaximierungsannahme und Satisfizierungshypothese kann gelöst werden, wenn man die Anpassung der Entscheidungsregeln als Ergebnis eines Lernprozesses bei unvollkommener **Information** interpretiert. Zum anderen ist die Entscheidung nach festen Regeln dann rational, wenn die Kosten der zur Gewinnmaximierung erforderlichen Informationsbeschaffung die erwarteten Kosten suboptimaler Handlungen nach festen Verhaltensmustern übersteigen (Blattner 1977, 15). Analog lässt sich auch in Bezug auf Standortänderungen argumentieren, dass es durchaus rational sein kann, einmal gewählte Standorte beizubehalten, wenn der Standortwechsel mit hohen Kosten verbunden ist. Gerade wenn sich die Umweltbedingungen rasch ändern, kann es dazu kommen, dass viele Unternehmen sich nicht an den Standorten befinden, an denen ihre kurzfristigen Gewinne maximal sind (McCann 2001, 39).

Empirische Untersuchungen bestätigen für unterschiedliche Phasen der Unternehmensexistenz die Gültigkeit von Simons Satisfizierungsprinzip. Für Neugründungen bedeutet dies, dass potentielle Unternehmer nur ihren Wohnort oder die nächste Umgebung oder andere ihnen gut bekannte Gemeinden als mögliche Standorte berücksichtigen. Führen in späteren Phasen der Unternehmensexistenz finanzielle Engpässe zur Verlagerung der Produktion, dann beschränkt sich die Standortentscheidung in der Regel auf die Auswertung vorhandener Information. Ebenso wie bei Neugründungen ist daher die Vertrautheit mit dem künftigen Standort ein wesentliches Entscheidungskriterium. Standortentscheidungen im Zusammenhang mit Produktionserweiterungen fußen demgegenüber in der Regel auf einem höheren Informationsniveau, weil bereits das Stammwerk über große Informationsverarbeitungskapazitäten verfügt. Durch die Beschaffung zusätzlicher Informationen könnte im Rahmen der Zweigstellengründung noch am ehesten der optimale Standort gewählt werden. Allerdings sind die Risiken einer Zweigstellengründung im Verhältnis zu den Risiken des Stammwerkes gering, so dass auch hier das Satisfizierungsprinzip Anwendung findet. Unter Berücksichtigung der verfügbaren Informationen über End- und Zwischenproduktmärkte (Zweigstellengründungen sind überwiegend marktorientiert) werden dann „befriedigende" Standorte ausgewählt (Fürst/Zimmermann 1973, 52f.).

Nimmt man in einer dynamischen Betrachtung der Standortwahl den **Produktlebenszyklus** nach Vernon (1966) und Hirsch (1967) hinzu, so lässt sich erklären, wie die zyklische Entwicklung von Firmen die wirtschaftliche Evolution ihrer Standorte beeinflussen kann. In der ersten Phase des Produktlebenszyklus profitieren die Innovatoren von den Urbanisierungsvorteilen der Ballungsräume; beispielsweise benötigen sie deren ausgeprägte Kommunikationsmöglichkeiten. Dagegen stehen nach dem Marktzutritt der Imitatoren, also in der Wachstumsphase des Produktes, Lokalisationsvorteile wie z.B. die Möglichkeit der Zusammenarbeit mit spezialisierten Zulieferbetrieben im Vordergrund. In der Reifephase schließlich brauchen die Firmen in erster Linie Raum für ausgedehnte Produktionsstätten und siedeln sich daher in ländlichen Gebieten an. Ist ein Unternehmen durch gravierende Verschlechterung der Ertragslage, gezwungen, seine Standortentscheidung zu überprüfen, dann entscheidet es sich je nach Produktlebenszyklusphase für Ballungszentren oder ländliche Gebiete

(Steiner 1990, 101ff.). Die sequentielle Beschaffenheit der Wirtschaftsprozesse führt also dazu, dass in unterschiedlichen Phasen des Produktlebenszyklus verschiedene Standorte bevorzugt werden. Ein eindeutiger regionaler Lebenszyklus ergibt sich daraus jedoch nicht. Er würde voraussetzen, dass sich alle an einem Standort ansässigen Unternehmen in der gleichen Lebenszyklusphase befänden. Um Vorhersagen über die Entwicklung von Räumen zu treffen, wäre eine Vielzahl von Informationen erforderlich, man müsste die Produktlebenszyklen der Erzeugnisse von Firmen aller Branchen kennen (Steiner 1990, 93).

2.1.2   Standortfaktoren für Haushalte

Ebenso wie Unternehmen treffen auch private Haushalte Standortentscheidungen, wenn sie sich für einen bestimmten Wohnort entscheiden. Die Verlagerung des Wohnortes wird als **Migration** oder Wanderung bezeichnet. Standortfaktoren für Haushalte, die die Migrationsentscheidung beeinflussen, lassen sich in vier Gruppen einteilen:

* die Arbeitsnachfrage und den Lohnsatz
* das Angebot an privaten Gütern
* das Angebot an öffentlichen Gütern
* „rein persönliche Entscheidungskriterien".

Hinsichtlich der Wanderungsentscheidungen aufgrund der **Arbeitsnachfrage** und des **Lohnsatzes** zeigt sich die gegenseitige Abhängigkeit der Standortfaktoren für Haushalte und Unternehmen. Die Argumente hinsichtlich der Vor- und Nachteile räumlicher Ballung finden sich hier analog zur Unternehmensseite. Wie bereits ausgeführt wurde, kann ein breites Angebot an Arbeitskräften für Unternehmen Urbanisierungsvorteile hervorrufen, aus der Spezialisierung des Arbeitsangebotes können Lokalisationsvorteile resultieren. Die Standortvorteile fördern die räumliche Industriekonzentration und führen so zu Agglomerationsvorteilen für Haushalte. Neben der größeren Arbeitsnachfrage beeinflussen auch die höheren Lohnsätze in Ballungszentren die Wanderungsentscheidungen der Individuen zugunsten der Agglomerationen. Die Ursache höherer Stundenlöhne in Ballungszentren ist jedoch umstritten. Einerseits können sie auf höhere Arbeitsproduktivität infolge der Agglomerationsvorteile für Unternehmen zurückzuführen sein, andererseits aber auch als Kompensationszahlungen für die den Haushalten entstehenden Agglomerationsnachteile gedeutet werden. Die meistgenannten Ausprägungen von Überfüllungsnachteilen für Individuen sind Überfüllung des Verkehrsnetzes und Umweltverschmutzung, daneben zählen aber auch hohe Lebenshaltungskosten, großer Bedarf an öffentlichen Investitionen und soziale Konflikte zu den Formen negativer Agglomerationseffekte für Haushalte. Ob die Transportkosten aufgrund überfüllter Verkehrswege tatsächlich mit der Stadtgröße steigen, wird häufig infrage gestellt, da öffentliche Transportsysteme steigende Skalenerträge aufweisen. Unstrittig ist dagegen die positive Abhängigkeit der Umweltverschmutzung von der Bevölkerungskonzentration und der Industriekonzentration. Auch hier wird aber die Relevanz weiterer Determinanten der Umweltbelastung wie Bevölkerungsdichte, Klima und Industriestruktur betont (Richardson 1973, 21ff.)

Auch das Angebot an **privaten Gütern** ist ein Beispiel für die Interdependenzen zwischen Standortentscheidungen von Unternehmen und Haushalten. Nicht nur die Vielfalt des Güterangebotes, sondern auch die Qualität bestimmter Arten von privaten Gütern ist positiv mit der Bevölkerungszahl korreliert. Einerseits kann konzentrierte Endproduktnachfrage Urbanisierungsvorteile für Anbieter hervorrufen, andererseits zählt ein breites Konsumgüterangebot zu den Ursachen der Agglomerationsvorteile für Individuen. Ein höheres Güterpreisniveau in Ballungszentren führt dagegen zu steigenden Lebenshaltungskosten und ist deshalb Ursache von Agglomerationsnachteilen.

Schließlich lassen sich auch in Bezug auf **öffentliche Güter** Parallelen zwischen den Effekten auf Unternehmen und Haushalte ziehen. Im Fall reiner öffentlicher Güter sinken die Pro-Kopf-Kosten mit steigender Bevölkerungszahl im gesamten Bereich, der Nettonutzen des Haushalts nimmt mit steigender Einwohnerzahl zu. Analog dazu wächst auch der Unternehmensgewinn mit der Bevölkerungszahl. Lokale öffentliche Güter weisen ebenfalls sinkende Durchschnittskosten je Einwohner im gesamten Bereich auf, jedoch sind die positiven externen Effekte im Konsum räumlich begrenzt. Treten ab einer bestimmten Bevölkerungszahl Überfüllungseffekte auf, so verlaufen die Durchschnittskosten der Bereitstellung öffentlicher Güter u-förmig, dies entspricht dem Verlauf der durchschnittlichen Produktionskosten beim Vorliegen von Agglomerationsnachteilen für Firmen. Bei den öffentlichen Gütern handelt es sich in diesem Fall um Clubgüter, die Nettonutzen steigen bis zur kritischen Einwohnerzahl und nehmen danach mit wachsender Bevölkerungszahl ab. Beispielhaft für die Bereitstellung öffentlicher Güter als Ursache von Agglomerationsvorteilen für Haushalte werden zumeist Mischgüter wie Schulen, Krankenhäuser, Verkehrsnetze und soziale Infrastruktur genannt (Störmann 1993, 40ff.).

Die folgende Tabelle 2.2 gibt einen Überblick über typische öffentlich bereitgestellte Güter in Abhängigkeit verschiedener Stadtgrößen. Die Differenzierung der Stadtgrößen erfolgt dabei nach den in der Raumordnung verankerten Kategorien, die sich an Stadtfunktionen orientieren. Hier gibt es Kleinzentren, Kleinzentren mit Teilfunktionen aus kleinen Unterzentren, Unterzentren, Unterzentren mit Teilfunktionen eines Mittelzentrums, Mittelzentren, Mittelzentren mit Teilfunktionen eines Oberzentrums und Oberzentren. Einen allgemeinen Ausstattungskatalog für Zentren verschiedener Größenordnung und Funktion gibt es bislang allerdings nicht.

Einen wesentlichen Anteil an den Wanderungsentscheidungen von Haushalten haben „**rein persönliche Entscheidungskriterien**", die meist an ein Netzwerk persönlicher Beziehungen gebunden sind. Letztlich hängt das psychische Einkommen der Individuen von ihren zwischenmenschlichen Kontakten ab. Ebenso wie bei den Unternehmen zählen zur Kategorie der „rein persönlichen" Entscheidungskriterien von Haushalten aber auch die geographischen Vorlieben oder das Risikoverhalten. Vor dem Hintergrund der Arbeitsmarktsituation ergibt sich durch die Berücksichtigung rein persönlicher Entscheidungskriterien oft eine Abweichung zwischen Wohn- und Arbeitsort, die zu Pendelbewegungen führt. Während Pendeln bedeutet, dass der Wohnort beibehalten wird, auch wenn der Arbeitsort wechselt, wird unter Wanderung die Verlagerung des Wohnortes verstanden.

Wanderungsbewegungen von Haushalten und insbesondere die Auswirkung von Agglomerationsvorteilen auf die Wanderungsentscheidungen von Haushalten lassen sich durch Gravitationsmodelle und Potentialmodelle erfassen (das Folgende nach Störmann 1993, 150ff.). Diese Modelle stammen ursprünglich aus der Physik. Nach Newtons Gesetz der Gravitation besteht eine Anziehungskraft zwischen zwei Körpern, die zu den Massen der Körper proportional ist und zum Quadrat der Distanz zwischen beiden Körpern umgekehrt proportional ist. **Gravitationsmodelle** unterstellen eine gegebene räumliche Ausgangsverteilung der Individuen und analysieren auf dieser Basis das Ausmaß von Einzugs- und Ausstrahlungsgebieten von Zentren. Die Individuen treten dabei als Nachfrager auf dem Güter- und Anbieter auf dem Arbeitsmarkt auf. Die Anwendung von Gravitationsmodellen setzt zum einen voraus, dass die unterschiedlichen Bevölkerungsgruppen hinreichend groß sind, um als „Masse" im Sinne Newtons fungieren zu können. Zum anderen ist es erforderlich, dass zur Anziehungskraft der Masse stets eine Gegenkraft besteht, deren Ausmaß von der Entfernung zur Masse abhängt. Bezogen auf die Bevölkerungswanderung lässt sich das Gravitationskonzept folgendermaßen charakterisieren:

$$N_{ij} = K \cdot G_i \cdot H_j \cdot F_{ij} \quad \text{mit} \quad i, j = 1,2,..,M \tag{2.1}$$

Tab. 2.2   Ausstattungen von Zentren mit öffentlichen und privaten Gütern

	Kleinzentrum	Unterzentrum	Mittelzentrum	Oberzentrum
Bildung	Grundschule, Kindertagesstätte	Mittelschule bzw. Regelschule	Gymnasien, Volkshochschule, überbetriebliche Ausbildungsstätten	Hochschulen, Universitäten, Forschungseinrichtungen, Berufsbildungszentren
Medizinische Versorgung	Praktische Ärzte, Zahnärzte, Apotheken	Fachärzte, Altersheime	Krankenhäuser	Uni-Kliniken
Kultur	Jugendzentren	Familienbildungsstätten	Kinos, Museen	Theater, Konzerthallen, Fachbibliotheken
Sonstige öffentliche Einrichtungen	Öffentliche Bibliotheken, Gaststätten	Sporthallen, Ausstellungsräume	Schwimmhallen, Polizei, Amtsgericht	Messehallen, Kongresshallen, Gerichte
Dienstleistungen, Banken Einzelhandel Versicherungen	Grundbedarf, Bankfilialen	Einzelhandels-Geschäft für Qualifizierten Bedarf	Kaufhäuser	Umfassende Einkaufsmöglichkeiten für spezielle Bedürfnisse

Quelle: eigene Darstellung

Dabei bezeichnet N_{ij} den Interaktionsstrom von i nach j pro Zeiteinheit, also den Zustrom von Personen aus Ort i nach Ort j. K ist eine positive exogene Größe und wird auch als Gravitationskonstante bezeichnet.. G_i ist ebenfalls positiv und symbolisiert die Erzeugung von Wanderungsbewegungen aus dem Ort i heraus. Die Variable G_i hängt von der Bevölkerungszahl am Ort i ab, denn je mehr Personen in einem Ort wohnen, desto mehr können auch wandern. H_j ist die Attraktivität des Ortes j und stets positiv, sie führt zum Zustrom von Individuen in den Ort j. Je attraktiver der Ort j ist, desto mehr Haushalte verlagern ihren Standort von i nach j. Die Attraktivität des Ortes j ist annahmegemäß eine Funktion der Bevölkerungszahl am Ort j. Hier kommen die positiven Agglomerationseffekte zum Ausdruck: Je mehr Bevölkerung in einer Stadt anzutreffen ist, desto höher ist ihre Attraktivität. Negative Agglomerationseffekte aufgrund von Überfüllung werden an dieser Stelle nicht berücksichtigt. G_i und H_j können als Massen der Orte i und j im Sinne von Newtons Gesetz der Massengravitation verstanden werden.

Wenn $w_{i,j}$ Gewichtungsfaktoren, $x_{i,j}$ Bevölkerungszahlen und $a_{i,j}$ Koeffizienten sind, lassen sich G_i und H_j allgemein schreiben als

$$G_i = w_i \cdot x_i^{a_i} \qquad (2.2)$$

und

$$H_j = w_j \cdot x_j^{a_j} \qquad (2.3)$$

Während sich die Massen der beiden Orte i und j anziehen und so zu Verstärkung der Bevölkerungsballung in Zentren beitragen, wirkt die Distanz zwischen zwei Orten dämpfend auf die Wanderungsbewegungen. Die Verbindungen zwischen den Orten i und j, etwa durch Transporteinrichtungen, werden mit der Variablen F_{ij} erfasst. So kann F_{ij} in Abhängigkeit der geographischen, ökonomischen oder sozialen Entfernung d_{ij} zwischen den Orten i und j ausgedrückt werden.

$$F_{ij} = d_{ij}^{-b} \qquad (2.4)$$

Der Exponentialkoeffizient b ist zeitabhängig, wird durch die Wahl der Verkehrsmittel beeinflusst und hängt von der Zielsetzung der Reise ab.

Verschiedene Arten von Gravitationsmodellen unterscheiden sich wesentlich in Bezug auf die Skalen der Massen G_i und H_j. In der Mehrzahl der Modelle nehmen die Variablen der Massen absolute Werte an, in anderen Ansätzen werden sie als relative Größen ausgedrückt. Weiter unterscheiden sich die verschiedenen Ausprägungen von Gravitationsansätzen hinsichtlich der endogen modellierten Variablen. In einigen Modellen ist die Gesamtzahl der Abwanderungen aus Ort i, die Gesamtzahl der Zuwanderungen in Ort j oder auch die gesamte Bevölkerungswanderung innerhalb des Systems exogen festgelegt, in anderen Ansätzen werden diese Größen endogen, also innerhalb des Wanderungsmodells, bestimmt. In allen Fällen werden die Interaktionsströme N_{ij}, also der Zustrom von Individuen aus Ort i nach Ort j, aus dem Modell heraus bestimmt..

Unterschiede zwischen verschiedenen Typen von Wanderungsmodellen bestehen auch hinsichtlich der Abhängigkeit eines Wanderungsstromes zwischen den beiden Städten i und j von den Interaktionen dieser beiden Orte mit den übrigen Zentren des Systems. Auch die Wanderungen zwischen den jeweils anderen Zentren sind relevant für die Migration von Ort i nach Ort j.

Problematisch an Gravitationsansätzen ist, dass sie jeweils nur die Interaktion zwischen zwei Orten erfassen können. Überdies sind sie zwar zur Beschreibung von makroökonomischen

Wanderungsbewegungen geeignet, für Untersuchungen individueller Wanderungsbewegungen sind sie dagegen weniger gut anwendbar. Vor diesem Hintergrund sind **Potentialmodelle** entwickelt worden, die die Einflüsse sämtlicher Städte *j=1,2,...,M* auf den zu untersuchenden Standort *i* modellieren. Das Intensitätspotential *Pi* eines Ortes *i* ergibt sich als Summe der Anziehungskräfte, die das Zentrum *i* im Urteil aller Wirtschaftssubjekte in allen Städten *j=1,2,...,M* besitzt

$$P_i = K \cdot \sum_{j=1}^{M} H_j \cdot F_{ij} .$$ (2.5)

Während in Gravitationsansätzen die Bevölkerungszahlen in den beiden untersuchten Städten *i* und *j* die wichtigsten Bestimmungsgrößen für die Massen G_i und H_j sind, verwenden Potentialmodelle in der Regel Umsatzgrößen anstelle der Einwohnerzahlen. Ein weiterer Unterschied liegt in der Bestimmung der Entfernungsfunktion F_{ij}, die in Potentialmodellen meist als lineare Funktion der Distanz zwischen den Orten formuliert wird. Das bedeutet, es wird eine lineare Transportkostenfunktion unterstellt, bei der die Kosten pro Kilometer immer gleich bleiben, unabhängig davon, welche Entfernung überwunden werden muss. Dies ist allein schon im Hinblick darauf unrealistisch, dass Haushalte für unterschiedliche Entfernungen verschiedene Verkehrsmittel wählen, vom Fahrrad über das Auto oder den Zug bis hin zum Flugzeug. Kritisch ist auch anzumerken, dass die Wanderungsbewegungen zwischen den Regionen im Potentialmodell in der Regel so formuliert wird, dass sie nur von den Einkommenspotentialen der Orte abhängt. Berücksichtigt werden damit meist nur die Möglichkeiten, eine Beschäftigung aufzunehmen und zu konsumieren. Weitere komparative Vor- und Nachteile verschiedener Standorte beispielsweise hinsichtlich der Umweltqualität werden demgegenüber vernachlässigt. Sie ließen sich aber grundsätzlich durch die Formulierung einer sowohl branchen- als auch regionsspezifischen Entfernungsfunktion in das Modell einbeziehen.

Gravitations- und Potentialmodelle werden nicht nur zur Analyse der Wanderungsbewegungen von Haushalten eingesetzt, sondern finden sowohl im öffentlichen Bereich als auch im Unternehmenssektor breite Anwendungsmöglichkeiten. Landesplanungen legen das System der zentralen Orte zugrunde und ermitteln auf dieser Basis mit Hilfe von Gravitations- und Potentialmodellen die bestmöglichen Standorte für großflächigen Einzelhandel. Städte und Gemeinden fragen nach der Kaufkraft, die mit der Errichtung von Einkaufzentren in die Kommunen gelangt. Gravitations- und Potentialmodelle werden aber auch zur Standortanalyse von Unternehmen. eingesetzt Hier sind es vor allem Unternehmen des Einzelhandels, die Gravitationsmodelle zur Unterstützung ihrer Standortentscheidungen als ein Instrument neben anderen, etwa Befragungen oder Wettbewerbsanalysen, verwenden (Hartmann 2005).

2.1.3   Systematik der Standorttheorie

Im Großteil der folgenden Kapitel werden die Wanderungsentscheidungen der Haushalte nur noch indirekt, also beispielsweise über die Lohnhöhe oder die Bodenpreise erfasst. Im Unternehmensbereich wird die Betrachtung auf die statische Perspektive verengt, also zunächst von der Differenzierung zwischen neu hinzutretenden und bereits im Markt befindlichen Unternehmen abgesehen und der Produktlebenszyklus nicht weiter verfolgt. Bis auf Weiteres wird die oben eingeführte vereinfachende Unterteilung der Standortfaktoren in eingesetzte Produktionsmittel einerseits und Outputnachfrage andererseits beibehalten. Vor diesem Hintergrund ist es möglich, die Modelle der statischen Raumwirtschaftstheorie zu systematisieren: Die eingesetzten Produktionsmittel stehen im Mittelpunkt von **Webers** Theorie der Standortwahl (Weber 1929), auf der wiederum zwei wesentliche Forschungszweige basieren: Eine Theorierichtung bemüht sich im Anschluss an Moses (1958) um die Zusammenführung von Standorttheorie und klassischer Produktionstheorie (Alperovich/Katz 1983, 389). Untersuchungsgegenstand der zweiten Forschungsrichtung aufbauend auf einer Arbeit von Kuhn und Kuenne (1962) ist die optimale Standortwahl von Einrichtungen mit dem Ziel kostenminimaler Versorgung der Nutzer. Der Schwerpunkt dieser Arbeiten liegt auf der Zeit- oder Transportkostenminimierung mit Hilfe mathematischer Programmierungsmethoden (Stevens 1985, 674). Das duale Optimierungsproblem zu diesen Standort-Allokations-Modellen findet sich beginnend mit einem Artikel von Samuelson (1952) in den Arbeiten zur Theorie räumlicher Preisgleichgewichte. Untersuchungsgegenstand hier ist der Versand eines homogenen Gutes von den Produktionsorten zu den Märkten. In diesem Zusammenhang wurde versucht, den Ansatz von Thünens zu verallgemeinern (Stevens 1985, 676). Das **von Thünen**-Modell bezieht sich ausschließlich auf die landwirtschaftliche Produktion. Damit beschränkt sich die Inputorientierung bei von Thünen auf die landwirtschaftlich nutzbare Fläche, während Weber allgemein die Orientierung an Rohstoffen analysiert.

Im Gegensatz zu den oben genannten Modellen legt die Theorie des räumlichen Wettbewerbs beginnend mit **Hotelling** (1929) das Hauptaugenmerk auf die Outputmärkte. Betrachtet werden die Anbieter eines homogenen Produktes. Das zentrale Kennzeichen des räumlichen Wettbewerbs besteht nun darin, dass aufgrund der Transportkosten nur wenige Firmen miteinander konkurrieren und so Existenz und Stabilität des Marktgleichgewichtes nicht gesichert sind (Thisse 1987, 522). Während der zuletzt genannte Theoriezweig den Schwerpunkt auf die Untersuchung der Marktpreisbildung legt, analysiert eine andere Gruppe von Ansätzen im Anschluss an **Christaller** (1966) und **Lösch** (1954) die Auswirkungen räumlicher Nachfragestrukturen und wettbewerblicher Standortwahl auf die Gestalt von Märkten und Produktionszentren (Stevens 1985, 670f.). Christallers Theorie der zentralen Orte konzentriert sich auf die effiziente Versorgung von Regionen mit Gütern und Dienstleistungen durch eine Hierarchie von Städten. Lösch modifiziert Christallers Modell mit dem Ziel, die städtische Hierarchie der Volkswirtschaft zu erklären (Richardson 1972, 37f.).

Tab. 2.3   Grundkonstellationen räumlicher Wirtschaftsmodelle

		Angebot	
		konzentriert	gestreut
Nach-frage	konzentriert	Weber	von Thünen
	gestreut	Christaller, Lösch	Hotelling

Quelle: Miksch (1951, 7ff.), eigene Darstellung

Punktförmige Konzentration der Produktionseinsatzfaktoren im Raum führt tendenziell eher zu Inputorientierung als räumliche Streuung der Bezugsquellen. Analog fördert eine konzentrierte Nachfrage die Markorientierung. Betrachtet man die Gesamtheit der Unternehmen einer Branche, dann lässt sich aus der Input- bzw. Marktorientierung ableiten, ob es zu räumlicher Ballung oder Streuung dieses Industriezweiges kommt. Aus den hier berücksichtigten Gruppen von Standortfaktoren ergeben sich demnach vier mögliche Grundkonstellationen räumlicher Wirtschaftsmodelle (Miksch 1951, 7ff.), denen man die oben genannten Theorieansätze wie in Tabelle 2.3 dargestellt zuordnen kann.

2.2 Industrielle Standorttheorie

2.2.1 Ältere Theorie der industriellen Standortwahl

Die Literatur zur industriellen Standorttheorie ist umfangreich und in großen Teilen stark formalisiert. Aus diesem Grund sollen zunächst anhand des Weber-Modells die Basis der Standorttheorie erläutert und anschließend die neueren Entwicklungen kurz skizziert werden. Gegenstand der Standorttheorie ist die räumliche Allokation von Ressourcen. Der erste Beitrag auf dem Gebiet der Standorttheorie geht auf **Weber** (1909) zurück, der das Problem der transportkostenminimierenden Standortwahl eines einzelnen Unternehmens untersucht hat, für das die Absatz- und Beschaffungsmärkte räumlich festliegen.

Webers Abhandlung „Über den Standort der Industrien" gliedert sich in ein Buch, das die „Allgemeine Theorie" behandelt (Weber 1909) sowie ein zweites, dessen Gegenstand die „Kapitalistische Theorie" ist (Weber 1922). Ziel der allgemeinen Theorie ist es, die „generellen technisch-ökonomischen Prinzipien" industrieller Standortentscheidungen losgelöst von einer konkreten Wirtschaftsordnung zu untersuchen. Zu diesem Zweck wird ein statisches Gleichgewichtsmodell entwickelt. Die kapitalistische („realistische") Theorie beschreibt demgegenüber die tatsächliche Gestalt der allgemeinen Prinzipien im zeitgenössischen Wirtschaftssystem (Weber 1923, 60). Letztere enthält zahlreiche Hinweise auf die eingeschränkte Aussagekraft statischer, deterministischer Modelle und die Bedeutung von Einflussfaktoren, die aus Sicht der evolutorischen Ökonomik die Bildung von Raumstrukturen prägen. So misst Weber der beschränkten Rationalität von Individuen bei ihren Wanderungsentscheidungen ebenso Relevanz für die Entstehung von Agglomerationen zu wie historischen Zufällen in Form militärischer, kirchlicher oder administrativer Einflüsse (Störmann 1993, 77).

Die besondere Bedeutung der 1909 veröffentlichten Standorttheorie Alfred Webers liegt darin begründet, dass sie die erste formale wirtschaftstheoretische Arbeit ist, die sich mit der Standortwahl von Industrieunternehmen befasst. Weber entwickelt ein statisches, deterministisches Modell der Standortwahl. Er unterstellt dabei eine Konzentration sowohl des Endproduktangebotes als auch der Endproduktnachfrage. Im Mittelpunkt von Webers industrieller Standortlehre stehen die Beschaffungsmärkte. Überdies handelt es sich um die erste theoretische Untersuchung von Ballungszentren. Das von Weber vorgestellte Gleichgewichtsmodell hat die klassisch-neoklassische Erklärung von Industrieagglomerationen entscheidend geprägt. Bemerkenswert ist auch, dass Weber in der realistischen Theorie Zufallseinflüsse in Betracht zieht, die die Raumstrukturen von der ermittelten Optimallösung im deterministischen Fall ablenken können. Insofern ist Weber auch als Wegbereiter evolutorischer Raumwirtschaftsmodelle anzusehen (Störmann 1993, 76f.).

Weber (1909, 18ff.) strukturiert seine Überlegungen derart, dass er im Hauptteil der Arbeit die Standortwahl von Unternehmen analysiert, die ein einziges Erzeugnis in einem einstufigen Produktionsprozess herstellen. In einem zweiten Schritt werden die Aufgliederung der Produktion in mehrere Stufen und Interdependenzen zwischen Herstellungsprozessen verschiedener Güter berücksichtigt. Die Analyse der Standortwahl vollzieht sich dann für die verschiedenen Produktionsstufen und Produktionsprozesse getrennt nach den Regeln für einstufige Herstellungsverfahren (Weber 1909, 164ff.). Die Analyse beruht durchgängig auf der Hypothese, dass allein **Kostenfaktoren** die industrielle Standortwahl determinieren, es liegt also stets reine Inputorientierung vor. Weber untergliedert die Standortfaktoren in natürlich-technische, die höchstens mittelbar vom Wirtschafts- und Gesellschaftssystem abhängen und gesellschaftlich-kulturelle, die Folgeerscheinungen einer bestimmten Wirtschaftsordnung sind. In die erste Kategorie fallen Transportkosten, in die zweite Arbeitskosten. Als Oberbegriff für beide Kategorien wählt Weber den Ausdruck Regionalfaktoren. Weber beschränkt seine Analyse zunächst auf die natürlich-technischen Standortfaktoren, losgelöst von einer bestimmten Wirtschaftsordnung. Erst später sollen die gesellschaftlich-kulturellen Faktoren berücksichtigt werden. Kritisch anzumerken ist allerdings, dass Weber bereits im Zusammenhang mit den natürlich-technischen Faktoren Preise in die Standortanalyse einbezieht, die sich durch das spezielle Wirtschaftssystem ergeben. Die Regionalfaktoren (Transport- und Arbeitskosten) bewegen eine Industrie zur Ansiedlung in einem geographisch genau festgelegten Ort. So entsteht eine vorläufige räumliche Verteilung der Unternehmen, auf die anschließend Agglomerativ- und Deglomerativfaktoren einwirken, die wiederum zu einer regionalen Ballung oder Streuung der Firmen führen (Störmann 1993, 80f.).

Der Begriff des Agglomerativfaktors umfasst bei Weber (1909, 125ff.) sowohl interne als auch externe steigende **Skalenerträge**. Ein wesentlicher Unterschied zur heute üblichen Definition von Agglomerationseffekten besteht darin, dass Weber die Ersparnisse aufgrund eines umfangreichen und spezialisierten Arbeitsangebotes an diese Stelle ausklammert und gesondert im Rahmen der Regionalfaktoren analysiert. Zudem bringt es Webers analytische Vorgehensweise (die Betrachtung eines einzelnen Industriezweiges) mit sich, dass nur Lokalisationsvorteile berücksichtigt werden. Als Ursache der externen Skalenerträge nennt Weber nur die Arbeitsteilung, da er gegebene Outputnachfrage und vollkommene Information unterstellt. Erscheinungsformen der Agglomerationsvorteile sind nach Weber „Ersparnisse" aufgrund von Reparatur- und Zulieferbetrieben, Marketingorganisation und Infrastruktur. Dabei bedeutet der „Ersparnis" lediglich die Einsparungen aus Sicht eines einzelnen Betriebes und nicht gesamtwirtschaftliche Ersparnis im Sinne einer makroökonomischen Betrachtung der Spartätigkeit privater Haushalte. Unter Deglomerativfaktoren versteht Weber Agglomerationsnachteile aufgrund höherer Bodenrenten. Hierunter fallen nicht nur höhere Preise für Betriebsgrundstücke, sondern auch die zusätzlichen Materialkosten durch verteuerte Lagerhaltung sowie höhere Löhne, die die Arbeitsanbieter zum Ausgleich der gestiegenen Grundrente erhalten. Diese mit zunehmender Agglomerationsgröße steigenden Kosten wirken nun den Einsparungen aufgrund von Reparatur- und Zulieferbetrieben, Marketingorganisation und Infrastruktur entgegen, so dass sich die Betrachtung auf Nettoagglomerationseffekte reduzieren lässt. Letztere, so postuliert Weber, steigen in Abhängigkeit der Agglomerationsgröße mit abnehmender Rate. Diesen Funktionsverlauf leitet er allerdings nicht deduktiv ab, sondern stellt fest: „Sich die Ersparnisfunktion so vorzustellen entspricht eben einfach der Wirklichkeit." (Weber 1909, 130).

Transportkosten sind nach Weber (1909, 40ff.) eine lineare Funktion des zu transportierenden Gewichts und der zurückzulegenden Entfernung. Alle übrigen Transportkostenfaktoren lassen sich, sofern sie sich auf die Eigenschaften von Gütern oder Transportarten beziehen, ebenfalls als fiktive Gewichte ausdrücken, bzw. insoweit sie auf die zu überwindende Strecke einwirken, als fiktive Entfernung auffassen. Wären die Transportkosten (ausgedrückt als Produkt aus zu transportierendem Gewicht in Tonnen und zu überwindender Entfernung in Kilometern) der einzige Standortfaktor, dann würden sich die Betriebe dort ansiedeln, wo die zwischen Konsumplätzen und den jeweils günstigsten Materiallagern zurückzulegenden Tonnenkilometer minimal sind (Störmann 1993, 82).

Die Suche nach dem optimalen Standort soll am Beispiel eines Unternehmens dargestellt werden, das ein einziges Erzeugnis in einem einstufigen Produktionsprozess herstellt. Für die Entscheidung über den Produktionsstandort sind die Lage des Absatzmarktes (Konsumortes) und die Standorte der Inputfaktoren (Materiallager) relevant. Dabei trifft Weber die folgenden **Annahmen** (Schätzl 2003, 38f.):

- Es gibt keine regionalen Unterschiede im Wirtschafts- und Gesellschaftssystem.
- Die Transportbedingungen sind überall gleich.
- Die Transportkosten hängen von Gewicht und Entfernung ab.
- Die Lage des Absatzmarktes (Konsumortes) ist exogen gegeben.
- Die Verteilung der Arbeitskräfte über den gesamten Raum ist exogen gegeben. Die Lohnhöhe ist regional unterschiedlich, aber exogen gegeben. Zum jeweils herrschenden Lohnsatz stehen unbegrenzt Arbeitskräfte zur Verfügung.
- Die Standorte der Inputfaktoren (Materiallager) sind exogen gegeben. Hinsichtlich der Inputfaktoren sind lokalisierte Materialien von Ubiquitäten zu unterscheiden. Erstere findet man nur an bestimmten Orten, letztere überall. Bei den lokalisierten Materialien ist wiederum zwischen Reingewichtsmaterial und Gewichtsverlustmaterial zu differenzieren. Während Reingewichtsmaterialien ihr Gewicht während des Produktionsprozesses nicht einbüßen, gehen Gewichtsverlustmaterialien nur teilweise in die Fertigerzeugnisse ein (Teilgewichtsverlustmaterialien) oder werden während des Herstellungsprozesses vollständig aufgezehrt (Totalgewichtsverlustmaterialien).

Bei der Suche nach dem optimalen Standort verwendet Weber geometrische Figuren. Den kostenminimalen Produktionsort „kann man empirisch für jede Produktion durch einen Apparat feststellen, der die **Standortfigur** nachahmt und über dessen Ecken man die Gewichte der Standortkomponenten laufen lässt (Varignonsches Gestell). Wo der Verbindungspunkt der beweglichen Komponentenstränge mit den Gewichten zur Ruhe kommt, liegt der Standort" (Weber 1923, 65). Der Bezug zu diesem Bild aus der Mechanik wurde in der Literatur oft kritisiert, weil die mathematische Formulierung der Fragestellung als problemadäquater und mindestens in der Tradition von Walras als wissenschaftlicher gilt. Der Rückgriff auf ein physikalisches Hilfsverfahren ist jedoch für Webers Theorie nicht essenziell, sondern vielmehr als didaktisches Instrument anzusehen (Läpple 1991, 24).

Die Suche nach dem optimalen Produktionsort eines einzigen Erzeugnisses in einem einstufigen Produktionsprozess soll nun an einem Beispiel mit zwei Inputs (Gut 1 und Gut 2) und einem Output (Gut 3) illustriert werden. Die Gewichte der Güter seien mit m_i, ihre Preise mit p_i, ihre Transportkostensätze pro Tonnenkilometer mit t_i und die jeweils zu überwindenden Distanzen mit d_i bezeichnet ($i = 1, 2, 3$). M_1 und M_2 seien die Materiallager, M_3 der Konsumort und K der Standort des Unternehmens. Das Weber-Modell unterstellt feste Produktionskoeffizienten k_1 und k_2, so dass gilt $m_3 = f(k_1 \cdot m_1, k_2 \cdot m_2)$. Der optimale (d.h. transportkostenminimale) Standort K^* lässt sich dann als

$$\min \sum_{i=1}^{3} m_i \cdot t_i \cdot d_i \qquad\qquad (2.6)$$

ermitteln (McCann 2001, 7ff.) Graphisch lässt sich das Problem wie in Abbildung 2.1 dargestellt anhand eines Dreiecks illustrieren

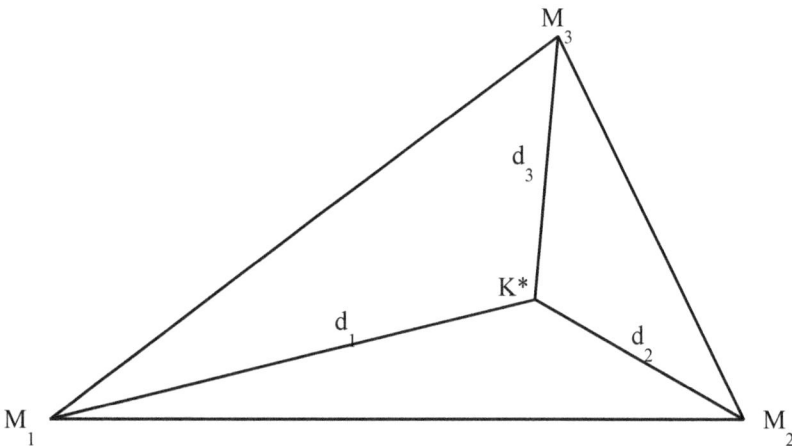

Abb. 2.1   Standortdreieck nach Weber
(Quelle: McCann (2001,8), eigene Darstellung)

Abhängig von den Eigenschaften der Inputs lassen sich auch ohne Berechnung Aussagen darüber treffen, wo der **optimale Produktionsstandort** ist. Eine Schlüsselkennziffer, die auch als Materialindex (M_I) bezeichnet wird, ist der Quotient aus Gewicht des Inputs zu Gewicht des Outputs. Schätzl (2003, 39ff.) diskutiert hier die folgenden Fälle:

• Sind beide Inputs Ubiquitäten, so ist der Materialindex $M_I = 0$ und M_3 der optimale Standort.
• Sei Gut 1 ein Reingewichtsmaterial und Gut 2 eine Ubiquität, dann schrumpft das Standortdreieck auf die Linie zwischen M_1 und M_3. Für $0<M_I<1$ ist der optimale Standort M_3, für $M_I=1$ ist jeder Standort auf der Linie zwischen M_1 und M_3 gleich gut geeignet.
• Sind beide Inputs Reingewichtsmaterialien, so ist $M_I =1$ und M_3 der optimale Standort.

- Sei Gut 1 eine Ubiquität und Gut 2 ein Gewichtsverlustmaterial, dann ist für M_l <1 der optimale Standort M_3. Für M_l = 1 ist jeder Standort auf der Linie zwischen M_2 und M_3 gleich gut geeignet. Falls M_l>1 gilt, dann ist M_2 der optimale Produktionsort.
- Sind beide Inputs Gewichtsverlustmaterialien, so gilt M_l >1 und es besteht eine Tendenz zur Ansiedlung nahe der Materiallager. Der optimale Produktionsort ist M_1, falls $m_1 \geq m_2 + m_3$, und M_2, falls $m_2 \geq m_1 + m_3$. In allen anderen Fällen liegt der optimale Standort zwischen M_1, M_2 und M_3.
- Sei Gut 1 ein Gewichtsverlustmaterial und Gut 2 ein Reingewichtsmaterial, dann ist die Tendenz zur Ansiedlung nahe der Materiallager schwächer ausgeprägt als im Fall zweier Gewichtsverlustmaterialien.

Abweichungen von den transportkostenminimalen Standorten können auftreten, wenn Arbeitskosten lokale Unterschiede aufweisen. Betrachtet werden hier nur diejenigen Arbeitskostendifferenzen, die auf örtliche Unterschiede in Preis und Qualität des Faktors Arbeit zurückzuführen sind, nicht aber solche, die aufgrund von lokal verschiedener Arbeitsorganisation entstehen. Die an einem Ort mit geringen Arbeitskosten realisierbaren Ersparnisse sind gegen die zusätzlichen Transportkosten abzuwägen, welche im Vergleich zum transportkostenminimalen Produktionsort entstehen. Sind die **Arbeitskostenersparnisse** größer als die Transportkostenzusätze, dann wird die Produktion vom Optimalpunkt innerhalb eines Transportgrundnetzes an einen Standort mit umfangreichem und kostengünstigem Arbeitsangebot abgelenkt (Störmann 1993, 85).

Graphisch lassen sich alle Standorte, die im Vergleich zum Transportkostenminimum K^* je produzierter Outputeinheit zur gleichen Transportkostensteigerung aller Inputs und des Outputs führen, zu einer Linie gleicher Gesamtkostenerhöhung (Isodapane) verbinden[1]. Je weiter die **Isodapane** von K^* entfernt liegt, desto stärker ist die Abweichung der Gesamtkosten vom Transportkostenoptimum (McCann 2001, 13). Abbildung 2.2 stellt die Isodapanen dar, die kreisförmig um die ursprüngliche dreieckige Standortfigur herum angeordnet sind. Die Standorte Q und U, R und V, S und W sowie T und X bringen im Vergleich zu K^* jeweils die gleichen Transportkostenerhöhungen mit sich. Die zusätzlichen Transportkosten sind in Q und U geringer als in R und V, hier niedriger als in S und W und dort geringer als in T und X.

Die so dargestellten Transportkostensteigerungen lassen sich nun mit den Arbeitskostenersparnissen vergleichen, die möglicherweise jenseits des ursprünglichen Weber-Optimums K^* realisierbar sind. Damit die Unternehmen zwischen verschiedenen Standorten indifferent sind, müssen sie überall den gleichen Gewinn realisieren. Das tun sie, wenn die Arbeitskostenersparnisse die Transportkostenerhöhungen gerade ausgleichen. Die Linie gleicher Transportkostenerhöhungen, bei der sich Arbeitskostenreduktion und Transportkostensteigerung genau entsprechen, wird „kritische Isodapane" genannt (Schätzl 2003, 43ff.). Die Kurve gleichgewichtiger Faktorkosten (der interregionale Faktorpreisgradient), wie sie in Abbildung 2.3 dargestellt ist, veranschaulicht ebenfalls den Ausgleich zwischen Arbeitskostener-

---

[1] Zusätzlich zu den Isodapanen konstruiert Weber Isotimen. Sie verbinden für die einzelnen Inputs und den Output die Orte, die zu gleichen Transportkostenerhöhungen im Vergleich zum Materiallager bzw. Konsumort führen (Schätzl 2003, 43).

sparnis und Transportkostenerhöhung. Im ursprünglichen Weber-Optimum ist der Lohnsatz am höchsten, zusätzliche Transportkosten fallen nicht an. In Q ist der Lohn geringer, die Transportkosten aber höher als in K^*. Arbeitskostenreduktionen und Transportkostensteigerungen gleichen sich für den Lohnsatz w_Q^* genau aus, der Faktorpreisgradient ist eine fallende Funktion der Entfernung von K^* (McCann 2001, 14ff.).

Ein Unternehmen, das über einen Standortwechsel von K^* nach Q nachdenkt, vergleicht den gleichgewichtigen Lohnsatz w_Q^* mit dem tatsächlich in Q herrschenden Lohnsatz w_Q. Für $w_Q < w_Q^*$ findet ein Standortwechsel von K^* nach Q statt, sonst nicht. Analog zu diesem einfachen Beispiel lassen sich Fälle mit mehreren Input- und Outputstandorten analysieren. Auch die Frage, ob sich (angesichts der Umzugskosten) ein Standortwechsel lohnt, wenn neue Materiallager oder Absatzmärkte entdeckt werden, kann mit dem von Weber entwickelten Ansatz analysiert werden (McCann 2001, 16ff.).

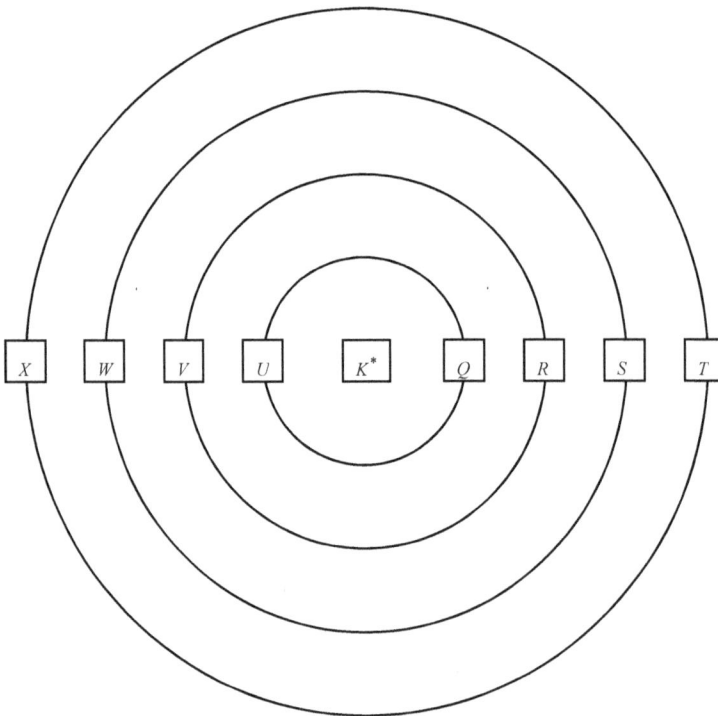

Abb. 2.2   Isodapane
(Quelle: McCann (2001, 13), eigene Darstellung)

Analog zur Ablenkung vom ursprünglichen Weber-Optimum K^* durch regional unterschiedliche Faktorpreise können auch **Agglomerationseffekte** zu Abweichungen vom Transport-

kostenminimum führen. Wenn die zusätzlichen Transportkosten im Vergleich zum Transportkostenoptimum kleiner sind als die Ersparnis im Agglomerationszentrum, wählt das
Unternehmen seinen Standort im Ballungsraum. Die schraffierte Fläche in Abbildung 2.4
veranschaulicht für drei Unternehmen einen möglichen Agglomerationsraum. Gegeben sind
die drei ursprünglichen Weber-Optima $K_1{}^*$, $K_2{}^*$ und $K_3{}^*$ und jeweils die kritischen Isodapanen, entlang derer sich Agglomerationsersparnisse und zusätzliche Transportkosten gerade
ausgleichen. In dem Bereich, in dem sich die kritischen Isodapanen überschneiden, sind die
Agglomerationsvorteile für alle Unternehmen größer als die Transportkostennachteile und es
kommt zu einer Ansiedlung im Ballungszentrum, also zu einer Abweichung vom Transport-
grundnetz (Schätzl 2003, 45f.).

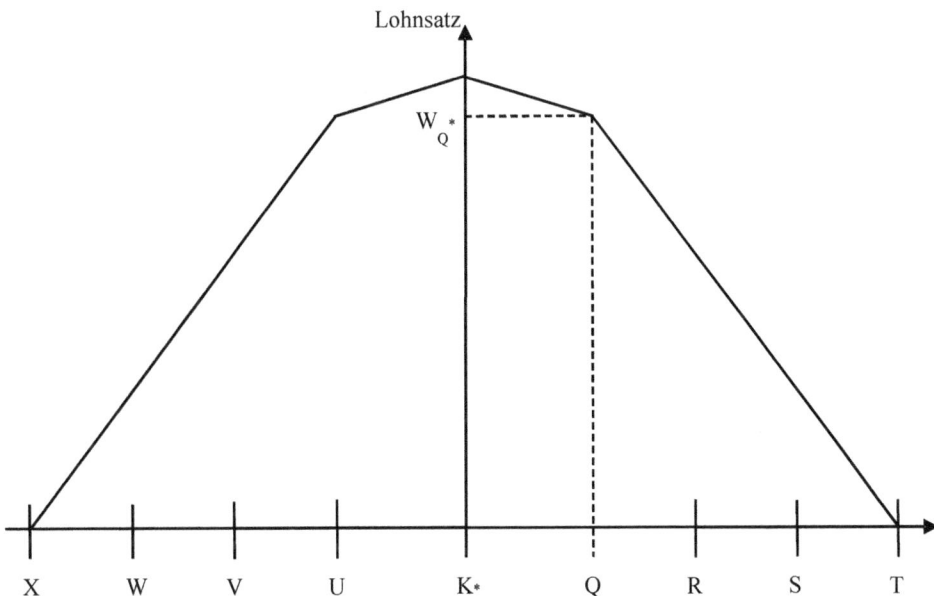

Abb. 2.3   Faktorpreisgradient
(Quelle: McCann (2001, 16), eigene Darstellung)

Eine Ablenkung der Produktionen von den Optima des Transportgrundnetzes erfolgt wie
oben dargestellt genau dann, wenn die zusätzlichen Transportkosten im Vergleich zum
Transportkostenoptimum kleiner sind als die Ersparnis im Agglomerationszentrum. Ersparnis, Standortsgewicht, Transportkostensätze und Produktionsdichtigkeit wirken nun jeweils
auf eine Seite dieser Ungleichung.

• Die **Ersparnisfunktion** gibt an, wie hoch die absolute Ersparnis pro Tonne Produkt in
   Abhängigkeit der Gesamtausbringungsmenge des Ballungszentrums ist (Weber 1909,

241). Höhere Werte der Ersparnisfunktion bei gegebener Produktionsmenge fördern die Ablenkung von den Transportkostenminima zu den Ballungszentren.

- Das **Standortsgewicht** zeigt an, welches Gesamtgewicht pro Einheit des Endproduktes zwischen Materiallagern, Produktionsstätte und Konsumort transportiert werden muss. Es hängt demnach davon ab, ob die zur Herstellung benötigten Materialien überall verfügbar (ubiquitär) oder nur an wenigen, geographisch festgelegten Punkten erhältlich (lokalisiert) sind (Weber 1909, 61). Geringes Standortsgewicht bedeutet also geringe Transportkosten, die linke Seite der Ungleichung wird kleiner und der Anreiz zur Agglomeration wächst.

- Niedrige **Transportkostensätze** pro Tonnenkilometer führen ceteris paribus zu geringen Transportkosten, reduzieren also die linke Seite der obigen Ungleichung und verstärken damit die Tendenz zur Ablenkung der Produktion von den Optima des Transportgrundnetzes hin zu den Ballungszentren (Weber 1909, 116).

- Die **Produktionsdichtigkeit** ist abhängig von der Entfernung zwischen den Produktionsstätten und der Gesamtausbringung aller Betriebe in der betrachteten Region. Geringe Distanzen bedeuten niedrige Transportkosten und daher eine hohe Ablenkbarkeit zu den reinen Agglomerationszentren. Ebenso erleichtert ein großes Produktionsquantum der Gesamtindustrie die Entstehung von Agglomerationen bei Transportorientierung (Weber 1909, 144ff.).

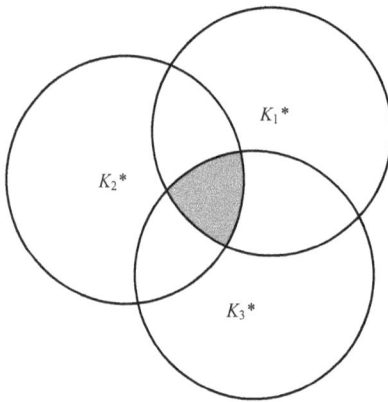

Abb. 2.4   Agglomerationsraum
(Quelle: Schätzl, (2003, 46), eigene Darstellung.)

Im Wesentlichen finden sich bei Arbeitskostendifferenzen und Agglomerationseffekten die gleichen Faktoren, die Einfluss darauf nehmen, ob und gegebenenfalls wie sich die Ablenkung von den Transportkostenminima vollzieht, nämlich die Ersparnis, das Standortsgewicht, die Transportkostensätze und die Produktionsdichtigkeit. Bei Arbeitsorientierung werden die Produktionen wie gesagt genau dann von den transportkostenminimalen Standorten abgelenkt, wenn die Ersparnis an einem bestimmten Standort mit geringeren Lohnkosten die im Vergleich zum Transportkostenoptimum entstehenden zusätzlichen Transportkosten übersteigt.

Für die Einflussgrößen Standortsgewicht, Transportkostensätze und Produktionsdichtigkeit auf die Höhe der zusätzlichen Transportkosten gilt dieselbe Argumentation wie oben: Je geringer das Standortsgewicht, die Transportkostensätze und die Distanzen, desto geringer ist die Bedeutung der Transportkosten und desto höher ist demzufolge der Anreiz zur Arbeitsorientierung. Sowohl Arbeitskostendifferenzen als auch Agglomerationsersparnis können also die Produktion von den transportkostenminimalen Standorten ablenken. Welche dieser Anziehungskräfte dominiert, hängt vom Verhältnis der Agglomerationsvorteile zu den Arbeitskostendifferenzen ab (Störmann 1993,87). Tabelle 2.4 fasst die im Weber-Modell berücksichtigten Agglomerationseffekte noch einmal zusammen.

Kritik am Weber-Modell setzt häufig an den restriktiven Annahmen an. So ist der lineare Frachttarif unrealistisch, Arbeit ist kein homogenes Gut, und die Faktoreinsatzverhältnisse sind im Allgemeinen nicht fest gegeben. Überdies werden Urbanisierungseffekte vernachlässigt. Die Annahme, dass Input- und Outputpreise aus Sicht des betrachteten Unternehmens konstant sind, schließt unvollkommene Konkurrenz auf Beschaffungs- und Absatzmärkten aus.

Tab. 2.4   Grundkonstellationen der Agglomerationseffekte im Weber-Modell

Entscheidungsmuster	Inputorientierung
Agglomerationsvorteile	Kostenfaktor
Arten von Agglomerationsvorteilen	Lokalisationsvorteile (Vorteile der Ballung einer Industrie)
Ursachen der Agglomerationsvorteile	Arbeitsteilung
Formen der Lokalisationsvorteile	Spezialisierte Dienstleistungen, Infrastruktur
Urbanisationsvorteile	Können nicht entstehen, da nur eine Industrie beobachtet wird
Agglomerationsnachteile	Höhere Bodenpreise, höhere Löhne

Quelle: Eigene Darstellung

Trotz dieser Einschränkungen bildet das Weber-Modell die Basis für zahlreiche Weiterentwicklungen der betriebswirtschaftlich orientierten Standorttheorie als auch der Raumwirtschaftstheorie (Schätzl 2003, 47f.). Aus wirtschaftswissenschaftlicher Sicht bedeutend ist etwa Isards „Location and Space-Economy" aus dem Jahr 1956. Hier stellt Isard zunächst die Standortmuster bei Transport-, Arbeits- und anderen Formen der Inputorientierung dar und behandelt anschließend die räumlichen Strukturen bei Nachfrageorientierung, Standortentscheidungen im Agrarsektor sowie einige Elemente der Außenhandelstheorie. Im Schlussteil der Arbeit führt Isard alle zuvor diskutierten Ansatzpunkte zu einem statischen, deterministischen Gleichgewichtsmodell zusammen. Methodisch stellt Isards „Location and Space-Economy" den Beginn der neoklassischen Standorttheorie dar (Störmann 1993, 109).

2.2.2   Neuere Konzepte der industriellen Standortwahl

Große Bedeutung für die Weiterentwicklung des Weber-Konzeptes hat das Modell von **Moses** (1958), das die Rolle variabler Faktoreinsatzverhältnisse für die unternehmerische Standortwahl analysiert. Dazu soll zunächst angenommen werden, dass im Standortdreieck der Abbildung 36 die Distanz d_3 zum Konsumort M_3 festgelegt ist. Damit ergibt sich für die möglichen Unternehmensstandorte zunächst der Umfang des Kreises mit Radius d_3 um den Markt M_3. Mit Rücksicht auf die Materiallager M_1 und M_2 reduziert sich in Abbildung 2.5 der Umfang auf den Bogen IJ (McCann 2001, 19f.).

Das Verhältnis der Ortspreise (Preise einschließlich der Transportkosten) der beiden Einsatzfaktoren lässt sich berechnen als

$$\frac{p_1 + t_1 \cdot d_1}{p_2 + t_1 \cdot d_2} \tag{2.7}$$

und ist für gegebene Ab-Werk-Preise mit p_1 und p_2 auf jedem Punkt des Bogens IJ unterschiedlich. In der Standard-Mikroökonomik bestimmt der relative Preis der Inputfaktoren die Steigung der Isokostenlinie. Die Isokostenlinie verbindet in einem Diagramm mit zwei Produktionsfaktoren, wie es in Abbildung 2.6 dargestellt ist, alle Faktoreinsatzkombinationen, die sich zu konstanten Kosten realisieren lassen. Wenn sich nun die relativen Preise entlang des Bogens IJ in Abbildung 2.5 ändern, dann ändern sich auch die Isokostenlinien. Um den effizienten Standort zu ermitteln, muss deshalb zunächst die obere Einhüllende (kleinste obere Schranke) der Isokostenlinien konstruiert werden. Anschließend lässt sich, wie aus der Standard-Mikroökonomik bekannt, die optimale Faktoreinsatzkombination (m_1, m_2) aus dem Tangentialpunkt zwischen der höchsten erreichbaren Isoquante und der oberen Einhüllenden der Isokostenlinien ermitteln. Isoquanten verbinden Faktoreinsatzkombinationen, die zum gleichen Outputniveau führen (McCann 2001,19ff.). Abbildung 2.6 veranschaulicht diesen Zusammenhang.

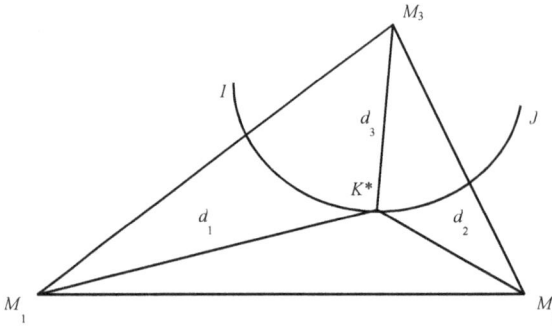

Abb. 2.5   Standortdreieck nach Moses
(McCann (2001,20), eigene Darstellung)

Mit dem Faktoreinsatzverhältnis (m_1/m_2) liegt zugleich der optimale Standort K^* fest, weil jeder Punkt auf der oberen Einhüllenden der Isokostenlinien einem ganz bestimmten Standort zwischen I und J in Abbildung 2.5 zuzuordnen ist. Damit lässt sich das Produktionsproblem (mit welchen Einsatzfaktoren produziert wird) nicht mehr vom Standortproblem (wo produziert wird) trennen. Diese Erkenntnis ist eine der wesentlichen Errungenschaften des Moses-Modells (McCann 2001, 21).

Vor diesem Hintergrund lassen sich nun auch **wirtschaftspolitische Maßnahmen** wie Programme zum Ausbau der Transportinfrastruktur analysieren. Geht man davon aus, dass ein Straßenbauprogramm in der Umgebung von M_1 die Transportkosten t_1 verringert und damit die Faktorkosten des Gutes 1 reduziert, dann steigt unter den traditionellen Annahmen der Standard-Mikroökonomik der Output und das Faktoreinsatzverhältnis ändert sich. Sinkt der Preis des Gutes 1, dann kann bei gleichem Budget mehr produziert werden. Dazu wird unter den üblichen Annahmen an die Produktionsfunktion mehr von beiden Gütern eingesetzt. Wenn der Preis des Gutes 1 sinkt und die Faktoren substituierbar sind, wird zudem relativ mehr von Gut 1 und relativ weniger von Gut 2 eingesetzt. Insgesamt wird unter den üblichen Annahmen an die Produktionsfunktion mehr von Gut 1 eingesetzt, wenn dessen Preis sinkt. Ob die Einsatzmenge des Gutes 2 ebenfalls steigt, bleibt ungewiss.

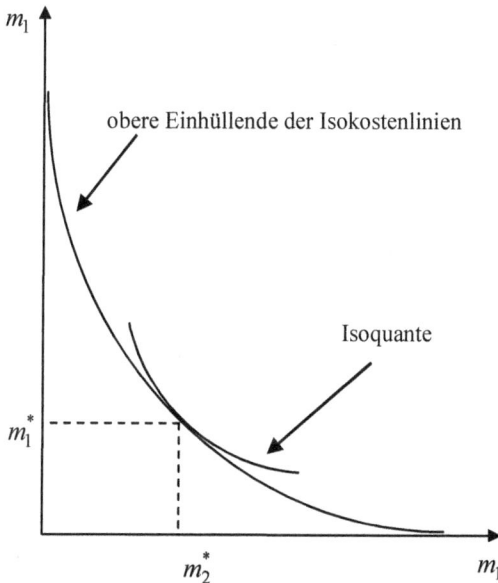

Abb. 2.6   Optimale Faktoreinsatzkombination
(McCann (2001,20), eigene Darstellung)

Nun sollen zunächst die veränderten Faktoreinsatzverhältnisse betrachtet werden. Wegen der reduzierten Faktorkosten des Gutes 1 sinkt der relative Preis $\left(p_1 + t_1 \cdot d_1\right)/\left(p_2 + t_1 \cdot d_2\right)$ und die obere Einhüllende der Isokostenlinien verläuft steiler. Für eine gegebene Isoquante bedeutet dies, dass sich der Tangentialpunkt nach links oben verschiebt, also mehr von Faktor 1 und weniger von Faktor 2 eingesetzt wird. Wegen des erhöhten Einsatzes des Input 1 steigen die Transportkosten $m_1 \cdot t_1 \cdot d_1$ relativ zu $m_2 \cdot t_2 \cdot d_2$. Um die Transportkosten zu reduzieren verlagert das Unternehmen seinen Standort in Richtung auf M_1. Den gleichen Effekt würde ein Lohnsubventionsprogramm erzielen, das die Arbeitskosten für Gut 1 senkt. Dies würde ebenfalls den Preis p_1 reduzieren und die Produktion im Standort M_1 attraktiver machen. Im Vergleich dazu würde bei festen Faktoreinsatzverhältnissen, wie Weber sie unterstellt, der Standort M_1 an Anziehungskraft verlieren, weil die gesamten Transportkosten nun durch eine Verlagerung des Standortes nach M_2 gesenkt werden könnten (McCann 2001, 21ff.).

Unter den traditionellen Annahmen der Standard-Mikroökonomik steigt der Output, wenn die Transportkosten oder der Preis des Gutes 1 sinken. Erhöht ein Unternehmen seinen Output, so lässt sich an der Steigung des Expansionspfades ablesen, ob die zusätzliche Produktion mit einem Standortwechsel einhergehen sollte oder nicht. Dem traditionellen mikroökonomischen Vorgehen folgend lassen sich für unterschiedliche Kosten- und Outputniveaus verschiedene Optima ermitteln und zu einem Expansionspfad verbinden. Graphisch kann zu unterschiedlichen, beliebig festgelegten Budgets des Unternehmens jeweils eine obere Einhüllende der Isokostenlinie ermittelt werden. Zu diesen oberen Einhüllenden der Isokostenlinien werden nun jeweils die höchsten erreichbaren Isoquanten. eingezeichnet. Die Tangentialpunkte zwischen Einhüllender und Isoquante sind die Optima zu verschiedenen Outputniveaus. Verbindet man diese Optima, so erhält man den Expansionspfad.

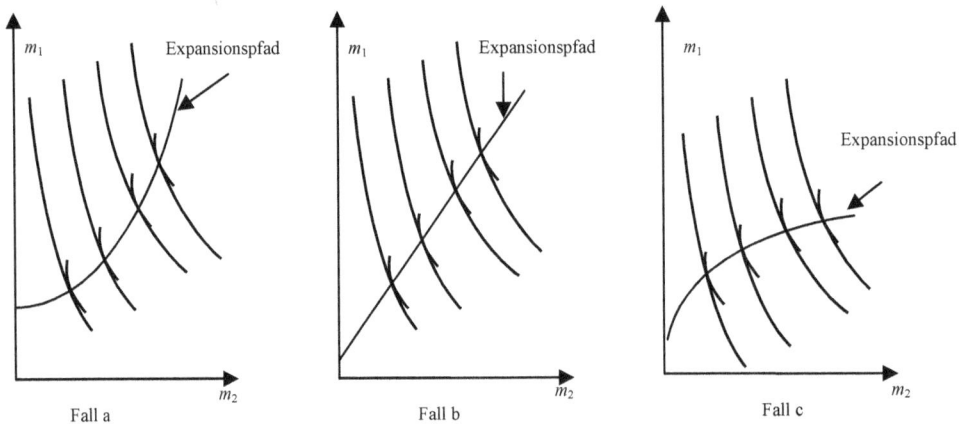

Abb. 2.7   Expanisonspfade
(McCann (2001, 24f.), eigene Darstellung)

Abbildung 2.7 zeigt unterschiedliche Verläufe der Expansionspfade. Bei positiver, zunehmender Steigung des Expansionspfades (Fall a) wird ein Standortwechsel in Richtung auf M_1 attraktiver, weil relativ mehr von Gut 1 eingesetzt wird (m_1/m_2 steigt). Bei positiver, abnehmender Steigung ist es umgekehrt (Fall c), es wird relativ mehr von Gut 2 eingesetzt, m_1/m_2 sinkt und der Standort verlagert sich in Richtung auf M_2. Nur bei linearem Verlauf des Expansionspfades (Fall b) ändert sich der optimale Standort nicht. Ein linearer Expansionspfad bedeutet, dass die Skalenerträge konstant sind. Letzteres wiederum heißt, dass die Produktionsmenge um einen bestimmten, konstanten Faktor a steigt, wenn man die Menge der Inputfaktoren um genau diesen Faktor steigert, also $a \cdot m_3 = f(a \cdot m_1, a \cdot m_2)$. Dies ist das zentrale Resultat des Moses-Modells. Voraussetzung für dieses Ergebnis ist wie gesagt die Annahme einer gegebenen Distanz zum Outputmarkt M_3. Es lässt sich aber auch für den allgemeineren Fall, in dem die Entfernung zum Absatzmarkt ebenfalls ein Teil des Standortproblems ist, zeigen, dass der optimale Standort nicht vom Outputniveau abhängt, solange sowohl die Produktionsfunktion als auch die Transporttechnologie konstante Skalenerträge aufweisen (McCann 2001, 23ff.).

Kritik am Moses-Modell bezieht sich ebenso wie die am Weber-Modell vor allem auf die einseitige Betonung der Rolle von Transportkosten für die Standortwahl und die Konstanz der Preise, also die Vernachlässigung der Nachfrageseite. Diese Kritik lässt sich jedoch durch einen breiteren Transportkostenbegriff entkräften, der den gesamten Bereich der Logistik einschließlich der Beschaffungs- und Frachtkosten umfasst (McCann 2001, 48ff.).

Aufbauend auf dem Modell von Weber hat sich die **moderne Standorttheorie** mit zahlreichen Fragestellungen befasst, von denen hier nur beispielhaft einige genannt werden können (Brandeau/Chiu 1989, 647):

- Ein Unternehmen entscheidet über die Ansiedlung einer unbestimmten Anzahl von Warenlagern in einer Region, um eine bestimmte Anzahl von Kunden zu versorgen. Für jedes Lager sind Investitionen in einer festgelegten Höhe erforderlich. Außerdem fallen feste Verteilungskosten pro versorgtem Kunden an und es bestehen möglicherweise Kapazitätsbeschränkungen. Die Firma möchte die gesamten Lagerkosten minimieren.
- Die Feuerwehr möchte eine bestimmte Anzahl von Feuermeldern in ihrem Gebiet einrichten. Ziel ist es, die maximale Entfernung eines Bürgers zur nächstgelegenen Meldeeinrichtung zu minimieren.
- Ein Unternehmen möchte ein neues Geschäft in einem Gebiet eröffnen, das bereits von Mitbewerbern versorgt wird. Ziel ist die Maximierung des Gewinns oder des Marktanteils. Die Kunden haben bisher eine bestimmte Menge des Gutes nachgefragt, die Menge könnte sich aber durch das neue Geschäft erhöhen.
- Eine Stadt sucht die optimale Lösung für ein Netzwerk zur Wasseraufbereitung. Unbehandeltes Wasser tritt aus einer bestimmten Anzahl von Quellen in der Stadt aus. Eine zentrale Wasseraufbereitung soll so angesiedelt werden, dass die Gesamtlänge der Leitungen, die benötigt werden, um das unbehandelte Wasser zur Aufbereitungsanlage zu bringen, minimiert wird.

Schematisch lassen sich die Konzepte der neueren Standorttheorie in die folgenden Kategorien einteilen (Brandeau/Chiu 1989, 650ff.):

- Minimierung der durchschnittlichen Reisezeit bzw. der durchschnittlichen Kosten oder Maximierung des Nettoeinkommens
- Minimierung der durchschnittlichen Antwortzeit
- Minimierung der maximalen Reisezeit bzw. Kosten
- Minimierung der maximalen Antwortzeit
- Maximierung der minimalen oder durchschnittlichen Reisezeit bzw. Kosten
- sonstige Ziele

Zu Kategorie 1 zählt das direkt aus dem Weber-Modell hervorgegangene Standort-Allokationsproblem, bei dem eine festgelegte Menge von Anlagen in einer Ebene mit diskreter Nachfrage so angeordnet werden soll, dass die Reise- oder Versorgungskosten minimiert werden. Dabei werden gleichzeitig die Versorgungsgebiete für die einzelnen Anlagen definiert.

Tab. 2.5   Typen von Standorttheorien

Problemtyp	Beispiele	Literatur
1. Minimierung der durchschnittlichen Reisezeit/der durchschnittlichen Kosten oder Maximierung des Nettoeinkommens	Standort-Allokationsproblem p-Median-Problem	Cooper 1963 Minieka 1977
2. Minimierung der durchschnittlichen Antwortzeit	SLM Problem	Berman et al. 1985
3. Minimierung der maximalen Reisezeit bzw. Kosten	p-Zentren-Problem	Minieka 1977
4. Minimierung der maximalen Antwortzeit	SQC Problem	Brandeau/Chiu 1988
5. Maximierung der minimalen oder durchschnittlichen Reisezeit bzw. Kosten	Antimedian-Problem	Minieka 1983
6. sonstige Ziele	Standortwahl im Duopol	Hotelling 1929

Quelle: Brandeau/Chiu (1989, 650ff.), eigene Darstellung

Ebenfalls ein breiter Literaturzweig befasst sich mit dem p-Median-Problem, also dem Problem, in einem allgemeinen Netzwerk p Anlagen so anzusiedeln, dass die gewichtete oder ungewichtete Reiseentfernung zwischen Versorgern und Nachfragepunkten minimiert wird. In Kategorie 2 werden stochastische Ansätze zusammengefasst, etwa das Stochastic Loss Median (SLM) Problem. Dabei wird der Standort für eine einzige Anlage in einem Netzwerk gesucht, der die gewichtete Funktion aus Reisekosten und Opportunitätskosten verlorener Kunden minimiert. Zu Kategorie 3 zählt das p-Zentren Problem, bei dem es darum geht, p Anlagen in einem allgemeinen Netzwerk so anzuordnen, dass die gewichtete oder ungewichtete maximale Entfernung zwischen einer Menge diskreter Nachfragepunkte und den Anlagen minimal wird. Kategorie 4 umfasst das Stochastic Queue Center (SQC) Problem. Analog zum p-Zentren Problem befasst sich das SQC Problem mit der Fragestellung, wie die maximale erwartete Antwortzeit zu einem beliebigen Nachfragepunkt minimiert werden kann. Dazu sollen p Anlagen in einem allgemeinen Netzwerk so angeordnet werden, dass die erwartete Verzögerung durch die Warteschlange zuzüglich der maximalen Reisezeit zu einem beliebigen Kunden minimal wird. In Kategorie 5 fällt das Antimedian Problem, bei dem es darum geht, eine einzige Anlage (die ein unerwünschtes Gut, etwa einen Schadstoff produziert) in einem Netzwerk so einzurichten, dass die durchschnittliche gewichtete oder ungewichtete Reiseentfernung zwischen der Anlage und einer Menge diskreter Nachfragepunkte maximal wird. Kategorie 6 fasst Fragestellungen mit anderen als den bisher genannten Zielen zusammen. Hierunter fallen auch allgemeine wettbewerbliche Standortprobleme wie beispielsweise das Hotelling Problem der Standortwahl im Duopol (Brandeau/Chiu 1989,

650ff.). Tabelle 2.5 fasst die hier dargestellten Typen von Standorttheorien noch einmal zusammen.

2.3 Bodennutzungstheorien

2.3.1 Grundmodell der Landnutzung

Johann Heinrich **von Thünen** gilt mit seinem Werk „Der isolierte Staat" (1826) als erster Theoretiker räumlicher Wirtschaftsbeziehungen und zugleich als einer der ersten formal arbeitenden Ökonomen überhaupt (Debreu 1984, 267). Sein Modell bezieht sich auf isolierte Staaten und ihre Verbindungsglieder städtische Märkte, landwirtschaftliche Produkte und Transportbedingungen. Zu den „isolierten Staaten" schreibt von Thünen (1826, 11): „Man denke sich eine sehr große Stadt in der Mitte einer fruchtbaren Ebene gelegen, die von keinem schiffbaren Flusse oder Kanale durchströmt wird. Die Ebene selbst bestehe aus einem durchaus gleichen Boden, der überall der Kultur fähig ist. In großer Entfernung von der Stadt endige sich die Ebene in eine unkultivierte Wildnis, wodurch dieser Staat von der übrigen Welt gänzlich getrennt wird." Hinsichtlich der Transportkosten entwirft von Thünen – aus eigener Anschauung – das Bild eines Bauern, der mit dem Ochsenkarren landwirtschaftliche Produkte zum Markt bringt, wobei der Ochse einen Teil der transportierten Produkte auf dem Weg selbst verzehrt. Damit sind die Transportkosten proportional zur Enfernung. Ein Landwirt, der näher am Markt angesiedelt ist als ein anderer, trägt geringere Transportkosten, aber entrichtet höhere Pacht für das Land. Aus diesem Trade-off entsteht ein Muster urbaner Landnutzung. Mit seinen Überlegungen zu Landrenten und Transportkosten legte von Thünen zugleich die Grundlagen für zahlreiche nachfolgende Beiträge (Clement 2004, 12).

Zunächst trifft das von Thünen Modell einige vereinfachenden **Annahmen** (Schätzl 2003, 64):

- Das betrachtete Gebiet ist vollständig isoliert, steht also nicht in Beziehungen zu anderen Staaten bzw. Stadtgebieten.
- Es gibt nur einen Markt für landwirtschaftliche Erzeugnisse, die Stadt. Sie versorgt den ländlichen Raum mit Industrieprodukten und erhält im Austausch landwirtschaftliche Güter.
- Die Fläche ist homogen, d.h. der Anbau landwirtschaftlicher Produkte ist überall gleich produktiv.
- Die Verkehrsbedingungen sind im gesamten Gebiet gleich, d.h. die Transportkosten unterscheiden sich nicht.
- Die Transportkosten sind proportional zur Distanz zwischen dem Standort des Landwirtes und dem Markt. Sie sind ebenfalls proportional zum transportierten Gewicht.
- Die Landwirte nehmen die Nachfrage nach ihren Produkten als gegeben hin. Sie maximieren ihren Gewinn bei gegebenen Preisen für Output und Input.
- Der Gewinn der Landwirte wird über die Standortwahl maximiert.

Kern des Modells ist die **Lagerente**, die sich an einem bestimmten Standort als Überschuss der Erlöse über die Kosten, also als Gewinn, ergibt. Wenn die Landwirte nicht zugleich Eigentümer des Bodens sind, zahlen sie Pacht an die Landbesitzer. Besteht Konkurrenz um die Ressource Boden, dann verpachtet der Grundbesitzer an den Landwirt, der die höchste Pacht zu zahlen bereit ist. Um den Boden pachten zu können, überbieten sich die Landwirte gegenseitig, allerdings nur so lange, wie sie keine Verluste machen. Auf diese Weise lässt sich für jeden Landwirt die maximale Zahlungsbereitschaft für Boden in einer gegebenen Entfernung zum Stadtzentrum ermitteln. Die Funktionen, die diesen Zusammenhang zwischen maximaler Zahlungsbereitschaft eines Landwirtes und der Entfernung zum Stadtzentrum wiedergeben, heißen Bid rent Funktionen. Da die Grundbesitzer das Land an die Meistbietenden verpachten, ergibt sich die Funktion der tatsächlich gezahlten Pacht in Abhängigkeit der Entfernung vom Stadtzentrum als äußere Hülle der **Bid rent Funktionen**. Die Funktion der tatsächlich gezahlten Entgelte für die Bodennutzung wird als Lagerentenfunktion bezeichnet. Synonym zum Begriff der Lagerente werden auch die Ausdrücke Landrente oder Bodenrente verwendet. Die räumlich unterschiedlichen Lagerenten führen wiederum dazu, dass auch die Verkaufspreise des Bodens mit der Distanz zum Zentrum variieren. Dieser Zusammenhang wird als Bodenpreisfunktion bezeichnet.

Im Folgenden wird auf der Grundlage des Beitrags von Jones et al. (1978, 2ff.) eine einfache mathematische Darstellung des von Thünen Modells der Landnutzung vorgestellt.

In der Formulierung von Thünens sind die Transportkosten nicht explizit enthalten, vielmehr definiert er die Bid rent (R) als Differenz zwischen dem Wert der produzierten Menge auf der Farm (FR), also am Produktionsort und den Produktionskosten (PC)

$$R = FR - PC .$$ (2.8)

Der Wert der produzierten Menge auf der Farm entspricht dem Output je Bodeneinheit (Q) multipliziert mit dem Preis auf der Farm (P_f)

$$FR = P_f \cdot Q .$$ (2.9)

Letzterer ergibt sich als Differenz aus dem Preis im Stadtzentrum (P_t) abzüglich der Kosten in Naturalien (t_g) und der monetären Kosten (t_{th}), die beim Transport einer Einheit des Produktes über eine Distanz von k zum Stadtzentrum entstehen

$$P_f = P_t - \left[P_t \cdot t_g(k) + t_{th}(k) \right] .$$ (2.10)

Um die Struktur der Transportkosten zu illustrieren, soll angenommen werden, ein Landwirt bringe mit dem Pferdewagen Getreide zum Markt, wobei das Pferd einen Teil des Getreides auf dem Weg selbst verzehrt. Von Thünens empirische Analyse hat folgende Werte ergeben, anhand derer der Farmpreis in Abhängigkeit der Entfernung vom Stadtzentrum beispielhaft ermittelt werden soll:

Ein Pferdewagen hat eine Kapazität von 28,57 Bushel Getreide. Pro Meile verzehren die Pferde, die diese Wagenladung ziehen, eine Getreidemenge von 0,358 Bushel. Zusätzlich

zum Getreide werden Menschen auf dem Wagen transportiert, die Kosten von 0,514 Bushel
Getreide verursachen. Hinzu kommen monetäre Kosten von 0,326 Taler pro Meile, die der
Wagen zurücklegt. Jedes Bushel Getreide erzielt im Stadtzentrum einen Preis von 1,5 Talern.
Der Preis auf der Farm ermittelt sich dann als

$$P_f = \frac{1,5 \text{Taler}\left[\left(28,57 - 0,358 \cdot k\right) \text{Bushel}\right] - (0,326 \cdot k)\text{Taler}}{\left(28,57 - 0,358k + 0,514k\right) \text{Bushel}} \qquad (2.11)$$

An dieser Stelle wird deutlich, dass die Farmpreisfunktion nichtlinear verläuft. Dies bedeutet
aber auch, dass weder die Transportkosten noch die Bid rent Funktionen im von Thünen
Modell linear verlaufen.

Die von Thünensche Definition der Produktionskosten erfolgt ganz analog zur Bestimmung
der Transportkosten. Wenn a_g die Kosten in Naturalien und a_{th} die monetären Kosten bezeichnen, die bei der Produktion einer Einheit des Produktes (Getreide) entstehen, dann ergeben sich die Produktionskosten als

$$PC = P_f \cdot (a_g \cdot Q) + a_{th} \cdot Q \qquad (2.12)$$

und die Bid rent Funktion als

$$R = P_f \cdot Q - \left[P_f \cdot (a_g \cdot Q) + a_{th} \cdot Q \right]. \qquad (2.13)$$

Jones et al. (1978, 4) zeigen, dass die Bid rent Funktion eine fallende Funktion der Entfernung vom Stadtzentrum ist, wenn $a_g < 1$ gilt. Letzteres ist aber immer dann gewährleistet,
wenn die Landwirte sich rational verhalten und keine Verluste machen.

Aus der Analyse der Bid rent Funktionen lässt sich ableiten, welche Technologie in welcher
Entfernung zum Stadtzentrum eingesetzt wird (Jones et al. 1978, 5ff.).

Seien i und j zwei Technologien mit den Bid rent Funktionen

$$R_i = P_f \cdot Q_i - \left[P_f \cdot (a_{gi} \cdot Q_i) + a_{thi} \cdot Q_i \right] \text{ und} \qquad (2.14)$$

$$R_j = P_f \cdot Q_j - \left[P_f \cdot (a_{gj} \cdot Q_j) + a_{thj} \cdot Q_j \right]. \qquad (2.15)$$

Wenn nahe des Stadtzentrums zunächst Technologie i angewendet wird, weil gilt $R_i > R_j$,
dann werden die Produzenten in Entfernung k nur dann auf Technologie j übergehen, wenn
dort gilt $R_i = R_j > 0$ und $\left| \frac{\partial R_i}{\partial k} \right| > \left| \frac{\partial R_j}{\partial k} \right|$. Der Anbau erfolgt bis zu derjenigen Entfernung, für
die gilt $R_j = 0$.

Ganz analog kann man analysieren welche landwirtschaftlichen Erzeugnisse in einer bestimmten Entfernung vom Stadtzentrum angebaut werden (Jones et al. 1978, 10). Angenommen, es gebe zwei Produkte m und n. Nahe des Stadtzentrums werde Produkt m angebaut, es gelte $R_m > R_n$. In Entfernung k wird der Landwirt nur dann auf Produkt n überge-
hen, wenn dort gilt $R_m = R_n > 0$ und $\left|\dfrac{\partial R_m}{\partial k}\right| > \left|\dfrac{\partial R_n}{\partial k}\right|$. Produkt n wird bis zu derjenigen Ent-
fernung angebaut, für die gilt $R_j = 0$.

Aus der Analyse der Bid rent Funktionen ergeben sich Muster der Landnutzung, die von
Thünen in zwei allgemeine „**Gesetze der Standortwahl**" fasst:

- Wenn für zwei verschiedene Erzeugnisse die Produktionskosten je Fuhre übereinstimmen, wird das Produkt, für das die höhere Landrente zu entrichten ist, weiter entfernt
  vom Stadtzentrum angebaut.
- Wenn die Lagerente für zwei Produkte gleich ist, wird das Erzeugnis mit den höheren
  Produktionskosten weiter entfernt vom Zentrum angebaut.

Diese beiden „Gesetze" haben allerdings Jones et al. (1978, 11ff.) zufolge nur begrenzte
Aussagekraft. Zunächst lassen sie keine Aussage darüber zu, wo ein Produkt angebaut wird,
das sowohl höhere Erträge als auch höhere Kosten aufweist als ein anderes Erzeugnis. Darüber hinaus wird in beiden „Gesetzen" eine vollkommen unelastische Nachfrage unterstellt,
dies ist kaum realistisch. Hinzu kommt die Annahme eines konstanten Preises im Stadtzentrum. Dies ist nicht zuletzt deshalb unplausibel, weil sich mit jeder Standortentscheidung die
Kosten ändern und dies wiederum Rückwirkungen auf den Preis hat. Unplausibel ist auch,
dass das zweite „Gesetz" Fälle betrifft, in denen der Angebotspreis mit steigender Entfernung vom Zentrum abnimmt. Dadurch wäre das System des „isolierten Staates" aber nicht
mehr beschränkt.

Eine Spezialität des von Thünen-Modells ist die implizite Definition der Transportkosten. In
einer allgemeineren Fassung des Bodenrentenkonzeptes nach Jones et al. (1978, 2ff.) ergibt
sich die Bid rent (R) je Bodeneinheit in einer bestimmten Entfernung k vom Stadtzentrum als
Preis im Stadtzentrum (P_t) multipliziert mit dem Output (Q) je Bodeneinheit abzüglich der
Transportkosten (TC) und der Produktionskosten (PC):

$$R = (P_t \cdot Q) - (TC + PC) \qquad (2.16)$$

In dieser Formulierung ist die Bid rent Funktion fallend in k, wenn gilt

$$\left|\frac{\partial TC}{\partial k}\right| > \left|\frac{\partial PC}{\partial k}\right|. \qquad (2.17)$$

Das folgende einfache Beispiel nach McCann (2001, 94ff.) soll den Zusammenhang zwischen Bodenrente, Marktpreisen, Produktions- und Transportkosten noch einmal verdeutlichen. Angenommen, der Marktpreis (P_t) für eine Tonne Weizen betrage 100 Euro. Der
Landwirt produziere pro Hektar Land eine Tonne Weizen ($Q = 1$). Die Transportkosten pro

Tonnenkilometer seien 1 Euro und die Produktionskosten 50 Euro. Unter diesen Bedingungen kann die Landrente im Stadtzentrum höchstens 50 Euro betragen. In einer Entfernung von 20 km zum Zentrum zahlt der landwirtschaftliche Produzent maximal 30 Euro an den Grundbesitzer. Die Grenze, von der an kein Weizen mehr angebaut wird, beträgt 50 km. Die Landrentenfunktion verläuft wie die in Abbildung 2.8 dargestellte durchgezogene Line.

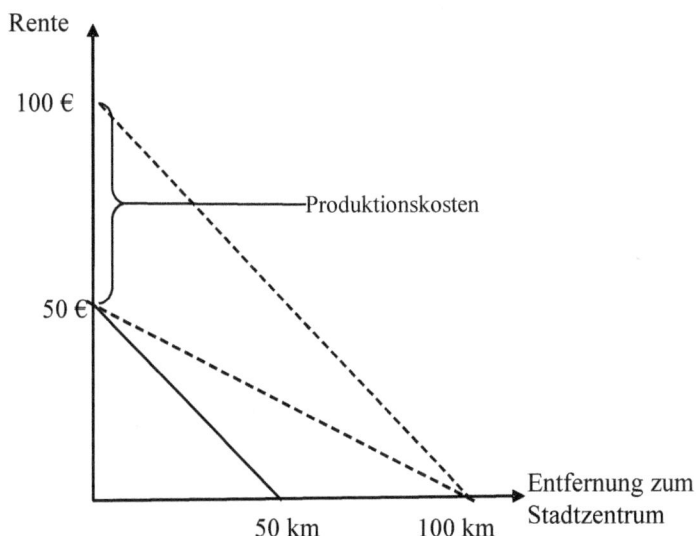

Abb. 2.8   Landrente
(Quelle: McCann (2001, 95ff.), eigene Darstellung)

Steigt der Marktpreis für Weizen (P_t) auf 150 Euro und bleibt alles übrige gleich, dann steigt der Ordinatenabschnitt der Landrentenfunktion auf 100 Euro, weil der Landwirt nun maximal 100 Euro an den Grundbesitzer abgeben kann, ohne Verluste zu machen. Der Anbau von Weizen ist nun bis zu einer Entfernung von 100 km vom Stadtzentrum lohnend, der Abszissenabschnitt verdoppelt sich also. Insgesamt verschiebt sich die Landrentenfunktion parallel nach rechts. Das gleiche Resultat würde sich auch einstellen, wenn unter sonst gleichen Bedingungen die Produktionskosten auf 0 Euro zurückgingen. Die gepunktete Linie in Abbildung 26 stellt die Landrentenfunktion für $P_t = 150$ bzw. $PC = 0$ dar.

Während die Steigung der Landrentenfunktion bei Veränderung des Marktpreises oder der Produktionskosten gleich bleibt, verändert sie sich bei einer Variation der Transportkosten. Sinken die Transportkosten etwa auf 0,5 € pro Tonnenkilometer, dann bleibt der Ordinatenabschnitt unverändert – im Stadtzentrum ist die Zahlungsbereitschaft unabhängig vom Transportkostensatz, denn es wird nichts transportiert. Der Abszissenabschnitt verdoppelt sich, weil sich die Produktion nun bis zu einer Entfernung von 100 km zum Stadtzentrum lohnt.

Die Landrentenfunktion dreht sich also bei einer Senkung des Transportkostensatzes nach rechts.

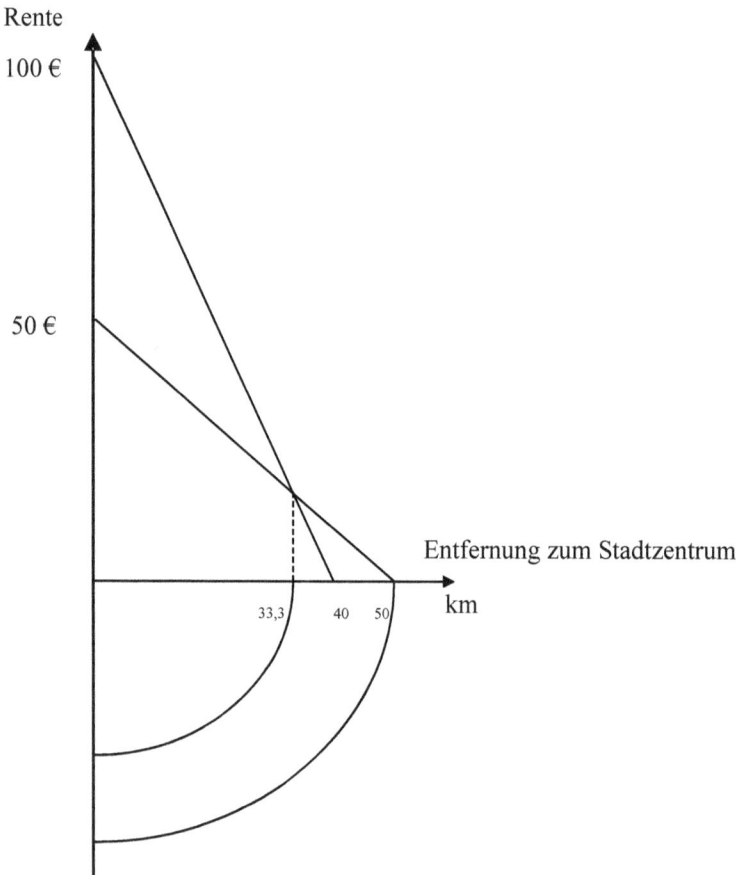

Abb. 2.9   Wettbewerb um die Landnutzung
(Quelle: McCann (2001, 99), eigene Darstellung)

Um zu veranschaulichen, wie die Entscheidung über die Landnutzung unter verschiedenen Verwendungsmöglichkeiten vor sich geht, soll nun angenommen werden, die Alternative zum Weizenanbau bestehe im Gerstenanbau. Angenommen, der Marktpreis (P_t) für eine Tonne Gerste sei 150 €. Die Transportkosten pro Tonnenkilometer seien 2,5 € und die Produktionskosten 50 €. Der Landwirt produziere pro Hektar Land eine Tonne Gerste ($Q = 1$). Dann wird bis zu einer Entfernung von 33,3 km zum Stadtzentrum ausschließlich Gerste angebaut. Zwischen dem 33,3. und dem 50. Kilometer erfolgt Weizenbau. In Entfernungen von mehr als 50 km vom Stadtzentrum lohnt sich weder Weizen- noch Gerstenanbau. Graphisch ergibt sich die Grenze zwischen Gersten- und Weizenanbau aus dem Schnittpunkt der

beiden Landrentenfunktionen. Die durchgezogene Linie in Abbildung 2.9 ist die Landrentenfunktion für Weizen, die gestrichelte Linie diejenige für Gerste. Die Grenze des gesamten
Anbaugebietes verläuft dort, wo die flachere Rentenfunktion die Abszisse schneidet.

Rechnerisch lässt sich das Muster der Landnutzung wie folgt ermitteln:

$$R_G = 150 \cdot 1 - (2,5 \cdot k + 50) \tag{2.18}$$

$$R_W = 100 \cdot 1 - (1 \cdot k + 50) \tag{2.19}$$

$$R_G = R_W \leftrightarrow k = 33,3 \tag{2.20}$$

$$R_W = 0 \leftrightarrow k = 50 \tag{2.21}$$

Berücksichtigt man die Annahme einer homogenen Fläche, dann ergibt sich aus diesen Überlegungen eine **ringförmige** Struktur der Landnutzung, die „Thünenschen Kreise". So wird
im innersten Kreis mit Radius 33,3 km um das Stadtzentrum herum Gerste angebaut. Daran
schließt sich bis zum 50. km ein Ring an, in dem Weizen angebaut wird. Mit dem 50. km
endet die Landnutzung im „isolierten Staat".

In der Literatur finden sich zahlreiche Übertragungen des von Thünen Modells auf die
Standortentscheidungen von Unternehmen und Haushalten. Sie sind Gegenstand des folgenden Abschnitts.

2.3.2   Neuere Bodennutzungstheorien

Beginnend mit den Arbeiten von Alonso (1960) und Muth (1961a,b) wurden Modelle entwickelt, die auf dem Grundkonzept von Thünens basieren, sich aber in den gewohnten Rahmen
der mikroökonomischen Theorie einfügen. Die folgenden Darstellungen dieser Modelle
orientieren sich an McDonald 2007.

Das Modell von **Alonso** (1960) bezieht sich auf die Landnutzung durch Wohnen, da diese
den weitaus größten Teil der erschlossenen Fläche in Städten ausmacht. Er unterstellt dabei
wie von Thünen eine monozentrische Stadt, die sich in einer homogenen Ebene befindet. Die
Transportbedingungen sind überall gleich. Die gesamte Beschäftigung sowie alle Güter und
Dienstleistungen sind ausschließlich im Stadtzentrum verfügbar. Der Bodenmarkt ist nicht
reguliert, Land wird über freie Verträge gekauft und verkauft. Die öffentlich bereitgestellten
Güter und Dienstleistungen sind im gesamten Stadtgebiet gleich. Die Individuen sind Preisnehmer und verfügen über vollständige Information. Sie maximieren ihren Nutzen unter
folgender Budgetbedingung:

$$y = p_z \cdot z + p(k) \cdot q + t(k) \tag{2.22}$$

Dabei ist y das Einkommen. Der Preis des zusammengesetzten Gutes, das alle übrigen Güter
mit Ausnahme von Land und Pendeln enthält, wird mit p_z bezeichnet. Die Menge des zu-

sammengesetzten Gutes ist z. Analog sind $p(k)$ der Preis für Land in Entfernung k vom Stadtzentrum sowie Q die Menge des Landes. Die Transportkosten t hängen ebenfalls von der Entfernung zum Stadtzentrum ab.

Die Nutzenfunktion der Individuen ist folgendermaßen formuliert:

$$u = u(z, q, k) \,.$$
(2.23)

Dabei sind z und Q Güter der üblichen Art, so dass der Nutzen mit zunehmender Menge steigt. Hinsichtlich der Entfernung zum Stadtzentrum k unterstellt Alonso, dass eine zunehmende Distanz den Nutzen mindert, weil Beschäftigung und Einkaufsmöglichkeiten schwerer erreichbar sind.

Nutzenmaximierung unter der Budgetbeschränkung ergibt folgende Bedingungen erster Ordnung:

$$u_z - \lambda \cdot p_z = 0$$
(2.24)

$$u_q - \lambda \cdot p(k) = 0$$
(2.25)

$$u_k - \lambda \cdot \left[q \cdot \frac{dp}{dk} + \frac{dt}{dk} \right] = 0 \,,$$
(2.26)

wobei u_z, u_Q und u_k die ersten Ableitungen der Nutzenfunktion nach z, Q und k bezeichnen und λ der Langrangeparameter des Optimierungsproblems ist. Er gibt zugleich den Grenznutzen einer weiteren Einheit des Einkommens y an.

Aus den Gleichungen (2.24-26) ergeben sich die folgenden Gleichgewichtsbedingungen für Konsumenten:

$$\frac{u_q}{u_z} = \frac{p(k)}{p_z}$$
(2.27)

$$\frac{u_k}{u_z} = \frac{\left[q \cdot \dfrac{dp}{dk} + \dfrac{dt}{dk} \right]}{p_z} \,.$$
(2.28)

Die erste Gleichung enthält die aus der Standard-Mikroökonomik bekannte Forderung, dass im Optimum das Verhältnis der Grenznutzen zweier Güter dem Preisverhältnis entsprechen muss. Die zweite Bedingung fordert, dass die Grenzrate der Substitution zwischen der Entfernung zum Zentrum und dem zusammengesetzten Gut dem Quotienten aus den Grenzkosten räumlicher Bewegung und dem Preis des zusammengesetzten Gutes entspricht.

Normiert man den Preis des zusammengesetzten Gutes auf Eins, dann ergibt sich für die zweite Bedingung

$$q \cdot \frac{dp}{dk} = \frac{u_k}{u_z} - \frac{dt}{dk}. \tag{2.29}$$

Im Haushaltsgleichgewicht entspricht die Veränderung in den Ausgaben für Land (linke Seite der Gleichung) der Veränderung der Distanzkosten (rechte Seite der Gleichung). Die Distanzkosten sind dabei in zwei Komponenten zerlegt, den in Geldeinheiten bewerteten negative Grenznutzen und die zusätzlichen monetären Kosten. Der Haushalt befindet sich also im Gleichgewicht, wenn die Grenznutzen einer Entfernungserhöhung den Grenzkosten entsprechen. Die rechte Seite der Gleichung ist negativ, Q ist positiv, daher muss der Bodenpreis mit zunehmender Entfernung vom Stadtzentrum sinken.

Die Bid rent Funktion $p_i(k)$ eines Konsumenten i gibt für ein konstantes Nutzenniveau die maximale Zahlungsbereitschaft in Abhängigkeit der Entfernung zum Stadtzentrum wieder. Die Steigung der Bid rent Funktion ergibt sich mit (2.29) als

$$\frac{dp_i}{dk} = \frac{\left[\left(\frac{u_k}{u_z} \right)_i - \frac{dt}{dk} \right]}{q}, \tag{2.30}$$

wobei der Index i jeweils den Konsumenten i bezeichnet. Aus (2.30) wird deutlich, dass die Zahlungsbereitschaft mit wachsender Entfernung vom Stadtzentrum abnimmt, die Bid rent Funktion also fallend ist. Wenn Land ein normales Gut ist, dann steigt Q mit zunehmendem Einkommen und die Bid rent Funktion wird tendenziell flacher. Andererseits wird steigendes Einkommen dazu führen, dass der negative Nutzen mit einer größeren Distanz zum Stadtzentrum steigt, d.h. $(u_k/u_z)_i$ nimmt absolut zu. Auf diese Weise wird die Bid rent Funktion tendenziell steiler. Insgesamt ergeben sich für Bevölkerungsgruppen mit hohem Einkommen nicht notwendigerweise flachere Bid rent Funktionen als für Gruppen mit niedrigem Einkommen. Hocheinkommensbezieher wohnen also nicht unbedingt weiter außerhalb des Stadtzentrums als Niedrigeinkommensbezieher (Mc Donald 2007, 70ff.).

In der folgenden Abbildung 2.10 wird dennoch wie in der Literatur vielfach üblich unterstellt, dass es in der dargestellten Stadt drei verschiedene **Einkommensgruppen** gibt und die Steigung der Bid rent Funktion mit steigendem Einkommen abnimmt. Gruppe 1 seien die Hocheinkommensbezieher, Gruppe 2 verfüge über mittleres Einkommen, Gruppe 3 seien die Niedriglohnempfänger. Da alle drei Gruppen in der Stadt leben, müssen sich ihre Bid rent Funktionen *(BR₁, BR₂, BR₃)* schneiden. Aus den Schnittpunkten der Bid rent Funktionen ergeben sich die Grenzen der drei Stadtbezirke, in denen jeweils nur eine homogene Einkommensgruppe (soziale Schicht) wohnt. Mit dem Modell lässt sich also residenzielle Segregation, d.h. die räumlicher Ballung von Haushalten der gleichen sozialen Gruppe, erklären (McCann 2001, 110).

Rente

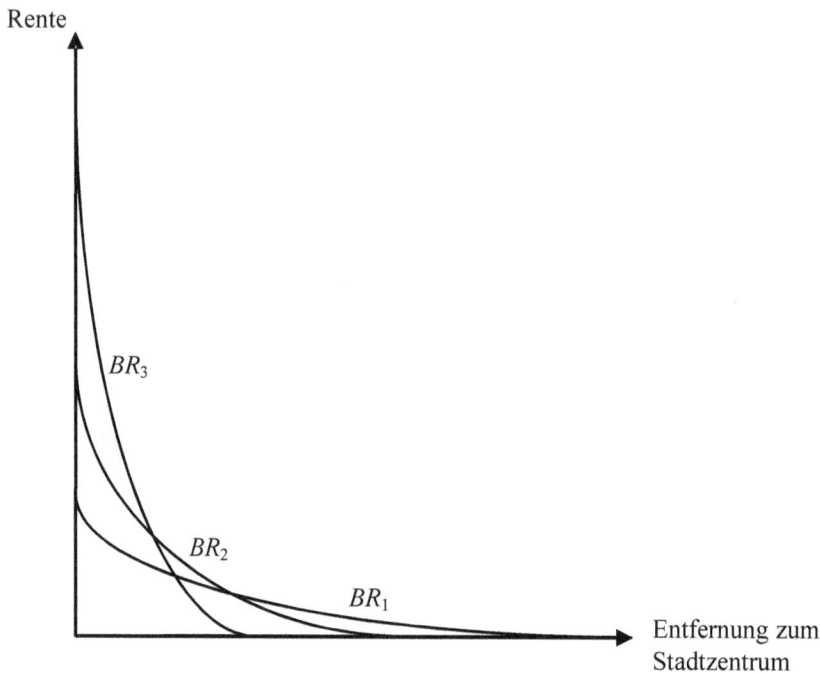

Abb. 2.10 Residenzielle Segregation
(Quelle: McCann (2001, 110), eigene Darstellung)

Bezieht man **Umweltaspekte** in die Betrachtung ein, so kann sich der Verlauf der Bid rent
Funktionen ändern. Nimmt man etwa an, dass die Umweltbelastung im Stadtzentrum am
größten ist, mit zunehmender Entfernung abnimmt und am Stadtrand vernachlässigbar ist,
dann ist es plausibel, dass die Bid rent Funktionen wie in Abbildung 2.11 dargestellt konkave
Abschnitte enthalten. Wie zuvor sollen Gruppe 1 über hohes, Gruppe 2 über mittleres und
Gruppe 3 über niedriges Einkommen verfügen. In der Abbildung 2.11 sind die Bid rent
Funktionen der drei Gruppen mit BR_1, BR_2 und BR_3 bezeichnet. Bezüglich BR_3 wird dersel-
be Verlauf unterstellt wie zuvor, da das Einkommen der Niedriglohnempfänger nicht erlaubt,
eine höhere Umweltqualität nachzufragen. Für Bezieher mittlerer und hoher Einkommen
entspricht im Haushaltsgleichgewicht die Veränderung in den Ausgaben für Land der Veränderung der Distanzkosten und der Umweltkosten. Unter plausiblen Bedingungen kann dann
die individuelle Zahlungsbereitschaft bei konstantem Nutzenniveau mit zunehmender Entfernung vom Zentrum zunächst wachsen, weil die Umweltqualität steigt. Wenn die Umwelt-
effekte in einer bestimmten Distanz zum Zentrum irrelevant werden, hat die Bid rent Funktion den üblichen fallenden Verlauf (McCann 2001, 114).

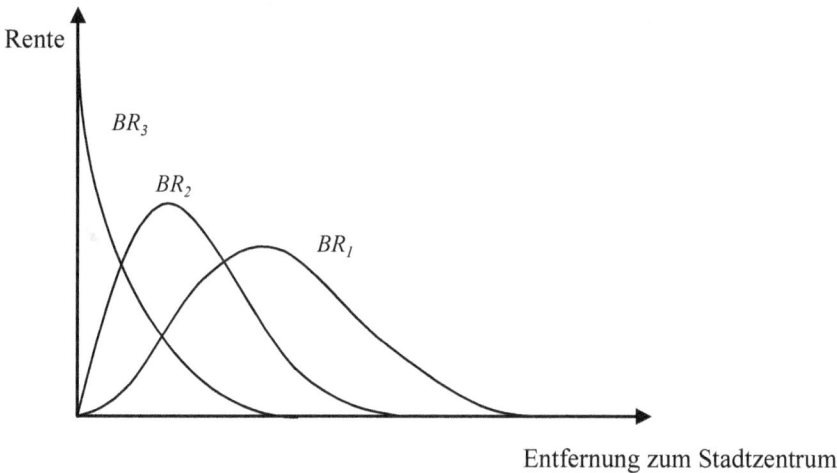

Rente

BR_3

BR_2

BR_1

Entfernung zum Stadtzentrum

Abb. 2.11 Berücksichtigung von Umwelteinflüssen
(Quelle: McCann (2001, 114), eigene Darstellung)

Marktgleichgewicht bedeutet, dass für diejenigen Konsumenten, die Land in Entfernung k besitzen, gelten muss

$$\frac{dp}{dk} = \frac{dp_i}{dk}\,. \qquad (2.31)$$

Die am Markt resultierenden Bodenpreise ergeben sich damit als obere Einhüllende der Bid rent Funktionen der im Stadtgebiet angesiedelten Haushalte (Mc Donald 2007, 73).

Marktgleichgewicht bedeutet aber nicht nur die optimale Aufteilung von Land zwischen Haushalten verschiedener Einkommensgruppen. Es bedeutet auch, dass die Landnutzung zwischen **Unternehmen** und Haushalten aufgeteilt wird. Ein wesentliches Bindeglied zwischen Unternehmenssektor und Haushaltssektor, der Arbeitsmarkt, fehlt allerdings im Alonso-Modell. Alonso behandelt die Bid rent Funktionen der Unternehmen nur knapp und knüpft dabei unmittelbar an von Thünen an. Die Gewinne in Entfernung k vom Zentrum hängen demnach vom Umsatz V, den Betriebskosten C und den Ausgaben für Land p(k)·Q ab, es gilt also

$$(19)\ \ G = V(k,q) - C(V,k,q) - p(k)\cdot q\,. \qquad (2.32)$$

Wenn ein Unternehmen die Entfernung zum Stadtzentrum verringert, nehmen Umsatz, Betriebskosten und Landkosten ab. Für ein konstantes Gewinnniveau müssen die Veränderungen der Ausgaben für Land gerade den Veränderungen bei Umsatz und Betriebskosten entsprechen. Die Bid rent Funktionen $p_i(k)$ eines Unternehmens i geben für ein konstantes Gewinnniveau die maximale Zahlungsbereitschaft in Abhängigkeit der Entfernung zum Stadtzentrum wieder. Der Standort k ist aus Sicht des Unternehmens i optimal, wenn gilt

$$V_k - C_V \cdot V_K - C_k - \frac{\mathrm{d}p_i}{\mathrm{d}k} \cdot q = 0 \, . \tag{2.33}$$

Die Steigung der Bid rent Funktion ergibt sich mit (2.33) als

$$\frac{\mathrm{d}p_i}{\mathrm{d}k} = \frac{\left(V_k - C_V \cdot V_K - C_k \right)}{q} \tag{2.34}$$

(Mc Donald 2007, 70ff.).

Im allgemeinen Fall substituierbarer Produktionsfaktoren ist die Bid rent Funktion für ein konstantes Gewinnniveau fallend und konvex zum Ursprung. Lineare Bid rent Funktionen ergeben sich für **Technologien** mit fixen Faktoreinsatzverhältnissen.

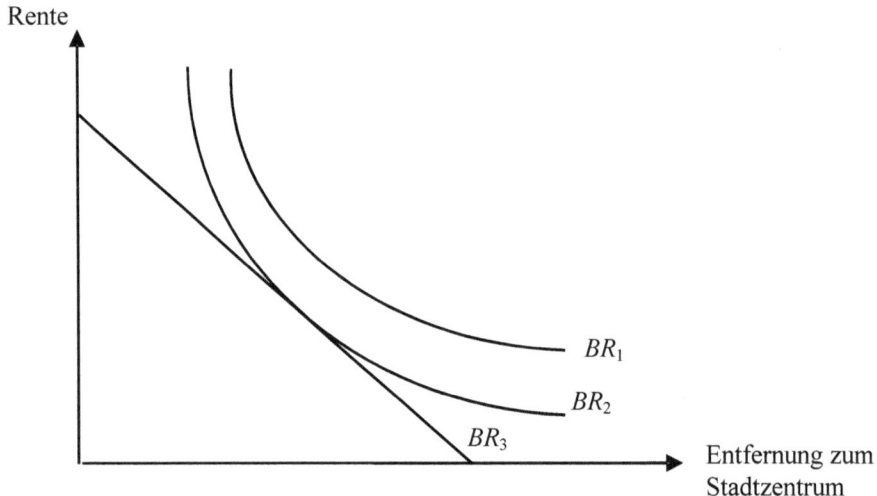

Abb. 2.12 Bid rent Funktionen verschiedener Branchen
(Quelle: McCann (2001, 100ff.), eigene Darstellung)

In Abbildung 28 sind BR_1 und BR_2 konvexe Bid rent Funktionen für den Fall substituierbarer Inputs. Für verschiedene Gewinnhöhen ergibt sich eine Schar von Bid rent Funktionen, wobei näher zum Ursprung gelegene Funktionen ein höheres Gewinnniveau anzeigen (der Gewinn entlang BR_2 ist größer als der Gewinn entlang BR_1). Gibt es in einer Wirtschaft flexible Industriezweige, die mit substituierbaren Produktionsfaktoren arbeiten und andere, die feste Faktoreinsatzverhältnisse aufweisen, dann wird sich generell die flexible Branche im Wettbewerb um Boden durchsetzen. Dies wird am Vergleich von BR_2 und BR_3 deutlich. Die beiden Bid rent Funktionen haben einen Tangentialpunkt, repräsentieren also das gleiche Gewinnniveau. Im Berührungspunkt weisen beide Unternehmen die gleiche Zahlungsbereitschaft für Land auf, in allen übrigen Punkten ist die Zahlungsbereitschaft des flexiblen Unternehmens höher (McCann 2001, 100ff.).

Eine detaillierte Betrachtung des Unternehmenssektors findet sich bei **Muth** (1961a, Darstellung nach Mc Donald 2007, 75ff.). Er nimmt an, dass es zwei Branchen in einer Stadt gibt, eine stellt Wohndienstleistungen bereit und die andere ein landwirtschaftliches Erzeugnis. Das Stadtgebiet ist ebenso wie bei von Thünen oder Alonso eine homogene Ebene. Der Produzentenpreis p sinkt exponentiell mit der Entfernung k vom Stadtzentrum.

$$p(k) = p_0 \cdot e^{-ck} \tag{2.35}$$

Die Unternehmen produzieren mit zwei Inputs, Land L und Arbeit N. Dabei umfasst „Arbeit" hier alle Produktionsfaktoren mit Ausnahme von Land, weshalb sie auch als Non Land bezeichnet wird. Der Preis für Land heißt r, der Preis für Arbeit w.

Die Branche, die Wohndienstleistungen bereitstellt, verfügt über die Produktionsfunktion

$$Q = a \cdot L^\alpha \cdot N^\beta \text{ mit } \alpha + \beta = 1. \tag{2.36}$$

Wenn auf Input- und Outputmärkten vollkommene Konkurrenz herrscht, muss im Gewinnmaximum eines Unternehmens dieser Branche für die Nachfrage nach Land L und Arbeit N gelten

$$L = \frac{\alpha \cdot p \cdot Q}{r} \text{ und} \tag{2.37}$$

$$N = \frac{\beta \cdot p \cdot Q}{w}. \tag{2.38}$$

Substituiert man diese beiden Inputnachfragefunktionen in die Produktionsfunktion, so erhält man

$$r = \left[\left(a \cdot \alpha^\alpha \cdot \beta^\beta \right)^{1/\alpha} \right] \cdot p^{1/\alpha} \cdot w^{-\beta/\alpha}. \tag{2.39}$$

Wenn der Lohnsatz w konstant und von der Entfernung unabhängig ist und der Produzentenpreis p exponentiell mit der Entfernung k vom Stadtzentrum sinkt, dann fällt auch der Preis für Land r exponentiell mit der Entfernung vom Stadtzentrum.

Gleiches gilt für die Intensität der Landnutzung N/L. Aus (2.37) folgt

$$\frac{N}{L} = \frac{\beta}{\alpha} \cdot \frac{r}{w}. \tag{2.40}$$

Wenn w konstant ist und der Preis für Land r exponentiell mit der Entfernung k vom Stadt-zentrum fällt, dann sinkt auch die Intensität der Landnutzung N/L exponentiell mit der Entfernung vom Zentrum.

Ergänzend zu seiner Analyse des Unternehmenssektors modelliert Muth (1961b) die Standortentscheidung des Haushalts. Im Haushaltsoptimum gilt, dass der Grenznutzen einer größeren Entfernung vom Stadtzentrum mit den Grenzkosten übereinstimmen muss

$$-Q \cdot \left(\frac{dp}{dk} \right) = \frac{dt}{dk} . \tag{2.41}$$

Die linke Seite der „Muth-Bedingung" (2.41) beschreibt den Grenznutzen einer größeren Distanz vom Stadtzentrum in Form verminderter Ausgaben für Land. Diese Ausgabenreduktion impliziert zugleich eine unelastische Nachfrage nach Wohndienstleistungen. Die rechte Seite der Gleichung (2.41) bezeichnet die infolge größerer Entfernung gestiegenen monetären Transportkosten.

McDonald (2007, 81f.) hat ein **allgemeineres Modell** der Landnutzung entwickelt, in dem die Ansätze von Muth und Alonso als Spezialfälle enthalten sind. Der Nutzen des Haushalts ist abhängig vom zusammengesetzten Gut z und der Menge an Wohndienstleistungen Q, die unter Einsatz der Produktionsfaktoren Land L und Kapital K mit konstanten Skalenerträgen produziert werden. Das Haushaltseinkommen y wird für das zusammengesetzte Gut, dessen Preis auf Eins normiert ist, für Wohndienstleistungen zum Preis p(k) und für Transport t(k) ausgegeben. Die Ausgaben für das zusammengesetzte Gut umfassen dabei auch die Kosten der Freizeit in Form entgangenen Lohneinkommens. Die Transportkosten t(k) schließen die Opportunitätskosten der Pendelzeit ein. Der Haushalt maximiert die Langrange-Funktion

$$U^* = u\left[z, Q(L, K)\right] + \lambda \cdot \left[y - z - p(k) \cdot Q(L, K) - t(k)\right]. \tag{2.42}$$

Als Bedingungen erster Ordnung ergeben sich u.a.

$$u_z - \lambda = 0 , \tag{2.43}$$

$$u_Q - \lambda \cdot p(k) = 0 \text{ sowie} \tag{2.44}$$

$$-\lambda \cdot \left[\frac{dp}{dk} \cdot Q + \frac{dt}{dk} \right] = 0. \tag{2.45}$$

Die ersten beiden Gleichungen enthalten die aus der Standard-Mikroökonomik bekannte Bedingung, dass im Optimum das Verhältnis der Grenznutzen zweier Güter mit dem Preisverhältnis übereinstimmen muss. In diesem Fall muss die Grenzrate der Substitution zwischen Wohndienstleistungen und dem zusammengesetzten Gut dem Preis für Wohndienstleistungen entsprechen, da der Preis des zusammengesetzten Gutes auf Eins normiert ist. Die dritte Bedingung ist die oben erläuterte Muth-Bedingung.

Insgesamt lässt sich festhalten, dass die Modelle von Alonso und Muth Spezialfälle eines allgemeineren mikroökonomischen Modells der Konsumentenwahl sind. Die Modelle sind klar strukturiert und einfach nachvollziehbar, andererseits haben sie aufgrund ihrer Transportkostenorientierung nur begrenzten Erklärungsgehalt für die städtischen Bodenmärkte (Läpple 1991, 19).

2.4   Theorie des räumlichen Wettbewerbs

Das Modell des räumlichen Wettbewerbs nach Harold **Hotelling** (1929) geht ebenso wie das Modell von Thünens von einem räumlich gestreuten Angebot aus, dem aber eine ebenfalls gestreute Nachfrage gegenüber steht. In der ursprünglichen Fassung des Modells ist die Nachfrage dabei vollkommen unelastisch.

Kern des Modells von Hotelling ist die Entscheidung zweier Unternehmen A und B über ihren Standort in einem linearen **Marktbereich** der Länge D. Unternehmen A soll dabei links von B angesiedelt sein. Die Konsumenten sind über den gesamten Marktbereich gleich verteilt, ihre Nachfrage betrage jeweils eine Einheit des Gutes. Im einfachsten Fall verfügen beide Unternehmen über die gleiche Kostenstruktur und daher über den gleichen Ab -Werk - Preis m. Wenn die Transportkosten linear verlaufen und die Transportkostensätze t für beide Unternehmen übereinstimmen, dann ergibt sich für zufällig gewählte Standorte der beiden Unternehmen zunächst die in Abbildung 2.13 dargestellte Ausgangssituation.

Annahmegemäß handelt es sich bei dem betrachteten Produkt um ein homogenes Gut. Die Konsumenten sind indifferent gegenüber dem Anbieter und kaufen das Gut dort, wo sie es zum geringsten Preis erhalten. Abbildung 2.13 zeigt, dass Konsumenten zwischen 0 und R bei Unternehmen A kaufen, während Konsumenten zwischen R und D das Gut bei Unternehmen B erwerben.

Jedes Unternehmen strebt an, seinen Marktbereich möglichst groß zu wählen, weil damit unter den gegebenen Annahmen sein Gewinn maximal wird. Im Hotelling-Modell glaubt aber kein Unternehmen, den Standort des Konkurrenten beeinflussen zu können. Die eigene Standortentscheidung wird jeweils als beste Antwort auf eine gegebene Position des Konkurrenten getroffen. Das Gleichgewicht ist dann erreicht, wenn kein Unternehmen mehr Veranlassung hat, seinen Standort zu verändern, wenn also die gewählten Standorte wechselseitig beste Antworten darstellen. An diesen Überlegungen wird deutlich, dass das Hotelling-Modell Parallelen zur Nash-Cournot Lösung der traditionellen Oligopoltheorie aufweist (Helmedag 2000, 117).

Annahmegemäß handelt es sich bei dem betrachteten Produkt um ein homogenes Gut. Die Konsumenten sind indifferent gegenüber dem Anbieter und kaufen das Gut dort, wo sie es zum günstigsten Ortspreis (Preis einschließlich der Transportkosten) erhalten. In Abbildung 28 wird deutlich, dass beide Unternehmen ihre Situation verbessern können, wenn sie ihren Standort in Richtung auf die Mitte der Strecke 0D verlagern. Erst wenn beide Unternehmen in der Mitte angesiedelt sind, ist das Gleichgewicht erreicht (McCann 2001, 50ff.). Dieses

Phänomen der Clusterbildung wird „Prinzip der minimalen Differenzierung" genannt (Economides 1984, 366.).

Bei der von Hotelling beschriebenen Konstellation mit zwei Unternehmen handelt es sich jedoch um einen Spezialfall. Die Ergebnisse ändern sich, wenn die Zahl der Unternehmen steigt. Der Prozess des räumlichen Wettbewerbs hat dann nicht notwendigerweise Agglomeration zur Folge. Vielmehr sind verschiedene Fälle denkbar, in denen die Unternehmen weit voneinander entfernte Standorte wählen, um lokale Monopole zu realisieren (Graitson 1982, 20).

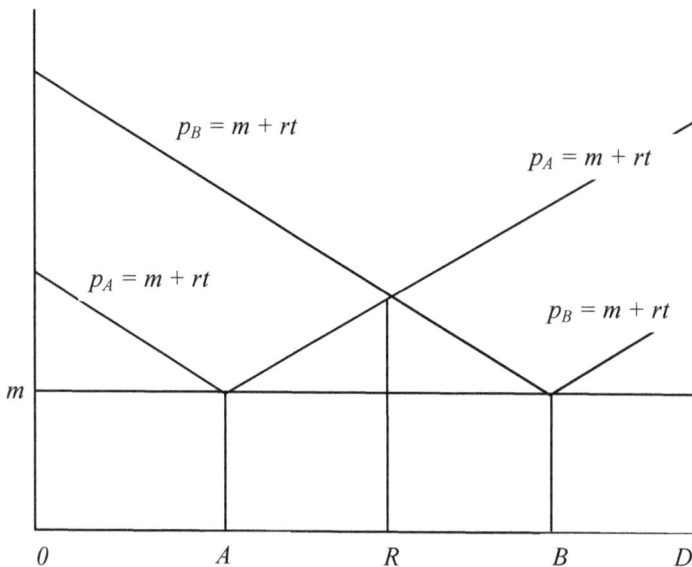

Abb. 2.13 Standortwahl nach Hotelling
(Quelle: McCann (2001), eigene Darstellung)

In der traditionellen Darstellung des Hotelling Modells können die Unternehmen den Standort wählen, aber nicht den Preis beeinflussen. Demgegenüber unterstellt die **räumliche Preistheorie**, dass Unternehmen für gegebene Standorte ihre Preise festlegen. Dabei ist die Nachfrage nicht mehr vollkommen unelastisch, sondern eine fallende Funktion der Preise. Auch in der räumlichen Preistheorie weist das Hotelling Modell Elemente des Nash-Cournot Konzeptes auf. Nash-Gleichgewichte gibt es jedoch nicht in jedem Fall. Beginnend mit der Arbeit von d'Aspremont, Gabszewicz und Thisse (1979) beschäftigt sich ein breiter Strang der Literatur mit der Frage, unter welchen Bedingungen Gleichgewichte existieren und ob das „**Prinzip der minimalen Differenzierung**" Bestand hat. Einigkeit besteht in der Literatur darüber, dass kein Nash-Gleichgewicht existiert, wenn die Firmen sowohl den Preis als auch den Standort variieren können. Kontrovers diskutiert wird aber die Frage, ob im Preis-Spiel mit gegebenen Standorten die Nichtexistenz des Gleichgewichts ein Sonderfall oder

der Normalfall ist. Festzuhalten bleibt, dass in zahlreichen Varianten des Hotelling-Preisspiels Gleichgewichte existieren, allerdings nur dann, wenn die Duopolisten weit genug voneinander entfernt angesiedelt sind. Es finden sich also wenige Anhaltspunkte für das „Prinzip der minimalen Differenzierung", sondern eher für das „Prinzip der maximalen (profitablen) Differenzierung" (Economides 1984, 367).

Die folgende Darstellung des Preiswettbewerbs im räumlichen Duopol bei gegebenen Standorten orientiert sich an Helmedag (2000, 118ff.).

Gegeben sei ein linearer Marktbereich der Länge D, entlang dessen die Nachfrager gleichmäßig verteilt sind. Die nachgefragte Menge $q \geq 0$ soll für alle Individuen gleich sein und vom Ortspreis p abhängen:

$$q = f(p) = a - bp \text{ mit } a, b > 0 .\qquad(2.46)$$

Für den Prohibitivpreis p_p gelte

$$f^{-1}(0) = p_p = \frac{a}{b} < \infty .\qquad(2.47)$$

Der Ortspreis p ergibt sich als Summe aus dem Preis ab Werk m und den Transportkosten, die sich als Produkt aus einem linearen Transportkostensatz t und der Entfernung r des Konsumenten vom Unternehmen

$$p = m + r \cdot t .\qquad(2.48)$$

Konsumenten kaufen immer bei dem Unternehmen, das zum niedrigsten Preis anbietet.

Die folgenden Überlegungen gehen vom Standpunkt eines Unternehmens aus, dessen Marktgebiet R entweder durch den Prohibitivpreis p_p oder den an der Grenze herrschenden Konkurrenzpreis p_k bestimmt wird:

$$R = \min\left[\frac{p_p - m}{t}, \frac{p_k - m}{t}\right] .\qquad(2.49)$$

Der Standort des Unternehmens befindet sich annahmegemäß am Ende der Marktstrasse, die Konsumenten sind also entweder alle links von ihm oder alle rechts von ihm angesiedelt. Die Gesamtnachfrage Q ergibt sich für das betrachtete Unternehmen dann als

$$Q = \int_0^R f(m + t \cdot r)\mathrm{d}r .\qquad(2.50)$$

Allgemein gilt

$$\int_a^b f(p)\mathrm{d}p = \int_a^b f\big(g(r)\big)\cdot g^{'}(\mathrm{r})\mathrm{d}r \qquad\qquad (2.51)$$

mit

$$p = g(r), g\big(\alpha\big) = a, g\big(\beta\big) = b. \qquad\qquad (2.52)$$

Hier ist $g(r) = m + r\cdot t$ und deshalb

$$\frac{1}{t}\int_a^b f(p)\mathrm{d}p = \int_{\alpha=0}^{\beta=R} f(m+t\cdot r)\mathrm{d}r\ . \qquad\qquad (2.53)$$

Es gilt auch

$$a = g(0) = m + t\cdot 0 \qquad\qquad (2.54)$$

und

$$b = g(R) = m + t\cdot R = p_R\ . \qquad\qquad (2.55)$$

Nach Umformung lässt sich die Gesamtnachfrage aus Sicht des Unternehmens auch schreiben als

$$Q = \frac{1}{t}\int_m^{p_R} f(p)\mathrm{d}p \qquad\qquad (2.56)$$

Unter Konkurrenzbedingungen liegt die Marktgrenze an der Stelle, wo die Ab-Werk-Preise des betrachteten Unternehmens (ohne Index) und des Konkurrenzunternehmens (Index j) übereinstimmen, also

$$p_K = m + t\cdot R = m_j + t\cdot\big(D-R\big) \qquad\qquad (2.57)$$

oder nach Umformung

$$p_k = \frac{1}{2}\big(m_j + m + t\cdot D\big)\ . \qquad\qquad (2.58)$$

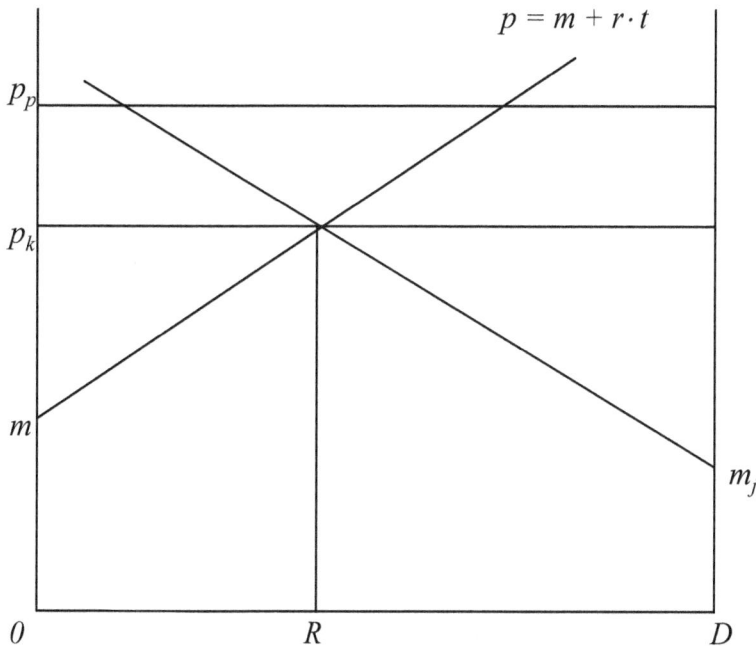

Abb. 2.14 Marktbereich und Preise
(Quelle: Helmedag (2000, 121ff.) eigene Darstellung)

Abbildung 1.14 veranschaulicht die Preise und den Marktbereich des betrachteten Unternehmens und seiner Konkurrenz noch einmal graphisch.

Ziel des Unternehmens ist die Gewinnmaximierung über die Auswahl des geeigneten Ab-
Werk-Preises. Der Gewinn ist bestimmt durch

$$G = (m - c) \cdot Q.$$ (2.59)

wobei c die konstanten Grenzkosten bezeichnet. Wenn die Marktstrecke hinreichend kurz ist
und es gilt $p_k \leq p_p$, dann lässt sich der Gewinn auch wie folgt schreiben:

$$G = (m-c) \cdot Q = (m-c) \cdot \frac{1}{t} \int_{m}^{p_R} f(p) \mathrm{d}p = (m-c) \cdot \frac{1}{t} \cdot \left(a \cdot (p_k - m) - \frac{b}{2} \cdot (p_k^2 - m^2) \right)$$

(2.60)

Setzt man nun für p_k den Ausdruck

$$p_k = \frac{1}{2}(m_j + m + t \cdot D)$$ (2.61)

ein, dann hängt der Gewinn $G(m, m_j)$ des betrachteten Unternehmens nur noch vom eigenen Ab-Werk-Preis m und dem Ab-Werk-Preis des Konkurrenzunternehmens m_j ab.

Im Hotelling-Modell der räumlichen Preistheorie gehen alle Unternehmen davon aus, dass der eigene Preis m den Preis des Konkurrenzunternehmens m_j nicht verändert. Hier zeigen sich Gemeinsamkeiten mit der **Nash-Cournot-Lösung** der traditionellen Oligopoltheorie. Das betrachtete Unternehmen verhält sich rational, wenn es zu jedem möglichen Konkur- renzpreis m_j denjenigen Preis m sucht, der den eigenen Gewinn maximiert. Formal maximiert es die Funktion $G(m, m_j)$ über m. Ergebnis ist eine Reaktionsfunktion $R(m_j)$, die vom Preis des Konkurrenten abhängt. Die hier beschriebenen Verhaltensannahmen gelten nun nicht nur für das betrachtete Unternehmen selbst, sondern auch für das Konkurrenzunternehmen. Letz- teres maximiert ebenfalls seinen Gewinn und wählt dazu seinen Preis m_j als beste Antwort auf den gegebenen Preis m. Ergebnis der Optimierung ist die Reaktionsfunktion $R(m)$. Ein Gleichgewicht besteht, wenn beide Unternehmen gleichzeitig die beste Antwort auf die Stra- tegie des anderen gefunden haben (wechselseitig beste Antworten). Graphisch zeigt sich das Gleichgewicht als Schnittpunkt der beiden Reaktionsfunktionen $R(m_j)$ und $R(m)$. Abbildung 29 stellt die Reaktionsfunktionen sowie das Gleichgewicht allgemein dar.

Helmedag (2000, 121ff.) ermittelt die Reaktionsfunktionen der beiden Unternehmen anhand konkreter Zahlenwerte. Für $a = 16$, $b = 1$, $c = 4$, $t = 1$ und $D = 8$ ergibt sich die Reaktions- funktion $R(m_j)$ des betrachteten Unternehmens als

$$R\left(m_j\right) = \frac{1}{9} \cdot \left(92 + 2 \cdot m_j - \sqrt{1552 - 136 \cdot m_j + 13 \cdot m_j^2}\right) \qquad (2.62)$$

Die Reaktionsfunktion des Konkurrenten $R(m)$ lässt sich analog darstellen.

$$R\left(m\right) = \frac{1}{9} \cdot \left(92 + 2 \cdot m - \sqrt{1552 - 136 \cdot m + 13 \cdot m^2}\right) \qquad (2.63)$$

Der Schnittpunkt der Reaktionsfunktionen liegt bei $m = 8$ und $m_j = 8$. Dabei betragen die produzierte Menge 24 Einheiten und der Gewinn 96 Einheiten.

Helmedag (2000) argumentiert, dass die Verhaltenshypothese nach Hotelling derjenigen nach Lösch unterlegen ist. Lösch unterstellt, dass die Unternehmen glauben, ihre Marktge- biete blieben auch bei Variationen der Preise unverändert. Daraus lässt sich ableiten, dass jede Preisvariation des betrachteten Unternehmens dazu führt, dass sein Konkurrent eine Preisänderung im gleichen Ausmaß und mit gleicher Ausrichtung durchführt. Im oben ge- nannten Zahlenbeispiel realisieren die Unternehmen unter der Lösch-Verhaltenshypothese einen Preis von 9, eine Menge von 20 und einen Gewinn von 100 Einheiten.

Das Modell des räumlichen Wettbewerbs bildet eine Schnittstelle zwischen Raumwirt- schaftstheorie und traditioneller mikroökonomischer Preistheorie. Resultat ist eine Anord- nung von Unternehmen im Raum, also ein erster Schritt im Hinblick auf die Erklärung räum- licher Strukturen. Ein weiterer Schritt besteht darin, die Interdependenzen zwischen Städten zu analysieren. Dies ist Gegenstand des folgenden Abschnitts.

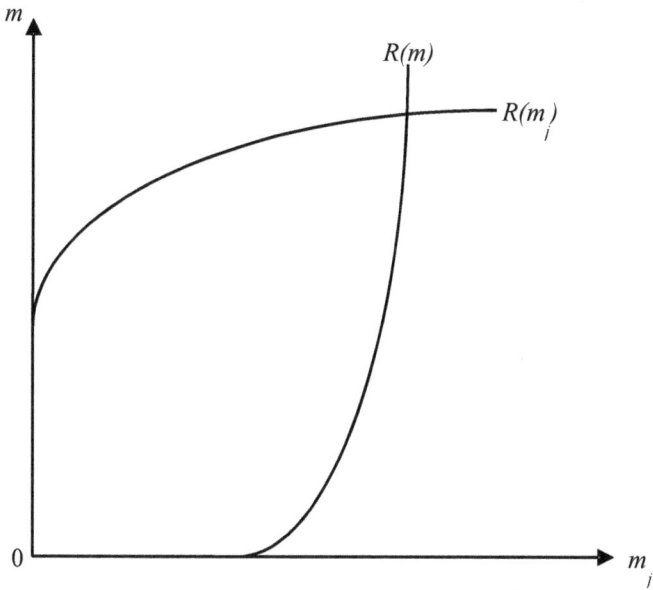

Abb. 2.15 Reaktionsfunktionen und Gleichgewicht im Hotelling Modell
(Quelle: Helmedag (2000, 123), eigene Darstellung).

2.5   Theorie zentraler Orte

Das Modell der zentralen Orte ist der erste deduktive Ansatz zur Erklärung der **Stadtgrö-ßenverteilung** im Raum. Es postuliert, dass die kleinsten Städte ausschließlich Dienstleis-tungen geringerer Ordnung in das agrarische Hinterland exportieren, größere Städte dagegen neben Dienstleistungen geringerer Ordnung auch solche höherer Ordnung anbieten und da-mit sowohl die eigene Bevölkerung als auch das jeweilige Hinterland sowie kleinere Städte versorgen. Daraus lässt sich ableiten, dass die Anzahl der Branchen mit steigender Stadtgrö-ße wächst. Die Exportmöglichkeiten werden durch die entstehenden Transportkosten be-grenzt. Daher ist die Stadtgröße in Bezug auf eine bestimmte Funktion nach unten durch den zu überschreitenden Grenzwert, nach oben durch die Transportkosten beschränkt. Aus diesen Prämissen kann eine **Hierarchie** von Städten abgeleitet werden, in der sowohl die Anzahl als auch die Größe der Städte unterschiedlicher Größenklassen bestimmt ist, wobei die Größen-klassen jeweils den wahrgenommenen Stadtfunktionen entsprechen (Richardson 1973, 142). Die Theorie bezieht sich dabei überwiegend auf den Dienstleistungsbereich (Christaller 1933), sie wurde aber auch auf die räumliche Verteilung verschiedener Zweige der Ferti-gungsindustrie angewandt (Lösch 1940, Tinbergen 1961, Bos 1965).

Die erste Darstellung des Modells wiederum findet sich in Christaller (1933), eine wesentliche Weiterentwicklung erfolgte durch Lösch (1940). Beiden Modellvarianten liegen die folgenden **Annahmen** zugrunde:

Betrachtet wird eine unbegrenzte, homogene Ebene, in der es überall gleiche Nachfrage- und Transportbedingungen gibt.

- Die Transportkosten sind proportional zur Distanz.
- Die Akteure sind rational. Nachfrager streben nach Nutzenmaximierung, Unternehmen nach Gewinnmaximierung.
- Alle Akteure verfügen über vollständige Information.
- Jedes Unternehmen bietet nur ein Gut an.
- Das Gut soll im gesamten Raum angeboten werden.
- Anbieter und Nachfrager nehmen die Preise als gegeben hin.
- Das Gesamtgebiet soll mit der geringst möglichen Anzahl von Standorten versorgt werden.

Die Annahmen weisen starke Übereinstimmungen zu den Modellen von Thünens und Hotellings auf. Wie bei Hotelling ist die Nachfrage gestreut, es handelt sich bei dem betrachteten Produkt um ein homogenes Gut und die Konsumenten müssen zusätzlich zum Ab-Werk-Preis auch die Transportkosten bezahlen. Mit wachsender Entfernung nehmen die Transportkosten zu und die Nachfrage wird geringer. Die Produzenten verhalten sich zwar wie im vollkommenen Wettbewerb als Preisnehmer, jedoch bringt die räumliche Dimension mit sich, dass die Märkte nicht vollkommen sind, sondern steigende Skalenerträge auftreten (Schätzl 2003, 72ff.).

Der Kerngedanke des Ansatzes besteht darin, dass eine Branche zur Erzielung eines angemessenen Gewinns aus der Produktion eines Gutes über eine genügend hohe Nachfrage verfügen muss. Es werden also zumindest für einen bestimmten Bereich interne steigende Skalenerträge unterstellt. Die Konsumenten fragen das Gut in Abhängigkeit der Verbraucherpreise (Ortspreise) nach. Letztere ergeben sich aus dem Preis am Produktionsort (Ab-Werk-Preis) zuzüglich der Transportkosten.

Für die Transportkosten wird im einfachsten Fall ein linearer Tarifverlauf unterstellt, dann ergeben sie sich als Produkt aus dem konstanten Transportkostensatz pro Entfernungseinheit und der Distanz zwischen dem Produktionsort und dem Ort des Konsums. Häufig wird aber auch unterstellt, dass die Transportkosten mit wachsender Entfernung vom Produktionsort zunächst stark und dann schwächer zunehmen. Setzt man eine fallende Nachfragefunktion voraus und denkt sich die Konsumenten homogen entlang einer Linie verteilt, dann lässt sich aus diesen Überlegungen eine maximale Distanz D_{max} ableiten, bis zu der das Gut noch abgesetzt werden kann (Lloyd/Dicken 1972, 11ff.). Die Distanz D_{max} wird auch als äußere Reichweite bezeichnet (Zimmermann 2002, 65).

Abbildung 2.16 gibt den **Nachfragekegel** für nicht-lineare Transportkosten wieder, die mit wachsender Distanz zum Produktionsort zunächst stark und dann schwächer zunehmen (degressiver Verlauf der Transportkosten). Infolge dieser Hypothese über die Transportkosten nimmt die Nachfrage mit der Entfernung zum Produktionsort zuerst stark, dann schwächer ab. Am Produktionsort selbst fallen keine Transportkosten an, deshalb ist der Verbraucher-preis hier am niedrigsten und die Pro-Kopf-Nachfrage am höchsten. Entsprechend ist in einer Distanz D_{max} der Verbraucherpreis so hoch, dass die Konsumenten das Gut gerade noch nachfragen. Die Pro-Kopf-Nachfrage ist hier am niedrigsten. Wenn man die Nachfragefunk-tion um die Mengenachse rotieren lässt, dann ergibt sich der Nachfragekegel. Die Spitze des Nachfragekegels liegt am Produktionsort (Parr 1970, 221). Das maximale Absatzgebiet ist kreisförmig mit Radius D_{max}. Die Fläche des Kreises mit dem Radius D_{max} heißt Höchstein-zugsgebiet des Gutes, dessen Produktionsort sich im Kreismittelpunkt befindet (Zimmer-mann 2002, 65).

Neben dem (aus Konsumentensicht) maximal möglichen Absatzbereich spielt auch der (aus Unternehmenssicht) minimal notwendige Absatzbereich eine Rolle. Die Mindestnachfrage, die zur Erzielung eines angemessenen Gewinns erforderlich ist, lässt sich unter der Annahme einer homogenen Verteilung identischer Konsumenten ebenfalls als Flächeninhalt des Krei-ses um den Produktionsort darstellen. Der Kreis hat den hat den Radius D_{th}, dieser Radius wird als Schwellenwert (Schätzl 2003, 74) oder innere Reichweite (Zimmermann 2002, 65) bezeichnet. Die Fläche des Kreises mit dem Radius D_{th} heißt Mindesteinzugsgebiet. Die Voraussetzung zur Aufnahme der Produktion im betrachteten Ort i ist, dass von i aus gilt $D_{max}{>}D_{th}$. (Zimmermann 2002, 65).

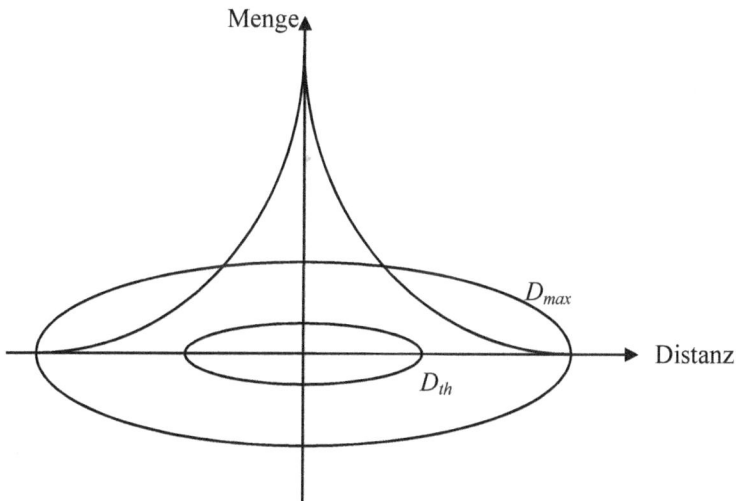

Abb. 2.16 Nachfragekegel
(Quelle: Lösch (1962, 72), eigene Darstellung).

Um nun Aussagen über Raumstrukturen abzuleiten, werden neben den eingangs erwähnten verschiedene **zusätzliche Annahmen** getroffen (Richardson 1979, 161):

- Mit der Produktion lässt sich ein angemessener Gewinn erzielen (sonst würde das Gut nicht angeboten).
- Die Gesamtnachfrage wird nicht von einem einzelnen Unternehmen befriedigt (das Gesamtgebiet ist also größer als das Absatzgebiet).
- Alle potentiellen Anbieter weisen die gleichen Produktions- und Transportkostenfunktionen auf (sonst wären die Absatzgebiete der Unternehmen im Gleichgewicht verschieden groß).

Ein Anbieter, der im Zuge des Preiswettbewerbs den Preis so wählt, dass seine Kosten nicht gedeckt sind, scheidet aus dem Markt aus. Dies setzt vollkommene Information aller Anbieter voraus. Ein Wettbewerbsprozess, in dem einzelne Unternehmen zeitweilig zu Preisen anbieten, die in der betrachteten Periode Verluste verursachen, aber langfristig zu einer Monopolstellung führen, ist damit ausgeschlossen.

Unter diesen Voraussetzungen zeigt sich, dass der gesamte Raum in gleich große, **sechseckige Absatzgebiete** aufgeteilt wird. Der Innenkreis eines jeden gleichseitigen Sechsecks hat im Gleichgewicht den Radius D_{th}. Dies bedeutet für das Unternehmen, dass sich der Absatz gerade noch lohnt. Sobald der Radius D_{th} überschreitet, können Gewinne erzielt werden, die über den Normalgewinn hinausgehen. Gewinne bilden für neue Unternehmer den Anreiz zum Markteintritt. Im Gleichgewicht überschneiden sich die Grenzen der äußeren Reichweiten (D_{max}), die der inneren Reichweiten (D_{th}) berühren sich. Damit wird zugleich die effiziente Lösung realisiert, denn die Konsumenten haben so die geringsten Transportkosten zu tragen.

Die Entwicklung der Absatzgebiete von der ursprünglichen Kreisform zum Sechseck lässt sich wie in Abbildung 2.17 darstellen. In den Situationen *a* und *b* bleibt die Nachfrage in den schraffierten Zwischenräumen unbefriedigt. In Situation *c* wird die gesamte Nachfrage befriedigt. Die Innenkreise der Sechsecke berühren sich, die Außenkreise haben Radien, die über D_{th} hinausgehen. In Situation *d* ist das Absatzgebiet optimal in Sechsecke aufgeteilt (Lösch 1962, 75).

Aus diesen Überlegungen lässt sich unmittelbar eine **Stadtgrößenverteilung** im Raum ableiten. Vorher sind jedoch einige begriffliche Klärungen nützlich. Die Größe einer Stadt *i* ist den Annahmen zufolge proportional zu derjenigen Bevölkerungszahl, die von ihr mit Gütern und Dienstleistungen versorgt wird, also proportional zur Gesamtnachfrage nach der Ausbringung des Ortes *i*. Annahmegemäß sind die Schwellenwerte und Absatzbereiche unterschiedlicher Güter verschieden groß. Ein Gut mit niedrigem **Schwellenwert** und einem entsprechend geringen **Absatzbereich** soll im Folgenden als Gut niedriger Ordnung, eines mit hohen Schwellenwerten und großem Absatzbereich als Gut höherer Ordnung bezeichnet werden (Lloyd/Dicken 1972,13). Bezüglich eines Ortes ist davon die Rede, dass er mit Aufnahme der Produktion eines Gutes eine bestimmte Funktion übernimmt. Werden in der Stadt ausschließlich Güter niedriger Ordnung produziert, so wird gesagt, dass sie lediglich niedrige Funktionen wahrnimmt. Entsprechend handelt es sich bei zusätzlicher Produktion von Gütern höherer Ordnung um die Ausübung höherer Funktionen (Richardson 1973, 142).

Zur Illustration der Städtehierarchie sei eine Volkswirtschaft betrachtet, in der nur drei Güter hergestellt werden. Dabei bezeichne 1 das Gut niedrigster, 2 dasjenige mittlerer und 3 das Gut höchster Ordnung. Wenn die Gesamtnachfrage nach einem Gut ein ganzzahliges Vielfaches seiner Mindestnachfrage (seines Mindesteinzugsgebietes) ist, dann entsprechen die Radien der Innenkreise der sechseckigen Absatzgebiete den inneren **Reichweiten**. Die Absatzgebiete der Güter können durch die Flächen dreier konzentrischer Kreise dargestellt werden. In einer Kleinstadt, also einem Ort mit dem kleinstmöglichen Absatzgebiet, wird lediglich Gut 1 hergestellt. Dieses Gut wird dann in der Kleinstadt selbst konsumiert und in das agrarische Hinterland exportiert. Städte, die in ihrem Umkreis über eine Nachfrage mittlerer Höhe verfügen und den Schwellenwert des Gutes 2 erreichen, produzieren die Güter 1 und 2. Sie beliefern sowohl ihre eigene Bevölkerung als auch die Kleinstädte und das agrarische Hinterland. Große Städte, die über ausreichend hohe Nachfrage nach Gut 3 verfügen, produzieren alle drei Güterarten und versorgen damit alle drei Stadttypen und das Hinterland. Sie übernehmen also alle denkbaren **Stadtfunktionen** (Parr 1970, 221).

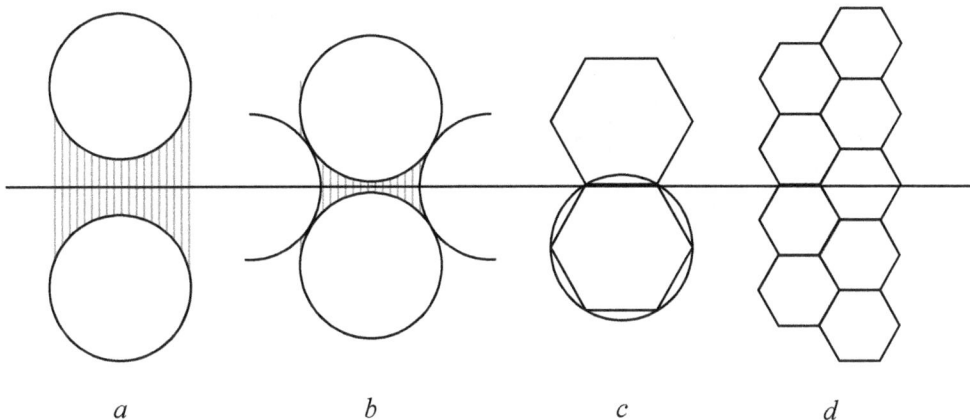

Abb. 2.17 Entwicklung der Absatzgebiete
(Quelle: Lösch (1962, 75), eigene Darstellung)

Die Anzahl der Zentren einer bestimmten Hierarchiestufe $h = 1, 2, 3$ lässt sich als Quotient aus der Gesamtnachfrage nach Gut h und der aus Unternehmenssicht erforderlichen Mindestnachfrage nach Gut h berechnen. Die Städtehierarchie für den Fall dreier Güter ist in Abbildung 32 dargestellt. In der Abbildung begrenzen großgestrichelte Linien die Absatzgebiete der Großstädte (A-Level-Zentren oder Großstädte mit Funktionen 1,2,3), durchgezogene Linien diejenigen der mittleren Städte (B-Level-Zentren oder Mittelstädte mit Funktionen 1,2) und schließlich kleingestrichelte Linien die Absatzgebiete der Kleinstädte (C-Level-Zentren oder Kleinstädte mit Funktion 1).

Die Zentren der Hierarchiestufe h sind stets in der Mitte zwischen drei Zentren der nächst höheren Hierarchiestufe $h+1$ angesiedelt. Umgekehrt ausgedrückt, wird jeder Produktionsort der Stufe h zwischen drei Orten der Stufe $h+1$ aufgeteilt. Das Verhältnis zwischen jeweils 2

Hierarchiestufen wird k-Wert genannt, hier gilt also $k = 3$. Jedes Zentrum der Stufe $h+1$ ist von sechs Produktionsorten der Hierarchiestufe h umgeben. Von diesen sechs Orten dominiert das Zentrum der Stufe genau zwei Orte (Lloyd/Dicken 1972, 15). Anders ausgedrückt beträgt die Wahrscheinlichkeit, dass Bewohner einer mittleren Stadt das Gut höchster Ordnung in einer ganz bestimmten Großstadt kaufen, genau ein Drittel. Da es im Absatzgebiet jeder Großstadt sechs Mittelstädte gibt, lassen sich der Großstadt genau $6 \cdot 1/3 = 2$ mittelgroße Städte zuordnen (Schätzl 2003, 78f). In Abbildung 2.18 finden sich die Mittelstädte, die im Absatzgebiet der Großstadt liegen, an den Eckpunkten des großgestrichelten Sechsecks. Direkt aus der Abbildung lässt sich ablesen, dass es innerhalb des Absatzgebietes der Großstadt (also innerhalb des großgestrichelten Sechsecks) sechs Kleinstädte gibt.

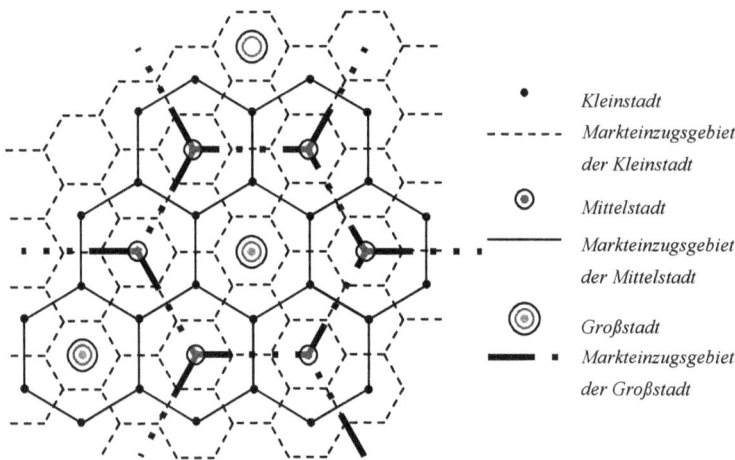

Abb. 2.18 Städtehierarchie, k=3
(Quelle: Lloyd/Dicken (1972, 14), eigene Darstellung)

Sucht man in Abbildung 2.18 die Absatzgebiete der Großstadt in Bezug auf das Gut höchster Ordnung (Gut 1), so handelt es sich um ein mit großgestrichelten Linien umrandetes Sechseck. Sucht man das Absatzgebiet der Großstadt bezüglich des Gutes 2, dann müssen die mit durchgezogenen Linien skizzierten Sechsecke innerhalb des großgestrichelten Sechsecks gezählt werden, nämlich ein ganzes in der Mitte und sechs Drittel am Rand. Die Zahl der einer Großstadt zugeordneten Absatzgebiete des Gutes 2 ergibt sich dann als $6 \cdot 1/3 + 1 = 3$. Entsprechend ergibt sich das Absatzgebiet der Großstadt in Bezug auf Gut 3 als Anzahl der kleingestrichelten Sechsecke innerhalb des großgestrichelten Sechsecks, also $6 \cdot 1/3 + 7 = 9$ (Schätzl 2003, 80).

Im Unterschied zu Lösch unterstellt Christaller, dass der k-Wert über alle Hierarchiestufen hinweg gleich bleibt. Dem oben diskutierten Beispiel mit dem Zuordnungsfaktor $k = 3$ liegt ein Prinzip zugrunde, das Christaller als **Marktprinzip** oder Versorgungsprinzip bezeichnet. Ziel ist die flächendeckende Versorgung aller Konsumenten mit allen Gütern bei minimaler

Anzahl zentraler Orte, also zu geringst möglichen Kosten. Konkret entspricht dies beispielsweise der Zielsetzung eines zentralen Planers, der die Versorgung der Gesamtbevölkerung
mit Infrastruktureinrichtungen wie Schulen oder Krankenhäusern gewährleisten und dabei
das Budget nicht mehr als nötig belasten will.

Andere von Christaller als planungsrelevant betrachtete Prinzipien sind das **Verkehrsprinzip** und das Verwaltungsprinzip. Beim Verkehrsprinzip, das mit dem Zuordnungsfaktor $k = 4$
realisiert wird, geht es darum, die Orte verschiedener Größen mit minimalen Kosten zu verbinden. Dies lässt sich effizient realisieren, wenn die Städte der nächst niedrigeren Hierarchiestufe h nicht mehr an den Eckpunkten, sondern auf den Seitenlinien des Sechsecks posi-
tioniert sind, das den Ort der Stufe $h+1$ umgibt. So lassen sich die Zentren jeweils gradlinig
durch Transportwege verbinden. Jedes Zentrum der Stufe h wird nun auf zwei Zentren der
Stufe $h+1$ aufgeteilt. Wiederum ist jedes Zentrum der Stufe $h+1$ von sechs Produktionsorten
der Hierarchiestufe h umgeben. Die Wahrscheinlichkeit, dass Bewohner einer mittleren Stadt
das Gut höchster Ordnung in einer ganz bestimmten Großstadt kaufen, beträgt 0,5. Da es im
Absatzgebiet jeder Großstadt sechs Mittelstädte gibt, lassen sich der Großstadt genau
$6 \cdot 1/2 = 3$ mittelgroße Städte zuordnen. Die Anzahl der einer Großstadt zugeordneten
Marktgebiete lässt sich aus Abbildung 2.19 direkt ablesen. Sie beträgt ein ganzes in der Mitte
sowie sechs halbe an den Rändern des größeren Sechsecks, insgesamt also $6 \cdot 1/2 + 1 = 4$.

Analog lässt sich ableiten, dass jeder Großstadt 12 Kleinstädte und 16 Marktgebiete des
Gutes 3 zugeordnet werden können (Schätzl 2003, 80.)

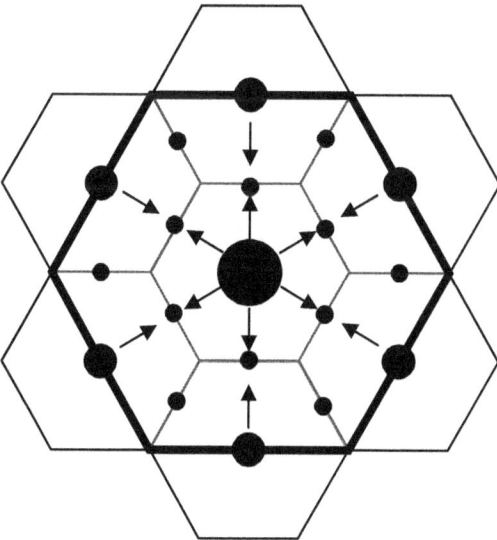

Abb. 2.19 Verkehrsprinzip, k=4
(Quelle: Schätzl (2003, 86), eigene Darstellung)

Ein drittes von Christaller als bedeutsam erachtetes Prinzip ist das **Verwaltungsprinzip** mit dem Zuordnungsfaktor *k*=7 (Abbildung 2.20). Da es für Verwaltungen ungünstig ist, wenn ein Ort der Stufe *h* zwischen mehreren Orten der Stufe *h*+1 aufgeteilt wird, liegen hier die Zentren niedrigerer Ordnung jeweils innerhalb des Verwaltungsgebietes eines Zentrums höherer Ordnung. Jeweils sechs Orte der Stufe *h*+1 sind einem Ort der Stufe *h* zugeteilt, die Anzahl der zugeordneten Verwaltungsgebiete beläuft sich auf sieben, eins in der Mitte und sechs am Rand (Schätzl 2003, 80).

Eine wesentliche Kritik an Christallers Standardmodell bezieht sich auf die Vernachlässigung der Bedeutung räumlicher Distanzen zwischen Orten zur Bestimmung ihrer Größenverhältnisse. Gegenstand der Kritik ist überdies, dass sich aus den oben erörterten Annahmen des Standardmodells ein mit der erreichten Hierarchiestufe exponentiell ansteigendes Stadtgrößenwachstum ergibt. Die Theorie sagt daraufhin voraus, dass alle Städte, die in der Hierarchie denselben Rang einnehmen, exakt gleich groß sind. Dies widerspricht offensichtlich dem empirischen Befund. Der Mangel lässt sich beseitigen, wenn das Modell um stochastische Elemente oder um Unterschiede in den Produktionskosten oder Bevölkerungsdichten zwischen zwei Städten erweitert wird. Problematischer ist, dass im Standardmodell zur Erklärung der Stadtgrößenhierarchie mit Hilfe der Theorie zentraler Orte jede Stadt einer bestimmten Größenklasse ihren Output lediglich in eine festgelegte Anzahl von Städten der nächstgeringeren Größenklasse exportiert. Darüber hinaus fragen die eigenen Einwohner Teile der Ausbringung nach. Städte der geringsten Größenordnung versorgen nur ihre eigene Bevölkerung und die Einwohner des agrarischen Hinterlandes. Gegen diese Modellierung ist häufig angeführt worden, dass größere Städte auch Güter aus kleineren Orten importieren (Richardson 1973, 143).

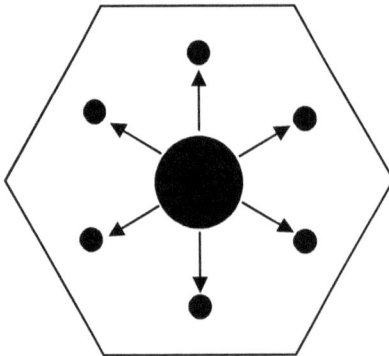

Abb. 2.20 Verwaltungsprinzip, k=7
(Quelle: Schätzl (2003, 86), eigene Darstellung)

Letzteres greift schon **Lösch** (1940) in seiner Modifikation des zentralörtlichen Ansatzes auf. Er geht von den gleichen Homogenitätsannahmen wie Christaller aus, unterstellt auch die gleichen Zielfunktionen der Akteure (Nutzen- und Gewinnmaximierung) sowie die Zielsetzung einer flächendeckenden Versorgung des Gesamtraumes unter Bedingungen, die der vollkommenen Konkurrenz nahe kommen, also mit möglichst geringen Extragewinnen. Grundlage seines Städtesystems sind kleine Siedlungen, die gleichmäßig im Raum verteilt sind, zwischen denen aber freie Flächen existieren. In den Siedlungen werden *n* Güter mit unterschiedlicher Reichweite hergestellt, wobei Gut 1 die niedrigste und Gut *n* die höchste Reichweite hat. Wie in Christallers Modell der zentralen Orte ergeben sich sechseckige Marktgebiete. Die Zuordnungsfaktoren (k-Werte) sind jedoch nicht für alle Güter gleich. Hierin besteht ein wesentlicher Unterschied zu Christallers Ansatz. Für jedes Gut ergibt sich ein **Marktnetz** mit Absatzgebieten einer bestimmten Größe.

Tab. 2.6   Die Modelle von Christaller und Lösch (Gemeinsamkeiten, Unterschiede)

	Chistaller -Modell	Lösch-Modell
Raum	unbegrenzte, homogene Ebene	unbegrenzte, homogene Ebene
Nachfrage	überall gleich	überall gleich
Akteure	rational	rational
Information	vollständig	vollständig
Transportbedingungen	Lineare Transportkosten	Lineare Transportkosten
Gewinne	Übergewinne	keine Übergewinne
Stadtsystem	starre Hierarchie	flexible Marktnetze
Zuordnungsfaktoren	konstanter k-Werte	Verschiedene k-Faktoren bei unterschiedlichen Gütern

Quelle: eigene Darstellung

Die *n* Marktnetze werden im Lösch Modell zunächst so übereinander angeordnet, dass alle Netze ein gemeinsames Zentrum haben. Der Mittelpunkt aller Netze ist dann das größte Zentrum, weil hier alle Güter hergestellt werden und es damit alle Stadtfunktionen in sich vereinigt. Dann werden die Netze um das größte Zentrum gedreht, bis die maximale Zahl von Zentren übereinander liegt.

Diese Minimierung der Zahl von Produktionsstandorten trägt dem Ziel Rechnung, das gesamte Gebiet zu möglichst geringen Kosten flächendeckend zu versorgen. Es entstehen jeweils sechs Bereiche mit hoher und sechs mit niedriger Standortdichte. Die Grenzen der Sektoren bilden zugleich die größten Verkehrswege. Abbildung 2.21 stellt das Städtenetz nach Lösch dar (Schätzl 2003, 84ff). Tabelle 2.6 fasst die wesentlichen Gemeinsamkeiten und Unterschiede der Modelle von Christaller und Lösch noch einmal zusammen.

Gravierend ist auch die Kritik an der Annahme des Standardmodells zentraler Orte, dass sich große Städte ausschließlich aufgrund interner steigender Skalenerträge auf die Produktion von Gütern mit umfangreichen Absatzmärkten spezialisieren. Damit wird der gesamte Bereich der externen steigenden Skalenerträge vernachlässigt. Agglomerationsnachteile führen dazu, dass mit wachsender Stadtgröße Bedürfnisse (beispielsweise nach Parkmöglichkeiten) entstehen, die in kleineren Zentren nicht existieren. Andererseits treten in großen Städten Lokalisations- und Urbanisierungsvorteile auf (Richardson 1979, 162f.). Auch sie führen dazu, dass bestimmte Wirtschaftszweige in kleineren Orten nicht lebensfähig sind.

Insbesondere Branchen, deren Outputnachfrage oder Herstellungsprozesse mit Unsicherheit behaftet sind sowie innovative und neue Wirtschaftszweige können in größeren Städten

Nettoagglomerationsvorteile realisieren. Siedeln sie sich in kleinen Orten an, so wird die Produktion teuerer und die Konkurrenzfähigkeit beeinträchtigt. Daneben entstehen Nettoagglomerationsersparnisse aus der Möglichkeit zur Arbeitsteilung in größeren Städten. So werden sich beispielsweise Branchen, die spezialisierte Arbeitskräfte und Dienstleistungen höherer Ordnung als Vorleistungen benötigen, ausschließlich in größeren Orten ansiedeln (Richardson 1973, 74f.). Lokalisationsvorteile beruhen auf der Verfügbarkeit von spezialisierten Arbeitskräften, Bildungsstätten und Forschungseinrichtungen sowie auf Marketingorganisationen, Reparatur- und Zulieferbetrieben. Urbanisierungsvorteile entstehen aus umfangreichem Arbeitsangebot, umfassendem Angebot des Dienstleistungssektors, effizienter Bereitstellung der Infrastruktur und nicht zuletzt aus großen Absatzmärkten. Durch die Annahme der homogenen Verteilung identischer Konsumenten im Raum, also den Ausschluss der Bevölkerungswanderung und damit auch die Vernachlässigung der Agglomerationswirkungen für Haushalte sind selbst Skalenerträge aus erhöhter Nachfrage aufgrund einer höheren Bevölkerungsdichte in großen Zentren nicht erfasst. Diese Einwände legen nahe, dass die mit wachsender Stadtgröße steigende Zahl der Branchen nur teilweise mit Hilfe der Theorie zentraler Orte erklärt werden kann (Richardson 1979, 164f.).

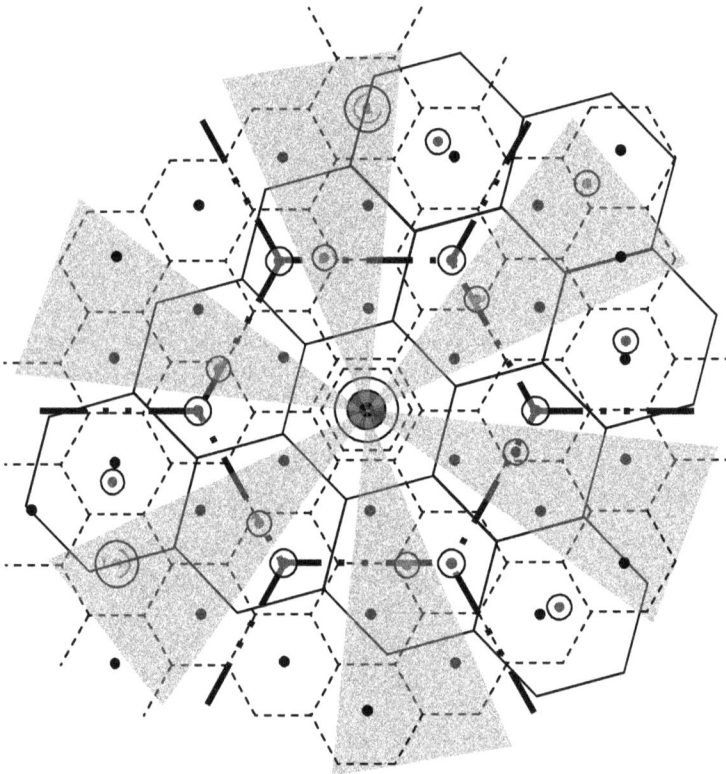

Abb. 2.21 Städtenetz nach Lösch
(Quelle: Schätzl (2003, 87), eigene Darstellung)

2.6   Neuere Konzepte von Stadtsystemen

Bei den Theorien zentraler Orte handelt es sich um normative Charakterisierungen von Stadtsystemen, also um Beschreibungen von räumlichen Ordnungen der Wirtschaft, wie sie nach bestimmten Kriterien sein sollten (z.B. nach dem Kriterium der kostengünstigsten flächendeckenden Versorgung der Bevölkerung mit bestimmten Dienstleistungen). Im Unterschied zu normativen Ansätzen versuchen positive Konzepte, die Realität zu erfassen, wie sie ist, nicht wie sie sein sollte. Der einfachste Ansatz zur Beschreibung der Größenverhältnisse verschiedener Städte in einem System ist die „Rank Size Rule", die auch „**Zipf's Law**" genannt wird. Nach Zipf (1949) lautet der allgemeine Zusammenhang zwischen dem Rang R und der Bevölkerungszahl S

$$R = a \cdot S^{-b} \qquad\qquad (2.64)$$

wobei a und b Parameter sind und b immer positiv ist. Wenn b gegen unendlich strebt, dann sind alle Städte gleich groß. Wenn b den Wert Eins annimmt, dann folgt aus der angegebenen Gleichung die „**Rank Size Rule**" (Ranggrößenregel). Demnach sind in jedem Städtesystem die Bevölkerungszahlen der Städte immer proportional zum Kehrwert des Rangs ihrer Bevölkerungszahl in diesem System. Wenn b steigt, dann nimmt die Divergenz innerhalb des Stadtsystems zu, fällt b, dann führt dies tendenziell zur Konvergenz (Le Gallo/Chasco 2008, 63f.). Wenn a den Wert Eins annimmt, dann besagt „Zipf's Law", dass die größte Stadt in einem Stadtsystem doppelt so viele Einwohner hat wie die zweitgrößte, dreimal so viele wie die drittgrößte u.s.w. Allgemein besteht dann zwischen der Bevölkerungszahl P_r einer Stadt mit Rang r und der Einwohnerzahl P_1 der bevölkerungsreichsten Stadt des Systems die Beziehung

$$P_r = \frac{P_1}{r} . \qquad\qquad (2.65)$$

Im Unterschied zur Theorie zentraler Orte gibt „Zipf's Law" keine Auskunft über die Verteilung der Städte im Raum, also die Lage der Städte verschiedener Größenklassen zueinander. Die Stadtgrößenverteilung ist auch nicht aus einem theoretischen Ansatz hergeleitet worden, sondern entspricht lediglich empirischen Beobachtungen und lässt sich auch für deutsche Städte nachvollziehen, wie Tabelle 2.7 zeigt.

In der Literatur finden sich verschiedene Ansatzpunkte zur theoretischen Begründung der Ranggrößenregel. So lässt sich zeigen, dass in einem Stadtsystem, in dem alle Städte stochastisch wachsen und dabei die gleiche erwartete Wachstumsrate und die gleiche Varianz aufweisen, eine Stadtgrößenverteilung auftritt, die „Zipf's Law" entspricht. Die Stadtgrößenverteilung nach der Ranggrößenregel kann auch in einem System entstehen, in dem endogenes Wachstum modelliert wird und Investitionen in Forschung und Entwicklung der Motor des Wachstums sind (Le Gallo/Chasco 2008, 64).

Mit dieser Weiterentwicklung der Ranggrößenregel erfolgt eine Wendung von der positiven zur normativen Theorie. Damit richtet die Theorie der Stadtsysteme den Blick wieder auf die

Faktoren, die zu unterschiedlicher Verteilung von Fähigkeiten und Einkommen in den verschiedenen Städten beitragen und auf die Effizienz von Stadtsystemen im Allgemeinen. Eine
zentrale Frage ist, ob die Bevölkerung sich stärker oder weniger stark in den Stadtgebieten
konzentrieren sollte. Allgemein beschreiben Theorien der Stadtsysteme, warum Produktions-
und Konsumaktivitäten nicht gleichmäßig über die Fläche verstreut sind, sondern in einer
bestimmten Anzahl von Stadtgebieten verschiedener Größe und verschiedener Wirtschaftsstruktur konzentriert sind. Die neuere ökonomische Literatur der Stadtsysteme wird durch
vier Forschungsrichtungen beeinflusst (Abdel-Rahman/Anas 2004):

- die traditionelle stadtökonomische Literatur, in der das Spannungsverhältnis von positiven und negativen Effekten der räumlichen Ballung untersucht wird
- die industrieökonomische Literatur, die sich mit den interindustriellen Beziehungen und
  der Produktdifferenzierung befasst
- die Neue Ökonomische Geographie, die den Handel zwischen den Städten untersucht,
  aber die Ausdehnung des ländlichen Raumes als gegeben ansieht und Landrenten vernachlässigt
- die Neue Wachstumstheorie, die Wachstum endogen erklärt.

Tab. 2.7   Stadtgrößen in Deutschland

Stadt	aktuelle Bevölkerungs-zahl	Rang	Bevölkerungszahl nach der „Rank Size Rule"
Berlin	3.390.000	1	3.390.000
Hamburg	1.700.000	2	1.195.000
München	1.300.000	3	1.130.000
Köln	965.000	4	8.475.000
Frankfurt	640.000	5	678.000
Essen	590.000	6	565.000
Dortmund	589.000	7	484.000
Stuttgart	587.000	8	424.000

Aus der Neuen Ökonomischen Geographie ergeben sich auch Erklärungsmuster für die Entstehung von Megastädten und Städten mit Vorrangstellung. Bei Megastädten handelt es sich
je nach Definition um Städte von mehr als 5 Millionen bzw. mehr als 10 Millionen Einwoh-
nern. Die Vorrangstellung einer Stadt wird auch als „Urban Primacy" bezeichnet und bedeutet, dass sie einen besonders großen Anteil der Gesamtbevölkerung eines Landes in sich
vereint, was beispielsweise für Tokyo, New York, Mexico City oder Sao Paolo zutrifft. Die
Neue Ökonomische Geographie erklärt das Wachstum dieser Städte mit Protektionismus.
Die Preise für Güter aus heimischer Produktion sind aufgrund von Transportkostenersparnis-
sen geringer, wenn Unternehmen und Bevölkerung in Städten konzentriert sind. Importierte
Güter sind dagegen im Zentrum und in der Peripherie gleich teuer. Aus diesem Grund führt
Freihandel tendenziell zu einer Verringerung der Bevölkerungsballung während Protektionismus die Agglomeration verstärkt. Eine weitere Erklärung für zunehmende Agglomeration
liegt in der Entwicklung der Wirtschaftsstruktur. Wenn der industrielle Sektor einer Volkswirtschaft gegenüber dem Agrarsektor an Bedeutung gewinnt, dann nehmen auch Lokalisati-

ons- und Urbanisierungsvorteile zu. Ergebnis ist die Konzentration von Industrie und Bevölkerung in Städten.

Agglomerationsvorteile ergeben sich in besonderem Maße für wissensintensive Industrie- und Dienstleistungsbereiche. Da die Wachstumsraten wissensaktiver Wirtschaftsaktivitäten höher sind als die Wachstumsraten anderer Wirtschaftsbereiche treten hier positive Rückkopplungseffekte auf. Eine Ballung wissensintensiver Wirtschaftsaktivitäten verstärkt die bereits vorhandenen Agglomerationsvorteile und trägt so dazu bei, dass sich der Prozess der **„Metropolisierung"** von Innovation und Wachstum weiter verstärkt. Empirische Untersuchungen zeigen für die Europäische Union, dass es sich bei den wirtschaftlich dominanten Entwicklungszentren um Großstadt- und Metropolregionen handelt, in denen wissensintensive Aktivitäten im Dienstleistungssektor und forschungsintensive Aktivitäten im Industriesektor stark ausgeprägt sind. In diesem Zusammenhang stellt sich auch die Frage, ob Spezialisierung oder Diversifikation von Städten die erfolgreichere Strategie ist (Abdel-Rahman/Anas 2004). Zum Zusammenhang zwischen Spezialisierung, Diversifikation und Stadtentwicklung lassen sich zunächst stilisierte Fakten feststellen:

- Es finden sich Beispiele erfolgreicher Stadtentwicklungen, die auf Spezialisierung beruhen (Silicon Valley), daneben finden sich aber auch gelungene Beispiele für Diversifizierung (London, New York).
- Diversifizierte Städte sind meist größer als spezialisierte.
- In diversifizierten Städten ist das Beschäftigungswachstum höher als in spezialisierten.
- Diversifizierte Städte haben einen relativ großen Anteil an wissensintensiven Branchen.

Tab. 2.8   Gruppierung der Großstadt- und Metropolregionen nach der Beschäftigtenzahl in wissensintensiven Marktdienstleistungen

1. Perzentil	2. Perzentil	3. Perzentil	4. Perzentil	5. Perzentil
Amsterdam	Athen	Brüssel	Bilbao	Bratislava
Barcelona	Berlin	Budapest	Bordeaux	Gdansk
Düsseldorf	Birmingham	Dublin	Bremen	Genua
Florenz	Kopenhagen	Lissabon	Glasgow	Helsinki
Frankfurt/Main	Leipzig	Marseille	Göteborg	Krakau
Hamburg	Lyon	Nantes	Hannover	Ljubljana
London	Mannheim	Neapel	Katowice	Lodz
Madrid	München	Stuttgart	Newcastle	Poznan
Mailand	Rom	Valencia	Nürnberg	Strasbourg
Manchester	Sevilla	Warschau	Palermo	Wroclaw
Paris	Stockholm	Wien	Prag	Zaragoza
	Turin		Toulouse	

Quelle: Krätke (2007, 71), eigene Darstellung

Zwischen den dynamischen **Metropolregionen Europas** bestehen deutliche Unterschiede in der Profilierung, es sind also nicht überall die gleichen wissensintensiven Dienstleistungsaktivitäten und forschungsintensiven Industriezweige, die das Wachstum der Agglomerationsräume hervorrufen (Krätke 2007, 139ff.). Gruppiert man die europäischen Großstadt- und Metropolregionen nach der Anzahl der Beschäftigten in wissensintensiven Marktdienstleistungen so zeigt sich für das Jahr 2005 bei Klassifizierung nach fünf Perzentilen das in Tabelle 2.8 aufgeführte Bild. Das erste Perzentil enthält dabei die höchsten Werte der Beschäftigtenzahlen, das Minimum liegt bei 30.293, das Maximum bei 1.077.492, die Gesamtsumme bei 10.570 840. Der Anteil des ersten Perzentils an der Gesamtsumme beträgt 48,3%, der Anteil des zweiten Perzentils 22,1% und der Anteil der 57 einbezogenen Stadtregionen an der Gesamtsumme in der Europäischen Union beträgt 66,4%.

Ordnet man die europäischen Großstadt- und Metropolregionen nach dem Beschäftigtenzuwachs in wissensintensiven Marktdienstleistungen so zeigen sich für die Städte des 1. und 2. Perzentils und den Zeitraum 1997 bis 2005 die in Tabelle 2.9 aufgelisteten absoluten Zuwächse der Beschäftigtenzahlen.

Tab. 2.9   *Gruppierung der Großstadt- und Metropolregionen nach dem Beschäftigtenzuwachs in wissensintensiven Marktdienstleistungen*

1. Perzentil		2. Perzentil	
Mailand	240.737	Turin	87.777
Düsseldorf	212.552	Frankfurt/Main	86.845
Madrid	171.024	Neapel	82.356
Florenz	131.188	London	75.779
Barcelona	126.315	Valencia	72.149
Rom	118.233	Palermo	63.955
Hamburg	110.026	Mannheim	58.214
Sevilla	106.927	München	57.411
Paris	101.369	Nantes	52.965
Dublin	101.088	Stockholm	52.026
Amsterdam	100.284	Manchester	51.918
		Athen	44.896

Quelle: Krätke (2007, 71), eigene Darstellung

Durch eine Gegenüberstellung der Ausgangskonstellation im Jahr 1997 (Profil Typus) und der Entwicklungsrichtung in der Periode 1997 bis 2005 (Pfad Typus) kann der Strukturwandel europäischer Großstadt- und Metropolregionen zur wissensintensiven Wirtschaft beschrieben werden. Krätke (2007, 108) unterscheidet jeweils vier Pfadtypen und vier Profiltypen, mit deren Hilfe er die Entwicklungspfade der Regionen charakterisiert. Im einzelnen sind dies folgende Ausgangskonstellationen (Profiltypen)

- Typ 0: Gering profilierte Zentren
- Typ 1: Einschlägige Zentren mit wissensintensiver Industriezweigen
- Typ 2: Einschlägige Zentren mit wissensintensiver Dienstleistungen
- Typ 3: Einschlägige Zentren mit wissensintensiven Dienstleistungen und Industrien
- und Entwicklungsrichtungen (Pfadtypen)
- Typ 0: Kein profilierter Entwicklungspfad erkennbar
- Typ 1: Wissensintensive Industrien und technologiebezogene Dienste sind profilbildend für den Entwicklungspfades
- Typ 2: Wissensintensive Dienstleistungen sind profilbildend für den Entwicklungspfad

- Typ 3: Die Kombination aus expanierenden wissensintensiven Industrien und Dienstleistungen kennzeichnet den Entwicklungspfad.

Die europäischen Großstadt- und Metropolregionen lassen sich nun wie in Tabelle 1.10 dargestellt den verschiedenen Profiltypen und Pfadtypen zuordnen.

Tab. 2.10 Entwicklungspfade europäischer Großstadt- und Metropolregionen

	Pfadtypus				
		0	1	2	3
	3		Berlin	London	Barcelona
			Birmingham	Paris	Manchester
			Florenz	Hamburg	München
			Leipzig	Frankfurt/Main	
			Lyon	Düsseldorf	
			Mailand	Madrid	
			Prag	Hannover	
				Mannheim	
	2		Kopenhagen	Amsterdam	Sevilla
			Rom	Athen	Wien
			Warschau	Bordeau	
Profiltypus			Lissabon	Brüssel	
				Marseille	
				Neapel	
				Palermo	
	1		Stuttgart	Bremen	Bilbao
			Poznan	Budapest	Katowice
			Ljubljana	Glasgow	Nantes
				Nürnberg	Stockholm
				Strasboug	
				Toulouse	
				Turin	
	0		Helsinki	Genua	Bratislawa
			Gdansk	Newcastle	Dublin
			Krakau	Valencia	Göteborg
			Lodz	Zaragoza	
			Wroclaw		

Quelle: Krätke (2007, 108), eigene Darstellung

Während Krätke (2007) die Entwicklung der europäischen Metropolregionen traditionell ökonmisch aus der Präsenz innovativer Branchen mit hohen Wachstumsraten erklärt, verfolgen Ades und Glaeser (1995) eine ganz andere Erklärungsperspektive. Sie erklären die Konzentration der Bevölkerung in **Megastädten** mit den **politischen Verhältnissen** in dem betreffenden Land. Dabei definieren Ades und Gläser städtische Konzentration als Anteil der Bevölkerung der größten Stadt an der gesamten städtischen Bevölkerung und bezeichnen politische Verhältnisse als stabil, wenn die durchschnittliche Anzahl von Revolutionen und Staatsstreichen unter dem weltweiten Median liegt. Demokratie messen Ades und Glaeser mit dem „Gastil-Index", der die demokratischen Verhältnisse anhand von Kriterien wie freien und fairen Wahlen oder der Bedeutung von Wahlen für die tatsächlich vorherrschenden

Machtverhältnisse erfasst. Die Skala des Gastil-Index reicht von 1 für das höchste Ausmaß an Demokratie bis zu 7, dem geringsten Niveau an politischer Freiheit. Diktaturen sind nach Ades und Glaeser solche Staatswesen, in denen der Gastil-Index höher als Drei ist. In Tabelle 2.11 sind die Anteile der Bevölkerung der größten Stadt an der gesamten städtischen Bevölkerung in Abhängigkeit der politischen Verhältnisse charakterisiert, wobei die Zahlen in Klammern die Standardfehler sind.

Den Zusammenhang wischen politischem System und räumlicher Konzentration der Bevölkerung in Städten sehen Ades und Glaeser darin, dass räumliche Nähe zur Macht den politischen Einfluss erhöht. Der Zusammenhang zwischen räumlicher Nähe zur Regierung und politischem Einfluss ist demnach besonders hoch, wenn

- die Regierung schwach ist und schnell auf politischen Druck reagiert,
- große ökonomische Renten zu verteilen sind
- die Regierung die politischen Rechte der Peripherie nicht respektiert.

Der erste Effekt deutet darauf hin, dass die städtische Konzentration in Ländern mit schwacher Regierung besonders hoch ist. Die beiden letztgenannten Effekte lassen vermuten, dass die städtische Konzentration in Diktaturen relativ stark ausgeprägt ist, weil in Diktatoren selbst in den Zentren leben und daher ein Anreiz besteht, die Peripherie zu vernachlässigen. Außerdem bieten Dikaturen die Möglichkeit, willkürlich hohe Renten zu verteilen, die wiederum am besten in räumlicher Nähe zum Regierungssitz erhältlich sind.

Tab. 2.11 Politik und städtische Konzentration

Stabile Demokratie		Stabile Diktatur	
städtische Konzentration =	0,23	städtische Konzentration =	0,3
	(0,032)		(0,03)
Anzahl der Beobachtungen =	24	Anzahl der Beobachtungen =	16
Instabile Demokratie		Instabile Diktatur	
städtische Konzentration =	0,35	städtische Konzentration =	0,37
	(0,07)		(0,02)
Anzahl der Beobachtungen =	6	Anzahl der Beobachtungen =	39

Quelle: Ades/Glaeser (1995, 196), eigene Darstellung

Das Modell von Ades und Glaeser verbindet den Typ des politischen Regimes formal mit dem Grad der politischen Instabilität und der Größe der dominierenden Stadt. Es untersucht die räumliche Struktur der Besteuerung und kommt zu dem Schluss, dass in Diktaturen die Steuern in der Peripherie höher sind als im Zentrum, weil ein Diktator typischerweise den Medianwähler ignoriert, der in der Peripherie lebt. Instabile Regime tendieren dazu, aus Angst vor Massenprotesten und Aufständen die Steuern in der Hauptstadt niedrig zu halten. Ades und Glaeser teilen jedes Land in zwei Gebiete ein, die Hauptstadt (Gebiet 1) und die Peripherie („Hinterland", Gebiet 2). Die Gesamtbevölkerung im Land ist auf Eins normiert, die Bevölkerungszahl der Hauptstadt sei N. Das verfügbare Einkommen (W) ist breit definiert und umfasst neben dem monetären Einkommen auch die natürlichen Lebensbedingungen und das psychisches Einkommen. Wegen der Überfüllungseffekte fällt der Lohn mit steigender Bevölkerungszahl der Stadt

$$W_i^{'} < 0, i = 1,2 \ . \tag{2.66}$$

Die Indizes 1,2 bezeichnen die Stadt (1) und das Hinterland (2). Steuern werden in Form von Kopfsteuern (τ) erhoben und können sich in Abhängigkeit der räumlichen Lage unterscheiden. Mit den Steuern eignet sich die Regierung die Ressourcen der Bevölkerung an, eine Gegenleistung durch öffentlich bereitgestellte Güter (etwa Infrastruktur) ist im Modell nicht enthalten. In diesem Sinne lässt sich die Steuererhebung als „Ausbeutung" der Bevölkerung durch die Regierung verstehen. Die Bevölkerung kann sich den Steuern nicht vollkommen entziehen, sie kann ihre Höhe aber durch die Wohnortwahl beeinflussen. Die Wanderung zwischen Zentralstadt und Hinterland ist annahmegemäß nicht mit Kosten verbunden. Daher muss im Gleichgewicht gelten

$$W_1\left(N\right) - \tau_1 = W_2\left(1 - N\right) - \tau_2 \ . \tag{2.67}$$

Die Bevölkerungszahl der Stadt hängt von der Differenz der Kopfsteuern ab:

$$N = N\left(\tau_2 - \tau_1\right) \text{mit } N^{'}\left(\tau_2 - \tau_1\right) < 0 \ \text{wegen } W_i^{'} < 0 \ . \tag{2.68}$$

Die Regierung nimmt diese Funktion als gegeben hin und wählt die Kopfsteuern um ihre Zielfunktion zu maximieren. Letztere hängt nicht nur von den Steuereinnahmen ab, sondern auch von der Wahrscheinlichkeit, mit der die Regierung die laufende Wahlperiode überlebt sowie dem Wert V, den sie dem Überleben beimisst. Sei $r \cdot R_1\left(\tau_1\right)$ die Wahrscheinlichkeit einer gewaltsamen oder illegalen Revolte, wobei r ein Verschiebungsparameter ist, der die Revolutionsbereitschaft eines Landes oder das Niveau der Instabilität widerspiegelt. Die Wahrscheinlichkeit einer beginnenden und dann erfolgreichen Revolte ist annahmegemäß eine Funktion der Steuern in der Hauptstadt. Damit wird zugleich unterstellt, dass Revolutionen nur in der Stadt erfolgreich sein können. Die Wahrscheinlichkeit, dass die Regierung durch Wahlen abgelöst wird, soll mit $e \cdot E\left(\tau_2\right)$ bezeichnet werden. Wenn man annimmt, dass mindestens die Hälfte der Bevölkerung im Hinterland lebt, ist der Medianwähler zur Zahlung der Steuer τ_2 verpflichtet. Die Wahrscheinlichkeit, dass die Regierung nicht wiedergewählt wird, steigt annahmegemäß mit den Abgaben, die der Medianwähler entrichten muss. Der Verschiebungsparameter e bringt die Demokratisierung zum Ausdruck, kleine Werte von e zeigen Diktatur an. Die Zielfunktion Z der Regierung besteht aus drei Termen.

$$Z = \left[1 - r \cdot R(\tau_1) - e \cdot E(\tau_2)\right] \cdot V + \tau_1 \cdot N(\tau_2 - \tau_1) + \tau_2 \left[1 - N(\tau_2 - \tau_1)\right]. \tag{2.69}$$

Der erste Term bezieht sich auf die Wiederwahlwahrscheinlichkeit, gewichtet mit dem Wert V, den die Wiederwahl aus Regierungssicht hat. Der zweite Term gibt die Steuereinnahmen in der Stadt wieder, der dritte die Steuereinnahmen auf dem Land. Optimierung der Zielfunktion über die Steuern in der Stadt und auf dem Land ergibt

$$-V \cdot r \cdot \frac{\partial R}{\partial \tau_1} + N\left(\tau_2 - \tau_1\right) + \frac{\partial N}{\partial\left(\tau_2 - \tau_1\right)}\left(\tau_2 - \tau_1\right) = 0 \tag{2.70}$$

und

$$-V \cdot e \cdot \frac{\partial E}{\partial \tau_2} + 1 - N\left(\tau_2 - \tau_1\right) - \frac{\partial N}{\partial\left(\tau_2 - \tau_1\right)}\left(\tau_2 - \tau_1\right) = 0. \tag{2.71}$$

Die Bedingungen zweiter Ordnung seien erfüllt. Jetzt soll für ein Beispiel gezeigt werden, wie die Differenz zwischen der Pauschalsteuer auf dem Land τ_2 und der Pauschalsteuer in der Stadt τ_1 die Bevölkerungszahl in der Hauptstadt N beeinflusst und wie die Differenz zwischen den Kopfsteuern in Stadt und Land mit dem Stand der Demokratie e und der revolutionären Instabilität r zusammenhängt. Gegeben sei die Bevölkerungszahl der Stadt durch

$$N = \frac{1}{4} + \frac{1}{4}\left(\tau_2 - \tau_1\right) \tag{2.72}$$

und die Wiederwahlwahrscheinlichkeit

$$1 - rR\left(\tau_1\right) - eE\left(\tau_2\right) = k - \frac{r\tau_1^2}{2} - \frac{er_2^2}{2}$$

Die Zielfunktion lautet für diesen Spezialfall

$$Z = \left(k - \frac{r\tau_1^2}{2} - \frac{er_2^2}{2}\right) \cdot V + \tau_1\left(\frac{1}{4} + \frac{1}{4}\left(\tau_2 - \tau_1\right)\right) + \tau_2\left(1 - \left(\frac{1}{4} + \frac{1}{4}\left(\tau_2 - \tau_1\right)\right)\right) \tag{2.73}$$

und die Bedingungen erster Ordnung ergeben sich durch Nullsetzen der ersten Ableitungen von Z nach τ_1 und τ_2

$$-Vr\tau_1 + \frac{1}{4} + \frac{1}{4}\tau_2 - \frac{1}{2}\tau_1 + \frac{1}{4}\tau_2 = 0 \tag{2.74}$$

$$-Ve\tau_2 + \frac{1}{4}\tau_1 + 1 - \frac{1}{4} - \frac{1}{2}\tau_2 + \frac{1}{4}\tau_1 = 0 \tag{2.75}$$

Umformen der ersten Gleichung ergibt

$$\tau_2 = -\frac{1}{2} + 2\tau_1\left(Vr + \frac{1}{2}\right) \tag{2.76}$$

Analog erhält man aus der zweiten Gleichung

$$\tau_2 = \frac{\frac{3}{4} + \frac{1}{2}\tau_1}{Ve + \frac{1}{2}}. \tag{2.77}$$

Abbildung 2.22 veranschaulicht die beiden Gleichgewichtsbedingungen.

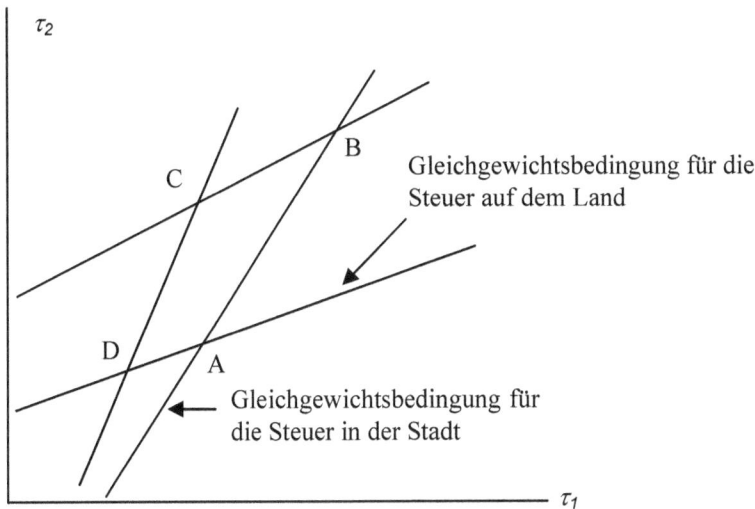

Abb. 2.22 Gleichgewichtsbedingungen
(Quelle: Ades/Glaeser (1995, 202), eigene Darstellung)

Das Gleichgewicht liegt im Schnittpunkt (A) der beiden Geraden. Wenn die Demokratie (e) abnimmt, verschiebt sich die Gerade, die die Gleichgewichtsbedingung für die Steuer auf dem Land wiedergibt, nach oben. Im neuen Schnittpunkt (B) sind die Steuern sowohl in der Stadt als auch auf dem Land angestiegen, allerdings ist die Erhöhung in der Peripherie stärker ausgefallen als im Zentrum, so dass auch die Differenz zugenommen hat. Lässt man wiederum vom Ausgangsgleichgewicht (A) aus die Instabilität (r) ansteigen, dann verschiebt sich die Gerade, die die Gleichgewichtsbedingung für die Steuer in der Stadt angibt, nach links. Im neuen Gleichgewicht (C) sind die Steuern im gesamten Land gesunken, aber die Reduktion ist im Zentrum stärker ausgefallen als in der Peripherie. Tritt ein Demokratieverlust (sinkendes e) zugleich mit steigender Instabilität (zunehmendes r) auf, so fallen die Steuern in der Stadt und steigen im Hinterland, das Gleichgewicht verschiebt sich von (A) nach (D). Festzuhalten bleibt, dass der Unterschied zwischen den Steuern im Hinterland und den Steuern in der Hauptstadt bei zunehmender Instabilität und wachsendem Demokratieverlust steigt. Das Hinterland wird also umso stärker „ausgebeutet", je instabiler die Situation ist und je geringer die politische Freiheit ist. Für die Steuern in der Peripherie gibt es in diesem

Modell zwei Beschränkungen, Demokratie und die Wanderungsbewegung der Landbevölkerung in die Großstadt. In demokratischen Regimen droht der Regierung, dass sie bei der Wiederwahl scheitert, wenn sie zu stark auf die Ressourcen des Hinterlandes zugreift. Wanderungsbewegungen in die Metropole führen dazu, dass bei zu starken Steuererhöhungen die Basis der Einnahmen aus dem Hinterland erodiert und die Regierung insgesamt mit Einnahmeverlusten rechnen muss. Beides wirkt damit einer vollständigen Ballung der Gesamtbevölkerung in der Metropole entgegen.

3 Dynamische Raumwirtschaftstheorie

3.1 Handel und Entwicklung

3.1.1 Neoklassische Außenhandelstheorie

Die internationale Außenhandelstheorie wurde lange vom Konzept der **komparativen Kostenvorteile** geprägt. Dieses Konzept besagt, dass mit wenigen Ausnahmen alle Länder vom internationalen Handel profitieren. Dabei gewinnen die Produktionsfaktoren allerdings in unterschiedlichem Ausmaß und es ist auch möglich, dass ein Faktor durch die Aufnahme von internationalen Handelsbeziehungen verliert. Es wäre jedoch möglich, den Faktor, der infolge von Handelsliberalisierung verliert, mit den Gewinnen des anderen Faktors zu kompensieren. Dass dies in der Praxis selten geschieht, liegt an politökonomischen Zusammenhängen, schmälert aber den Effizienzgewinn durch Handel nicht (Palley 2008, 195).

Die Grundidee des Konzepts komparativer Kostenvorteile geht auf **Ricardo** (1817) zurück. Er hat gezeigt, dass sich internationaler Handel bereits lohnt, wenn zwischen verschiedenen Ländern Unterschiede in der Arbeitsproduktivität bestehen. Die folgende beispielhafte Darstellung orientiert sich an Krugman/Obstfeld (1997, 15ff.). Dazu werden zwei Länder (Inland und Ausland) sowie zwei Güter (Käse und Wein) betrachtet, zu deren Produktion jeweils ausschließlich Arbeit eingesetzt wird. Letztere ist ein homogener Faktor, spezielle Anforderungen an die Qualifikation der Arbeitskräfte werden also vernachlässigt. Arbeit ist annahmegemäß zwischen den beiden Sektoren (Käse- und Weinindustrie) vollkommen mobil. Eine Abwanderung von Arbeitskräften in das jeweils andere Land soll aber nicht möglich sein, diesbezüglich wird Arbeit als vollkommen immobil aufgefasst. Die Produktionsbedingungen sind in beiden Ländern unterschiedlich, so dass im Inland die Produktion eines Kilogramms Käse eine Stunde Arbeit erfordert, während ein Liter Wein in zwei Stunden produziert werden kann. Im Ausland werden 6 Stunden Arbeit für ein Kilo Käse und 3 Stunden Arbeit für einen Liter Wein benötigt. Die Anzahl der eingesetzten Arbeitsstunden für eine Einheit eines Produktes heißt Arbeitskoeffizient (a), der untere Index (K für Käse, W für Wein) gibt das jeweilige produzierte Gut an, der obere Index das Land, in dem es produziert wird (I für Inland, A für Ausland). Die **Arbeitskoeffizienten** der beiden Länder sind in Abbildung 40 noch einmal zusammengefasst.

Von der Annahme ausgehend, dass jedes der beiden Länder über eine Gesamtkapazität (L) von 120 Arbeitsstunden verfügt, lässt sich berechnen, wie viel von jedem Gut im In- und

Ausland maximal produziert werden kann, in dem man die Gesamtkapazität durch die Arbeitskoeffizienten dividiert. Auch diese Werte sind in Tabelle 3.1 dargestellt.

Tab. 3.1   Arbeitskoeffizienten und maximale Produktionsmengen

	Arbeitskoeffizient Käse	maximale Produktionsmenge Käse	Arbeitskoeffizient Wein	maximale Produktionsmenge Wein
Inland	$a_K^I = 1$	$L/a_K^I = 120$	$a_W^I = 2$	$L/a_W^I = 60$
Ausland	$a_K^A = 6$	$L/a_K^A = 20$	$a_W^A = 3$	$L/a_W^A = 40$

Quelle: Krugman/Obstfeld (1997, 23), eigene Darstellung

Wenn die Arbeitskoeffizienten der beiden Länder miteinander verglichen werden, dann zeigt sich, dass das Inland in beiden Industrien einen absoluten Kostenvorteil hat, weil es beide Güter mit weniger Arbeitseinsatz produzieren kann:

$$a_K^I < a_K^A \text{ und } a_W^I < a_W^A . \tag{3.1}$$

Produziert man ein Gut (Käse), verzichtet man auf ein anderes (Wein). Die **Opportunitätskosten** der Käseproduktion geben an, auf wie viel Wein man verzichten muss, um eine Einheit Käse zu produzieren. Betrachtet man die Opportunitätskosten der Käseproduktion im Inland, so stellt man fest, dass man auf einen halben Liter Wein verzichten muss, um ein Kilogramm Käse zu produzieren. Im Ausland ist zur Produktion eines Kilogramms Käse wiederum der Verzicht auf zwei Liter Wein nötig. Die Käseproduktion ist demzufolge im Inland relativ günstiger als im Ausland, deshalb ist hier von einem komparativen Kostenvorteil die Rede. Allgemein besteht ein komparativer Kostenvorteil des Inlands bei der Käseproduktion, wenn gilt:

$$\frac{a_K^I}{a_W^I} < \frac{a_K^A}{a_W^A} \tag{3.2}$$

Ricardos These besagt nun, dass ein Land dasjenige Gut exportiert, bei dessen Produktion es einen relativen Kostenvorteil hat. Wenn es durch den Handel zu einer vollkommenen Spezialisierung kommt, dann spezialisiert sich das Land auf das Gut, bei dem es einen komparativen Vorteil aufweist.

Um zu sehen, wie der Außenhandel funktioniert, ist es erforderlich, neben den Mengen auch die Preise und Löhne zu betrachten. Die Güterpreise für Käse und Wein sollen mit p_W und p_K bezeichnet werden. Geht man von vollkommener Konkurrenz am Arbeitsmarkt aus, dann muss in jedem Land in der Käseindustrie der gleiche Lohn (w) herrschen wie in der Weinindustrie, sonst würden die (homogenen) Arbeitskräfte den Sektor wechseln, bis das Gleichgewicht hergestellt ist. Die Arbeitskräfte werden bei vollkommener Konkurrenz nach ihrem Grenzprodukt entlohnt. Deshalb muss der Lohn dem Wert einer Stunde Arbeit in den beiden

Industrien entsprechen. Der Wert einer Stunde Arbeit in der Käseproduktion beträgt p_K/a_K. Im Gleichgewicht entspricht er dem Wert einer Stunde Arbeit in der Weinproduktion (p_W/a_W), sonst würden die vollkommen mobilen Arbeitskräfte wiederum den Sektor wechseln. Es gilt also $p_K/a_K = p_W/a_W$ oder $p_K/p_W = a_K/a_W$ für In- und Ausland. Im Gleichgewicht ohne Außenhandel muss also in jedem Land der **relative Preis** der Güter dem relativen Einsatzverhältnis an Arbeit je Gütereinheit entsprechen:

$$\frac{p_K^I}{p_W^I} = \frac{a_K^I}{a_W^I} \text{ und } \frac{p_K^A}{p_W^A} = \frac{a_K^A}{a_W^A} . \qquad (3.3)$$

Mit Hilfe der relativen Preise bzw. Arbeitskoeffizienten lässt sich nun das relative Angebot (an Käse) in Abhängigkeit des relativen Preises (von Käse) bestimmen. Durch den Außenhandel ergibt sich eine Angleichung der relativen Preise in den beiden Ländern, also

$$\frac{p_K^I}{p_W^I} = \frac{p_K^A}{p_W^A} = \frac{p_K}{p_W} . \qquad (3.4)$$

Wenn die in einem Land produzierte Menge eines Gutes mit Q bezeichnet wird und die Indizes A, I für die Länder und K, W für die Güter beibehalten werden, dann lassen sich für das **relative Angebot** an Käse, also

$$\frac{Q_K^I + Q_K^A}{Q_W^I + Q_W^A} \qquad (3.5)$$

die folgenden fünf Bereiche unterscheiden, die auch in Abbildung 3.1 dargestellt sind:

Bereich 1:

$$\frac{p_K}{p_W} < \frac{a_K^I}{a_W^I} \text{ bzw. } \frac{p_K}{p_W} < \frac{1}{2} \qquad (3.6)$$

In diesem Fall wird im Inland nur Wein produziert. Alle Arbeitskräfte wandern aus dem Käsesektor in den Weinsektor ab, weil der Wert einer Stunde Arbeit in der Käseproduktion p_K/a_K geringer ist als der Wert einer Stunde Arbeit in der Weinproduktion p_W/a_W. Das gleiche Argument trifft auch für das Ausland zu, denn es gilt

$$\frac{a_K^I}{a_W^I} < \frac{a_K^A}{a_W^A} \qquad (3.7)$$

und damit auch

$$\frac{p_K}{p_W} < \frac{a_K^A}{a_W^A} \qquad (3.8)$$

Insgesamt wird also in der Weltwirtschaft nur Wein produziert, das relative Angebot an Käse beträgt Null.

Bereich 2:

$$\frac{p_K}{p_W} = \frac{a_K^I}{a_W^I} \ \text{ bzw. } \ \frac{p_K}{p_W} = \frac{1}{2}. \tag{3.9}$$

Für das Ausland gilt noch immer

$$\frac{p_K}{p_W} < \frac{a_K^A}{a_W^A},$$

so dass dort nur Wein produziert wird. Das Inland ist jetzt indifferent zwischen der Produktion von Käse und Wein, das relative Käseangebot ist unendlich elastisch. Unendlich elastisches Angebot bedeutet, dass kleine Änderungen des Preises sehr große („unendlich große") Änderungen der angebotenen Menge zur Folge haben. Eine geringfügige Erhöhung des relativen Preises für Käse p_K/p_W führt dazu, dass das Inland ausschließlich Käse produzieren würde.

Bereich 3:

$$\frac{a_K^I}{a_W^I} < \frac{p_K}{p_W} < \frac{a_K^A}{a_W^A} \ \text{ bzw. } \ \frac{1}{2} < \frac{p_K}{p_W} < \frac{6}{3} \tag{3.10}$$

Wie zuvor gilt für das Ausland

$$\frac{p_K}{p_W} < \frac{a_K^A}{a_W^A},$$

es spezialisiert sich auf die Produktion von Wein. Die Menge an Wein, die das Ausland herstellt, beträgt

$$L/a_W^A = 40 \tag{3.11}$$

Im Inland wird jetzt ausschließlich Käse produziert. Da sich das Inland auf Käse spezialisiert, können maximal

$$L/a_K^I = 120. \tag{3.12}$$

Einheiten hergestellt werden. Bis zu einer relativen Angebotsmenge von

$$\frac{\left(L/a_K^I\right)}{\left(L/a_W^A\right)} = 3 \tag{3.13}$$

verläuft das relative Angebot an Käse vollkommen unelastisch.

Bereich 4:

$$\frac{p_K}{p_W} = \frac{a_K^A}{a_W^A} \text{ bzw. } \frac{p_K}{p_W} = 2. \tag{3.14}$$

Für das Inland gilt

$$\frac{a_K^I}{a_W^I} < \frac{p_K}{p_W}, \tag{3.15}$$

es spezialisiert sich auf die Produktion von Käse. Das Ausland ist jetzt indifferent zwischen der Produktion von Käse und Wein, das relative Käseangebot ist unendlich elastisch. Unendlich elastisches Angebot bedeutet, dass kleine Änderungen des Preises sehr große („unendlich große") Änderungen der angebotenen Menge zur Folge haben. Eine geringfügige Erhöhung des relativen Preises für Käse p_K/p_W führt dazu, dass auch das Ausland ausschließlich Käse produzieren würde.

Bereich 5:

$$\frac{a_K^A}{a_W^A} < \frac{p_K}{p_W} \text{ bzw. } 2 < \frac{p_K}{p_W}. \tag{3.16}$$

Für beide Länder gilt

$$\frac{a_K}{a_W} < \frac{p_K}{p_W}, \tag{3.17}$$

sie spezialisieren sich auf die Produktion von Käse. Wein wird in der Weltwirtschaft gar nicht produziert.

Unter den üblichen Annahmen an die Nutzenfunktion hat die relative Nachfrage nach Käse einen fallenden Verlauf. Je nachdem, ob sie die Angebotskurve im unelastischen Bereich (Fall 1) oder im elastischen Bereich (Fall 2) schneidet, ergibt sich im Schnittpunkt der beiden Kurven eine vollkommene Spezialisierung oder nicht. So führt im **Fall 1** der komparative Vorteil des Inlandes dazu, dass sich das Inland vollkommen auf die Käseherstellung und das Ausland vollkommen auf die Weinherstellung spezialisiert. Im **Fall 2** produziert das Ausland weiterhin ausschließlich Wein, im Inland wird dagegen sowohl Wein als auch Käse hergestellt.

Der neoklassischen Außenhandelstheorie zufolge bringt der Handel für beide Länder Vorteile. Die Wohlfahrt steigt, weil sich die Konsummöglichkeiten vergrößern. Die Argumentation lässt sich beispielsweise für einen relativen Käsepreis von 1 leicht nachvollziehen. Für

$$p_K / p_W = 1 \qquad\qquad\qquad\qquad\qquad\qquad\qquad (3.18)$$

kommt es zur vollkommenen Spezialisierung (Fall 1). In Autarkie kann das Inland maximal 120 Einheiten Käse oder 60 Einheiten Wein herstellen. Spezialisiert es sich auf die Käseherstellung und tauscht im Rahmen der Handelsbeziehungen später den gesamten Käse gegen Wein ein, dann erhält es 120 Einheiten Wein, die Konsummöglichkeiten erweitern sich also infolge des Außenhandels. Analog kann für das Ausland festgestellt werden, dass es ohne Handel maximal 20 Einheiten Käse oder 40 Einheiten Wein konsumieren kann. Bei vollkommener Spezialisierung könnte es entweder 40 Einheiten Wein oder 40 Einheiten Käse konsumieren. Auch hier haben sich die Konsummöglichkeiten infolge des Handels erweitert. Abbildung 3.2 illustriert die Wohlfahrtsgewinne durch Außenhandel.

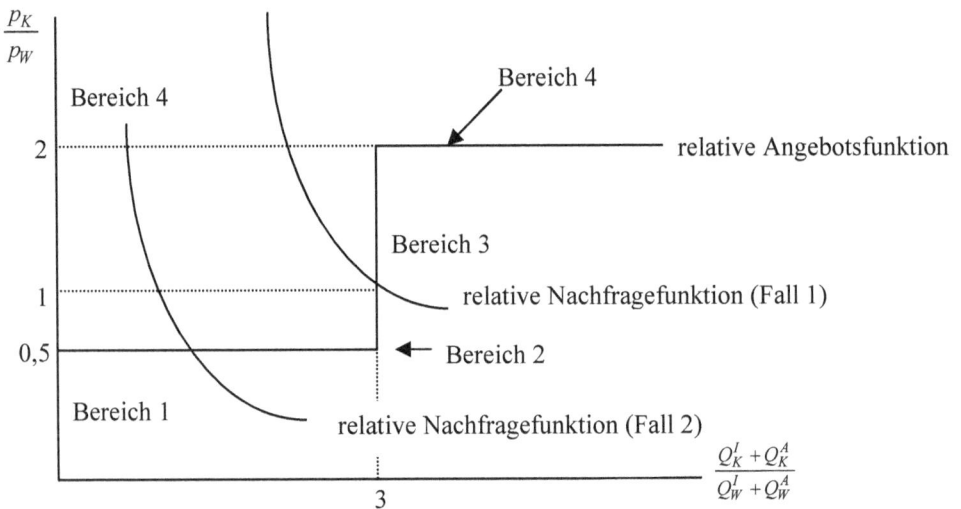

Abb. 3.1   Relative Angebotsfunktion
(Quelle: Krugman/Obstfeld (1997, 20), eigene Darstellung)

Das Beispiel lässt sich leicht auf mehrere Güter erweitern, auch eine Berücksichtigung von Transportkosten ist möglich und verändert die Kernaussagen des Ricardo-Modells nicht (Krugman/Obstfeld 1997, 27ff.). Kritisch anzumerken ist, dass es in der Realität nicht zu einer so starken Spezialisierung kommt, wie sie das Ricardo Modell prognostiziert. Als einzige Ursache für den Außenhandel werden Unterschiede in der Arbeitsproduktivität analysiert. Andere Ursachen, etwa unterschiedliche Ressourcenausstattung oder Skalenerträge, bleiben unberücksichtigt. Hinzu kommt, dass das Ricardo Modell die Verteilungswirkungen des Außenhandels außer Acht lässt. Die genannten **Wohlfahrtsgewinne** durch Außenhandel sind immer so zu verstehen, dass die Gewinner die Verlierer potentiell kompensieren könnten, dies aber nicht zwangsläufig tun müssen. Trotz dieser Kritik bleibt festzuhalten, dass sich für die Kernaussage des Modells zahlreiche empirische Belege feststellen lassen. Demnach sollte sich ein Land auf den Export derjenigen Güter konzentrieren, die es relativ kostengünstig herstellen kann (Krugman/Obstfeld 1997, 27ff.).

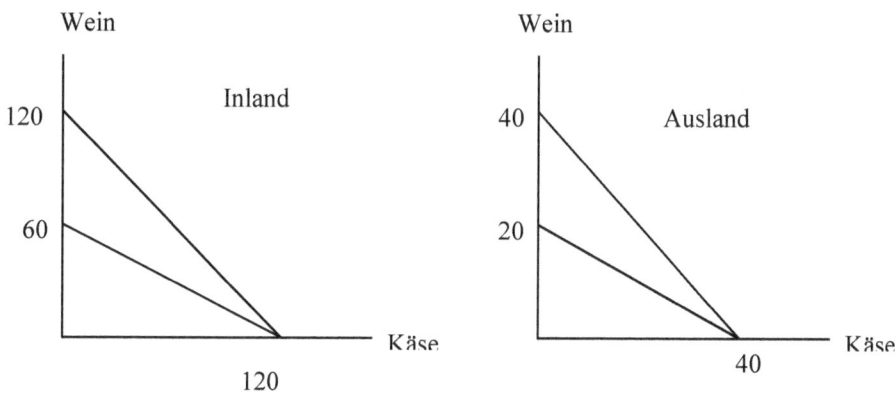

Abb. 3.2   Konsummöglichkeiten mit und ohne Außenhandel
(Quelle: Krugman/Obstfeld (1997, 22), eigene Darstellung)

In späteren Ansätzen wurde die Kritik am Ricardo Modell aufgegriffen und zum Anlass für neue Modellstrukturen genommen. So erklärt der Ansatz von **Heckscher** (1919) und **Ohlin** (1933) die Wirkung unterschiedlicher Faktorausstattungen auf die Handelsbeziehungen. Aus methodischen Gründen wird hier – wie bei Ricardo – nur eine einzige Ursache für den Außenhandel analysiert, nämlich die unterschiedliche Ressourcenausstattung der Länder. Im Heckscher-Ohlin-Modell wird eine Wirtschaft modelliert, die mit Hilfe zweier Faktoren zwei Güter herstellt. Die Faktoreinsatzverhältnisse sind variabel, die Produktionsfaktoren zwischen den Branchen mobil, aber international immobil. Es herrscht vollkommene Konkurrenz, die Produktionsfaktoren werden nach ihrem Wertgrenzprodukt entlohnt. Dies bedeutet auch, dass steigende Faktorkosten mit steigenden Güterpreisen einhergehen müssen. Die Produktionsfaktoren sind annahmegemäß vollbeschäftigt. Inland und Ausland unterscheiden sich nicht hinsichtlich der Produktionstechnologie und der individuellen Präferenzen, also der Nachfragestruktur. Es gibt weder Transportkosten noch Handelshemmnisse. Nun soll angenommen werden, dass das Inland relativ reich mit Faktor 1 ausgestattet ist, das Ausland mit Faktor 2. Faktor 1 finde relativ stark bei der Produktion von Gut 1 Verwendung, Faktor 2 bei der Produktion von Gut 2. Dann ist in der Autarkie der relative Preis des Faktors 1 im Inland niedrig, das Inland hat einen komparativen Kostenvorteil bei der Produktion des Gutes 1. Unter diesen Bedingungen exportiert das Inland das Gut, bei dessen Produktion derjenige Faktor intensiv zum Einsatz gelangt, der relativ reichlich vorhanden ist. Das Inland exportiert also Gut 1 und importiert Gut 2 (**Heckscher-Ohlin-Theorem**). Daraufhin wird im Inland mehr von Faktor 1 und weniger von Faktor 2 nachgefragt, die relativen Kosten des Faktors 1 steigen. Im Ausland verläuft der Prozess anlog, so dass die relativen Kosten des Faktors 2 steigen. Dies führt insgesamt zu einer Angleichung der relativen Faktorpreisverhältnisse. Dieser Zusammenhang ist als **Faktorpreisausgleichstheorem** bekannt (Borchert 1975a, 141).

Die Bedeutung des Faktorpreisausgleichtheorems für die Regionalpolitik lässt sich folgendermaßen zusammenfassen: „Ein internationaler Faktorpreisausgleich trotz internationaler Immobilität der Produktionsfaktoren wäre eine sehr wichtige Konsequenz des Außenhandels. Wanderungen von Produktionsfaktoren (Gastarbeiterströme) wären dann überflüssig. Ebenso könnte das Entwicklungsländerproblem relativ einfach angegangen werden. Nun handelt es sich aber bei einem solchen Faktorpreisausgleich zunächst nur um einen Ausgleich der Faktorpreisrelationen. Im freien Außenhandel aber unter Wirkung des Einkommensmechanismus müsste es dann schließlich auch zu einem Ausgleich der absoluten Faktorpreise kommen. Dem aber stehen der gesamte, eingangs angeführte Prämissenkatalog entgegen" (Borchert 1975b, 147). Das Heckscher-Ohlin-Modell lässt sich auch dahingehend interpretieren, dass es zeigt, unter welchen strengen Voraussetzungen die Konvergenz der internationalen Faktor- und Güterpreise entsteht und warum in der Realität trotz Außenhandels erhebliche Preisunterschiede beobachtbar sind.

Aus dem **Faktorpreisausgleich** folgt im Heckscher-Ohlin-Modell unmittelbar der **Güterpreisausgleich** und umgekehrt. Dieser Zusammenhang wurde von Samuelson näher untersucht. Bei der Formulierung des Faktorpreisausgleichstheorems trifft Samuelson folgende Annahmen: Es gibt nur zwei Länder und es werden nur zwei Güter mit Hilfe von zwei Produktionsfaktoren hergestellt. Die Faktoren unterscheiden sich international qualitativ nicht, sie sind zwischen den Ländern beweglich, innerhalb eines Landes zwischen den Branchen jedoch nicht. Die Produktionstechnik ist linear-homogen und die Produktionsfunktion weist abnehmende Skalenerträge auf. Die Güter unterscheiden sich hinsichtlich der Faktorintensitäten, sie sind international vollkommen beweglich, können also beliebig gehandelt werden. Auch mit Freihandel soll sich keine vollkommene Spezialisierung ergeben (Bochert 1975b, 146). Ein Ausgleich der relativen Faktorpreise lässt sich schreiben als

$$\left(\frac{q_1}{q_2}\right)_I = \left(\frac{q_1}{q_2}\right)_A . \qquad (3.19)$$

Dabei bezeichnet q die Faktorpreise. Der untere Index gibt das jeweilige produzierte Gut an, der obere Index den eingesetzten Produktionsfaktor. Die Indizes an den Klammern bezeichnen das Land, in dem es produziert wird (I für Inland, A für Ausland).

Die physischen Grenzprodukte zeigen an, um wie viele Einheiten die Ausbringung steigt, wenn der Einsatz des jeweiligen Faktors um eine Einheit erhöht wird. Wenn die Güterpreise mit p und die physischen Grenzprodukte mit GP bezeichnet werden, dann lässt sich die Faktorpreisentlohnung bei vollkommener Konkurrenz schreiben als

$$q_1 = GP_1^1 \cdot p_1 = GP_2^1 \cdot p_2 \tag{3.20}$$

und

$$q_2 = GP_1^2 \cdot p_1 = GP_2^2 \cdot p_2 \,.$$

Durch Umformen ergibt sich, dass aus der Gleichheit der relativen Faktorpreise auch die Gleichheit der relativen Güterpreise folgt (Borchert 1975 b, 146f.)

$$\left(\frac{p_1}{p_2}\right)_I = \left(\frac{p_1}{p_2}\right)_A \,. \tag{3.21}$$

Aus dem Heckscher-Ohlin-Modell lassen sich auch Aussagen über die **distributiven Wirkungen** des Freihandels ableiten. Oben war angenommen worden, dass das Inland relativ reich mit Faktor 1 ausgestattet ist und daher Gut 1 exportiert. Wenn nun der Import des Gutes 2 mit einem Handelszoll belegt wird, dann steigt (p_2/p_1). Das wiederum führt zu einer Ausweitung des Sektors 2 und zur Schrumpfung des Sektors 1 im Inland. Die Nachfrage nach Faktor 2 steigt in Sektor 2 und sinkt in Sektor 1. Faktor 2 wird in Sektor 2 intensiver genutzt als in Sektor 1, daher ist der erste Effekt stärker als der zweite. Dies bedeutet eine zunehmende Gesamtnachfrage nach Faktor 2 und damit einen Anstieg von q_2. Analog kann argumentiert werden, dass die Nachfrage nach Faktor 1 in Sektor 2 zunimmt, aber in Sektor 1 sinkt. Der Effekt in Sektor 1 ist stärker ist als in Sektor 2, deshalb ergibt sich insgesamt eine sinkende Nachfrage nach Faktor 1 und damit ein Rückgang von q_1. Dieser Zusammenhang ist als **Stolper-Samuelson-Theorem** bekannt und lässt sich allgemein wie folgt zusammenfassen: „Eine Zunahme des Relativpreises eines Gutes lässt den realen Preis des (bei der Produktion dieses Gutes) intensiv genutzten Faktors steigen und des nicht intensiv genutzten Faktors sinken (und vice versa)" (Siebert/Lorz 2006, 64). Relevanz besitzt das Stolper-Samuelson-Theorem nicht zuletzt in der Debatte um Löhne und Freihandel. Überträgt man die oben genannte Argumentation auf ein Industrieland, das kapitalintensiv produziert und ein Entwicklungsland, das arbeitsintensiv produziert, dann führt eine protektionistische Politik im Inland dazu, dass die Löhne steigen und die Zinsen sinken. Analog kann auch die Debatte um hoch- und geringqualifizierte Arbeit mit Hilfe des Stolper -Samuelson - Theorems geführt werden. Wenn das Industrieland nun relativ reich mit hochqualifizierter Arbeit ausgestattet ist und das Entwicklungsland mit geringqualifizierte Arbeit, dann führt ein Zoll auf das importierte Gut im Industrieland zu einem Anstieg der Löhne für geringqualifizierte Arbeit. Vor diesem Hintergrund spielt das Stolper-Samuelson-Theorem in der internationalen oder interregionalen verteilungspolitischen Debatte eine bedeutende Rolle.

Die Auswirkung einer veränderten Faktorausstattung auf den Output bei gegebenen Güterpreisen wurde erstmals von Rybczynski (1995) mit Hilfe der Edgeworth-Box-Technik analysiert. Das Ergebnis lässt sich im **Rybczynski-Theorem** wie folgt festhalten: „Bei konstanten Güterpreisen und bei Zunahme eines Faktors nimmt der Output desjenigen Gutes zu, das den zunehmenden Faktor intensiv nutzt. Der Output des anderen Gutes nimmt ab." (Siebert/Lorz 2006, 70).

Die folgende Darstellung des Rybczinski-Theorems am Beispiel der Güter Kleidung (Index *K*) und Nahrung (Index *N*) und der Faktoren Arbeit (*L*) und Boden (*B*) orientiert sich an Krugman/Obstfeld (1997, 68ff.). Die Wahl des Faktoreinsatzverhältnisses (*B/L*) in einer Branche ist abhängig von dem Lohnsatz (*w*) und der Bodenrente (*r*). Es soll angenommen werden, dass die Nahrungsmittelproduktion bodenintensiv und die Kleidungsproduktion arbeitsintensiv ist, so dass für alle w/r gilt

$$\left(B_N / L_N\right) > \left(B_K / L_K\right). \tag{3.22}$$

Die rechte Seite von Abbildung 3.3 veranschaulicht diesen Zusammenhang. Zwischen dem Verhältnis der Preise für Kleidung p_K und Nahrung p_N und dem Verhältnis von Lohn zu Bodenrente ergibt sich aufgrund der Annahme vollkommener Konkurrenz eine eineindeutige Beziehung. Je höher der relative Lohnsatz (*w/r*), desto höher muss der relative Preis des arbeitsintensiven Gutes Kleidung (p_K/p_N) sein und umgekehrt. Die linke Seite in Abbildung 43 stellt diesen Zusammenhang dar.

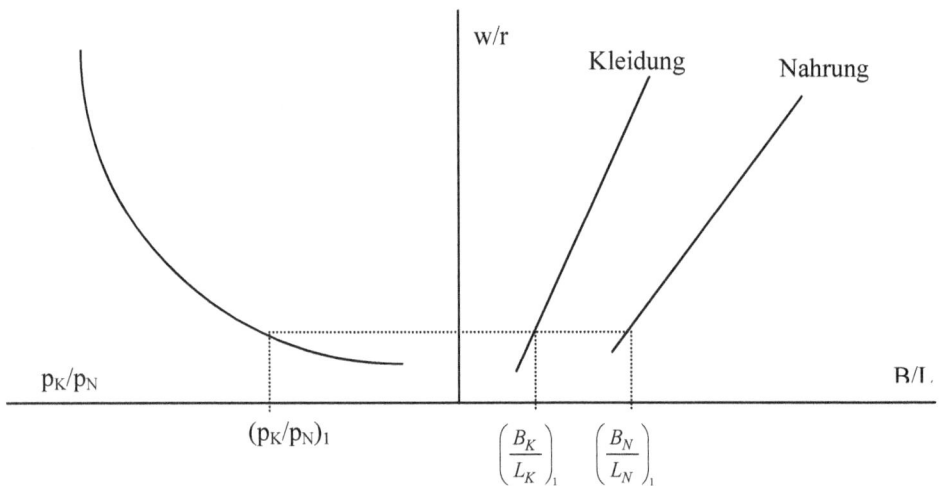

Abb. 3.3   Relative Güterpreise, relative Faktorpreise und Faktoreinsatzverhältnisse (Quelle: Krugman/Obstfeld (1997, 72), eigene Darstellung)

Aus dem relativen Preis für Kleidung $(p_K/p_N)_1$ lässt sich aus Abbildung 3.3 das Faktoreinsatzverhältnis $(B_K/L_K)_1$ in der Kleidungsindustrie ablesen. Auf der linken Seite der Abbildung 44 ist ein Diagramm für die Kleidungsindustrie abgebildet, in dem Arbeit auf der Abszisse und Boden auf der Ordinate abgetragen werden. Der Ursprung des Koordinatensystems ist mit 0_K bezeichnet und der Bestand an Arbeit (L_1) und Boden (B_1) ist gegeben. Es ist eine Gerade mit der Steigung $(B_K/L_K)_1$ eingezeichnet. Für gegebenen relativen Preis der Kleidung $(p_K/p_N)_1$ steht das Faktoreinsatzverhältnis in der Kleidungsindustrie mit $(B_K/L_K)_1$ fest, daher muss die gleichgewichtige Allokation der Ressourcen auf dieser Geraden liegen.

Analog ist auf der rechten Seite der Abbildung 44 ein Diagramm für die Nahrungsindustrie erstellt und eine Gerade mit der Steigung $(B_N/L_N)_1$ eingezeichnet.

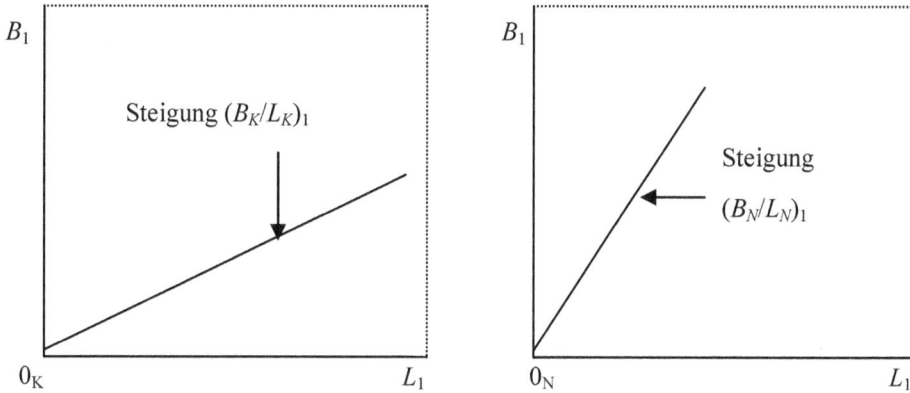

Abb. 3.4   Elemente der Edgeworth-Box
(Quelle: eigene Darstellung)

Die beiden Diagramme aus Abbildung 3.4 werden in der linken Seite von Abbildung 3.5 zu einem Edgeworth-Box-Diagramm zusammengefügt. Dabei ist der Ursprung für die Kleidungsindustrie in der linken unteren Ecke und der Ursprung für die Nahrungsindustrie in der rechten oberen Ecke der Box. Die gesamtwirtschaftliche Gleichgewichtsallokation liegt im Schnittpunkt der beiden Geraden (A) mit den Steigungen $(B_K/L_K)_1$ bzw. $(B_N/L_N)_1$, weil sich nur hier die beiden Branchen zugleich im Gleichgewicht befinden.

Erhöht sich bei konstantem Güterpreisverhältnis der Bestand einer Ressource, dann steigt die Produktion desjenigen Gutes, bei dessen Produktion diese Ressource intensiv genutzt wird, überproportional und die Ausbringung des anderen Gutes sinkt. Dies ist der Inhalt des Rybczinski-Theorems, der in der linken Seite der Abbildung 3.5 veranschaulicht ist. Durch die exogene Erhöhung der Bodenmenge wird die Edgeworth-Box höher, der Ursprung der Nahrungsindustrie 0_N verlagert sich nach oben. Die Steigung der Geraden, die die gleichgewichtigen Allokationen in der Nahrungsmittelindustrie anzeigt, ändert sich nicht, weil sich das Verhältnis der Güterpreise annahmegemäß nicht ändert. Der neue Schnittpunkt (B) der beiden Geraden zeigt, dass das neue Gleichgewicht nun näher am Ursprung des Koordinatensystems der Kleiderindustrie liegt.

Das Ergebnis von Rybczinski unterstützt damit die These, dass sich ein Land besonders auf die Produktion und den Export des Gutes konzentrieren wird, bei dessen Produktion derjenige Faktor intensiv zum Einsatz gelangt, der relativ reichlich vorhanden ist. Handel begünstigt also den Besitzer des reichlich vorhandenen Produktionsfaktors. Angenommen das Inland sei besonders reichlich mit Arbeit und das Ausland mit Boden ausgestattet, dann ist das Angebot an Kleidung relativ zu Nahrung im Inland höher als im Ausland. Weil die relative Nachfrage nach Kleidung annahmegemäß in beiden Ländern gleich ist, ist unter Autarkiebedingungen der relative Preis der Kleidung im Ausland (Punkt A in Abbildung 3.6) höher als im Inland (Punkt A in Abbildung 3.6). Durch den Außenhandel sinkt der relative Preis der Kleidung im Ausland und steigt im Inland. Im Gleichgewicht konvergieren die relativen Preise im Ins- und Ausland (Punkt C in Abbildung 3.6).

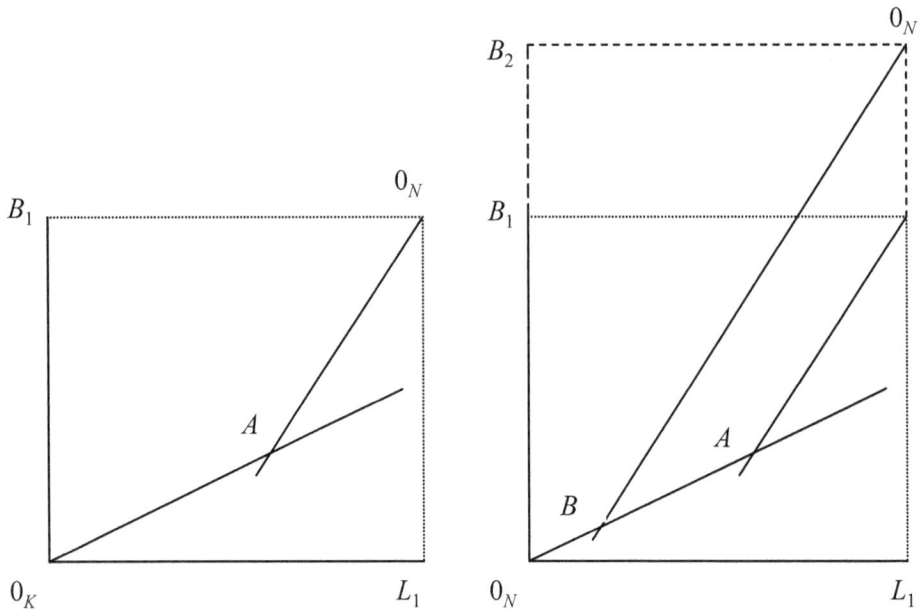

Abb. 3.5   Allokation der Ressourcen
(Quelle: Krugman/Obstfeld (1997, 73f.), eigene Darstellung)

Der Handel führt also zum Güterpreisausgleich, der wiederum im Heckscher-Ohlin-Modell den Faktorpreisausgleich zur Folge hat. Relevanz hat dieses Ergebnis nicht zuletzt im Hinblick auf die verteilungspolitische Debatte um Löhne und Freihandel. Wenn das Inland relativ reichlich mit hochqualifizierter Arbeit ausgestattet ist und das Ausland mit geringqualifizierter Arbeit, dann profitieren im Inland hochqualifizierte Arbeitskräfte vom Freihandel, während geringqualifizierte verlieren (Krugman/Obstfeld 1997, 76ff.). Wenn die oben genannte Argumentation auf ein Industrieland übertragen wird, das kapitalintensiv produziert und ein Entwicklungsland, das arbeitsintensiv produziert, dann führt Freihandel dazu, dass im Industrieland Kapitaleigentümer gewinnen und Arbeitnehmer verlieren. Vor diesem Hintergrund spielt auch das Rybscynski-Theorem in der internationalen bzw. interregionalen verteilungspolitischen Debatte eine bedeutende Rolle.

Neben den komparativen Kosten, die in den Modellen von Ricardo und Heckscher -Ohlin die Triebfeder für internationalen Handel bilden, spielen in der Realität auch Einflussgrößen eine Rolle, die in den Modellen ausgeblendet wurden. Hier sind zunächst Qualitätsunterschiede der hergestellten Güter zu nennen, die durch die Homogenitätsannahme aus den Modellen ausgeklammert wurden. Auch Unterschiede in den relativen Nachfragefunktionen sind im Heckscher-Ohlin-Modell durch die Annahme identischer Nachfragestrukturen im In- und Ausland unberücksichtigt geblieben. In den vorgestellten Modellen blieben auch die Wechselkurse und die sie beeinflussende Geldpolitik außen vor. Der Grund hierfür liegt in der Annahme klassisch-neoklassisch geprägter Theorien, dass monetäre und reale Größen voneinander unabhängig sind. Geld stiftet keinen Nutzen, es liegt wie ein Schleier über den realwirtschaftlichen Vorgängen. Monetäre und reale Phänomene können also auch in der Theorie von einander getrennt analysiert werden. Im Zentrum der dargestellten realen (güterwirtschaftlichen) Außenhandelstheorie stehen die physischen Güterströme. Die monetäre Außenwirtschaftstheorie behandelt die dementsprechenden Geldströme und den internationalen Kapitalverkehr. Ein weiterer Aspekt, der in den Modellen von Ricardo und Heckscher-Ohlin nicht explizit berücksichtigt wird, ist der Einfluss staatlicher Politikmaßnahmen auf den Außenhandel. In der Realität beeinflussen jedoch wirtschaftspolitische Instrumente die relativen Preise der gehandelten Güter. Hinzu kommen direkte staatliche Eingriffe, im Extremfall Embargen. Abbildung 3.7 trägt die wesentlichen Ursachen von Handelsbeziehungen noch einmal zusammen.

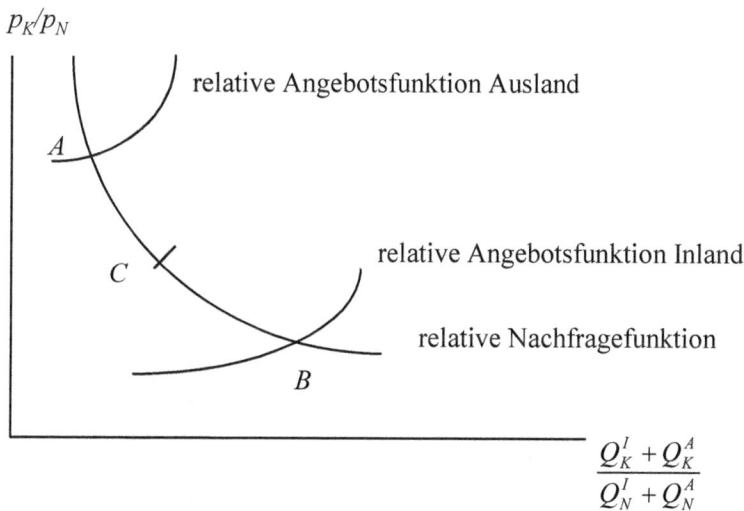

p_K/p_N

relative Angebotsfunktion Ausland

A

relative Angebotsfunktion Inland

C

relative Nachfragefunktion

B

$$\frac{Q_K^I + Q_K^A}{Q_N^I + Q_N^A}$$

Abb. 3.6   Güterpreisausgleich
(Quelle: Krugman/Obstfeld (1997, 77), eigene Darstellung)

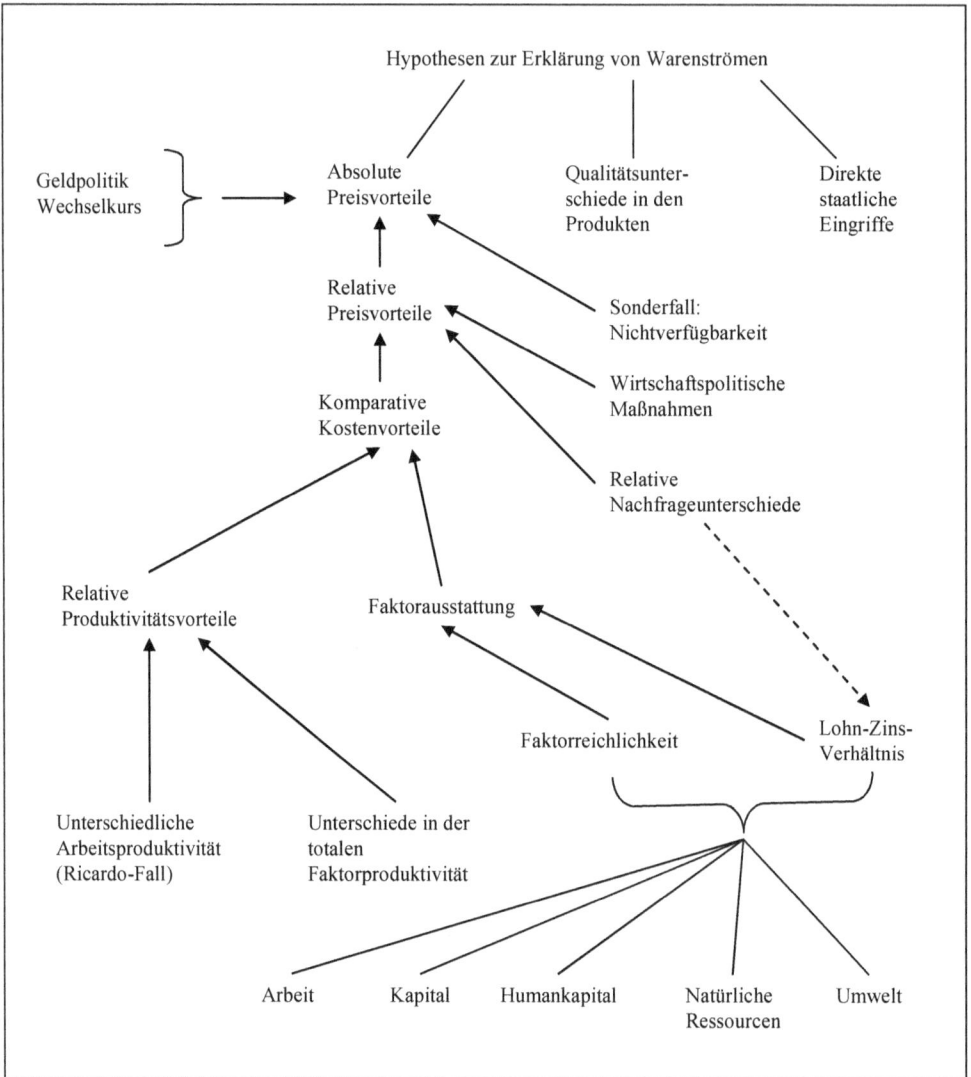

Abb. 3.7   Ursachen des Außenhandels
(Quelle: Siebert/Lorz(2006, 69), eigene Darstellung).

Festzuhalten bleibt, dass die Theorie der komparativen Vorteile eine interregionale Konvergenz der Preisrelationen auf den Güter- und Faktormärkten vorhersagt, die aus allokativer
Sicht zu Wohlfahrtsgewinnen führt, aber in distributiver Hinsicht Gewinner und Verlierer
hervorbringt. In die gleiche Richtung wirken nach klassisch-neoklassischer Theorie auch
Faktorbewegungen. Dabei wird unterstellt, dass die Produktionsfaktoren zwischen den
Ländern vollkommen mobil sind, aber kein Handel stattfindet. Die Betrachtung wird auf ein
einziges Gut (Output) und zwei Faktoren, Arbeit und Kapital, beschränkt. Der Güterpreis

wird auf Eins normiert, so dass reale und nominale Größen übereinstimmen. Das Modell basiert auf einer neoklassischen Produktionsfunktion die den Zusammenhang zwischen dem Einsatz der Produktionsfaktoren und der maximal möglichen Ausbringungsmenge wiedergibt. Der gesamtwirtschaftliche Output (Y) wird annahmegemäß mit den Faktoren Arbeit (L) und Kapital (K) hergestellt. Die Funktion weist positive, abnehmende Grenzerträgen auf, das bedeutet, zusätzlicher Faktoreinsatz bringt immer zusätzlichen Output.

Der Zuwachs wird jedoch immer geringer, je mehr von dem betrachteten Input schon in der Produktion eingesetzt wird. Umgekehrt wird der Zuwachs umso größer, je mehr von dem anderen Produktionsfaktor vorhanden ist. Demzufolge gilt

$$Y = F(K,L) \text{ mit } F_K > 0, F_L > 0, F_{KK} < 0, F_{LL} < 0. \tag{3.23}$$

Die Indizes bezeichnen die ersten (K, L) und zweiten (LL, KK; LK, KL) Ableitungen der Produktionsfunktion nach den Einsatzfaktoren. Annahmegemäß gilt außerdem

$$F(K,0) = F(0,L) = 0, \tag{3.24}$$

es sind also beide Faktoren unverzichtbar, um den Output herzustellen.

Das physische Grenzprodukt des **Kapitals**

$$F_K = \partial F / \partial K \tag{3.25}$$

hängt von der Kapitalintensität k ab, wobei letztere als

$$k \equiv K/L \tag{3.26}$$

definiert ist. Die Abhängigkeit ergibt sich aus der Linear-Homogenität der Produktionsfunktion, es gilt also

$$F(K,L) = LF(K/L,1) = Lf(k) \tag{3.27}$$

wobei

$$F_K = f'(k) \tag{3.28}$$

ist.

Letzteres lässt sich wie folgt begründen:

$$F_K = \mathrm{d}LF(K/L,1)/\mathrm{d}K = \mathrm{d}Lf(K/L)/\mathrm{d}k = Lf'(K/L)\cdot 1/L = f'(k) \tag{3.29}$$

Wenn der internationale Gleichgewichtzins $r*$ beträgt und das Kapital mobil ist, dann wird die Kapitalintensität $k*$ im Gleichgewicht durch $r*$ und die Produktionsfunktion bestimmt.

Da

$$f''(k) < 0 \qquad\qquad (3.30)$$

gilt, ist die Grenzproduktivität des Kapitals umso höher, je geringer die Kapitalintensität in der betrachteten Wirtschaft ist. Wenn im Zeitablauf die Kapitalintensität einer Volkswirtschaft steigt, sinkt die Attraktivität, zusätzliches Kapital in dieser Ökonomie zu investieren.

Betrachtet man nun zwei Länder (Inland mit dem Index I und Ausland mit dem Index A) und unterstellt, dass sie sich nur hinsichtlich der Kapitalintensität unterscheiden, wobei im Ausgangszeitpunkt gelten soll $k_I > k_A$, dann führt der Mechanismus dazu, dass sich die Kapitalintensitäten im Zeitablauf angleichen. Zunächst ist die Grenzproduktivität des Kapitals und damit der Ertrag einer Investition im Ausland höher als im Inland. Das Kapital wird annahmegemäß immer dort angelegt, wo die Rendite am höchsten ist. Wegen der hohen Kapitalerträge fließt Kapital vom Inland ins Ausland, wodurch k_I sinkt und k_A steigt. In der Folge werden Investitionen im Inland wieder attraktiver, Auslandsinvestitionen verlieren an Reiz. Dennoch wird Kapital vom Inland ins Ausland transferiert, solange die Rendite im Ausland höher ist. Die Kapitalintensität des Inlands sinkt weiter, die des Auslands nimmt zu, bis im Gleichgewicht beide Kapitalintensitäten und die entsprechenden Investitionsrenditen übereinstimmen. Die Faktorkosten des Kapitals der beiden Regionen gleichen sich also ceteris paribus im Zeitablauf einander an. Die ceteris paribus Annahme ist ein Mittel der Partialanalytik. Sie besagt, dass alle übrigen Bedingungen gleich sind. Damit wird die Analyse auf einen einzigen Aspekt reduziert.

In die gleiche Richtung wie die Kapitalmobilität wirkt auch die **Migration** von Arbeitskräften. Im vollkommenen Wettbewerb hängt auch der Lohn (w) mit

$$w = F_L = \partial F / \partial L \qquad\qquad (3.31)$$

von der Kapitalintensität (k) ab. Die Variable L lässt sich unterschiedlich interpretieren. Sie kann sowohl die Anzahl von Arbeitsstunden als auch die Beschäftigtenzahl darstellen. Bezeichnet sie die Stundenzahl, dann muss man den Lohnsatz w auf die Arbeitsstunde beziehen und kann nicht mehr von Pro-Kopf-Entlohnung sprechen. Im Folgenden wird deshalb davon ausgegangen, dass die Anzahl der Arbeitsstunden pro Beschäftigtem exogen gegeben und für alle Arbeitnehmer gleich ist. L entspricht dann der Anzahl von Vollzeitbeschäftigten Arbeitskräften. Die Entlohnung w des Faktors Arbeit pro Kopf ist die Differenz zwischen dem Pro-Kopf-Output und der Entlohnung des Kapitals pro Kopf.

Der Output pro Kopf ergibt sich als

$$y = f(k) = F(K, L) / L \qquad\qquad (3.32)$$

und die Zinszahlungen pro Kopf als

$$r \cdot K = f'(k) \cdot k . \qquad\qquad (3.33)$$

Die reale Entlohnung des Faktors Arbeit pro Kopf errechnet sich dann als

$$w = y - k \cdot f'(k).$$ (3.34)

Es gilt

$$f''(k) < 0$$ (3.35)

und

$$\partial w / \partial k = -k \cdot f''(k) > 0.$$ (3.36)

Regionen mit geringeren Kapitalintensitäten weisen also unter sonst gleichen Bedingungen geringere Grenzprodukte der Arbeit und damit geringere Löhne auf. Betrachtet man wieder zwei Länder (Inland mit dem Index I und Ausland mit dem Index A) und unterstellt, dass sie sich nur hinsichtlich der Kapitalintensität unterscheiden, wobei im Ausgangszeitpunkt gelten soll $k_I > k_A$, dann ist das Grenzprodukt der Arbeit und damit der Lohn im Inland zunächst höher als im Ausland. Die Arbeitskräfte gehen annahmegemäß immer dorthin, wo der Lohn am höchsten ist. Wegen der hohen Inlandslöhne wandern Arbeitskräfte vom Ausland ins Inland, wodurch k_I sinkt und k_A steigt. In der Folge sinken die Löhne im Inland und steigen im Ausland. Dennoch wird der mobile Faktor Arbeit vom Ausland ins Inland wandern, solange der Lohn im Inland höher ist. Die Kapitalintensität des Inlands sinkt weiter, die des Auslands nimmt zu, bis im Gleichgewicht beide Kapitalintensitäten und die entsprechenden Löhne übereinstimmen. Die Faktorkosten der Arbeit gleichen sich unter sonst gleichen Bedingungen im Zeitablauf einander an (Krugman/Obstfeld 1997, 162).

Unter den neoklassischen Annahmen führt Migration also dazu, dass aufgrund der geringer werdenden Kapitalintensität die Löhne im Inland sinken und im Ausland steigen. Dadurch kommt es – wie beim Handel – auch bei Faktorwanderung zu **Verteilungseffekten**. Die Arbeitskräfte im Inland verlieren durch die Faktorwanderung, weil ihre Löhne sinken. Dagegen profitieren die Arbeitsanbieter im Ausland von der Faktorwanderung, ihre Löhne steigen. Aus allokativer Sicht hat die Faktorwanderung, ebenso wie der Freihandel, positive Wirkungen, weil der gesamte vom In- und Ausland produzierte Output steigt. Dies wird an Abbildung 48 deutlich. Darin wird angenommen, in der Weltwirtschaft gebe es genau zwei Länder (In- und Ausland) und insgesamt L_0 Arbeitskräfte. Im obersten Teil der Abbildung 48 ist das Grenzprodukt der Arbeit im Inland abgebildet, im mittleren Teil das Grenzprodukt der Arbeit im Ausland. An der Fläche unter den Kurven lässt sich der jeweils produzierte Output ablesen. Der untere Teil der Abbildung 3.8 fügt die beiden oberen Grafiken zusammen. Die Kurven stellen jeweils das Grenzprodukt der Arbeit im In- und Ausland dar, die Flächen unter den Kurven zeigen den produzierten Output an. Durch die Faktorwanderung vom Ausland ins Inland steigt im Inland der Output stärker, als er im Ausland reduziert wird. Der gesamtwirtschaftliche Output steigt also infolge der Faktorwanderung, es kommt durch die Faktorwanderung genau wie durch den Außenhandel zu positiven **Wohlfahrtseffekten**.

Ebenso wie in den dargestellten realwirtschaftlichen Außenwirtschaftstheorien – die komparative Kosten als Ursache des internationalen Handels analysieren – werden auch in dem

erläuterten neoklassischen Konzept der Faktorwanderung konstante Skalenerträge angenommen. Diese zentrale Annahme wird im Rahmen der Neuen Außenhandelstheorie und der
Neuen Ökonomischen Geographie aufgehoben mit der Folge, dass Konvergenz weniger
wahrscheinlich wird. Bevor diese beiden Ansätze erläutert werden, sollen aber keynesianische Konzepte vorgestellt werden, die die Rolle des Außenhandels für die wirtschaftliche
Entwicklung von Regionen untersuchen.

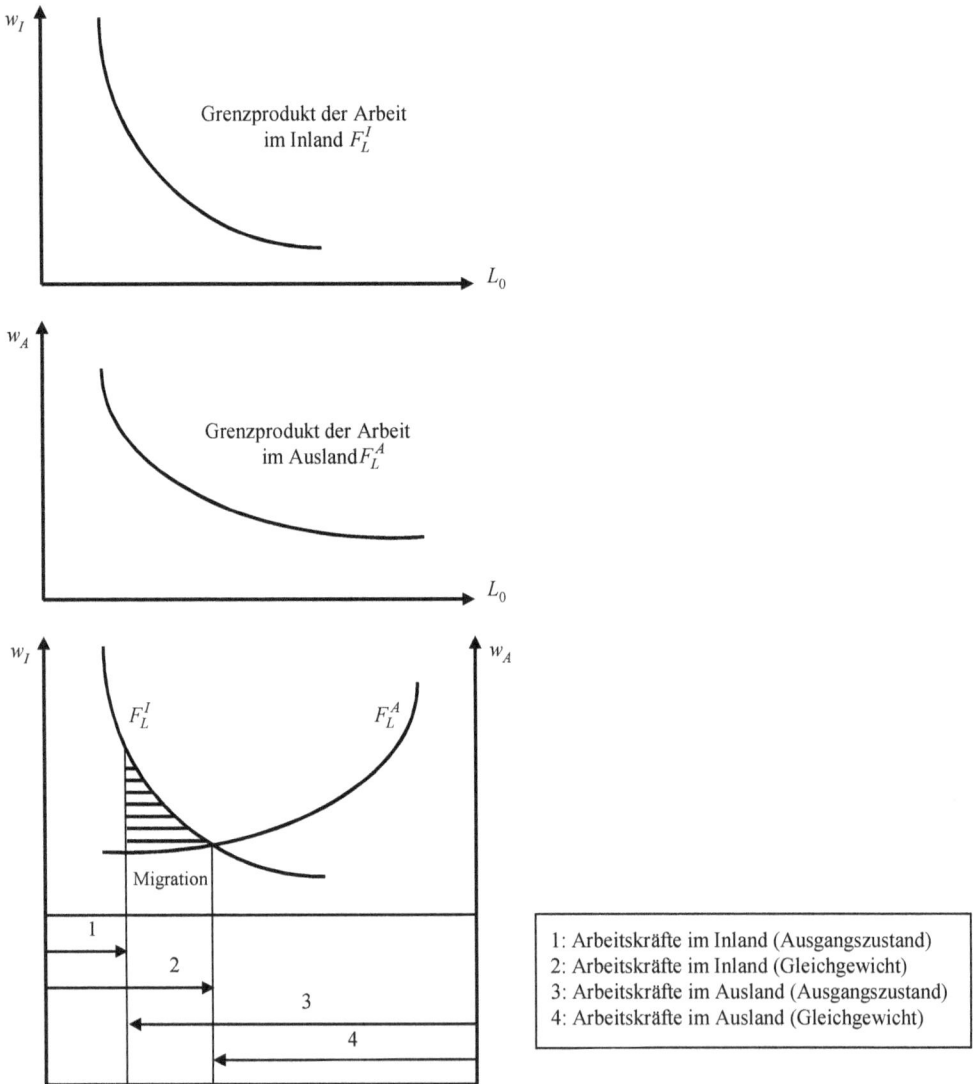

Abb. 3.8   Wohlfahrtseffekte der Migration
(Quelle: Krugman/Obstfeld (1997, 163), eigene Darstellung)

3.1.2   Keynesianische Konzepte des Außenhandels

Ebenso wie die neoklassische Außenhandelstheorie postuliert auch die keynesianisch geprägte Außenhandelstheorie positive Wohlfahrtseffekte des Handels. Während aber das neoklassische Modell unterstellt, dass die Märkte von selbst ins Gleichgewicht kommen und dass sich jedes Angebot seine Nachfrage schafft, lautet die Grundthese des keynesianischen Modells, dass sich jede Nachfrage ihr Angebot schafft (Sättigungspessimismus).

Bei einem Nachfragemangel bestehen unausgelastete Kapazitäten und es herrscht Arbeitslosigkeit. Zusätzliche Nachfrage beispielsweise durch Exporte bedeutet dann zusätzliche Kapazitätsauslastung und höheren gesamtwirtschaftlichen Output. **Exportbasistheorie** und Input-Output-Analyse konzentrieren ihre Überlegungen folglich auf die Rolle des Außenhandels für die wirtschaftliche Entwicklung einer Region. Unternehmen, die Produkte produzieren, die in andere Regionen exportiert werden, bilden den **Basis-Sektor** im Sinne der Exportbasistheorie. Sie stellen den Motor der regionalen Entwicklung dar. Firmen, die keine Exportgüter herstellen, werden zum lokalen Sektor oder **Nicht-Basis-Sektor** zusammengefasst. Unterstellt wird eine Multiplikatorbeziehung, nach der jede Einheit Export das Einkommen der Region um mehr als diese Einheit ansteigen lässt. Der Multiplikatorprozess verläuft ganz analog zu dem des Staatsausgabenmultiplikators im einfachen keynesianischen Modell ohne Außenwirtschaft. Die folgende Darstellung keynesianischer Außenwirtschaftsmodelle orientiert sich an Mayer/Tödtling/Trippl (2006, 33ff.).

Ebenso wie die klassisch-neoklassische Außenhandelstheorie mit dem Konzept der komparativen Kostenvorteile beruht auch das keynesianische Modell auf den Annahmen einer marktwirtschaftlichen Ordnung und vollständiger Konkurrenz auf vollkommenen Märkten. Betrachtet wird eine Volkswirtschaft, die aus einem exportierenden Sektor (Basis-Sektor) und einem lokalen Sektor (Nicht-Basis-Sektor) besteht. Das Einkommen des Basis-Sektors wird mit Y_X, das des Nicht-Basis-Sektors mit Y_L bezeichnet. Das Gesamteinkommen Y ergibt sich dann als

$$Y = Y_X + Y_L \,. \tag{3.37}$$

Der Sektor Staat wird zur Vereinfachung aus der Analyse ausgenommen, ebenso die Frage nach Sparen und Investieren. Annahmegemäß besteht ein stabiler Zusammenhang zwischen dem laufenden (realen) Einkommen und den laufenden (realen) Konsumausgaben. Dabei nimmt der Konsum bei einer Einkommenserhöhung zu. Die absolute Konsumzunahme ist jedoch geringer als die absolute Einkommenszunahme (fundamentalpsychologisches Gesetz). Die Grenzneigung zum Konsum c, also der Anteil einer zusätzlichen Einkommenseinheit, der in den Konsum fließt, wird als konstant angenommen. Ebenso gilt der Anteil q des zusätzlichen Einkommens, der für Importe ausgegeben wird, als fix. Für die Nachfrage in der betrachteten Region gilt damit

$$Y_L = (c - q) \cdot Y \,. \tag{3.38}$$

Werden beide Gleichungen zusammengeführt und Y_L eliminiert, so erhält man den Zusammenhang zwischen dem gesamtwirtschaftlichen Einkommen Y und dem Exporteinkommen Y_X.

$$Y = \frac{1}{1-c+q} \cdot Y_X \ . \tag{3.39}$$

Der Quotient $1/(1-c+q)$ heißt **Mulitplikator** und gibt an, wie das gleichgewichtige Realeinkommen Y sich verändert, wenn sich das Basiseinkommen Y_X ändert. Letzteres ist annahmegemäß durch die Auslandsnachfrage exogen festgelegt. Für ein gegebenes Y_X ergibt sich rechnerisch ein ganz bestimmtes Einkommen Y_0, das sich am Ende des Multiplikatorprozesses einstellt. Der Exportbasistheorie zufolge ist Y_0 das einzige Einkommen, das mit einem Gütermarktgleichgewicht vereinbar ist. Es stimmt nur zufällig mit dem Vollbeschäftigungseinkommen Y^* überein. Wenn Y_0 kleiner ist als Y^*, dann herrscht Arbeitslosigkeit und es bestehen weiterhin unausgelastete Kapazitäten. Wichtig zu bemerken ist auch, dass die Erhöhung der Exportnachfrage dauerhaft sein muss, damit sich die Multiplikatorwirkung einstellt. Eine einmalige Erhöhung der Exportnachfrage erhöht zwar das laufende Einkommen in derjenigen Periode, in der sie auftritt, nicht aber das Gleichgewichtseinkommen.

Der Multiplikatoreffekt soll für das Beispiel c=0,8 und q=0,2 sowie für eine dauerhafte Erhöhung der Exportnachfrage um 1000 Einheiten ($\Delta Y_X = 1000$) veranschaulicht werden. Nach der oben angegebenen Formel erhöht sich das gleichgewichtige Einkommen um das 2,5 fache der Exportnachfrageerhöhung ($1/(1-c+q)=2,5$). Es ergibt sich also eine Steigerung des gesamtwirtschaftlichen Outputs um 2.500 Einheiten ($\Delta Y = 2,5 \cdot 1.000$). Dies geschieht jedoch in einem unendlich langen Anpassungsprozess, von dem in Tabelle 3.3 nur der Anfang dargestellt ist. Die Einkommenserhöhung beläuft sich insgesamt in Periode 8 auf 2.474,9 Einheiten, ist dem Gleichgewichtswert von 2.500 also schon relativ nahe gekommen, ohne ihn jedoch zu erreichen.

Tab. 3.2   Multiplikatorprozess

Periode	0	1	2	3	4	5	6	7	8
Einkommens-zuwachs	1.000	600	360	216	129,6	77,8	46,7	28	16,8

Quelle: eigene Darstellung

Kritik an der Exportbasistheorie betrifft zunächst die Annahme einer exogenen Exportnachfrage. Damit ist die Theorie nicht geeignet, Wachstumswirkungen der Außenhandelsbeziehungen in einem System miteinander verflochtener Regionen zu analysieren. Überdies ist mit der Annahme einer gegebenen Exportnachfrage der Einfluss der Preise auf die Exportchancen ausgeklammert. Generell kann die Exportbasistheorie keine Aussagen zur Wettbewerbsfähigkeit der heimischen Wirtschaft treffen, Innovationen, neue Produkte oder neue Konkurrenten bleiben aus der Theorie ausgeblendet. Hinzu kommt, dass die Regionsabgrenzung eine entscheidende Rolle für die Modellergebnisse spielt. Aus Sicht einer Regionalpolitik, die sich auf die Exportbasistheorie beruft, sollten exportierende Industriezweige gefördert werden. Allerdings ist die Einschätzung, ob ein Unternehmen Güter für den Export oder für den lokalen Konsum herstellt, von der Wahl der Regionsgrenzen abhängig. Zudem gibt es in der Realität kaum Unternehmen, die entweder nur für den Export oder nur für den lokalen Bedarf produzieren. Hinzu kommt, dass die Exportbasistheorie freie Produktionskapazitäten unterstellt, es sich also um einen nachfrageorientierten Ansatz handelt. Hiergegen wird eingewendet, dass freie Produktionskapazitäten nur solange bestehen, wie die nachfrageorientierte Regionalpolitik nicht erfolgreich ist. Damit hat die Theorie höchstens für die kurze Frist Bestand.

Tab. 3.3   Fördervoraussetzungen nach dem GRW-Rahmenplan

„2. Fördervoraussetzungen für die gewerbliche Wirtschaft (einschl. Tourismus)
2.1 Primäreffekt
Ein Investitionsvorhaben kann gefördert werden, wenn es geeignet ist, durch Schaffung von zusätzlichen Einkommensquellen das Gesamteinkommen in dem jeweiligen Wirtschaftsraum unmittelbar und auf Dauer nicht unwesentlich zu erhöhen (Primäreffekt).
2.1.1 Diese Voraussetzungen können dann als erfüllt angesehen werden, wenn in der zu fördernden Betriebsstätte überwiegend (d.h. zu mehr als 50 Prozent des Umsatzes) Güter hergestellt oder Leistungen erbracht werden, die ihrer Art nach regelmäßig überregional abgesetzt werden (sog. ‚Artbegriff')[*].
2.1.2 Eine Förderung ist auch dann möglich, wenn im Einzelfall die in der Betriebsstätte hergestellten Güter oder erbrachten Dienstleistungen tatsächlich überwiegend überregional abgesetzt werden und dadurch das Gesamteinkommen in dem jeweiligen Wirtschaftsraum unmittelbar und auf Dauer nicht unwesentlich erhöht wird (sog. ‚Einzelfallnachweis'). Als überregional ist in der Regel ein Absatz außerhalb eines Radius von 50 km von der Gemeinde, in der die Betriebsstätte liegt, anzusehen.
2.1.3 Eine Förderung gemäß Ziffer 2.1.1 und 2.1.2 kann auch gewährt werden, wenn aufgrund einer begründeten Prognose des Antragstellers zu erwarten ist, dass nach Durchführung des geförderten Investitionsvorhabens die in der Betriebsstätte hergestellten Güter oder erbrachten Dienstleistungen überwiegend überregional abgesetzt werden. Der überwiegend überregionale Absatz ist innerhalb einer Frist von maximal drei Jahren nach Abschluss des Investitionsvorhabens nachzuweisen."
[*] Bei den im Anhang 8 genannten Tätigkeiten (Positivliste) kann unterstellt werden, dass die Voraussetzungen des Primäreffektes im Sinne des Artbegriffs erfüllt sind.

Quelle: Deutscher Bundestag (2006, 48).

Schließlich werden auch Wachstumseffekte innerregionaler Einflussgrößen in der Exportbasistheorie vernachlässigt. Damit ist die Theorie nur auf kleine Regionen (oder Städte) anwendbar, bei denen die interregionalen Einflussfaktoren die innerregionalen dominieren. „Trotz dieser Einwände stellt die Exportbasistheorie einige wichtige ökonomische Zusammenhänge dar, die von erheblicher praktischer Bedeutung sind" (Mayer/Tödtling/Trippl 2006, 41). Das zentrale regionalpolitische Instrument in der Bundesrepublik Deutschland, die Bund-Länder-Gemeinschaftsaufgabe „Verbesserung der regionalen Wirtschaftsstruktur" (GRW), stützt sich ebenfalls auf den Kerngedanken der Exportbasistheorie. Dies ist aus den Fördervoraussetzungen gemäß des 35. Rahmenplans zu dieser Gemeinschaftsaufgabe ersichtlich, die in Tabelle 3.4 genannt werden.

Eine andere Möglichkeit, zu entscheiden, welche Industriezweige zum Basis-Bereich und welche zum Nicht-Basis-Bereich zählen basiert auf dem Konzept des **Standortquotienten**. Letzterer nimmt den Wert 1 an, wenn der Anteil der betrachteten Branche k an der Wirtschaftsaktivität der Region i mit dem Anteil der Branche k an der Wirtschaftsaktivität im

Gesamtgebiet übereinstimmt. Ein Standortquotient größer Eins bedeutet demnach, dass die Branche k in der Region stärker vertreten ist als im Durchschnitt, die Branche hat also eine besondere Bedeutung für die Beschäftigung in der Region. Je weiter der Wert des Standortfaktors über Eins liegt, desto stärker dient dies als Hinweis darauf, dass es sich um einen Industriezweig des Basis-Sektors handelt. Umgekehrt gelten Werte, die kleiner sind als Eins umso mehr als Hinweis darauf, dass es sich um einen Industriezweig des Nicht-Basis-Sektors handelt. Die Bedeutung des Standortquotienten zur Beurteilung der Rolle, die eine Branche für die regionale Entwicklung spielt, lässt sich wie folgt beschreiben: „It's a nice measure. Not a guaranteed indicator, but one that is easy to use and easy to understand; thus, it is very popular." (Marcus 2004, 5).

Ebenso wie die Exportbasistheorie ist auch die **Input-Output-Analyse** keynesianischen Ursprungs. Eine wesentliche Annahme ist die Linearhomogenität der Produktionsfunktion mit der Folge fester Faktoreinsatzverhältnisse. Auch die Input-Output-Analyse beschreibt **Multiplikatorwirkungen**. Im Gegensatz zur Exportbasistheorie legt die Input-Output-Analyse aber das Hauptaugenmerk auf die **Verflechtungen** zwischen den Wirtschaftssektoren. Die folgende Darstellung der Grundzüge einer regionalen Input-Output-Rechnung orientiert sich an Mayer/Tödtling/Trippl (2006, 41ff.). Jede Input-Output-Tabelle besteht aus einer Verflechtungsmatrix (V), einer Matrix der Endnachfrage (Y) und einer Matrix der Primärinputs (E). Aus diesen Größen lässt sich der Bruttoproduktionswert (X) ermitteln. In Abbildung 3.5 sind die Zusammenhänge schematisch dargestellt:

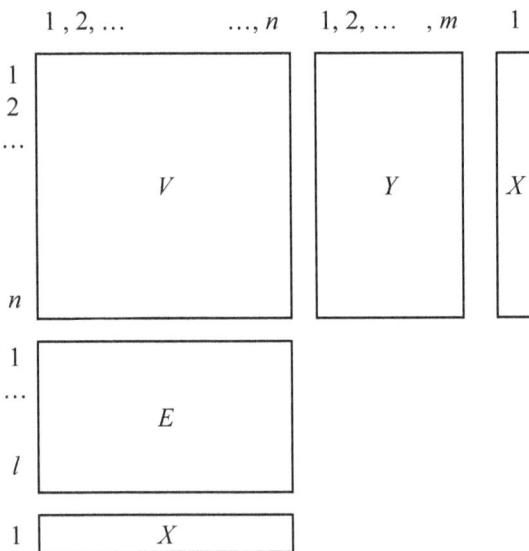

Abb. 3.9   Input-Output Tabelle
(Quelle: Mayer/Tödtling/Trippl (2006, 42), eigene Darstellung)

Die Elemente der Verflechtungsmatrix sollen als v, der Endnachfragematrix als y, die Primärinputs als e und der Bruttoproduktionswert als x bezeichnet werden. Dann lässt sich der Bruttoproduktionswert berechnen als

$$x_i = \sum_j v_{ij} + \sum_k y_{ik} \qquad (3.40)$$

$$x_j = \sum_i v_{ij} + \sum_l e_{lj} \qquad (3.41)$$

(Mayer/Tödtling/Trippl 2006, 42f.).

Die weitere Vorgehensweise soll an einem Beispiel mit zwei Branchen (*A* und *B*) erläutert werden, das in Tabelle 3.6 zusammengefasst ist (Beispiel nach Peters 2005, 128ff.). Dabei sind die Zeilen der Vorleistungsmatrix wie folgt zu verstehen: Die Zahl 200 in der ersten Zeile und dritten Spalte der Vorleistungsmatrix bedeutet, dass Branche *A* einen Gesamtoutput im Wert von 200 Geldeinheiten hat. Davon werden Güter im Wert von 50 Geldeinheiten als Vorleistungen an Branche *B* geliefert, Güter im Wert von 150 Geldeinheiten verbleiben im Industriezweig *A*. Die Spalten der Vorleistungsmatrix lassen sich analog interpretieren: Die Zahl 400 in der dritten Zeile und ersten Spalte sagt aus, dass die Branche *A* insgesamt Güter im Wert von 400 Einheiten aus den beiden Industriezweigen bezieht, davon Güter im Wert von 250 Geldeinheiten aus Branche *B* und Güter im Wert von 150 Geldeinheiten aus der eigenen Branche.

Tab. 3.4   Beispiel zum *Input-Output-Modell*

	Branche *A*	Branche *B*	Summe	Endnachfrage	Bruttoproduktionswert
Branche *A*	150	50	200	300	500
Branche *B*	250	150	400	100	500
Summe	400	200	600	400	1.000
Primäraufwand	100	300	400		
Bruttoproduktionswert	500	500	1.000		

Quelle: Peters (2005, 128), eigene Darstellung.

Als **Endnachfrage** gelten alle Lieferungen und Leistungen, die nicht Vorleistungen an Unternehmen der Heimatregion sind. In der Matrix der Endnachfrage sind demzufolge Lieferungen an Unternehmen in anderen Regionen, an private Haushalte oder an den Staat erfasst. Dabei werden die Nachfrage der Privathaushalte und die Nachfrage des öffentlichen Sektors unabhängig von der Region, in der sie auftreten, immer als Endnachfrage eingestuft. Die

Zeilensumme fasst den Wert der gesamten Lieferungen eines Industriezweiges (Bruttoproduktionswert) zusammen. So hat im Beispiel der Tabelle 3.6 Branche A für 150 Geldeinheiten an sich selbst und für 50 Geldeinheiten an Industriezweig B geliefert. Hinzu kommen Lieferungen für 300 Geldeinheiten an übrige Nachfrager (die Endnachfrage). Der Gesamtwert der von Branche A erbrachten Leistungen beläuft sich damit auf 500 Geldeinheiten.

Neben den Vorleistungen anderer Branchen sind zur Produktion in jedem Industriezweig noch andere Faktoren erforderlich, die als **Primärinputs** bezeichnet werden. Unter diesem Begriff sind so verschiedene Inputs wie die von den Privathaushalten geleistete Arbeit, die vom Staat erbrachten Leistungen oder die aus anderen Regionen importierten Güter zusammengefasst. Im Beispiel der Tabelle 3.6 bezieht Branche A Primärinputs im Wert von 100 Geldeinheiten.

Um zu wissen, wie hoch der Wert der Vorleistungen des eigenen und der anderen Industriezweige sind, die benötigt werden, um eine Wert-Einheit des Endproduktes der betrachteten Branche herzustellen, werden **Verflechtungskoeffizienten** (a) berechnet. Dazu dividiert man einen Wert aus der Verflechtungsmatrix durch den Bruttoproduktionswert der gleichen Spalte. Möchte man also wissen, wie hoch der Wert der Güter aus Branche B ist, die Branche A zur Produktion einer Wert-Einheit benötigt, bildet man den Quotienten 250/500=0,5. Damit Branche A ein Produkt im Wert von einem Euro herstellen kann, benötigt sie Güter der Branche B im Wert von 50 Cent. Analog verläuft die Argumentation hinsichtlich der eigenen Branche. Damit Industriezweig A ein Produkt im Wert von einem Euro herstellen kann, benötigt er Güter der Branche A im Wert von 30 Cent.

Die Verflechtungskoeffizienten a_{ij} berechnen sich als

$$a_{ij} = \frac{v_{ij}}{x_j}. \tag{3.42}$$

Für das obige Beispiel ergibt sich die folgende Matrix der Verflechtungskoeffizienten:

$$A = \begin{pmatrix} 0,3 & 0,1 \\ 0,5 & 0,3 \end{pmatrix}. \tag{3.43}$$

Die **Primärinputkoeffizienten** (b) geben an, wie viele Primärinputs notwendig sind, um eine Einheit des Endproduktes eines Sektors herzustellen. Auch hier dividiert man den Wert des Primärinputs durch den Bruttoproduktionswert der gleichen Spalte. Branche A setzt Primärinputs im Wert von 100 Geldeinheiten ein, um einen Bruttoproduktionswert von 500 Einheiten zu schaffen. Der Primärinputkoeffizient beträgt 100/500=0,2. Damit Branche A ein Produkt im Wert von einem Euro herstellen kann, benötigt sie Primärinputs im Wert von 20 Cent. Analog benötigt Branche B Primärinputs im Wert von 60 Cent. Für das obige Beispiel ergibt sich

$$B = \begin{pmatrix} 0,2 & 0,6 \end{pmatrix}. \tag{3.44}$$

Wie viel die einzelnen Branchen insgesamt produzieren müssen, damit eine bestimmte Endnachfrage befriedigt werden kann, lässt sich dann mit Hilfe des folgenden Ansatzes (in Matrixschreibweise) errechnen:

$$X = AX + Y$$
$$X = (I - A)^{-1} \cdot Y$$

(3.45)

Dabei ist I die Einheitsmatrix. Die Einheitsmatrix hat ebenso viele Zeilen und Spalten wie die Matrix A. Ihre Hauptdiagonale besteht aus Einsen, alle übrigen Elemente sind Nullen. Der Ausdruck $(I - A)^{-1}$ wird als Leontieff Inverse bezeichnet. Die hochgestellte Zahl (-1) bedeutet, dass die Matrix invertiert wird. Ihre Werte sagen aus, wie viel die in der Zeile genannte Branche insgesamt (also direkt und indirekt) mehr produzieren muss, damit die in der Spalte genannte Branche eine Einheit des Produktes an die Endnachfrager verkaufen kann (Mayer/Tödtling/Trippl 2006, 46). Für das obige Beispiel ergibt sich die folgende **Leontieff-Inverse**:

$$(I - A)^{-1} = \begin{pmatrix} 1,59 & 0,23 \\ 1,14 & 1,59 \end{pmatrix}.$$

(3.46)

Eine Erhöhung der Endnachfrage nach dem Produkt der Branche A um eine Wert-Einheit hat für die Branche A selbst einen Anstieg der Produktion um 1,59 Wert-Einheiten zur Folge. Hinzu kommt der Effekt auf Branche B, der sich auf 1,14 Wert-Einheiten beläuft. Insgesamt hat die Erhöhung der Endnachfrage nach dem Produkt A um eine Einheit einen Effekt von 2,73 Einheiten (1,59+1,14=2,73). Analog ermittelt sich für die Steigerung der Endnachfrage nach Produkt B ein Gesamteffekt von 1,82 Einheiten (0,23+1,59=1,82).

Um die **Beschäftigungseffekte** einer (beispielsweise durch Staatsausgaben) erhöhten Endnachfrage zu ermitteln, kann man, wenn sie bekannt sind, die Arbeitskoeffizienten heranziehen. Letztere sind die Kehrwerte der sektoralen Arbeitsproduktivität, also der Quotient aus Erwerbstätigen und Bruttowertschöpfung. Die zusätzliche Beschäftigung errechnet sich dann als Produkt aus Arbeitskoeffizient und zusätzlicher Bruttowertschöpfung (Peters 2005, 135). Geht man davon aus, dass es sich bei den Primärinputs um Arbeit handelt, dann lassen sich die Beschäftigungseffekte ΔE auch mit Hilfe der Leontieff-Inversen $(I - A)^{-1}$ und der Matrix der Primärinputkoeffizienten B ermitteln:

$$\Delta E = B(I - A)^{-1}$$

(3.47)

(Mayer/Tödtling/Trippl 2006, 47). Im obigen Beispiel soll angenommen werden, dass es sich bei den Primärinputs um Arbeit handelt. Dann ergibt sich die Beschäftigungsänderung bei veränderter Nachfrage der Sektoren um eine Einheit als

$$(0,2 \quad 0,6) \cdot \begin{pmatrix} 1,59 & 0,23 \\ 1,14 & 1,59 \end{pmatrix} = (1,002 \quad 1).$$

(3.48)

Die Kritik am Input-Output-Modell bezieht sich vor allem auf die Nachfrageorientierung und auf die Annahme fester Faktoreinsatzverhältnisse, die gerade auch für regionale Input-Output-Rechnungen, wie sie in Abbildung 3.9 dargestellt sind, problematisch ist.

Veränderungen in Input-Output-Modellen werden ausschließlich durch Änderungen der Endnachfrage hervorgerufen, daher bleiben wesentliche Einflussgrößen wie Änderungen der Wirtschaftsstruktur, des Faktorangebotes oder technischer Fortschritt unberücksichtigt. Speziell für die regionale Input-Output-Analyse ist die Annahme konstanter Faktoreinsatzverhältnisse (limitationaler Produktionsfunktionen) unplausibel. Sie unterstellt, dass eine Branche die Vorleistungen von anderen Branchen derselben Region in einem konstanten Verhältnis einsetzt und nicht etwa die Lieferungen aus der Region durch Lieferungen aus anderen Regionen ersetzt. Diese Annahme ist insbesondere für kleine Regionen kaum aufrecht zu erhalten. Hinzu kommt das hohe Informationserfordernis regionaler Input-Output-Rechnungen. Abbildung 3.9 stellt ein Schema **interregionaler** Input-Output-Tabellen dar. Die V_{ii} genannten Felder entsprechen den Vorleistungsmatrizen für die einzelnen Regionen. Felder, die als V_{ij} gekennzeichnet sind, enthalten die nach Ursprungsbranchen und Zielbranchen unterschiedenen Güterströme zwischen Region i und Region j. Beispielsweise enthält das Element der dritten Zeile und vierten Spalte der Matrix V_{31} den Güterstrom der Branche 3 aus Region 3 zur Branche 4 in Region 1. Dieses Beispiel zeigt, dass interregionale Input-Output-Tabellen eine Fülle von Informationen enthalten, die für die praktische Regionalpolitik von großer Bedeutung sind. Trotz der oben genannten Einwände ist die interregionale Input-Output-Analyse daher ein hilfreiches Instrument zur Beschreibung ökonomischer Interdependenzen zwischen Regionen (Mayer/Tödtling/Trippl 2006, 49ff.).

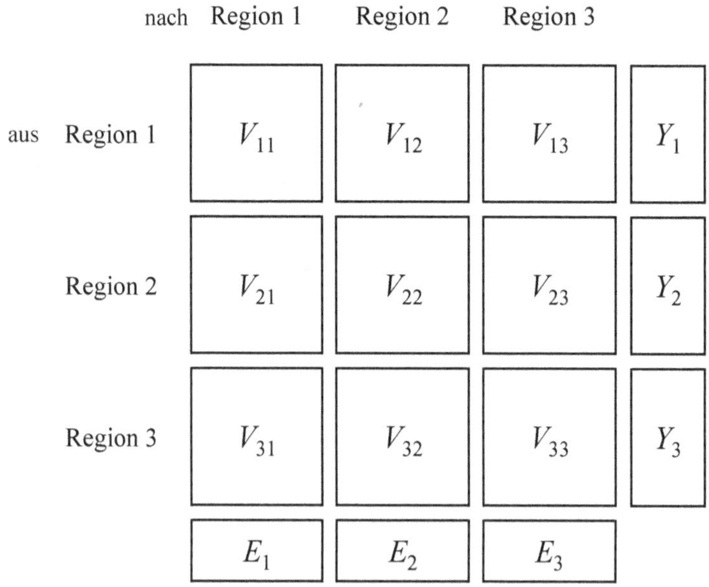

Abb. 3.10 Interregionale Input-Output-Tabelle
(Quelle: Mayer/Tödtling/Trippl (2006, 51), eigene Darstellung.)

3.1.3   Neue Außenhandelstheorie

Sowohl die Neue Außenhandelstheorie als auch die Neue Ökonomische Geographie enthalten als Kernelemente steigende Skalenerträge (auch positive Skaleneffekte genannt). Dies hat sowohl beim Außenhandel als auch bei der räumlichen Agglomeration **Konzentrationstendenzen** zur Folge. Hier wird zunächst die auf Helpman und Krugman (1985) zurückgehende Neue Außenhandelstheorie auf der Grundlage von Krugman/Obstfeld (1997, 121ff.) dargestellt.

Ausgangspunkt für die Neue Außenhandelstheorie war die Beobachtung, dass ein großer Teil der weltweiten Handelsbeziehungen, nämlich der Handel innerhalb einer Branche (intraindustrieller Handel), nicht durch die Theorie komparativer Kostenvorteile erklärt werden kann. **Positive Skaleneffekte** geben Ländern einen Anreiz, sich zu spezialisieren, selbst wenn die Ressourcenausstattungen und Technologien gleich sind. Steigende Skalenerträge können aus Sicht eines einzelnen Unternehmens intern oder extern sein. Interne steigende Skalenerträge bedeuten, dass ein Unternehmen mehr als doppelt soviel produziert, wenn es seine Inputs verdoppelt. Externe steigende Skalenerträge einer Industrie sind Lokalisationsvorteile. Hier steigt die Produktionsmenge der Gesamtindustrie um mehr als das Doppelte, wenn die gesamten Einsatzmengen der Produktionsfaktoren verdoppelt werden. Bei externen positiven Skaleneffekten sind also die Kostenersparnisse umso größer, je mehr eine Industrie insgesamt produziert. Wenn in einer Industrie externe steigende Skalenerträge bestehen, dann kann es eine große Zahl von Unternehmen derselben Industrie geben, die sich an einem Ort ansiedeln, um die Kostenersparnisse zu realisieren. Das Modell der externen Skalenerträge widerspricht nicht automatisch dem Modell der vollkommenen Konkurrenz. Liegen allerdings interne steigende Skalenerträge vor, besteht **unvollständiger Wettbewerb**. Eines der Modelle, die diesen unvollständigen Wettbewerb abbilden, ist der monopolistische Wettbewerb, ein anderes ist das Dumping Modell.

Im Modell der **monopolistischen Konkurrenz** besteht eine Industrie aus einer Anzahl von Unternehmen, die differenzierte Produkte herstellen. Je größer die Anzahl der Firmen in einem Markt ist, desto mehr verschiedenartige Produkte gibt es. In einem bestimmten Bereich der Nachfrage agieren die Firmen als Monopolisten, aber zusätzliche Firmen treten in die Branche ein, bis die Monopolgewinne wegkonkurriert sind. Im Gleichgewicht hängt die Anzahl der Firmen von der Marktgröße, also der Gesamtnachfrage ab. Ein größerer Markt erlaubt einer größeren Anzahl von Firmen die Existenz. Jede Firma produziert dann mehr zu geringeren Kosten als in einem kleinen Markt. Der Außenhandel führt zu größeren Märkten, die Produktvielfalt steigt und die Konsumenten erhalten ein größeres Warenangebot zu geringeren Preisen. Diese Ergebnisse sollen im Folgenden anhand von drei Thesen kurz erläutert werden.

→ **These 1**: Je mehr Firmen es im Markt gibt, desto geringer ist die Ausbringung der einzelnen Firma und desto höher sind die Durchschnittskosten.

Eine Firma sehe sich der Nachfrage Q gegenüber, die von der Gesamtabsatzmenge der Industrie S abhängt sowie von der Anzahl n der Firmen in der Branche. Sei P der Preis, den die betrachtete Firma setzt und $\overline{P}$ der Durchschnittspreis ihrer Konkurrenten, dann ist die Nachfrage, der sich die Firma gegenüber sieht als

$$Q = S \cdot \left[1/n - b \cdot (P - \overline{P}) \right] \tag{3.49}$$

gegeben. Es wird angenommen, dass jedes Unternehmen die Preise seiner Mitbewerber und damit $\overline{P}$ als gegeben ansieht. Wenn alle Firmen den gleichen Preis verlangen, haben alle den gleichen Marktanteil ($1/n$). Verlangt eine Firma einen überdurchschnittlichen Preis, sinkt ihr Marktanteil und umgekehrt steigt er bei unterdurchschnittlichem Preis.

Die Kosten C einer Firma seien gegeben durch

$$C = F + c \cdot Q, \tag{3.50}$$

wobei F die Fixkosten und c die Grenzkosten sind. Die Durchschnittskosten AC sind dann

$$AC = \frac{C}{Q} = \frac{F}{Q} + c. \tag{3.51}$$

Gesetzt den Fall, dass in einem Markt alle Firmen die selbe Kostenfunktion haben, dann setzen auch alle Firmen den gleichen Preis $P = \overline{P}$ und der Output der einzelnen Firma ist $Q = S/n$, er sinkt offenbar mit steigender Anzahl von Firmen im Markt. Mit dem Output $Q = S/n$ lassen sich die Durchschnittskosten schreiben als

$$AC = n \cdot \frac{F}{S} + c, \tag{3.52}$$

sie steigen also mit zunehmender Anzahl von Firmen.

→   **These 2**: Je mehr Firmen es in einer Branche gibt, desto geringer ist der Preis, den die einzelne Firma verlangt.

Die Nachfrage Q aus Sicht der einzelnen Firma lässt sich dann schreiben als

$$Q = (\frac{S}{n} + S \cdot b \cdot \overline{P}) - S \cdot b \cdot P. \tag{3.53}$$

Auflösen nach P ergibt

$$P = \frac{(\frac{S}{n} + S \cdot b \cdot \overline{P})}{S \cdot b} - \frac{Q}{S \cdot b}. \tag{3.54}$$

Der Erlös R beträgt

$$R = P \cdot Q = \frac{\left(S/n + S \cdot b \cdot \overline{P}\right)}{S \cdot b} \cdot Q - \frac{Q^2}{S \cdot b} \qquad (3.55)$$

und der Grenzerlös MR

$$MR = \frac{\partial R}{Q} = \frac{\left(S/n + S \cdot b \cdot \overline{P}\right)}{S \cdot b} - \frac{2 \cdot Q}{S \cdot b} = P - \frac{Q}{S \cdot b}. \qquad (3.56)$$

Die gewinnmaximierende Firma setzt Grenzerlös gleich Grenzkosten, also

$$MR = c \Leftrightarrow P - \frac{Q}{S \cdot b} = c \Leftrightarrow P = c + \frac{Q}{S \cdot b} \qquad (3.57)$$

Unter der Annahme gleicher Kostenfunktionen aller Firmen gilt darüber hinaus $Q = S/n$. Der Preis der betrachteten Firma ist damit negativ abhängig von der Anzahl n der Firmen in der Branche:

$$P = c + \frac{Q}{S \cdot b} = c + \frac{1}{n \cdot b}. \qquad (3.58)$$

→ **These 3:** Wenn die Größe des Gesamtmarktes bekannt ist, lässt sich die Anzahl der Firmen im Markt berechnen.

Im Gleichgewicht entsprechen die Preise den Durchschnittskosten. Lägen sie darüber, würden neue Firmen in den Markt treten, lägen sie darunter, käme es zu Verlusten und in der Folge zu Marktaustritten. Es gilt also

$$P = AC \Leftrightarrow c + \frac{1}{n \cdot b} = n \cdot \frac{F}{S} + c \Leftrightarrow n = \sqrt{\frac{S}{F \cdot b}}. \qquad (3.59)$$

Unter dieser Prämisse steht die Anzahl n der Firmen fest, wenn die Größe des Gesamtmarktes S bekannt ist.

Die positiven **Wirkungen des Außenhandels** sollen nun an einem Beispiel verdeutlicht werden. Gegeben seien zwei Länder (1 und 2) mit gleichen Kostenfunktionen, es gelte $b = 1/30.000$, $F = 750.000.000$ und $c = 5000$. Die Größe des Gesamtmarktes ist gegeben mit $S_1 = 900.000$ für Land 1 und $S_2 = 1.600.000$ für Land 2. Auf Basis der oben erläuterten Gleichungen ergeben sich die Anzahl der Firmen (n_1 und n_2), die Ausbringung pro Firma (Q_1 und Q_2), die Durchschnittskosten (AC_1 und AC_2) sowie die Preise (P_1 und P_2) wie in Tabelle 3.7 angegeben.

Im Modell der monopolistischen Konkurrenz können zwei Arten des Handels unterschieden werden, **intraindustriellen Handel**, bei dem der Handel zwischen zwei Ländern innerhalb desselben Industriezweiges stattfindet und **interindustriellen Handel**, bei dem der Austausch zwischen verschiedenen Branchen der unterschiedlichen Länder erfolgt. Während intraindustrieller Handel auf steigende Skalenerträge zurückgeht, kann interindustrieller Handel durch komparative Kosten erklärt werden. Interindustrieller Handel hat typischerweise einen stärkeren Einfluss auf die Einkommensverteilung als der Handel innerhalb desselben Industriezweiges.

Tab. 3.5   Beispiel zu den Handelsgewinnen bei monopolistischer Konkurrenz

	Land 1 ohne Handel	Land 2 ohne Handel	Gesamtmarkt mit Handel
S	$S_1 = 900.000$	$S_2 = 1.600.000$	$S = 2.500.000$
n	$n_1 = 6$	$n_2 = 8$	$n = 10$
Q	$Q_1 = 150.000$	$Q_2 = 200.000$	$Q = 250.000$
AC	$AC_1 = 10$	$AC_2 = 8{,}75$	$AC = 8$
P	$P_1 = 10$	$P_2 = 8{,}75$	$P = 8$

Quelle: Krugman/Obstfeld 1997, 136, eigene Darstellung

Angenommen es gebe zwei Branchen (Nahrung und Industriegüter), die mit Hilfe zweier Faktoren (Arbeit und Kapital) produziert werden. Die Nahrungsmittelproduktion sei arbeitsintensiv, die Industriegüterproduktion kapitalintensiv. Das Inland sei relativ reichlich mit Kapital, das Ausland mit Arbeit ausgestattet. In der Industriegüterproduktion herrsche monopolistische Konkurrenz. Dann wird es im Inland eine Nachfrage nach den ausländischen Produktvarianten des Industriegütersektors geben und das Handelsschema verläuft wie in Abbildung 3.10 dargestellt.

Ein Standardergebnis der Mikroökonomik lautet, dass ein gewinnmaximierender Monopolist in unterschiedlichen Märkten unterschiedliche Preise verlangt, wenn es ihm möglich ist, die Märkte zu trennen. Je unelastischer die Nachfrage in einem Markt ist, desto höher ist dort der Preis. Wenn eine monopolistische Firma im Ausland geringere Preise verlangt als im Inland, wird von **Dumping** gesprochen. Wenn die Nachfrage im Ausland preiselastischer ist als im Inland und beide Märkte sich effektiv trennen lassen, dann maximiert diese Strategie die Gewinne des Monopolisten. Reziprokes Dumping kommt vor, wenn zwei monopolistische Anbieter desselben Gutes die Dumping-Strategie jeweils im Heimatmarkt des anderen Monopolisten anwenden. Solches gegenseitiges Dumping-Verhalten kann eine Ursache des Außenhandels sein. Die Wohlfahrtseffekte des reziproken Dumpings sind umstritten. Einerseits führt der Wettbewerb unter den beiden Monopolisten zu einem Wohlfahrtsgewinn, andererseits vermindern die dabei entstehenden Transportkosten die Gesamtwohlfahrt, weil Ressourcen verschwendet werden.

Externe steigende Skalenerträge tragen dazu bei, dass historische Zufälle eine große Rolle für die Erklärung des Außenhandels spielen. Dies lässt sich nachvollziehen, wenn die externen positiven Skaleneffekte (positiven externen Effekte) als Kostenersparnis aufgefasst werden. Die durchschnittlichen Produktionskosten einer Firma ergeben sich aus der Addition der durchschnittlichen privaten Kosten und der positiven externen Effekte. Die gesamten Stückkosten sind dann umso geringer, je größer die positiven externen Effekte ausfallen. Die positiven externen Effekte wachsen nun annahmegemäß mit dem Gesamtoutput der Industrie. Wenn sich in einem Land ein bestimmter Industriezweig früh etabliert hat, ziehen die positiven externen Effekte weitere Firmen an. In der Folge kann es sein, dass dieses Land im Gesamtmarkt des In- und Auslandes führend ist, selbst wenn das Gut in einem anderen Land bei der gleichen Menge zu geringeren Kosten produziert werden kann. In diesem Fall werden die anderen Länder durch den Freihandel schlechter gestellt, ein Ergebnis, das der klassischen Außenhandelstheorie widerspricht.

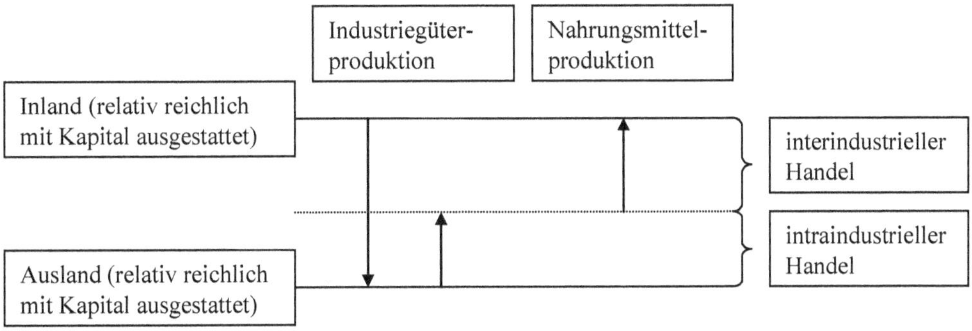

*Abb. 3.11 Handelsschema bei steigenden Skalenerträgen und monopolistischer Konkurrenz
(Quelle: Krugman/Obstfeld (1997, 138), eigene Darstellung)*

Die möglichen negativen Auswirkungen des Welthandels sollen mit Abbildung 3.11 an einem Beispiel erläutert werden. Ein Marktgleichgewicht ergibt sich aus dem Schnittpunkt von Nachfragekurve und Angebotsfunktion, die hier der Durchschnittskostenkurve entspricht. Es wird angenommen, dass Land 1 mit der Produktion eines bestimmten Gutes früh begonnen hat und nun den Weltmarkt mit der Menge x_1 zum Preis p_1 versorgt. Würde Land 2 in dieser Situation die Produktion aufnehmen, müsste es zum Preis C_0 anbieten, wäre also in einem Freihandelsregime nicht konkurrenzfähig. Würde es dagegen seinen Markt abschotten, könnte es seinen eigenen Bewohnern die Menge x_2 zum Preis p_2 anbieten. Mit diesem Gleichgewicht in der Protektionismussituation wären die Bewohner im Land 2 besser gestellt als bei Freihandel.

In der Realität ist das Ausmaß positiver Skaleneffekte nur schwer zu quantifizieren und daher auch die Empfehlung protektionistischer Maßnahmen mit Vorsicht zu handhaben. Klar ist jedoch, dass die **wirtschaftspolitischen Empfehlungen** auf der Basis der Neuen Außenhandelstheorie sich von denen der klassisch-neoklassischen Außenwirtschaftstheorie deutlich unterscheiden. Aus der klassisch-neoklassischen Außenhandelstheorie, die auf der Nutzung komparativer Kostenvorteile bei konstanten Skalenerträgen basiert, ergibt sich als wirtschaftliche Handlungsempfehlung, einen uneingeschränkten Freihandel zu ermöglichen und damit die Wohlfahrt der Bevölkerung aller teilnehmenden Länder zu erhöhen. In der Neuen Außenhandelstheorie werden demgegenüber Situationen analysiert, in denen aufgrund steigender Skalenerträge das Wohlfahrtsoptimum nur dann erreicht wird, wenn der Staat in den Marktprozess eingreift. In dieser Skepsis gegenüber dem Laissez-faire Prinzip liegt einer der wesentlichen Unterschiede zwischen der neoklassischen und der Neuen Außenhandelstheorie und zugleich eine Gemeinsamkeit zwischen Neuer Außenhandelstheorie und Neuer Ökonomischer Geographie.

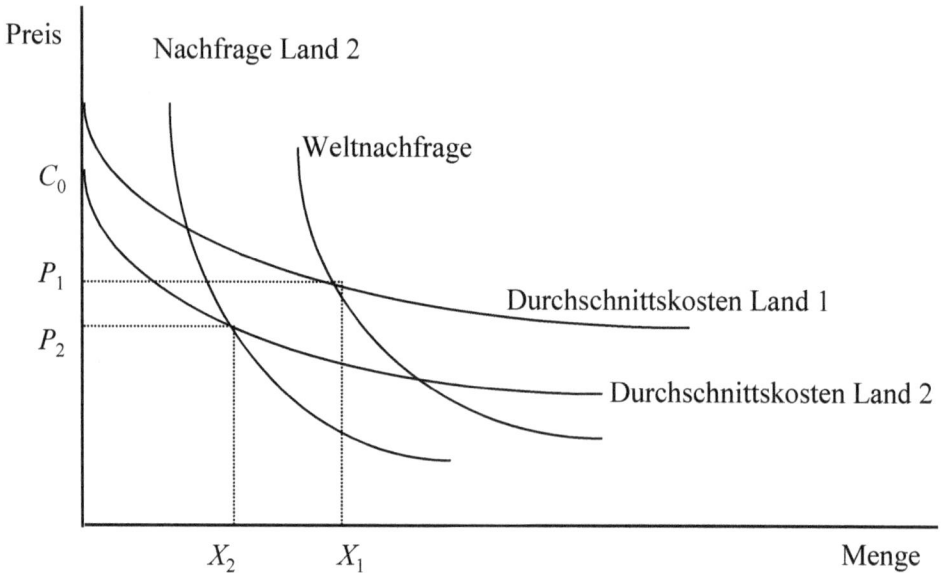

Abb. 3.12 Externe positive Skalenerträge und Handelsverluste
(Quelle: Krugman/Obstfeld (1997, 152), eigene Darstellung.)

3.1.4   Neue Ökonomische Geographie

Als Begründer der Neuen Ökonomischen Geographie gelten Fujita, Krugman und Venables (1999) (Pflüger 2007, 2). Die Diskussion begann allerdings schon mit einem Beitrag von Paul **Krugman** (1991), der sich bereits auf dem Gebiet der (neoklassischen) Außenhandelstheorie ausgewiesen hatte und sich nun mit der Frage auseinander setzte, wie pekuniäre externe Effekte Handel und Standortentscheidungen von Unternehmen beeinflussen (Mikkelsen 2004, 1). Die Neue Ökonomische Geographie hat ihre Wurzeln einerseits in der traditionellen Standortlehre (von Thünen), andererseits in der klassischen Außenhandelstheorie (Ricardo). Anders als die klassische Außenhandelstheorie prognostiziert die Neue Ökonomische Geographie jedoch nicht notwendigerweise die regionale Konvergenz, sondern bietet vielmehr Erklärungen für räumliche Ballung wirtschaftlicher Aktivitäten. Angenommen, im Ausgangszustand herrsche eine Gleichverteilung der wirtschaftlichen Aktivitäten zwischen den Regionen. Dann kann nach Auffassung der Neuen Ökonomischen Geographie eine kleine, zufallsbedingte Abweichung vom ursprünglichen Gleichgewicht dazu führen, dass sich diese Abweichung „in einer Art Schneeballeffekt selbstverstärkt und vergrößert" (Pflüger 2007, 1).

Zentrales Anliegen der Neuen Ökonomischen Geographie ist die Gewinnung von Einsichten in die Entstehung und Entwicklung räumlicher Strukturen, insbesondere die Erklärung von **Agglomerationen.** Letztere lassen sich für verschiedene regionale Abgrenzungen finden. So werden global mehr als 80 Prozent des Weltinlandsproduktes in den drei Zentren NAFTA (North American Free Trade Agreement), Europäische Union und Ostasien erstellt. Beispiele für Clusterbildung bestimmter Industrien auf nationaler Ebene sind etwa das Silicon Valley in Kalifornien oder die Ballung der italienischen Modebranche in der Poebene (Pflüger 2007, 1). Die Neue Ökonomische Geographie erläutert, wie Agglomerationen durch Zu- und Austritt von Firmen in Industriezweige mit steigenden Skalenerträgen entstehen können. Diskutiert werden Modelle, in denen die Impulse zur Agglomerationsbildung von der interregionalen Mobilität der Arbeitskräfte ausgehen. Alternativ dazu kann auch der Einsatz von Zwischenprodukten bei sektoral mobiler, aber interregional immobiler Arbeit zu Ballungseffekten führen. Diese Ansätze argumentieren ganz analog, werden hier jedoch nicht vorgestellt. Im Rahmen der Theorie werden die positiven und negativen Rückkopplungseffekte analysiert, die bereits in der Wachstumspoltheorie als zentrifugale und zentripetale Kräfte beschrieben wurden. (Mikkelsen 2004, 1). Agglomerationen entstehen in einem **Prozess zirkulärer Verursachung,** den Myrdal (1959, 23) folgendermaßen beschreibt: „Die Ansiedlung eines neuen Unternehmens oder die Vergrößerung eines bestehenden vergrößert den Markt für andere Unternehmer, wie es eben der Anstieg von Einkommen und Nachfrage generell tun. Steigende Gewinne sorgen für eine steigende Ersparnis, aber gleichzeitig steigen die Investitionen noch mehr, und dies erhöht wiederum die Nachfrage und die Gewinne." Dieser frühe Ansatz von Myrdal analysiert jedoch nicht näher die Bedingungen, die dazu führen, dass der Prozess entweder einen kumulativen Verlauf nimmt oder zu einem Endpunkt gelangt. Er kann auch nicht erklären, wie es zum wirtschaftlichen Aufstieg peripherer Regionen oder zum Niedergang von Ballungszentren kommen kann (Dybe 2003, 91). Die Neue Ökonomische Geographie ist methodisch in der Lage, genau diese Bedingungen zu untersuchen.

In der grundlegenden Fassung des Modells, die hier in der Version von Neary (2001) wiedergegeben ist, wird für jedes Land ein **monopolistischer Wettbewerb** angenommen, in dem zwei Sektoren (Landwirtschaft mit Index A und Industrie mit Index M) zwei Faktoren L_A (Landwirte) und L_M (Arbeiter) einsetzen. Dabei ist L_A interregional immobil, L_M dagegen mobil. Die Gesamtbeschäftigung ist mit $L_A + L_M$ fest vorgegeben. Das Industrieprodukt wird an j Produktions- bzw. Konsumorten in i Varianten hergestellt. Der Anteil von L_A, der in Ort j beschäftigt ist, wird mit ϕ_j bezeichnet und ist fix. Der Anteil von L_M, der in Ort j beschäftigt ist, heißt λ_j und ist variabel. Die Menge des Outputs der beiden Sektoren wird mit A und M bezeichnet. Für die Nachfrageseite wird eine Cobb-Douglas-Nutzenfunktion unterstellt:

$$U = M^{\mu} \cdot A^{1-\mu}. \tag{3.60}$$

Der Anteil des Einkommens Y, der für das Industriegut ausgegeben wird, ist μ. Die CES - Unter-Nutzenfunktion M der Varianten des Industriegutes ist als

$$M = \left[\sum_i m_i^{\frac{\sigma-1}{\sigma}} \right]^{\frac{\sigma-1}{\sigma}} \tag{3.61}$$

definiert. Demnach steigt der Nutzen der Konsumenten mit der **Produktvielfalt**, d.h. sie möchten eine Vielzahl von Varianten des Industriegutes in jeweils geringeren Mengen konsumieren. Dabei ist annahmegemäß die Kreuzelastizität σ zwischen jeweils zwei Varianten konstant und größer als 1, denn die Varianten sind Substitute. Höhere Werte für σ bedeuten, dass die Konsumenten die Produkte für engere Substitute halten. Die Nachfrage m_i nach einer der Varianten des Industriegutes hängt dann vom eigenen Preis p_i und den Gesamtausgaben für das Industriegut $\mu \cdot Y$ ab. Die Größen werden jeweils mit dem Preisindex P für Industriegüter deflationiert:

$$m_i = \mu \cdot \left(\frac{p_i}{P} \right)^{-\sigma} \cdot \frac{Y}{P}, \text{ wobei } P^{1-\sigma} = \sum_j^n p_j^{1-\sigma} \text{ gilt.} \tag{3.62}$$

Die Anzahl der konsumierten Varianten n entspricht zugleich der Zahl der Unternehmen, für Unternehmen i gilt also die Nachfrage m_i. Die Einzelunternehmen nehmen ihren Einfluss auf Y und P allerdings nicht wahr, so dass sich die Nachfragekurve aus Unternehmenssicht als

$$q = \varphi \cdot p^{-\sigma} \text{ mit } \varphi = \mu \cdot Y \cdot P^{\sigma-1} \tag{3.63}$$

darstellt. Die Unternehmen betrachten ϕ als exogen gegeben. Der Index i für Unternehmen i wird hier vernachlässigt, weil alle Unternehmen identisch sind. Der Grenzerlös MR des Unternehmens ist dann

$$MR = \frac{d(p \cdot q)}{dq} = \frac{\sigma-1}{\sigma} \cdot p. \tag{3.64}$$

Arbeitnehmer erhalten pro Stunde den Lohn w. Der Industriesektor weist Fixkosten $F \cdot w$ und konstante Grenzkosten $c \cdot w$ auf, so dass sich steigende Skalenerträge ergeben. Die Gesamtkosten C pro Unternehmen berechnen sich damit als

$$C = (F + c \cdot q) \cdot w. \tag{3.65}$$

Die Durchschnittskosten AC verlaufen fallend und nähern sich den konstanten Grenzkosten MC an. Abbildung 3.12 stellt Nachfrage D, Grenzerträge MR, Durchschnittskosten AC und Grenzkosten MC dar. Im Gewinnmaximum des Unternehmens entspricht der Grenzerlös MR den Grenzkosten MC:

$$\frac{\sigma-1}{\sigma} \cdot p = cw, \tag{3.66}$$

der Zuschlag auf die Grenzkosten hängt also nur von der Kreuzelastizität σ ab. Da im monopolistischen Wettbewerb der Marktzutritt von Konkurrenzunternehmen jederzeit möglich ist, ergeben sich im Gleichgewicht Nullgewinne:

$$p \cdot q - (F + c \cdot q) \cdot w = 0 \,. \tag{3.67}$$

Zusammen mit der vorher genannten Gleichung (*MR=MC*) folgt für die Menge des Outputs, die ein einzelnes Unternehmen herstellt

$$q = (\sigma - 1) \cdot \frac{F}{c} \,. \tag{3.68}$$

Die ausgebrachte Menge eines Unternehmens hängt also nicht vom Einkommen Y oder vom Lohn w ab. Veränderungen in diesen Größen führen lediglich zu einer anderen Zahl von Firmen, nicht aber zu verändertem Outputniveau jedes einzelnen Unternehmens.

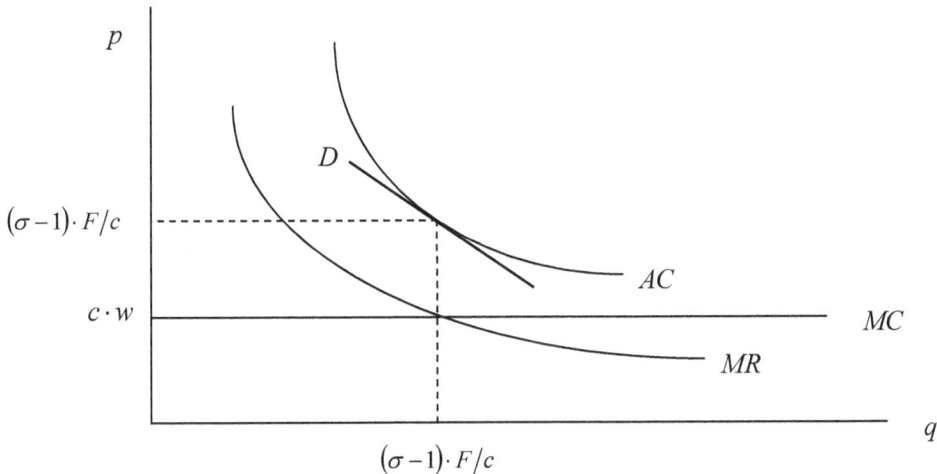

Abb. 3.13 Kostenverläufe und Nachfrage
(Quelle: Neary, P. (2001, 538), eigene Darstellung)

Die bisherigen Darstellungen bezogen sich auf eine einzelne Region oder ein einzelnes Land. Nun soll die Betrachtung auf **zwei Länder** (Index 1 und 2) ausgedehnt werden, für die jeweils die oben erläuterten Bedingungen gelten. Für den Transport von Produkten des Industriegütersektors von einer Region in die andere werden **Eisberg-Transportkosten** unterstellt, d.h. ein Teil der Waren geht unterwegs verloren, so dass von T transportierten Einheiten des Gutes nur eine einzige Einheit am Bestimmungsort ankommt. Für den Transport von Produkten des landwirtschaftlichen Sektors fallen annahmegemäß keine Kosten an.

Die **Nachfrage**, der sich eine Firma aus Region 1 in Markt s gegenüber sieht, lässt sich dann schreiben als

$$q_{1s} = \mu \cdot \left(\frac{p_{1s}}{P_s} \right)^{-\sigma} \cdot \frac{Y_s}{P_s} .$$ (3.69)

Dabei ist p_{1s} der Preis, den der Konsument im Markt s zahlen muss. Es gilt also für den Absatz einer Firma aus Region 1 in ihrem heimischen Markt

$$q_{11} = \mu \cdot \left(\frac{p_{11}}{P_1} \right)^{-\sigma} \cdot \frac{Y_1}{P_1}$$ (3.70)

und für den Absatz der Firma aus Region 1 auf dem „ausländischen" Markt

$$q_{12} = \mu \cdot \left(\frac{p_{12}}{P_2} \right)^{-\sigma} \cdot \frac{Y_2}{P_s} .$$ (3.71)

Der Ab-Werk -Preis wird mit p_1 bezeichnet. In der heimischen Region fallen keine Transportkosten an, der Output wird zu p_1 verkauft. Für die exportierten Güter gilt

$$p_{12} = p_1 \cdot T .$$ (3.72)

Aus den Transportbedingungen ergibt sich aus der Perspektive des betrachteten Unternehmens in Region 1 auch die insgesamt nachgefragte Menge

$$q_1 = q_{11} + T \cdot q_{12} .$$ (3.73)

Einsetzen der zwei zuvor genannten Gleichungen ergibt für die Nachfrage aus Sicht einer Firma, die ihren Standort in Region 1 hat:

$$q_1 = \varphi_1 \cdot p_1^{-\sigma} , \text{ wobei gilt } \varphi_1 = \mu \cdot \left[Y_1 \cdot P_1^{\sigma-1} + Y_2 \cdot P_2^{\sigma-1} \cdot T^{1-\sigma} \right] .$$ (3.74)

Die Gesamtnachfrage einer Firma in Region 1 hängt negativ vom Niveau der Transportkosten T, aber positiv vom Preisindex (P_1 und P_2) und von den Ausgaben für das Industriegut ($\mu \cdot Y_1$ und $\mu \cdot Y_2$) in beiden Regionen ab.

Wenn es n_1 heimische und n_2 ausländische Produktvarianten gibt, dann errechnet sich das Preisniveau in der heimischen Region als

$$P_1^{1-\sigma} = n_1 \cdot p_1^{1-\sigma} + n_2 \cdot \left(p_2 \cdot T \right)^{1-\sigma} .$$ (3.75)

Wenn die Transportkosten positiv sind ($T>1$), dann reagiert das Preisniveau im Inland stärker auf heimische Variablen als auf ausländische.

Die beiden zuletzt genannten Gleichungen können analog auch für Land 2 aufgestellt werden. Wenn die Nachfragen Y_1 und Y_2 sowie die Löhne w_1 und w_2 gegeben sind, lassen sich aus den vier Gleichungen die vier Unbekannten P_1, P_2, n_1 und n$_2$ ermitteln. Mit n_1 und n$_2$ liegt zugleich die Größe des Industriesektors im In- und Ausland fest.

Ausgangspunkt der folgenden Überlegungen ist ein **symmetrisches Gleichgewicht** mit $Y_1{=}Y_2$ und $n_1 = n_2$. Nun soll angenommen werden, dass Land 1 ein wenig wächst, während Land 2 ein wenig schrumpft (wobei der Zirkumflex die Wachstumsraten anzeigt)

$$\hat{Y} = \hat{Y_1} = -\hat{Y_2} \text{ und } \hat{n} = \hat{n_1} = -\hat{n_2}. \tag{3.76}$$

Aus der oben genannten Gleichung für das Preisniveau im Inland $P_1^{1-\sigma}$ lässt sich die Wachstumsrate des Preisindex ermitteln

$$\hat{P} = -\frac{Z}{\sigma-1} \cdot \hat{n} + Z \cdot \hat{p}, \text{ wobei } Z = \frac{1-T^{1-\sigma}}{1+T^{1-\sigma}}. \tag{3.77}$$

Hier ist Z ein Transportkostenindex, der Werte zwischen Null und Eins annimmt. Die Kreuzelastizität σ zwischen jeweils zwei Varianten ist konstant und größer als 1, damit ist $\sigma-1$ positiv. Wenn die Löhne und damit zugleich auch p festgelegt sind, gilt $\hat{p} = 0$. Damit sieht man an der Gleichung, dass die Lebenshaltungskosten umso geringer sind, je größer der Markt ist. Hierbei handelt es sich um den „**Preis-Index-Effekt**".

Differenzieren der Nachfragefunktion q_1 eines Unternehmens mit Standort in Region 1 ergibt die Wachstumsrate für den Firmenoutput

$$\hat{q} = Z \cdot \left[\hat{Y} + (\sigma-1) \cdot \hat{P}\right] - \sigma \cdot \hat{p}. \tag{3.78}$$

Wenn das Outputniveau einer einzelnen Firma q und der Preis p jeder einzelnen Variante festgelegt sind, dann gilt $\hat{q} = 0$ und $\hat{p} = 0$. In diesem Fall muss ein Anstieg der Nachfrage Y mit einer Verringerung des Preisindex P einhergehen. Dies wiederum führt zu einer steigenden Zahl von Produktvarianten. Eine Verknüpfung der beiden letztgenannten Gleichungen führt durch Eliminieren von $\hat{P}$ zu

$$\hat{q} = Z \cdot \left[\hat{Y} + (\sigma-1) \cdot (-\frac{Z}{\sigma-1} \cdot \hat{n} + Z \cdot \hat{p})\right] - \sigma \cdot \hat{p}. \tag{3.79}$$

Mit $\hat{q} = 0$ und $\hat{p} = 0$ ergibt sich

$$\hat{n} = \frac{1}{Z} \cdot \hat{Y}. \tag{3.80}$$

Wegen $Z<1$ kann festgestellt werden, dass das Land mit der höheren Nachfrage einen proportional höheren Anteil an Industriegüterproduktion hat. Dies ist der „**Heimatmarkteffekt**".

Nun ist zu klären, unter welchen Bedingungen sich aus dem dargestellten Modell Konvergenz oder Divergenz zwischen den Regionen ergibt. Dazu soll zunächst angenommen werden, dass ein symmetrisches Gleichgewicht mit der gleichen Anzahl von Firmen in beiden Regionen vorliegt. Die Nullgewinnbedingung sei in beiden Regionen erfüllt. Positive Veränderungen einer Größe (etwa n) in einer Region gehen immer mit negativen Änderungen in der anderen Region einher. Wenn man nun annimmt, dass eine weitere Firma hinzutritt und ihren Standort in Region 1 wählt, dann kommt es darauf an, ob durch den Zutritt die Gewinne in Region 1 relativ zu Region 2 sinken oder steigen. Sinken sie, dann ist damit ein Anreiz gegeben, Region 1 wieder zu verlassen, das symmetrische Gleichgewicht ist stabil. In diesem Fall wäre die Prognose also Konvergenz zwischen den Regionen. Steigen dagegen die Gewinne in Region 1 relativ zu Region 2, dann haben weitere Unternehmen Veranlassung, Region 1 als Standort zu wählen. Damit kommt es zur Ballung der wirtschaftlichen Aktivitäten in Region 1 und zum Niedergang der Region 2, also zur Divergenz.

Der Marktzutritt des Unternehmens in Region 1 hat drei Effekte, die sich anhand von Abbildung 3.12 nachvollziehen lassen. Der erste Effekt (Wettbewerbseffekt) reduziert den Gewinn eines Unternehmens in Region 1 und wirkt damit stabilisierend. Der zweite Effekt (Nachfrageeffekt) wirkt ebenso wie der dritte Effekt (Kosteneffekt) gewinnerhöhend und damit destabilisierend.

Der **Wettbewerbseffekt** besteht darin, dass sich durch den Preis-Index-Effekt die Nachfragekurve D und die Grenzerlöskurve MR nach unten verschieben. Dadurch sinken die Gewinne und die Situation wird tendenziell stabilisiert. Aus den Wachstumsgleichungen für P und q wird deutlich, dass das Ausmaß des stabilisierenden Effektes von Z abhängt. Je höher die Transportkosten sind, desto stärker ist der Effekt des Marktzutritts auf den Preisindex und den Wettbewerb im expandierenden Land.

Der **Nachfrageeffekt** basiert auf einer Rückwärtsverflechtung. Eine zusätzliche Firma in Region 1 führt zu erhöhter Arbeitsnachfrage in Region 1. In der Folge steigen in Region 1 die Löhne und zusätzliche Arbeitskräfte wandern von Region 2 in Region 1. Die neuen Arbeitnehmer erhöhen die Nachfrage nach dem Industriegut in Region 1 und die Produktvielfalt steigt dort an. So verschieben sich in Abbildung 3.12 die Nachfragekurve D und die Grenzerlöskurve MR nach oben, die Gewinne steigen infolge dieses Effektes tendenziell an.

Um den Nachfrageeffekt näher zu beschreiben, muss zunächst der Arbeitsmarkt in Land 1 betrachtet werden. Ausgangspunkt ist wieder das symmetrische Gleichgewicht, positive Änderungen einer Größe in einem Land bedeuten zugleich negative Veränderungen im anderen Land, die entsprechenden Indizes (1 und 2) können daher weggelassen werden. Im Arbeitsmarktgleichgewicht entspricht das Arbeitsangebot L der Arbeitsnachfrage $n \cdot (F + c \cdot q)$.

Wenn für den Output einer Firma $q = (\sigma - 1) \cdot F / c$ eingesetzt wird, dann gilt im Gleichgewicht des Arbeitsmarktes $L = n \cdot \sigma \cdot F$. Die Zahl der Erwerbstätigen und ihr Lohn sind annahmegemäß konstant. Änderungen des Einkommens Y resultieren dann aus Änderungen der

Beschäftigung L und des Lohnes w im industriellen Sektor. Letzterer hat den Anteil μ an der volkswirtschaftlichen Gesamtleistung und es gilt $\widehat{Y} = \mu \cdot \left(\widehat{w} + \widehat{L} \right)$. Wenn $\widehat{w}$ unveränderlich ist, dann hängt die Größe des Nachfrageeffektes von μ ab. Der Nachfrageeffekt dominiert den Wettbewerbseffekt beim ursprünglichen Lohnsatz wenn $\mu > Z$ gilt. Anders gesagt besteht die Tendenz zur divergenten Entwicklung, wenn der Anteil μ des Industriesektors an der volkswirtschaftlichen Gesamtleistung größer ist als der Transportkostenindex Z. Mit dieser Bedingung wird allerdings die Tendenz zur Agglomeration unterschätzt, weil der Kosteneffekt noch unberücksichtigt bleibt.

Der **Kosteneffekt** basiert darauf, dass Wirtschaftssubjekte nicht der Geldillusion unterliegen. Demnach richten die Beschäftigten ihr Arbeitsangebot nicht nach dem Lohnsatz in Geldeinheiten (Nominallohn w) aus, sondern nach der Gütermenge, die sie mit ihrem Geldlohn erwerben können (Reallohn w/P). Migration hängt annahmegemäß also nicht vom Nominallohn, sondern vom Reallohn ab. Zuvor wurde gezeigt, dass der Markteintritt einer neuen Firma in Region 1 den Preisindex in dieser Region reduziert (P sinkt mit steigendem n). Wenn das Preisniveau sinkt, steigt der Reallohn in Region 1. Daraufhin wandern Arbeitskräfte aus Region 2 in Region 1, bis der Reallohn in beiden Regionen übereinstimmt. Wegen des gestiegenen Preisniveaus in Region 1 muss der Nominallohn in Region 1 also fallen, bis der Reallohn seinen ursprünglichen Wert wieder erreicht hat. In Abbildung 49 wird durch diesen Effekt die Grenzkostenkurve MC und die Durchschnittskostenkurve AC nach unten verschoben. Dieser Kosteneffekt (Vorwärtsverflechtung) lässt die Gewinne weiter steigen und trägt damit zur Divergenz bei.

Wesentliche exogen gegebene Bestimmungsgrößen für den Verlauf der wirtschaftlichen Entwicklung in den beiden Regionen sind die **Transportkosten** T, der Anteil μ des Industriesektors an der volkswirtschaftlichen Gesamtleistung und die Kreuzelastizität σ zwischen jeweils zwei Varianten des Industriegutes. Für hohe Werte von T ist die Situation immer stabil, weil Importe so teuer sind, dass sich die Herstellung eines Produktes in der Heimatregion immer lohnt. Für niedrige Transportkosten ist die Situation immer instabil, weil kein Land komparative Vorteile hat und deshalb Nachfrage- und Kosteneffekt ihre Wirkung voll entfalten können. Dazwischen existiert ein Schwellenwert T^B der Transportkosten, von dem an die symmetrische Lösung nicht länger stabil ist. Die beiden destabilisierenden Effekte (Nachfrage- und Kosteneffekt) sind umso wirksamer, je höher der Anteil μ des Industriesektors an der Gesamtwirtschaft ist. Also steigt T^B mit steigendem μ. Höhere Werte für σ bedeuten, dass die Industriegüter aus Sicht der Nachfrager engere Substitute sind. Den Konsumenten ist die Produktvielfalt also nicht so wichtig. Unter diesen Bedingungen ist es wahrscheinlicher, dass trotz geringer Transportkosten die Produktion in beiden Regionen aufrecht erhalten wird. Der Schwellenwert T^B sinkt also mit steigendem σ. Festzuhalten bleibt, dass T^B mit μ steigt und mit σ sinkt.

Für die folgenden Überlegungen soll angenommen werden, dass die gesamte Industrie in Land 1 zusammengeballt ist. Nun überlegt sich eine einzelne Firma, ob sie den Kern (Region 1) verlassen und in die Peripherie (Region 2) abwandern soll. Durch den Standortwechsel würde die Zahl der Konkurrenzunternehmen sinken (Wettbewerbseffekt). In Abbildung 3.12 würde sich die Nachfragekurve D und die Grenzerlöskurve MR aus Sicht des abgewanderten

Unternehmens nach oben verschieben. Der Marktzutritt zu Region 1 würde durch die Ansiedlung in der Peripherie allerdings verschlechtert (Nachfrageeffekt). Dadurch verschieben sich in Abbildung 49 die Nachfragekurve D und die Grenzerlöskurve MR wiederum nach unten. Schließlich müssen in der Peripherie die meisten Güter importiert werden, die Transportkosten führen zu höheren Lebenshaltungskosten als im Kern. Dies löst Migration der Arbeitskräfte in den Kern aus. Um sie zum Bleiben zu motivieren, müssen in Region 2 höhere Nominallöhne gezahlt werden (Kosteneffekt). In Abbildung 3.12 wird durch diesen Effekt die Grenzkostenkurve MC und die Durchschnittskostenkurve AC nach oben verschoben.

Auch hier gibt es einen Schwellenwert T^S, von dem an die Zusammenballung der Industrie in Region 1 kein Gleichgewicht mehr darstellt. Die Überlegungen bezüglich der Einflussgrößen μ und σ sind analog zu den bereits diskutierten Effekten auf T^B. Demzufolge steigt T^S mit μ und sinkt mit σ. Schließlich kann man zeigen, dass T^S größer ist als T^B, sobald es einen positiven Anteil des Industriesektors an der gesamtwirtschaftlichen Leistung gibt.

Abbildung 3.13, das sogenannte Bifurkations- oder **Tomahawk-Diagramm**, stellt den Zusammenhang zwischen den Schwellenwerten T^B und T^S und der Prognose über Konvergenz und Divergenz noch einmal dar.

Dabei bezeichnet λ den Anteil der Industriebeschäftigten, die im Kern (Region 1) angesiedelt sind. Für niedrige Transportkosten (unterhalb von T^B) ist das symmetrische Gleichgewicht instabil, die wirtschaftlichen Aktivitäten sind im Kern zusammengeballt. Für hohe Transportkosten (oberhalb von T^S) ist das Kern-Peripherie-Muster instabil, die wirtschaftlichen Aktivitäten sind gleichmäßig auf beide Regionen verteilt. Zwischen T^B und T^S ist sowohl Agglomeration als auch das symmetrische Gleichgewicht möglich. Für Transportkostenwerte $T^B < T < T^S$ ist es möglich, dass sich die Wirtschaft in Region 1 oder in Region 2 zusammenballt, es ist aber auch denkbar, dass sich ein symmetrisches Gleichgewicht mit räumlicher Streuung der wirtschaftlichen Aktivitäten (Dispersion) einstellt. Aus regionalpolitischer Sicht ist dies der interessanteste Bereich. Hier können Politikinstrumente die regionale Entwicklung beeinflussen, also die wirtschaftliche Entwicklung im Hinblick auf Konvergenz und Divergenz steuern (Neary 2000, 2001).

Die Wirkung der **Politikinstrumente** tritt allerdings erst von bestimmten Schwellenwerten an ein. Wenn Politikmaßnahmen also zu gering bemessen sind, haben sie keine Wirkung. Die Effekte der Instrumente sind dabei nicht-linear, d.h. kleine Änderungen der Variablen können große, kleine oder gar keine Wirkungen haben. Überdies haben die Unstetigkeiten zur Folge, dass die Effekte politischer Maßnahmen auch nicht mehr ohne weiteres rückgängig gemacht werden können. Angenommen, die Einführung des Freihandels habe zu einem Rückgang der Handelskosten geführt (Transportkosten kleiner als T^B), in dessen Folge ein Kern-Peripherie-Muster entstanden ist. Dann lässt sich für diesen mittleren Bereich der Transportkosten das regionale Gleichgewicht durch moderate Erhöhung der Handelskosten (z.B. durch Zölle) nicht wiederherstellen. Erst drastische Maßnahmen, die zu Handelskosten über T^S hinaus führen, können ein symmetrisches Gleichgewicht mit räumlicher Streuung der wirtschaftlichen Aktivitäten bewirken. Will man also zu regionalpolitischen Handlungsempfehlungen kommen, so ist es aus Sicht der Neuen Ökonomischen Geographie unbedingt erforderlich, Informationen über die Handelsfreiheit zwischen den betroffenen Regionen zu gewinnen (Pflüger 2007, 5ff.).

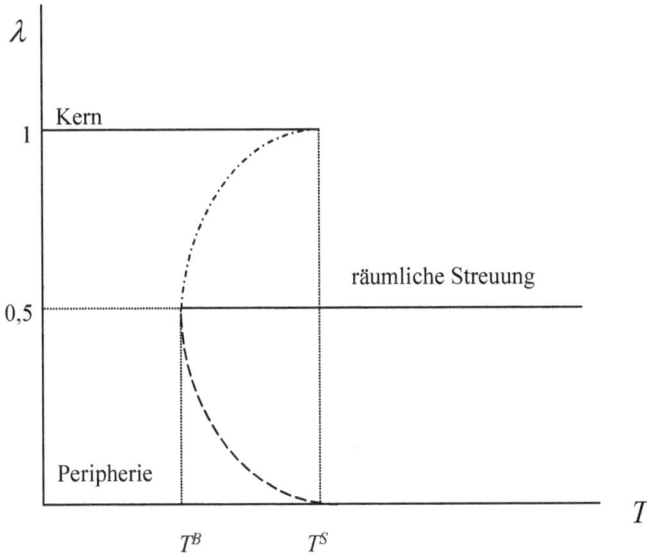

Abb. 3.14 Regionale Gleichgewichte in Abhängigkeit der Transportkosten
(Quelle: Neary (2001, 545), eigene Darstellung)

Die Kritik am dargestellten Grundmodell der Neuen Ökonomischen Geographie ist vielfältig und hat in der Folge zu zahlreichen **Weiterentwicklungen** geführt. So ist zu bemerken, dass die Mobilität der Arbeitskräfte zwar in den USA hoch ist, nicht dagegen beispielsweise in Europa. Deswegen hat sich eine Forschungsrichtung innerhalb der Neuen Ökonomischen Geographie darauf spezialisiert, die industrielle Ballung durch die Beziehungen zwischen den Herstellern von Endprodukten und Zwischenprodukten zu erklären, die beide von gegenseitiger räumlicher Nähe profitieren. Dabei wird die Arbeit zwar als sektoral mobil, aber interregional immobil aufgefasst. Kritisch betrachtet wird auch das Resultat des Grundmodells, demzufolge die Ballung sehr plötzlich (katastrophisch) entsteht und dann zum Ergebnis führt, dass die gesamte Industrie an einem einzigen Ort angesiedelt ist. In der Realität ist dagegen eher partielle Agglomerationen zu beobachten, also Situationen, in denen ein hoher Prozentsatz der Industriebetriebe an einem Ort angesiedelt ist, die restlichen aber räumlich verstreut sind. Weiterentwicklungen des Grundmodells haben durch Berücksichtigung von Agglomerationsnachteilen wie höhere Wohnkosten oder Überfüllung des Transportsektors partielle Agglomerationen abbilden können (Pflüger 2007, 5ff.). Die Neue Ökonomische Geographie entwickelt auf neoklassischem Fundament Einsichten in die Ursachen regionaler Divergenz. Dabei bestehen enge Bezüge sowohl zur keynesianisch geprägten Wachstumspolitheorie als auch zur Neuen Wachstumstheorie, die beide Gegenstand des folgenden Abschnitts sind.

3.2   Wachstum und Entwicklung

3.2.1   Neoklassisches Grundmodell des Wachstums

Beginnend mit den Arbeiten von Solow (1956) und Swan (1956) prognostiziert die neoklassische Wachstumstheorie, dass regional unterschiedliche Wachstumsraten zu einem Aufholprozess führen, der im Gleichgewicht bei gleichen regionalen Rahmendaten das gleiche Pro-Kopf-Einkommen zur Folge hat.

Die folgende Darstellung des Solow-Swan Modells entspricht derjenigen in Bretschger (2004; 25ff.). Die Argumentation basiert auf der bereits erläuterten neoklassischen **Produktionsfunktion**

$$Y = F(K, L) \tag{3.81},$$

die den Zusammenhang zwischen dem Einsatz der Produktionsfaktoren Kapital (K) und Arbeit (L) und der maximal möglichen Ausbringungsmenge wiedergibt.

Beide Faktoren sind für den Produktionsprozess erforderlich, d.h. es gilt

$$F(K, 0) = F(0, L) = 0 . \tag{3.82}$$

Weiterhin werden positive, abnehmende Grenzerträge unterstellt, also

$$F_L, F_K > 0, F_{LL}, F_{KK} < 0, F_{LK} = F_{KL} = 0 , \tag{3.83}$$

wobei die Indizes die ersten (K, L) und zweiten (LL, KK; LK, KL) Ableitungen der Produktionsfunktion nach den Einsatzfaktoren bezeichnen.

Der Output-Zuwachs wird annahmegemäß immer geringer, je mehr von dem betrachteten Input schon in der Produktion eingesetzt wird. Umgekehrt wird der Zuwachs umso größer, je mehr von dem anderen Produktionsfaktor vorhanden ist. Wenn von einem Faktor sehr wenig in die Produktion eingesetzt wird, geht seine Grenzproduktivität gegen unendlich. Wenn dagegen sehr viel von diesem Faktor vorhanden ist, geht seine Grenzproduktivität gegen Null. Diese Zusammenhänge werden Inada-Bedingungen genannt und gelten sowohl für die Arbeit als auch für das Kapital

$$\lim_{K \to 0} F_K = \lim_{L \to 0} F_L = \infty, \lim_{K \to \infty} F_K = \lim_{L \to \infty} F_L = 0 . \tag{3.84}$$

Die Produktionsfunktion weist konstante Skalenerträge auf. Das bedeutet, dass eine Verdoppelung (bzw. Vervielfachung um den Faktor λ) aller Einsatzfaktoren zu einer Verdoppelung (bzw. Vervielfachung um den Faktor λ) des Outputs führt.

$$\lambda \cdot F(K, L) = F(\lambda \cdot K, \lambda \cdot L) \text{ für } \lambda \geq 0 . \tag{3.85}$$

Im Folgenden wird nicht der absolute Output der Volkswirtschaft analysiert, sondern der **Pro-Kopf-Output**. Dies ist der Vorstellung geschuldet, dass das Pro-Kopf-Einkommen den individuellen Nutzen eines repräsentativen Individuums widerspiegelt und als Maß für die gesellschaftliche Wohlfahrt geeignet ist. Da im neoklassischen Grundmodell Vollbeschäftigung angenommen wird, erhält man den Pro-Kopf-Output durch Division des gesamtwirtschaftlichen Outputs Y durch die Zahl der Arbeitskräfte L. Dabei wird unterstellt, dass die Anzahl der Arbeitsstunden pro Beschäftigtem festliegt und für alle Arbeitskräfte gleich ist. Die Beschäftigungsmenge L entspricht dann der Anzahl der vollzeitbeschäftigten Arbeitskräfte. In einer anderen Interpretation kann L auch als Anzahl von Arbeitsstunden aufgefasst werden. Dann kann man jedoch nicht mehr von Pro-Kopf-Größen sprechen. Wenn die Kapitalintensität (k) als Quotient aus Kapital (K) und Beschäftigung (L), definiert wird, dann ergibt sich der Pro-Kopf-Output (y) aus der Pro-Kopf-Produktionsfunktion (f) in Abhängigkeit der Kapitalintensität (k)

$$y = f(k) \quad \text{mit} \quad f \equiv F(k,1) \quad \text{und} \quad Y = L \cdot f(k). \tag{3.86}$$

Das Grenzprodukt des Kapitals ergibt sich in der Pro-Kopf- Schreibweise als

$$Y_K = f'(k). \tag{3.87}$$

Letzteres lässt sich wie folgt begründen:

$$F_K = dLF(K/L,1)/dK = dLf(K/L)/dk = Lf'(K/L)\cdot 1/L = f'(k). \tag{3.88}$$

Aus den oben genannten Inada-Bedingungen folgt

$$\lim_{k\to 0} f'(k) = \infty; \lim_{k\to\infty} f'(k) = 0 \tag{3.89}$$

und aus der Produktionsnotwendigkeit beider Faktoren ergibt sich

$$F(0,L) = F(K,0) = f(0) = 0. \tag{3.90}$$

Lässt man technischen Fortschritt zunächst unberücksichtigt, dann ist ein **Gleichgewicht** definiert als derjenige Zustand, in dem sich die Kapitalintensität und folglich das Pro-Kopf-Einkommen nicht mehr ändert.

Die Wachstumsrate der Variablen x wird allgemein geschrieben als

$$g_x = \hat{x} = \frac{\dot{x}}{x} = \frac{dx(t)/dt}{x(t)}, \tag{3.91}$$

wobei t den Zeitpunkt der Betrachtung beschreibt. Wenn im Zeitpunkt t ein Gleichgewicht gelten soll, muss die Wachstumsrate der Kapitalintensität k folglich gleich Null sein

$$\hat{k} = \frac{\dot{k}}{k} = \frac{dk(t)/dt}{k(t)} \; . \tag{3.92}$$

Der Kapitalstock der betrachteten Volkswirtschaft ändert sich annahmegemäß einerseits durch Investitionen (I), andererseits durch Abschreibungen, die mit einem exogen gegebenen und konstanten Prozentsatz δ auf den Kapitalbestand vorgenommen werden. Die Finanzierungsannahme dieses Modells einer geschlossenen Volkswirtschaft lautet, dass Unternehmen die **Investitionen** (I) mit Hilfe der **Ersparnisse** (S) finanzieren, die ihnen von den Haushalten zur Verfügung gestellt werden. Angebot und Nachfrage auf dem Kapitalmarkt werden über den Zins abgeglichen, so dass im Gleichgewicht gilt

$$I = S \; . \tag{3.93}$$

Gespart wird annahmegemäß ein konstanter und exogen gegebener Prozentsatz (s) des Einkommens, der als Sparquote bezeichnet wird. Hierbei handelt es sich um eine Annahme aus dem traditionellen statischen keynesianischen Makromodell, die insofern in einem neoklassischen Modell überrascht. Es gilt also

$$S = s \cdot Y \; . \tag{3.94}$$

Eine dritte Größe, die zur Berechnung des Gleichgewichtseinkommens relevant ist, ist das **Bevölkerungswachstum** (n), das ebenfalls als exogen gegeben und konstant angesehen wird

$$\hat{L} = \frac{\dot{L}}{L} = n \; . \tag{3.95}$$

Unter diesen Annahmen soll nun das gleichgewichtige Pro-Kopf-Einkommen y^* (in Abhängigkeit der gleichgewichtigen **Kapitalintensität** k^*) bestimmt werden. Ausgangspunkt der Überlegungen ist die zeitliche Änderung des aggregierten Kapitalbestandes (K). Die Veränderung des Kapitalstocks über die Zeit ist definiert als Differenz zwischen Investitionen und Abschreibungen

$$\dot{K} = I - \delta \cdot K = s \cdot F(K, L) - \delta \cdot K \; . \tag{3.96}$$

Wenn diese Gleichung auf beiden Seiten durch L dividiert wird, so ergibt sich

$$\frac{\dot{K}}{L} = s \cdot f(k) - \delta \cdot k \tag{3.97}$$

Es gilt

$$\dot{k} = \frac{d(K/L)}{dt} = \frac{\dot{K}}{L} - \frac{\dot{L}}{L} \cdot \frac{K}{L} = \frac{\dot{K}}{L} - n \cdot k \qquad (3.98)$$

Setzt man dieses Ergebnis in obige Gleichung ein, so ergibt sich die fundamentale Wachstumsgleichung

$$\dot{k} = s \cdot f(k) - (n + \delta) \cdot k \qquad (3.99)$$

oder nach Division beider Seiten durch k gleichbedeutend

$$\frac{\dot{k}}{k} = \hat{k} = \frac{s \cdot f(k)}{k} - (n + \delta) . \qquad (3.100)$$

Der Ausdruck $s \cdot f(k)$ gibt die Pro-Kopf-Ersparnis an. Der Term $(n + \delta) \cdot k$ kann als „erforderliche" Investition aufgefasst werden. Erforderlich sind die Investitionen, um trotz des Bevölkerungswachstums (mit der Rate n) und der Abschreibungen (mit der Rate δ) den Kapitalbestand pro Kopf (k) aufrecht zu erhalten. Wenn nun die Pro-Kopf-Ersparnis größer ist als die erforderlichen Investitionen, dann steigt der Pro-Kopf-Kapitalstock.

Abbildung 51 stellt diesen Zusammenhang dar. Aufgrund der Struktur der neoklassischen Produktionsfunktion zeigt sich, dass Kapitalintensität und Pro-Kopf-Einkommen wachsen, solange die Kapitalintensität unter ihrem Gleichgewichtswert liegt (solange $k<k^*$ gilt). In diesem Fall ist die Pro-Kopf-Ersparnis größer als die zur Aufrechterhaltung des status quo erforderlichen Investitionen und die Wachstumsrate des Pro-Kopf-Kapitalstocks $\hat{k}$ ist positiv. Im Gleichgewicht, also für k^*, ist die Wachstumsrate der Kapitalintensität gleich Null, der Pro-Kopf-Kapitalstock ändert sich nicht mehr. Für $k>k^*$ schrumpfen dagegen Kapitalintensität und Pro-Kopf-Einkommen, $\hat{k}$ ist negativ. Auf diese Weise strebt die Wirtschaft ohne äußere **Eingriffe** dem Gleichgewicht zu. Im Gleichgewicht wächst der aggregierte Output mit der gleichen Rate wie die Bevölkerung und der Pro-Kopf-Output bleibt konstant.

Das Wachstumsgleichgewicht hängt im Solow-Swan-Modell also nicht von den Anfangsbedingungen, sondern von den exogenen Bestimmungsgrößen s, n und δ ab. Sowohl die Kapitalintensität k als auch das Pro-Kopf-Einkommen y sind konstant. Der Kapitalstock K und das aggregierte Einkommen Y wachsen wegen des Bevölkerungswachstums mit der Rate n.

Eine regionalpolitische Kernfrage lautet stets, ob ohne wirtschaftpolitische Eingriffe Konvergenz zu erwarten ist. Hinsichtlich des Konvergenzbegriffes ist zwischen absoluter und bedingter **Konvergenz** zu unterscheiden. Nach dem Konzept der absoluten Konvergenz streben alle Volkswirtschaften bzw. Regionen auf ein gleiches, eindeutig bestimmtes Wachstumsgleichgewicht hin, also auf ein Pro-Kopf-Einkommen, das sich ohne äußere Eingriffe nicht mehr ändert und das für alle Regionen identisch ist. Bedingte Konvergenz bedeutet hingegen, dass jede Volkswirtschaft bzw. Region auf ihr eigenes, eindeutig bestimmtes Gleichgewicht zustrebt. Neben der absoluten und der bedingten Konvergenz kennt das volkswirtschaftliche Schrifttum auch den Begriff der Klubkonvergenz. Demzufolge gibt es verschiedene Gleichgewichte für verschiedene Gruppen von Ländern. Jedes Land gehört einer bestimmten Gruppe (Klub) an und strebt auf ein Pro-Kopf-Einkommen zu, das wiederum für alle Mitglieder dieses Klubs gleich aber von demjenigen anderer Klubs verschieden ist.

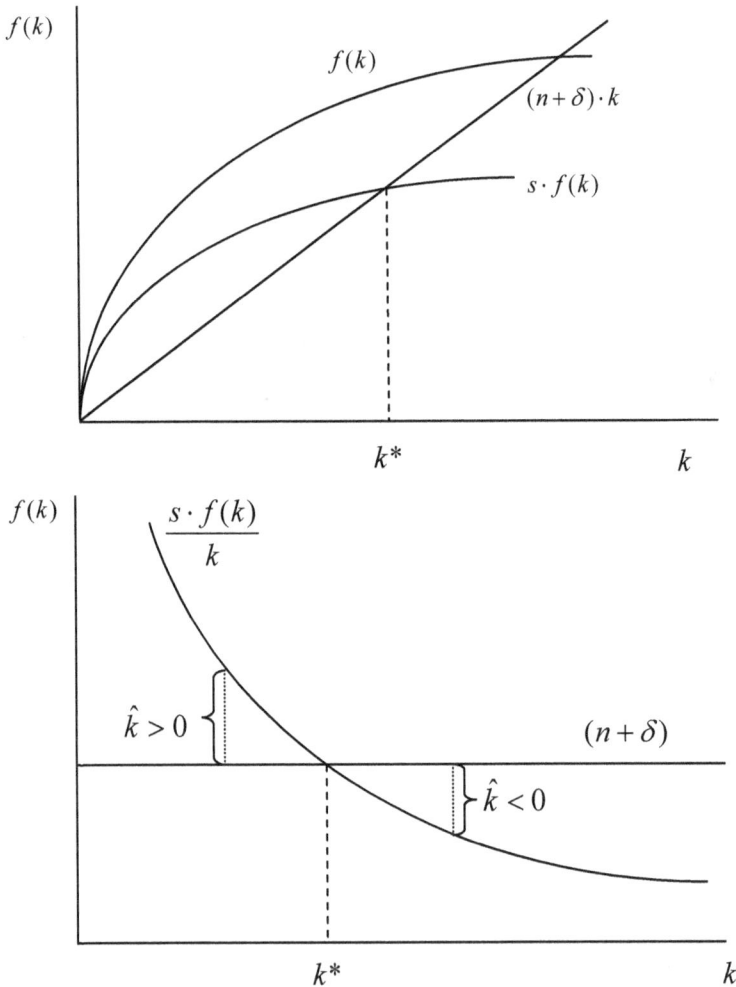

Abb. 3.15 Gleichgewicht im Solow-Swan Modell ohne technischen Fortschritt
(Quelle: Bretschger (2004, 28), eigene Darstellung)

Die Frage nach Konvergenz wird in diesem einfachen neoklassischen Wachstumsmodell ohne technischen Fortschritt eindeutig beantwortet: Es liegt bedingte Konvergenz (*β*-

Konvergenz) vor, weil ein Land abhängig von s, n und δ ein spezielles Gleichgewicht k^* bzw. y^* erreicht. Regionen, die weiter von ihrem Gleichgewichtswert entfernt sind, weisen höhere Wachstumsraten des Pro-Kopf-Einkommens auf als solche Regionen, die sich bereits näher am Gleichgewicht befinden. Nur bei gleichen Rahmenbedingungen, also gleichen Sparquoten, gleichem Bevölkerungswachstum und gleichen Abschreibungen, erreichen alle Regionen am Ende des Anpassungsprozesses das gleiche Pro-Kopf-Einkommen.

Die einzigen Wege, im Solow-Swan-Modell die Höhe des Pro-Kopf-Einkommens einer Region dauerhaft zu beeinflussen, liegen in der Veränderung der Sparquote (bzw. Investitionsquote), des Bevölkerungswachstums und des Abschreibungsbedarfs. Sowohl eine erhöhte Investitionsquote als auch verminderte Bevölkerungswachstums- und Abschreibungsraten führen zu einer Steigerung der gleichgewichtigen Kapitalintensität k^* und damit zu erhöhten Pro-Kopf-Einkommen. Alle anderen Instrumente, die eine Wirtschaft über k^* hinaus führen, können dem Modell zufolge keine dauerhaften Effekte haben, weil der Anpassungsprozess stets zum Gleichgewicht zurück tendiert.

Betrachtet man beispielsweise ausgehend vom Gleichgewicht k^* einen einmaligen Einwanderungsschub, der zu einer gesteigerten Anzahl von Arbeitskräften L, nicht jedoch zu einem Anstieg der Wachstumsrate n führt, dann bleibt der Gleichgewichtswert q unverändert, aber der aktuelle Wert der Kapitalintensität k fällt unter k^*. Für $k<k^*$ ist die Pro-Kopf-Ersparnis größer als der Investitionsbedarf und die Kapitalintensität steigt, so dass die Wirtschaft zum ursprünglichen Gleichgewicht zurückfindet. Steigt dagegen die Wachstumsrate n, dann dreht sich im oberen Teil der Abbildung 3.14 die Gerade nach oben und schneidet die Pro-Kopf-Sparfunktion links vom ursprünglichen Gleichgewichtswert. Die gleichgewichtige Kapitalintensität und das gleichgewichtige Pro-Kopf-Einkommen sinken also, wenn die Wachstumsrate der Bevölkerung ansteigt.

Bei der Beeinflussung der Sparquote ist jedoch zu beachten, dass auch des Guten zu viel getan werden kann. Ziel allen wirtschaftlichen Handelns ist annahmegemäß die Maximierung der gesamtwirtschaftlichen Wohlfahrt. Stellvertretend für die Gesamtgesellschaft soll der Nutzen eines repräsentativen Individuums maximiert werden. Dieser individuelle Nutzen resultiere wiederum aus dem Pro-Kopf-Konsum. Je höher der Pro-Kopf-Konsum, desto höher ist annahmegemäß der Nutzen des repräsentativen Individuums und damit die gesamtwirtschaftliche **Wohlfahrt**. Die Beeinflussung der Spar- bzw. Investitionsquote sollte dem Modell zufolge also so ausgerichtet sein, dass der gleichgewichtige Pro-Kopf-Konsum (c^*) maximal wird. Für den Pro-Kopf-Konsum (c) gilt

$$c = (1-s)\cdot y = (1-s)\cdot f(k) = f(k) - s\cdot f(k)\,. \tag{3.101}$$

Im Gleichgewicht ist

$$s\cdot f(k^*) = (n+\delta)\cdot k^*\,. \tag{3.102}$$

Der gleichgewichtige Pro-Kopf-Konsum ist damit

$$c^* = f(k^*) - (n+\delta)\cdot k^*\,. \tag{3.103}$$

Er wird maximal für eine ganz bestimmte Kapitalintensität k^*_{gold}, für die gilt

$$f'(k^*_{gold}) = n + \delta \,. \tag{3.104}$$

Diese Bedingung ist als goldene Regel der Kapitalakkumulation bekannt. Der Ausdruck $(f'(k))$ auf der rechten Seite der Gleichung bezeichnet die Grenzproduktivität des Kapitals. Auf der linken Seite der Gleichung gibt n nicht nur die exogene Wachstumsrate der Bevölkerung, sondern wie oben gezeigt auch die Wachstumsrate der Kapitalintensität und des Pro-Kopf-Einkommens an. Die **goldene Regel der Kapitalakkumulation** besagt nun, dass die Grenzproduktivität des Kapitals der Wachstumsrate des Pro-Kopf-Einkommens zuzüglich des Abschreibungssatzes entsprechen muss.

Um die Kapitalintensität k^*_{gold} zu erreichen, ist wiederum eine ganz bestimmte „goldene" Sparquote s_{gold} erforderlich. Wird in einer Wirtschaft zu viel oder zu wenig gespart, dann wird der maximale Pro-Kopf-Konsum nicht erreicht und die gesamtwirtschaftliche Wohlfahrt ist nicht optimiert.

Die Frage ist nun, ob diese **goldene Sparquote** in einer Marktwirtschaft auch ohne Staatseingriffe realisiert wird. Im Folgenden ist π der Gewinn eines Unternehmens, w der Lohnsatz und i der Zinssatz. Der Gewinn ergibt sich aus den Erlösen $p \cdot F(K, L)$ abzüglich der Lohnkosten $w \cdot L$, der Zinsen $i \cdot K$ und der Abschreibungen $\delta \cdot K$. Zur Vereinfachung wird der Güterpreis gleich Eins gesetzt. Dann ist der Gewinn

$$\pi = F(K, L) - w \cdot L - i \cdot K - \delta \cdot K \,. \tag{3.105}$$

Der Gewinn wird maximal, wenn das Grenzprodukt der Arbeit dem Lohnsatz w entspricht

$$\frac{\partial F(K, L)}{\partial L} = w \tag{3.106}$$

und das Grenzprodukt des Kapitals mit der Summe aus Zinssatz i und Abschreibungssatz δ übereinstimmt

$$\frac{\partial F(K, L)}{\partial K} = i + \delta \,. \tag{3.107}$$

Diese Bedingung entspricht offenbar nur zufällig der goldenen Regel der Kapitalakkumulation, nämlich dann, wenn gilt $n = i$. Der Markt bringt die optimale Kapitalintensität k^*_{gold} also in der Regel nicht zustande. Für $i<n$ wird zu viel Kapital akkumuliert, für $i>n$ zu wenig. In diesem Fall kann die Wirtschaftspolitik durch investitionsfördernde Maßnahmen die gesamtwirtschaftliche Wohlfahrt erhöhen.

Für $k^*<k^*_{gold}$ ist es wirtschaftspolitisch geboten, den Kapitalstock zu erhöhen, um dauerhaft mehr Konsum zu ermöglichen. Dies erfordert allerdings zunächst einen Konsumverzicht. Umgekehrt ist für $k^*>k^*_{gold}$ eine Verringerung der Sparquote empfehlenswert. Dadurch kann bereits in der Gegenwart der Konsum gesteigert werden und langfristig wird das optimale Konsumniveau realisiert.

Abbildung 3.15 veranschaulicht, dass der Pro-Kopf-Konsum für genau eine Sparquote (s_{gold}) maximal wird. Sowohl für größere Werte (s_1) als auch für kleinere Werte (s_2) der Spar- bzw. Investitionsquote wird ein geringerer Pro-Kopf-Konsum realisiert.

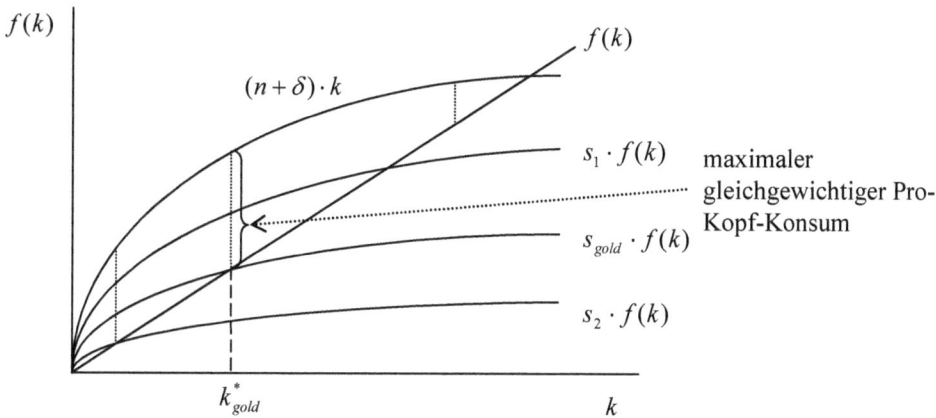

Abb. 3.16 Goldene Sparquote
(Quelle: Bretschger (2004, 28), eigene Darstellung)

Eine wesentliche Stärke des Solow-Swan-Modells besteht darin, die Zusammenhänge zwischen Investitionsquote und Pro-Kopf-Einkommen sowie zwischen Bevölkerungswachstum und Pro-Kopf-Einkommen auf einfache Weise analytisch herzuleiten. Die Ergebnisse sind plausibel und empirisch für viele Länder nachgewiesen. Kritik am Grundmodell bezieht sich dagegen darauf, dass ein dauerhaftes Wachstum der Pro-Kopf-Einkommen, das ebenfalls empirisch beobachtbar ist, nicht erklärt werden kann, weil der Wachstumsprozess im Gleichgewicht zum Stillstand kommt. Dieser Kritikpunkt wird von Solow selbst aufgenommen, indem er technischen Fortschritt in das Modell integriert.

Dabei wird angenommen, dass der **technische Fortschritt** (A) arbeitsvermehrend ist, also die Arbeitsproduktivität erhöht. Der technische Fortschritt wird dabei nicht aus dem Modell heraus erklärt, sondern als exogen unterstellt. Bei der gleichen Anzahl von Beschäftigten (L) kann nun mehr produziert werden, weil jede einzelne Arbeitsstunde produktiver genutzt wird. Die Produktionsfunktion lässt sich dann schreiben als

$$Y = F(K, A \cdot L) \,, \qquad\qquad (3.108)$$

wobei das Produkt aus technischem Fortschritt A und Beschäftigtenzahl L als effektive Arbeit bezeichnet wird.

Für die Produktionsfunktion gelten weiterhin die oben erläuterten neoklassischen Standard-annahmen. Auch die Annahmen eines exogenen Bevölkerungswachstums mit konstanter Wachstumsrate n, des exogen bestimmten Abschreibungsbedarfs mit der Rate δ und der konstanten Spar- bzw. Investitionsquote s werden beibehalten.

Das Pro-Kopf-Einkommen in **Arbeitseffizienzeinheiten** $\tilde{y}$ ist nun definiert als

$$\tilde{y} = \frac{Y}{A \cdot L} \tag{3.109}$$

und für die Kapitalintensität in Effizienzeinheiten gilt analog

$$\tilde{k} = \frac{K}{A \cdot L} \, . \tag{3.110}$$

Die Wachstumsrate der Kapitalintensität in Effizienzeinheiten lässt sich damit berechnen als

$$\frac{\mathrm{d}\tilde{k} / \mathrm{d}t}{\tilde{k}} = \frac{\mathrm{d}K / \mathrm{d}t}{K} - \frac{\mathrm{d}A / \mathrm{d}t}{A} - \frac{\mathrm{d}L / \mathrm{d}t}{L} \, . \tag{3.111}$$

Wie oben gilt für die Wachstumsrate der Bevölkerung

$$\frac{\mathrm{d}L / \mathrm{d}t}{L} = n \, . \tag{3.112}$$

Der technische Fortschritt A wächst annahmegemäß im Zeitablauf mit konstanter exogener Rate g

$$\frac{\mathrm{d}A / \mathrm{d}t}{A} = g \, . \tag{3.113}$$

Aus der Hypothese über Ersparnis und Investition ergibt sich

$$S = s \cdot Y = \frac{\mathrm{d}K}{\mathrm{d}t} + \delta \cdot K \, . \tag{3.114}$$

Die Auflösung nach der Wachstumsrate des aggregierten Kapitalbestandes ergibt

$$\frac{\mathrm{d}K / \mathrm{d}t}{K} = s \cdot \frac{Y}{K} - \delta \, . \tag{3.115}$$

Mit den Ausdrücken für Pro-Kopf-Einkommen und Kapitalintensität in Effizienzeinheiten ergibt sich daraus

$$\frac{dK/dt}{K} = s \cdot \frac{\tilde{y}}{\tilde{k}} - \delta . \qquad (3.116)$$

Für die Wachstumsrate der Kapitalintensität in Effizienzeinheiten gilt damit

$$\frac{d\tilde{k}/dt}{\tilde{k}} = \frac{dK/dt}{K} - \frac{dA/dt}{A} - \frac{dL/dt}{L} = s \cdot \frac{\tilde{y}}{\tilde{k}} - \delta - g - n = s \cdot \frac{\tilde{y}}{\tilde{k}} - (\delta + g + n) . \qquad (3.117)$$

Die Änderung der Kapitalintensität über die Zeit lautet entsprechend

$$d\tilde{k}/dt = s \cdot \tilde{y} - (\delta + n + g) \cdot \tilde{k} . \qquad (3.118)$$

Die **fundamentale Wachstumsgleichung** mit technischem Fortschritt ähnelt demnach strukturell derjenigen ohne technischen Fortschritt. Unterschiede bestehen lediglich in der Definition der Kapitalintensität und des Pro-Kopf-Einkommens sowie in der Einbeziehung der Wachstumsrate des technischen Fortschritts. Im Wachstumsgleichgewicht ist nun nicht mehr die Kapitalintensität k, sondern die Kapitalintensität in Effizienzeinheiten $\tilde{k}$ konstant. Der gleichgewichtige Kapitalstock in Effizienzeinheiten ($\tilde{k}^*$) ergibt sich analog zur oben erläuterten Vorgehensweise im Fall ohne technischen Fortschritt.

Für

$$d\tilde{k}/dt = 0 \qquad (3.119)$$

ist

$$s \cdot \tilde{y} = (\delta + n + g) \cdot \tilde{k} . \qquad (3.120)$$

Ähnlichkeiten zeigen sich auch bezüglich der **goldenen Sparquote**. Gesucht ist mit technischem Fortschritt diejenige Sparquote, die den Pro-Kopf-Konsum, also

$$\tilde{c}^* = \tilde{y}^* - (n + g + \delta) \cdot \tilde{k}^* = f(\tilde{k}^*) - (n + g + \delta) \cdot \tilde{k}^* \qquad (3.121)$$

maximiert.

Die **goldene Regel der Kapitalakkumulation** lautet jetzt

$$f'(\tilde{k}^*) = n + \delta + g . \qquad (3.122)$$

Aus dieser Bedingung lässt sich ein $\tilde{k}_{gold}$ ableiten, das bei einer bestimmten Sparquote erreicht wird.

Abbildung 3.16 zeigt die Analogie zwischen den Modellen mit und ohne technischen Fortschritt. In beiden Fällen – mit und ohne technischen Fortschritt – hängt das Wachstumsgleichgewicht nicht von den Anfangsbedingungen, sondern von den exogenen Bestimmungsgrößen s, n, δ und im Fall des technischen Fortschritts auch von g ab. Sowohl die Kapitalintensität in Effizienzeinheiten $\tilde{k}$ als auch das Pro-Kopf-Einkommen in Effizienzeinheiten $\tilde{y}$ sind konstant. Die Kapitalintensität k und das Pro-Kopf-Einkommen y wachsen aufgrund des technischen Fortschritts mit der Rate g. Der Kapitalstock K und das aggregierte Einkommen Y wachsen wegen des technischen Fortschritts und des Bevölkerungswachstums mit der Rate $(g+n)$.

Im Folgenden soll die Modellmechanik eines Solow Modells mit technischem Fortschritt am Beispiel einer **Cobb-Douglas-Produktionsfunktion** erläutert werden. Die Produktionsfunktion sei

$$Y = K^{\alpha} \cdot \left(A \cdot L \right)^{1-\alpha} . \tag{3.123}$$

Die Produktionsfunktion in Arbeitseffizienzeinheiten ist dann

$$\tilde{y} = \tilde{k}^{\alpha} . \tag{3.124}$$

Im Wachstumsgleichgewicht gilt

$$s \cdot \tilde{y} = \left(n + g + \delta \right) \cdot \tilde{k} \tag{3.125}$$

und damit

$$s \cdot \tilde{k}^{\alpha} = \left(n + g + \delta \right) \cdot \tilde{k} . \tag{3.126}$$

Auflösen nach $\tilde{k}$ ergibt

$$\tilde{k} = \left(\frac{s}{n + g + \delta} \right)^{\frac{1}{1-\alpha}} \tag{3.127}$$

und wegen $\tilde{y} = \tilde{k}^{\alpha}$ gilt

$$\tilde{y} = \left(\frac{s}{n + g + \delta} \right)^{\frac{\alpha}{1-\alpha}} \tag{3.128}$$

Angenommen es gelte $\alpha = 1/3$, die Bevölkerung wachse mit der Rate $n = 0,02$ und der technische Fortschritt mit der Rate $g = 0,03$. Die Sparquote sei $s = 0,2$ und der Abschreibungssatz $\delta = 0,05$. Dann ergibt sich für die Pro-Kopf-Kapitalintensität $\tilde{k} = 2,8$ und für das Pro-Kopf-Einkommen $\tilde{y} = 1,4$.

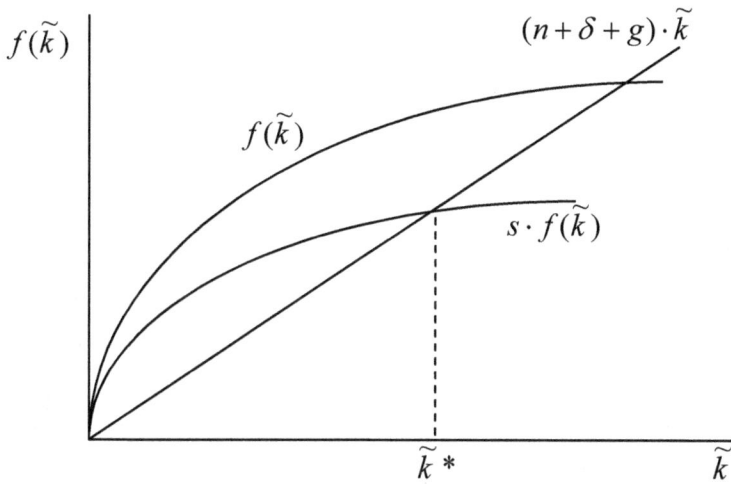

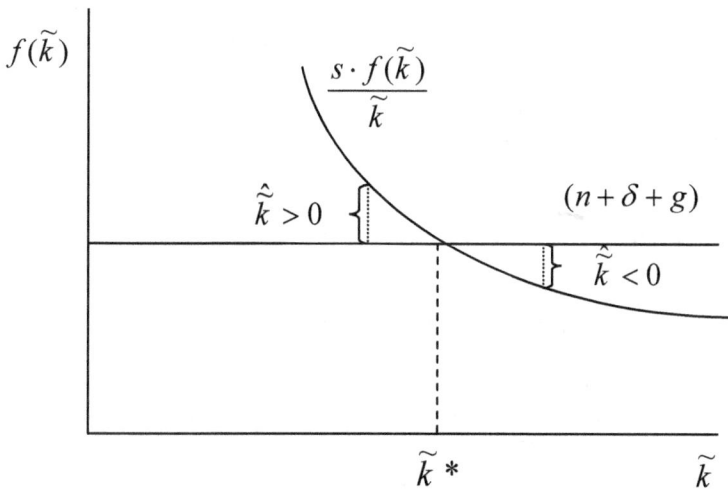

Abb. 3.17 Solow-Swan Modell mit technischem Fortschritt
(Quelle: Bretschger (2004, 28), eigene Darstellung)

Nach der goldenen Regel der Kapitalakkumulation muss gelten

$$f'\left(\tilde{k}^{*}\right) = n + \delta + g \, , \tag{3.129}$$

in diesem Beispiel also

$$\alpha \cdot \tilde{k}^{\alpha-1} = n + \delta + g \, . \tag{3.130}$$

Auflösen nach $\tilde{k}$ ergibt

$$\tilde{k} = \left(\frac{\alpha}{n+g+\delta} \right)^{\frac{1}{1-\alpha}}. \tag{3.131}$$

Nimmt man dieses Ergebnis zusammen mit der Bedingung im Wachstumsgleichgewicht, dann zeigt sich, dass für die goldene Sparquote gilt

$s_{gold} = \alpha$. Im Beispiel muss die Sparquote also von 1/5 auf 1/3 steigen, damit die gesamtwirtschaftliche Wohlfahrt maximal wird.

Der technische Fortschritt wird im Solow-Modell als gegeben angenommen. Die exogene Wachstumsrate des technischen Fortschritts g ist zugleich die Wachstumsrate des Pro-Kopf Einkommens, sie erklärt dauerhaftes Wachstum im Solow-Modell. Gerade die Exogenität des technischen Fortschritts ist Gegenstand der Kritik, da das zu erklärende Phänomen, dauerhaft positives Wachstum des Pro-Kopf-Einkommens, unerklärt von außen in das Modell hineingesteckt wird. Auch Anhaltspunkte für eine gezielte Forschungs- und Technologieförderung ergeben sich aus dem Modell heraus nicht. Vor diesem Hintergrund hat sich die Neue Wachstumstheorie intensiv mit der Frage beschäftigt, wie dauerhaft positives Wachstum aus dem Modell heraus zu erklären ist. Bevor jedoch die Neue Wachstumstheorie dargestellt wird, soll ein kurzer Einblick in das Basismodell der keynesianischen Wachstumstheorie gegeben werden. Kerngedanke dieses Ansatzes ist es (ganz im Gegensatz zum neoklassischen Modell), dass die Wirtschaft ohne Staatseingriffe mit hoher Wahrscheinlichkeit nicht zum Wachstumsgleichgewicht findet.

3.2.2   Keynesianische Wachstumstheorie

Aufbauend auf den Arbeiten von **Harrod** (1939) und **Domar** (1946) hat sich eine keynesianisch geprägte Wachstumstheorie entwickelt, deren Ergebnisse hinsichtlich der Selbstregulierungskräfte des Marktes weitaus weniger optimistisch sind als die neoklassische Wachstumstheorie in der Tradition von Solow und Swan. Die folgende Darstellung des Harrod-Domar-Modells orientiert sich an derjenigen in Bretschger (2004; 14ff.) und Farmer/Wendner (1999, 31ff.).

Ausgangspunkt des Domar-Modells ist der Zusammenhang zwischen dem gesamtwirtschaftlichen Output Y und den Investitionen I. Dabei bezeichnet I die Nettoinvestitionen, also die Bruttoinvestitionen abzüglich der Abschreibungen. Wie im statischen keynesianischen Grundmodell wird eine geschlossene Volkswirtschaft betrachtet, in der die gesamtwirtschaftliche Nachfrage Y aus dem Konsum C der privaten Haushalte und den Investitionen I der Unternehmen besteht. Dabei sei der Konsum vom Einkommen Y abhängig und die marginale Konsumneigung c sei konstant. Der elementare **Multiplikator** lautet in diesem Fall

$$\frac{1}{1-c}. \tag{3.132}$$

Für das Einkommen gilt

$$Y = C(Y) + I = c \cdot Y + I .$$ (3.133)

Aus der Einkommensabhägigkeit des Konsums ergibt sich, dass auch die Ersparnis S von Einkommen Y abhängt. Wegen der konstanten Konsumneigung c ist auch die Sparneigung s konstant. Es gilt

$$S(Y) = s \cdot Y = I$$ (3.134)

und damit

$$Y = \frac{I}{s} .$$ (3.135)

Der Ausdruck

$$\frac{1}{s}$$ (3.136)

ist der elementare Multiplikator in Abhängigkeit der Sparquote. Er gibt an, wie sich die gesamtwirtschaftliche Nachfrage Y^d und damit (bei Unterauslastung der Produktionskapazitäten) das gesamtwirtschaftliche Einkommen ändert, wenn sich die autonomen Investititonen ändern. Erhöhen sich die Investititonen, dann steigt die gesamtwirtschaftliche Nachfrage Y^d um das $1/s$ -fache. Wenn t die Zeit. bezeichnet, dann gilt für die Veränderung der gesamtwirtschaftlichen Nachfrage über die Zeit

$$\mathrm{d}Y^d / \mathrm{d}t = \frac{1}{s} \cdot \mathrm{d}I / \mathrm{d}t .$$ (3.137)

Dieser Effekt wird **Einkommenseffekt** genannt. Die Gleichung macht deutlich, wie eine Investition nachfrageseitig auf das Volkseinkommen wirkt. Liegt die Sparquote etwa bei s=0,2, dann wächst die Nachfrage um 5 Einheiten, wenn die Investitionen um eine Einheit steigen.

Im Folgenden soll die Angebotsseite des Outputmarktes betrachtet werden. Hinsichtlich der Beziehung zwischen Kapitaleinsatz K und Output Y geht Domar von einem konstanten Verhältnis

$$v = \frac{K}{Y}$$ (3.138)

Keynesianisches Grundmodell

Das einfachste keynesianische Modell ist wie folgt aufgebaut: Der Konsum hängt vom laufenden Einkommen ab *(C=C(Y))*. Das Sparen, das sich aus der Budgetrestriktion *Y = C+S* als Restgröße ergibt, ist damit ebenfalls einkommensabhängig *(S=S(Y))*. Das Investitionsvolumen I ist exogen gegeben *(I= $\bar{I}$)*. Die Kapazitäten sind nicht ausgelastet. Es gibt keine Lagerhaltung. Die effektive Nachfrage (Y^d) lautet $Y^d = C_{aut} + C_Y \cdot Y + I$. Dabei wird $C_Y = \dfrac{dC}{dY}$ als Grenzneigung zum Konsum (marginale Konsumneigung oder marginale Konsumquote) bezeichnet. Im Unterschied dazu bezeichnet C/Y die durchschnittliche Konsumneigung (oder durchschnittliche Konsumquote). Durchschnittliche und marginale Konsumneigung stimmen überein, wenn der autonome Konsum Null ist.Die Gleichgewichtsbedingung für den Gütermarkt ist $Y^d = Y$. Das Gleichgewichtseinkommen Y$_0$ ergibt sich aus dem Gleichsetzen der effektiven Nachfrage (Y^d) mit der Produktion Y. Für das Gleichgewichtseinkommen gilt $Y_0 = \dfrac{1}{1-C_Y} \cdot (C_{aut} + I)$. Der Term $\dfrac{1}{1-C_Y}$ heißt elementarer Mulitplikator und gibt an, wie das Realeinkommen sich verändert, wenn sich der autonome Konsum oder die (exogenen) Investitionen ändern. Diesem Ansatz zufolge ist Y$_0$ das einzige Einkommen, das mit einem Gütermarktgleichgewicht vereinbar ist. Es stimmt nur zufällig mit dem Vollbeschäftigungseinkommen *Y** überein. Wenn Y$_0$ kleiner ist als *Y**, dann herrscht – unabhängig vom Reallohn – Arbeitslosigkeit. Eine alternative Darstellung des Modells erhält man aus der effektiven Nachfragefunktion $Y^d = C_{aut} + C_Y \cdot Y + I = C(Y) + I$ in Zusammenhang mit der Budgetrestriktion *Y = C(Y)+S(Y)*. Hieraus ergibt sich die Bedingung *S(Y)=I*. Auf dem Kapitalmarkt passen sich Angebot (Sparen) und Nachfrage (Investitionen) über ein verändertes Realeinkommen an (Felderer/Homburg 2005, 112ff.).

---

aus, wobei v als Kapitalkoeffizient bezeichnet wird. Anders als im neoklassischen Grundmodell werden hier feste Faktoreinsatzverhältnisse unterstellt. Die Investition, also die Änderung des aggregierten Kapitalstocks

$$I(t) = dK / dt \tag{3.139}$$

führt wiederum zu einer Ausweitung des Güterangebots in Höhe von

$$\frac{dY}{dt} = \frac{1}{v} \cdot \frac{dK}{dt} = \frac{1}{v} \cdot I(t). \tag{3.140}$$

Dieser Effekt wird als **Kapazitätseffekt** bezeichnet.

Im Wachstumsgleichgewicht muss der Einkommenseffekt dem Kapazitätseffekt entsprechen, es muss also gelten

$$dY^d = dY^s \text{ bzw.} \tag{3.141}$$

$$\frac{1}{s} \cdot dI = \frac{1}{v} \cdot I . \tag{3.142}$$

Die Wachstumsrate der Investitionen dI/I muss also s/v betragen, damit ein Wachstumsgleichgewicht besteht:

$$\frac{dI}{I} = \frac{s}{v} . \tag{3.143}$$

Wegen des Zusammenhangs zwischen Investitionen und Sparen

$$I(t) = S(t) = s \cdot Y(t) \tag{3.144}$$

ist s/v zugleich auch die Wachstumsrate des gesamtwirtschaftlichen Outputs. Der Kapitalkoeffizient v wird als konstant angenommen wird und es gilt

$$Y(t) = \frac{1}{v} \cdot K(t) . \tag{3.145}$$

Deshalb ist s/v auch die Wachstumsrate des aggregierten Kapitalstocks. Zusammenfassend lässt sich also festhalten, dass

$$\frac{dI}{I} = \frac{dK}{K} = \frac{dY}{Y} = \frac{s}{v} \tag{3.146}$$

gelten muss, wenn sich die Wirtschaft im Wachstumsgleichgewicht befindet.

Der Ausdruck s/v wird auch als **wünschenswerte Wachstumsrate** bezeichnet. Sie gibt diejenige Wachstumsrate an, bei der Angebot und Nachfrage langfristig im Gleichgewicht sind. Im Gegensatz dazu spricht man von der Wachstumsrate der Bevölkerung als **natürlicher Wachstumsrate**.

Die Wachstumsrate der Bevölkerung sei exogen mit n gegeben. Damit dauerhaft Vollbeschäftigung herrscht, muss der aggregierte Output Y ebenfalls mit der Rate n wachsen. Das Pro-Kopf-Einkommen bliebe in diesem Fall konstant. Ein dauerhaftes Vollbeschäftigungsgleichgewicht setzt also voraus, dass gilt

$$\frac{s}{v} = n . \tag{3.147}$$

Da sowohl s und v als auch n exogene Größen sind, ist die Bedingung nur zufällig erfüllt. Für die Mehrzahl aller Fälle sagt das Domar-Modell demnach ein Ungleichgewicht voraus.

Abbildung 3.17 veranschaulicht noch einmal das Gleichgewichtswachstum im Domar-Modell. Ausgangspunkt ist der Kapitalstock K_0, mit dem das Güterangebot $Y^s=K_0/v$ produziert wird. Wegen des konstanten Kapitalkoeffizienten liegt mit der Höhe des Kapitalstocks das Güterangebot fest. Im Gleichgewicht entspricht das Güterangebot der Güternachfrage, es gilt $Y^s=Y^d=Y$. Die Ersparnis ergibt sich als konstanter Anteil am Volkseinkommen, es gilt $S=sY^d$. Der Kapitalmarkt ist im Gleichgewicht für $I=S$. Die Investititonen erhöhen nun wiederum den Kapitalstock um $I=dK$, so dass $K_1=K_0+dK$ gilt. Ausgangspunkt der kommenden Periode ist damit K_1, der Prozess beginnt mit erhöhtem Kapitalstock von vorn.

Der Ansatz von **Harrod** lässt sich mit demselben Gleichungssystem beschreiben wie das Modell von Domar. Trotz dieser formalen Übereinstimmung unterscheiden sich die beiden Konzepte allerdings wesentlich voneinander. Während Domar die Investitionen und ihr Verhältnis zum Güterangebot zum Ausgangspunkt nimmt, gehen im Harrod-Modell Wachstumsimpulse von Änderungen der Gesamtnachfrage aus. Auch Harrod setzt dabei einen konstanten Kapitalkoeffizienten v voraus. Seiner Auffassung zufolge bilden Nachfrageerhöhungen den Ausgangspunkt für Investititonen, wobei er ausgelastete Kapazitäten unterstellt. Kapazitätserweiterungen erfolgen annahmegemäß unendlich schnell. Wenn die Nachfrage um dY^d zunimmt, werden wegen der Kapazitätsauslastung Investitionen in Höhe von $v \cdot dY^d$ erforderlich, es gilt also

$$I = v \cdot dY^d .$$ (3.148)

Diesen Zusammenhang nennt Harrod **Akzeleratoreffekt**. Wenn wie im Domar Modell die Annahme einer konstanten Sparquote hinzukommt, also

$$S = s \cdot Y^d ,$$ (3.149)

unterstellt wird, dann ergibt sich für $I = S$ im Gleichgewicht

$$\frac{s}{v} = \frac{dY^d}{Y^d} .$$ (3.150)

Wegen des konstanten Kapitalkoeffizienten gilt damit zugleich

$$\frac{dK}{K} = \frac{dY}{Y} = \frac{s}{v} .$$ (3.151)

Formal führen die Ansätze von Harrod und Domar also zum gleichen Wachstumsmodell. Beide Ansätze sind als Ergänzung des (statischen) keynesianischen Makromodells zu verstehen und zeigen sich **pessimistisch** hinsichtlich eines gleichgewichtigen Wachstumspfades ohne Staatseingriffe. Dies setzt voraus, dass die gleichgewichtige Wachstumsrate s/v mit der natürlichen Wachstumsrate n übereinstimmt, was nur in Ausnahmefällen gegeben sein dürfte.

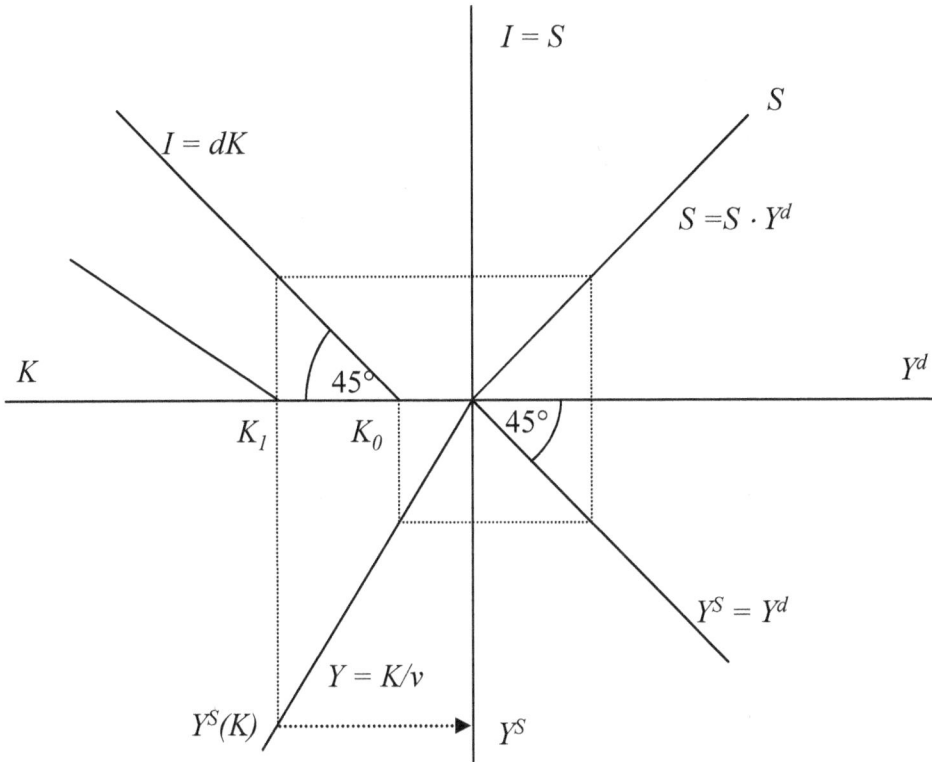

Abb. 3.18 Domar Modell
(Quelle: Bretschger (2004, 16), eigene Darstellung)

Die Modellimplikationen sollen noch einmal am Beispiel einer **Leontief-Produktions-**
funktion verdeutlicht werden, die den Zusammenhang zwischen dem Einsatz der Produktionsfaktoren Kapital (K) und Arbeit (L) und der maximal möglichen Ausbringungsmenge
wiedergibt

$$Y = \min\left[A^L \cdot L, A^K \cdot K \right]. \qquad (3.152)$$

Dabei bezeichnen A^L und A^K die jeweils exogen gegebenen Produktivitäten der Produktionsfaktoren Arbeit (L) und Kapital (K). In Pro-Kopf-Schreibweise, also nach Division durch die
Bevölkerungszahl L, ergibt sich die Leontief-Produktionsfunktion zum Zeitpunkt t als

$$y(t) = \min\left[A^L, A^K \cdot k(t) \right], \qquad (3.153)$$

wobei

$$k(t) = \frac{K(t)}{L(t)} \qquad (3.154)$$

die Kapitalintensität darstellt.

Letztere spielt ebenso wie im Solow-Swan-Modell eine wesentliche Rolle zur Bestimmung des Pro-Kopf-Einkommens. Die Veränderung der Kapitalintensität über die Zeit lässt sich schreiben als

$$\hat{k} = \hat{K} - \hat{L}, \qquad (3.155)$$

wobei

$$\hat{K} = \frac{s \cdot Y(t) - \delta \cdot K(t)}{K(t)} \quad \text{und} \qquad (3.156)$$

$$\hat{L} = n \qquad (3.157)$$

gelten sollen. Wie im Modell von Solow und Swan sind die Sparquote s, der Anschreibungssatz δ und die Wachstumsrate der Bevölkerung n konstant und gegeben. Wenn die beiden zuletzt genannten Gleichungen in die Gleichung zur Bestimmung der Wachstumsrate der Kapitalintensität eingesetzt werden, dann gilt

$$\hat{k} = \frac{s \cdot Y(t) - \delta \cdot K(t)}{K(t)} - n. \qquad (3.158)$$

Erweitern mit $L(t)$ führt zu

$$\hat{k} = \frac{s \cdot \dfrac{Y(t)}{L(t)} - \delta \cdot \dfrac{K(t)}{L(t)}}{\dfrac{K(t)}{L(t)}} - n \qquad (3.159)$$

oder nach Umformen

$$\hat{k} = \frac{s \cdot y(t) - \delta \cdot k(t)}{k(t)} - n, \qquad (3.160)$$

was gleichbedeutend ist mit

$$\hat{k} = \frac{s \cdot y(t)}{k(t)} - (\delta + n). \qquad (3.161)$$

Für die weitere wirtschaftliche Entwicklung eines Landes ist nun entscheidend, ob in der Leontief-Pro-Kopf-Produktionsfunktion Arbeit oder Kapital der Faktor ist, der die Pro-Kopf-Ausbringung begrenzt. Ist Arbeit der begrenzende Faktor, dann gilt

$$y(t) = A^L.$$ (3.162)

Dieser Fall, in dem ein Mangel an Arbeitskräften herrscht, ist aus keynesianischer Sicht für die politische Praxis irrelevant. Angesichts von Massenarbeitslosigkeit wird vielmehr der Fall mangelnder Kapitalausstattung als realistisch angesehen.

Wenn Kapital der begrenzende Faktor ist, dann gilt

$$y(t) = A^K \cdot k(t).$$ (3.163)

Wenn man diese Pro-Kopf-Produktionsfunktion in die Gleichung zur Bestimmung der Wachstumsrate der Kapitalintensität einsetzt, so erhält man

$$\hat{k} = s \cdot A^K - (\delta + n).$$ (3.164)

Die Wachstumsrate der Kapitalintensität wird jetzt durch vier exogene Größen bestimmt, nämlich durch die Sparquote s, die Kapitalproduktivität A^k, die Abschreibungsrate δ und die Wachstumsrate der Bevölkerung n.

Gleichgewichtiges Wachstum setzt voraus, dass gilt

$$s \cdot A^K = (\delta + n).$$ (3.165)

Diese Bedingung dürfte wohl nur in Ausnahmefällen erfüllt sein.

Für

$$s \cdot A^K > (\delta + n)$$ (3.166)

weist die betreffende Volkswirtschaft ungenutzte Kapitalbestände auf.

Der bedrohlichere Fall ist allerdings

$$s \cdot A^K < (\delta + n).$$ (3.167)

Ist diese Relation gegeben, so schrumpft die Wirtschaft unaufhörlich und nähert sich dem Ursprung des Koordinatensystems, in dem gar nichts mehr produziert wird. Um diesen Fall zu verhindern, sind staatliche Eingriffe in den Wachstumsprozess dringend erforderlich.

Pessimistische Szenarien ergeben sich auch aus der **Wachstumspoltheorie**, die ebenfalls keynesianischen Ursprungs ist und im Folgenden kurz skizziert werden soll.

Die Grundidee der Polariationstheorien besteht darin, sektorale und regionale Ballung durch sich selbst verstärkende Prozesse zu erklären. Als Ursprung der Wachstumspoltheorie gilt ein Beitrag von Francois Perroux (1955), der zunächst feststellt, dass Wachstum nicht überall zur gleichen Zeit stattfindet, sondern mit unterschiedlicher Intensität an verschiedenen Orten, wobei es sich durch unterschiedliche Kanäle verbreitet. Diese Beobachtung wird ergänzt durch Hirschman (1958), der konstatiert, dass ein Land, das ein höheres Einkommensniveau erreichen möchte, zunächst in seinen Wachstumspolen wachsen muss. Wenngleich es keine einheitliche Wachstumspoltheorie gibt, so weisen die verschiedenen Ansätze doch Gemeinsamkeiten auf, allen voran die Skepsis gegenüber neoklassischen Gleichgewichtstheorien. Erklärungsansätze für Wachstum liegen nach der Theorie der Wachstumspole in interindustriellen Beziehungen sowie in Multiplikator- und Akzeleratorbeziehungen. Gerade letzteres verdeutlicht den Bezug zur keynesianischen Theorie (Campbell 1974, 43).

Gegenstand der Arbeit von Perroux ist **sektorales Wachstum**. Letzteres basiert auf Innovationen, die – wie bei Schumpeter (1911) – zur Herausbildung neuer dominierender Unternehmen oder Unternehmensgruppen führen. Innovationen verschaffen Unternehmen im Idealfall eine Monopolstellung, die mit Monopolgewinnen einhergeht, in jedem Fall aber einen Vorsprung gegenüber Konkurrenten. Bei den Innovatoren kann es sich um Einzelunternehmen, um rechtlich und organisatorisch zusammenhängende Gruppen oder auch um nichtinstitutionalisierte Unternehmensgruppen handeln. Diese Unternehmen oder Gruppen werden motorische Einheiten oder sektorale Wachstumspole genannt. Sie sind Perroux zufolge überwiegend dem sekundären Sektor zuzuordnen und gelten als wichtigste Akteure für Wachstum und Entwicklung der Wirtschaft. Typische Charakteristika von motorischen Einheiten sind nach Perroux eine bedeutende Größe und überdurchschnittliches Wachstum, wobei als Kennziffern der Marktanteil oder Bruttoproduktionswert herangezogen werden. Strategisch bedeutsam ist die enge Verflechtung der motorischen Einheiten mit anderen Bereichen der Wirtschaft. Sie wird über die Anzahl der Vorwärts- und Rückwärtskopplungen beschrieben. Vorwärtskopplungen sind die Effekte, die sich durch den Verkauf des Outputs ergeben. Entsprechend ist von Rückwärtskopplung die Rede, wenn es um Inputbeschaffung geht. Ein sektoraler Wachstumspol verfügt demnach über eine große Zahl von Lieferanten und Abnehmern und dadurch über große Verhandlungsmacht. Motorische Einheiten sind Monopolisten oder Oligopolisten, die andere Unternehmen dominieren, Dominanz gilt daher als Kennzeichen sektoraler Wachstumspole. Interne und externe Kostenvorteile fördern das überdurchschnittliche Wachstum der motorischen Einheiten, wodurch ihre Dominanz noch verstärkt wird. Für die dominierten Unternehmen ergeben sich aus den sektoralen Wachstumspolen sowohl positive (Anstoß-) als auch negative (Brems-) Effekte. Anstoß- und Bremseffekte bleiben jedoch vage Konzepte, über die quantitativ keine Aussage getroffen wird (Schätzl 2003, 159f.).

Regionale Ballung wird zuerst von Myrdal (1957) thematisiert, der das neoklassische Wachstumskonzept als realitätsfern ablehnt. Während im Solow-Modell ein Land von jedem beliebigen Ausgangszustand aus sein Gleichgewicht erreicht, sind die Zustände der Wachstumspoltheorie immer von der Vorgeschichte abhängig. So betont Myrdal, dass wirtschaftliche Zentren zwar normalerweise an Orten entstehen, die gute Standortvoraussetzungen mit sich bringen, jedoch nicht an den optimalen Standorten. Handelszentren entstehen beispielsweise oft in Städten, die über einen Hafen verfügen oder Schwerindustrie siedelt sich bevorzugt in Orten an, in denen es Kohle- oder Eisenvorkommen gibt. Diese Eigenschaften finden sich aber immer in zahlreichen Regionen, ohne dass es in jeder dieser Regionen zu Wachstumspolen kommt. Innerhalb weiter Grenzen bestimmen Zufallseinflüsse, an welchem Ort eine Ballung wirtschaftlicher Aktivitäten auftritt und häufig sind es dann nicht die optimalen Standorte, an denen die Ballungszentren entstehen. Durch die Ballung werden wiederum interne und externe steigende Skalenerträge hervorgerufen, die die Agglomeration weiter verstärken. Andere Regionen profitieren einerseits von den Ballungszentren (**Spread Effect**), andererseits treten aber auch negative Effekte auf (**Backwash Effect**). Beispiele für den Spread Effect (auch zentrifugaler Effekt oder Ausbreitungseffekt) bestehen etwa darin, dass mit der wirtschaftlichen Aktivität im Zentrum auch die Nachfrage nach den in der Peripherie vorhandenen Rohstoffen steigt oder sich die im Zentrum entstandenen Innovationen in die Peripherie verbreiten. Vom Backwash Effect (auch zentripetaler Effekt oder Entzugseffekt) spricht Myrdal, wenn Arbeitskräfte aus der Peripherie in die Zentren abwandern und die industrielle Aktivität in der Peripherie durch die Skalenvorteile im Zentrum untergraben wird, weil dort günstigere Produktionsbedingungen herrschen. Ressourcen und wirtschaftliche Aktivitäten wandern wegen der Agglomerationsvorteile aus der Peripherie in das Zentrum ab, das Zentrum wächst und der Niedergang des ländlichen Raumes setzt sich fort. (Myrdal 1957, 24ff.).

Das Prinzp, demzufolge sich Ungleichgewichte im Zeitablauf tendenziell weiter verstärken, wird als **kumulative Verursachung** bezeichnet und lässt sich folgendermaßen charakterisieren: „Unter marktwirtschaftlichen Bedingungen, d.h. im freien Spiel der Kräfte, sind die Variablen eines Systems in zirkulärer Verursachung so miteinander verbunden, dass die Veränderung einer Variablen die Veränderung einer anderen Variablen in gleicher Richtung bewirkt, diese wiederum aufgrund einer Rückkoppelung die Intensität der ersten Veränderung verstärkt und im Zeitablauf einen kumulativen Prozess in Gang setzt. Ausgelöst wird dieser kumulative Prozess durch jede Veränderung interdependenter ökonomischer Faktoren, wie Nachfrage, Einkommen, Investitionen, Produktion, sofern diese von ausreichender Intensität und zeitlicher Kontinuität sind. Eine positive Veränderung bewirkt einen kumulativen Wachstumsprozess, eine negative Veränderung einen kumulativen Schrumpfungsprozess" (Schätzl 2003, 161).

Myrdal veranschaulicht die kumulativen Prozesse an einem einfachen Beispiel. Ausgangspunkt ist die Standortverlagerung einer Textilfabrik von einer Region in eine andere. Dies wird als Zufallsereignis betrachtet. Die Textilfabrik habe annahmegemäß eine dominante Rolle in der regionalen Wirtschaft gespielt. Infolge der Standortverlagerung sinkt die Beschäftigung in der betrachteten Region und aufgrund des geringeren verfügbaren Einkommens der betroffenen Haushalte geht die Güternachfrage zurück. Hinzu kommt, dass Zulieferbetriebe der Textilfabrik ihre Beschäftigung infolge der Umsatzeinbußen ebenfalls verringern und so das verfügbare Einkommen in der Region und die Güternachfrage weiter reduziert werden. Arbeitskräfte und Unternehmen wandern aus der betrachteten Region ab. Infolge des Einkommensrückgangs sinken die Steuereinnahmen in der Region. Wenn nun daraufhin die Steuersätze erhöht werden, wandern noch mehr Unternehmen und Haushalte ab, das Einkommen sinkt weiter und die Spirale setzt sich fort. Unter plausiblen Bedingungen bleiben nur noch die weniger produktiven Arbeitskräfte in der Region, die Infrastrukturausstattung wird schlechter und die gesunkene Produktivität veranlasst weitere Unternehmen zur

Standortverlagerung. Der Niedergang der Region ist ein kumulativer Prozess. Analog lässt sich argumentieren, dass der (zufallsbedingte) Zuzug eines großen Unternehmens einen positiven kumulativen Prozess auslöst (Schätzl 2003, 162).

Im neoklassischen Rahmen ist ein solcher selbstverstärkender Prozess undenkbar. Dies ist nicht zuletzt auf die Annahme positiver, aber sinkender Grenzproduktivitäten zurückzuführen. Kommt es zur Schließung eines Textilunternehmens, dann werden zwar zunächst Arbeitskräfte entlassen und die Löhne sinken. Durch die geringere Beschäftigtenzahl steigt die Arbeitsproduktivität und dies wiederum treibt den Lohnsatz nach oben. Bei intersektoraler (oder interregionaler) Mobilität der Arbeitskräfte gleichen sich die Grenzproduktivität der Beschäftigten in den verschiedenen Sektoren (oder Regionen) einander an. Im Gleichgewicht stimmen Lohnsatz und Grenzprodukt der Arbeit überein (genauer formuliert entsprechen sich Wertgrenzprodukt und Nominallohn bzw. physisches Grenzprodukt und Reallohn). Arbeitskräfte haben keine Veranlassung zur Wanderung. Auf dem Gütermarkt schafft sich jedes Angebot seine Nachfrage. Sinkt das Angebot an Textilien, dann steigen in diesem Sektor die Outputpreise und neue Unternehmen treten in den Markt, bis der Gleichgewichtszustand wiederhergestellt ist. Wie zuvor erläutert, wirkt die Faktorwanderung auf regionalen Ausgleich hin, zirkulär kumulative Prozesse sind aufgrund der unterstellten Produktionsfunktionen nicht zu erwarten.

Hinsichtlich der Gesamtwirkung aus Ausbreitungs- und Entzugseffekt geht Myrdal davon aus, dass der positive Effekt quantitativ weniger bedeutsam ist als der negative. Der positive Aspekt kommt aber umso stärker zur Geltung, je höher der ökonomische Entwicklungsstand eines Landes ist. Aus diesen Zusammenhängen formuliert Myrdal zwei **Gesetze**. Das erste Gesetz besagt, dass in einer unregulierten Wirtschaft die Tendenz zu regionalen Ungleichgewichten besteht. Das zweite Gesetz beinhaltet, dass die regionale Ungleichheit umso geringer ausfällt, je reicher ein Land ist. Einen ganz ähnlichen Ansatz wie Myrdal verfolgt Hirschman (1958). Er bezeichnet die positiven Wirkungen des Zentrums auf die Peripherie als Trickling Down Effekte (Sickereffekte), die negativen als Polarisationseffekte (Polarization Effects). Anders als Myrdal geht Hirschman davon aus, dass im Laufe der Entwicklung zunächst die Polarisationseffekte, in späteren Stadien dagegen die Sickereffekte dominieren, so dass langfristig die Tendenz zu regionalem Ausgleich besteht (Schätzl 2003, 164f.).

Das Verdienst der Konzepte von Myrdal und Hirschman besteht darin, das Phänomen der räumlichen Ballung wirtschaftlicher Aktivitäten und die Persistenz regionaler Entwicklungsunterschiede besser erklären zu können, als es der neoklassischen Gleichgewichtstheorie möglich ist. Kritisch ist jedoch anzumerken, dass die verwendeten Begriffe unterschiedlich und unscharf sind. Hinzu kommt, dass die fehlende formale Darstellung der empirischen Überprüfung entgegensteht (Schätzl 2003, 166). Vor diesem Hintergrund entwickelt **Kaldor** (1970) ein formales Modell der kumulativen Verursachung. Kaldor selbst betont die Rolle endogener Faktoren im Entwicklungsprozess: „I am sure that this principle of cumulative causation – which explains the unequal regional incidence of industrial development by endogenous factors resulting from the process of historical development itself rather than by exogenous differences in 'resource endowment' – is an essential one for the understanding of the diverse trends of development as between different regions." (Kaldor 1970, 343).

Ausgangspunkt des regionalen Wachstums ist Kaldor zufolge der Export, der aber wiederum exogen gegeben ist. Hier bestehen also Parallelen zur keynesianisch geprägten Exportbasis-Theorie. Export löst Produktionswachstum aus, die Wachstumsrate der Produktion soll mit y bezeichnet werden. Aufgrund interner und externer Skalenerträge wächst die Produktivität mit dem Produktionswachstum. Die Wachstumsrate der Produktivität wird mit p bezeichnet. Nach Kaldor besteht in jeder Region i ein funktionaler Zusammenhang (f^1) zwischen y und p

$$p_i = f_i^1(y_i).$$ (3.168)

Für den Funktionsverlauf (f^1) wird unterstellt, dass er positiv und steigend ist.

Das Verhältnis von Lohnsatzindex (W) zu Produktivitätsindex (P), das Kaldor als Effizienzlohn bezeichnet, ist in jeder Region i eine Funktion (f^2) der Produktivitäts-Wachstumsrate p

$$\frac{W_i}{P_i} = f_i^2(p_i).$$ (3.169)

Die Funktion (f^2) ist annahmegemäß negativ und fallend.

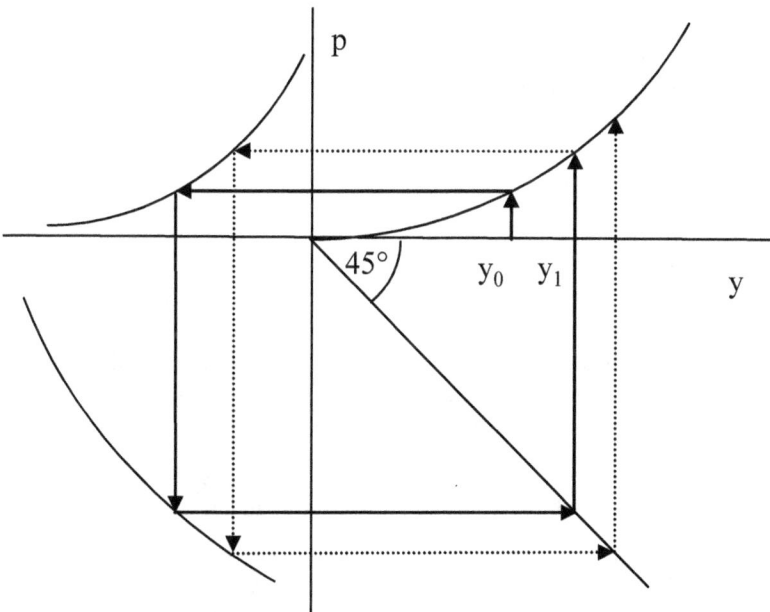

Abb. 3.19 Kaldor Modell der kumulativen Verursachung
(Quelle: Schätzl (2003, 167), eigene Darstellung)

Kaldor nimmt weiter an, dass Arbeit interregional mobil ist, so dass der regionale Lohnsatz-index W_i überall gleich ist und mit dem nationalen Lohnsatzindex $\overline{W}$ übereinstimmt. Daher sinkt der Effizienzlohn (W/P) einer Region mit steigender Produktivitäts-Wachstumsrate p und die Region wird attraktiver für Unternehmen. Je geringer der Effizienzlohn, desto mehr wird produziert. Die Produktions-Wachstumsrate y ist also eine negative, fallende Funktion (f^3) des Effizienzlohnes.

$$y_i = f_i^3 \left(\frac{W_i}{P_i} \right) \qquad\qquad (3.170)$$

(Schätzl 2003, 166f.).

Abbildung 3.18 veranschaulicht das Kaldor-Modell der zirkulären Verursachung. Ausgangs-punkt ist eine (durch Exporte verursachte) Steigerung der Produktions-Wachstumsrate y_0. Sie verursacht einen Anstieg der Produktivitäts-Wachstumsrate p. Dadurch verringert sich der Effizienzlohn (W/P), was wiederum einen Anstieg der Produktions-Wachstumsrate y hervor-ruft. Mit y_1 beginnt eine neue Runde im Prozess zirkulärer Verursachung.

Das Verdienst des Kaldor-Modells besteht darin, durch die Formalisierung Klarheit in die Argumentationskette der Wachstumspoltheorie gebracht zu haben. Modellkritik bezieht sich vor allem darauf, dass die Auslöser des Wachstumsprozesses (die Exporte) nicht endogen erklärt werden. Hier leisten sowohl die Neue Ökonomische Geographie als auch die Neue Wachstumstheorie wesentliche Erkenntnisfortschritte (Schätzl 2003, 168).

3.2.3   Neue Wachstumstheorie

Im Gegensatz zur neoklassischen Wachstumstheorie, die nach Solow (1956) davon ausgeht, dass regionale unterschiedliche Wachstumsraten zu einem Aufholprozess führen, der im Steady State (Wachstumsgleichgewicht) bei gleichen Rahmendaten gleiche Wachstumsraten in allen Regionen zur Folge hat, liefert die Neue Wachstumstheorie – ergänzt um die Neue Ökonomische Geographie (Neue Außenhandelstheorie) – Erklärungsansätze für **dauerhafte Divergenz** zwischen Regionen. Gemeinsamkeiten und Unterschiede zwischen diesen beiden letztgenannten Ansätzen sind in Tabelle 3.8 dargestellt.

Romer (1990) war der erste Autor, der ein Wachstumsmodell mit endogenem technischem Fortschritt formuliert hat. Abbildung 3.19 veranschaulicht den Aufbau des Modells.

Im Folgenden wird eine vereinfachte Fassung des **Romer** Modells nach Grossmann und Steger (2007) vorgestellt (aufürhlicher Ruhwedel (2001, 1ff)). Romer nimmt an, dass Wachstum sowohl durch technischen Fortschritt als auch durch Kapitalakkumulation hervor-gerufen wird. **Technischer Fortschritt** entsteht durch freiwillige Handlungen rationaler Akteure, die auf Marktanreize reagieren. Technischer Fortschritt ist ein Input mit der Eigen-schaft der Nichttrivalität, da Wissen positive Spillover-Effekte aufweist. Die **Produktions-funktion** laute

$$Y = F(A, K, L),\qquad(3.171)$$

wobei Y den Output, A den technischen Fortschritt, K das Kapital und L die Beschäftigung bezeichnen sollen. Die Grenzproduktivitäten von A, K und L seien positiv, aber fallend und die Faktoren Arbeit und Kapital weisen konstante Skalenerträge auf

$$\lambda \cdot Y = F(A, \lambda \cdot K, \lambda \cdot L) \text{ für } \lambda \geq 0.\qquad(3.172)$$

Bei vollkommener Konkurrenz werden die Faktoren nach ihren Grenzprodukten entlohnt und es gilt

$$Y = F_K \cdot K + F_L \cdot L,\qquad(3.173)$$

wobei F_K und F_L die Grenzproduktivitäten von Arbeit und Kapital sind. Zinsen und Löhne zehren demnach den gesamten Output auf. Für die Entlohnung der Forscher, die zu einem positiven Grenzprodukt des technischen Fortschritts beitragen, bleiben keine Gütereinheiten übrig. Damit wird bereits die Problematik deutlich, dass für Forscher die Anreize fehlen und damit zu wenig geforscht wird.

Tab. 3.6   Neue Ökonomische Geographie und Neue Wachstumstheorie im Überblick

Theorie	Neue Ökonomische Geographie	Neue Wachstumstheorie
Basisthese	steigende Skalenerträge und sinkende Transportkosten führen erst zu Agglomeration, dann zu Deglomeration	positive externe Effekte als intra- und interregionale Wissensspillover erzeugen steigende Skalenerträge und so regionale Divergenz oder Konvergenz
Raumbezug	kein spezifischer, homogene Regionen	eher Vergleich von Nationen als von subnationalen Regionen
Prozesse der Veränderung in der Zeit infolge von ...	Arbeitsmigration infolge interregionaler Reallohndifferentiale	interregionale Unterschiede im Humankapitalbestand, branchenübergreifende bzw. branchenspezifische Lernkurveneffekte
Ursache räumlicher Ballung	Lokalisations- und Urbanisierungsvorteile, steigende Skalenerträge, Heimatmarkt- und Preis-Index-Effekt	intra- und interregionale Wissensspillover insbesondere durch Faktorwanderung
Bestimmende Akteure	Industrieunternehmen und deren Beschäftigte	mobile Wissenschaftler in Unternehmen
Vertreter	Krugman, Fujita, Venables	Barro, Sala-i-Martin, Lucas, Romer

Quelle: Sternberg (2001, 161), eigene Darstellung.

Die Modellstruktur enthält nun auf der Produktionsseite drei Sektoren: Konsumgüter, Zwischenprodukte sowie Forschung und Entwicklung (F&E). Im **Haushaltssektor** maximieren die Konsumenten den Gegenwartswert eines unendlichen Nutzenstroms

$$\int_0^{\infty} \frac{C(t)^{1-\sigma} - 1}{1-\sigma} \cdot e^{-\rho t}\, dt,\qquad(3.174)$$

wobei $C(t)$ der Konsum in Periode t und $\rho > 0$ die Zeitpräferenzrate ist. Zudem gilt $\sigma > 0$. Im Optimum verhalten sich die Haushalte nach der bekannten **Keynes-Ramsey-Regel** (siehe hierzu Barro/Sala-i-Martin 1998, 73):

$$\hat{C}(t) = \frac{dC(t)}{C(t)} = \frac{r(t) - \rho}{\sigma} , \tag{3.175}$$

wobei $\hat{C}$ die Wachstumsrate des Konsums und r den realen Zinssatz bezeichnen. Konsumwachstum aufgrund von Ersparnis gibt es im Optimum nur, wenn der Realzins die Zeitpräferenzrate übersteigt. Die Zeitpräferenrate errechnet sich aus dem Verhältnis von Minderkonsum heute und Mehrkonsum morgen, die zu konstantem Nutzenniveau führen:

$$\text{Zeitpräferenzrate} = \frac{\text{Mehrkonsum morgen}}{\text{Minderkonsum heute}} - 1 \tag{3.176}$$

Sparen bedeutet heutigen Minderkonsum und morgigen Mehrkonsum. Üblicherweise ziehen Individuen den Gegenwartskonsum dem Zukunftskonsum vor, dies ergibt sich schon aus der Unsicherheit über die eigene Lebenserwartung. Sollen Haushalte heute auf Konsum verzichten, müssen sie also durch mehr Konsum morgen entschädigt werden, um ihr Nutzenniveau beibehalten zu können.

Nur wenn der am Markt erhältliche Zins für Kapitalanlagen größer ist als die Zeitpräferenzrate, lohnt es sich für die Haushalte, in der Gegenwart auf Konsum zu verzichten, um künftig mehr konsumieren zu können.

Im **Endproduktsektor** stellen die Unternehmen ein homogenes Gut her, das entweder konsumiert oder als Input im Zwischenproduktsektor verwendet werden kann. Auf dem Endproduktmarkt herrsche vollkommene Konkurrenz und der Preis des Endproduktes p_Y sei auf Eins normiert. Die Technologie des Endproduktsektors kann beschrieben werden durch die Produktionsfunktion

$$Y = L_Y^{1-\alpha} \int_0^A x(i)^\alpha \, di , \tag{3.177}$$

wobei L_y die Beschäftigung ist, die in der Produktion des Y-Gutes eingesetzt wird. $x(i)$ ist die Menge des Zwischenproduktes $i \in [0, A]$, und es gilt $0 < \alpha < 1$. Der technische Fortschritt A entspricht im Romer-Modell der Anzahl der Zwischenprodukte. Hier ist die Idee, dass zunehmende Spezialisierung, gemessen als wachsende Anzahl von Zwischenprodukten, die Effizienz des Produktionsprozesses steigert. Im Gleichgewicht stimmen die Mengen der Zwischenprodukte $x(i) = x$ für alle i überein und die Technologie kann als

$$Y = L_Y^{1-\alpha} A x^\alpha \tag{3.178}$$

formuliert werden. Wird der aggregierte Kapitalbestand als $K \equiv Ax$ definiert, dann handelt es sich um eine Cobb-Douglas-Produktionsfunktion mit arbeitsvermehrendem technischen Fortschritt

$$Y = \left(AL_Y \right)^{1-\alpha} \cdot K^{\alpha} \,. \tag{3.179}$$

Diese Produktionsfunktion entspricht derjenigen im Solow-Swan-Modell mit technischem Fortschritt. Der technische Fortschritt bedeutet, dass die Arbeitsproduktivität mit der Anzahl der Zwischenprodukte (A) steigt, selbst wenn der aggregierten Kapitalbestand (K) konstant bleibt.

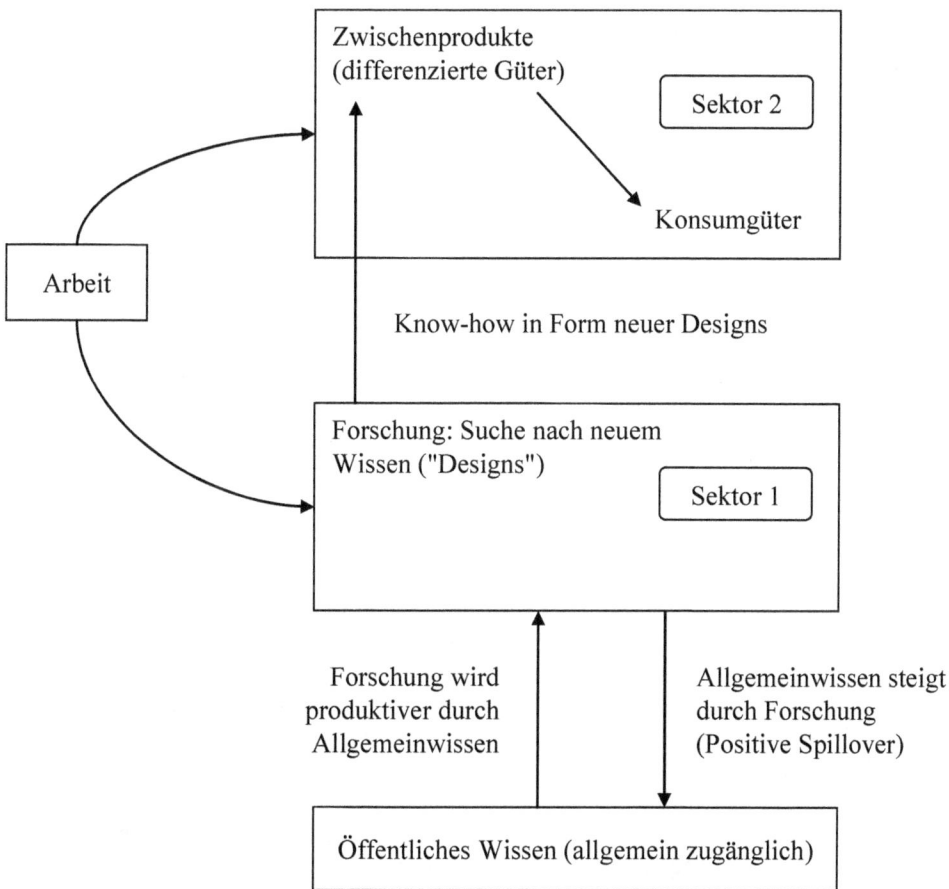

Abb. 3.20 Zwei-Sektoren Modell mit Forschung und Entwicklung nach Romer (1990)
(Quelle: Bretschger (2004, 16), eigene Darstellung)

Im **Zwischenproduktsektor** (Kapitalgütersektor) herrscht monopolistische Konkurrenz, die Zwischenprodukte sind unvollkommene Substitute, d.h. die Substitutionselastizität zwischen zwei $x(i)$ ist

$$1 < \frac{1}{1-\alpha} < \infty. \tag{3.180}$$

Dies lässt sich anschaulich erklären, wenn man sich die $x(i)$ als Maschinen vorstellt und annimmt, dass die Maschine nur legal genutzt werden kann, nachdem zuvor eine Blaupause erworben wurde. Im Zwischenproduktsektor soll jeweils eine Einheit des Endproduktes nötig sein, um eine Einheit eines beliebigen Zwischenproduktes herzustellen. Die Grenzkosten der Produktion eines Zwischenproduktes entsprechen dem Zinssatz r.

Im **Forschungssektor** werden Blaupausen (Designs) entwickelt. Für ein Design besteht dauerhafter und vollkommener Patentschutz. Der einzige Input ist Arbeit, die konstante Skalenerträge aufweist. Vor diesem Hintergrund herrscht im Forschungssektor vollkommene Konkurrenz und freier Marktzutritt. Die Forschungstechnologie sei beschrieben durch

$$\mathrm{d}A / \mathrm{d}t = \eta \cdot A \cdot L_A, \tag{3.181}$$

wobei L_A die Beschäftigung im Forschungssektor bezeichnet und $\eta > 0$ gelten soll. Je höher der vorhandene Wissensbestand A, desto größer ist die Arbeitsproduktivität im Forschungssektor.

Im Gleichgewicht entspricht das von den Firmen eingesetzte physische Kapital K dem von den Haushalten angesparten Finanzkapital. Die Gesamtbeschäftigung (L) ergibt sich im Gleichgewicht als Summe aus der Beschäftigung im Endproduktsektor (L_Y) und der Beschäftigung im Forschungssektor (L_A)

$$L = L_Y + L_A. \tag{3.182}$$

Die Produktionsfunktion entspricht derjenigen im Solow-Swan-Modell mit technischem Fortschritt. Deshalb muss im Gleichgewicht zudem gelten $\hat{Y} = \hat{K} = \hat{C} = \hat{A} \equiv g$. Im Wachstumsgleichgewicht muss also die Produktion im Endproduktsektor mit gleicher Rate (g) wachsen wie das physische Kapital, der Konsum und der technische Fortschritt. Nun kann man zeigen, dass die Wachstumsrate g_M in der Marktwirtschaft geringer ist als die Wachstumsrate im sozialen Optimum, es liegt also Marktversagen vor (Grossmann/Steger 2007, 9ff.). In der Marktlösung wird angenommen, dass im Endproduktsektor und im Forschungssektor die Nominallöhne mit den Wertgrenzprodukten übereinstimmen müssen. Letzteres ergibt sich aus der Annahme vollkommener Konkurrenz. Hinzu kommt, dass die nominalen Löhne im Endproduktsektor und im Forschungssektor gleich sind, weil Arbeit als intersektoral vollständig mobil angesehen wird. Im Zwischenproduktsektor werden die Preise mit Hilfe eines Zuschlags auf die Grenzkosten berechnet, weil in diesem Sektor monopolistische Konkurrenz herrscht. Im Gleichgewicht muss für die Angebotsseite der Wirtschaft gelten

$$r = \eta \alpha L - \alpha g \,. \tag{3.183}$$

Die Nachfrageseite wird über die Keynes-Ramsey-Regel bestimmt, hier muss gelten

$$r = \sigma g + \rho \,. \tag{3.184}$$

Da im Gleichgewicht Angebot und Nachfrage übereinstimmen müssen, erhält man die Wachstumsrate durch Gleichsetzen:

$$\eta \alpha L - \alpha g = \sigma g + \rho \Leftrightarrow g = \frac{n \alpha L - \rho}{\sigma + \alpha} \,. \tag{3.185}$$

Die Wachstumsrate in der Marktwirtschaft g_M soll im Romer-Modell nicht negativ werden, deshalb gilt

$$g_M = \begin{cases} \dfrac{\eta \alpha L - \rho}{\sigma + \alpha} & \text{für } \eta \alpha L > \rho \\ 0 & \text{sonst} \end{cases} \,. \tag{3.186}$$

Offenbar ergibt sich positives Wirtschaftswachstum nur in Volkswirtschaften mit einer hinreichend hohen Beschäftigtenzahl L. Für gegebene Werte von η, α, σ und ρ muss L eine bestimmte Größe haben, damit die Wachstumsrate positiv ist. Darüber hinaus kann festgestellt werden, dass große Volkswirtschaften (mit hohem L) stärker wachsen als kleine. Der Grund für dieses Phänomen liegt darin, dass ein konstanter Anteil der Arbeitskräfte im Forschungssektor tätig ist. Mehr Forscher produzieren mehr Wissen, das wiederum die Produktivität des Forschungssektors erhöht, so dass sich das langfristige Wachstum beschleunigt.

Die Wachstumsrate im **sozialen Optimum** g_S ergibt sich als

$$g_S = \begin{cases} \dfrac{\eta L - \rho}{\sigma} & \text{für } \eta L > \rho \\ 0 & \text{sonst} \end{cases} \tag{3.187}$$

Sie ist offensichtlich größer als die Wachstumsrate in der Wettbewerbslösung. Dies lässt sich darauf zurückführen, dass die Produktivität der Arbeitskräfte im Forschungssektor (L_A) mit dem Wissensbestand (A) steigt. Es gibt also positive Spillover-Effekte. Diese sozialen Erträge der Forschung sind nicht im Preis der Blaupausen erfasst, so dass zu wenig Designs erstellt werden. Hinzu kommt, dass im Zwischenproduktsektor monopolistische Konkurrenz herrscht, mit der Folge, dass zu wenig Zwischenprodukte produziert werden. Das Romer-Modell führt damit eindeutig zu dem Ergebnis, dass der Privatsektor allein nicht das soziale Optimum realisiert. Als **wirtschaftspolitische Handlungsempfehlung** kann hieraus die Forderung nach Subventionen für Arbeitskräfte im Forschungssektor abgeleitet werden. Die Subventionen sollten dann durch allokativ neutrale Kopfsteuern finanziert werden. Zusätzlich müsste die Produktion der Zwischenprodukte mit Subventionen unterstützt werden, um das soziale Optimum zu erreichen (Ruhwedel 2001, 27f.).

Wachstumstheorien gehen traditionell von geschlossenen Volkswirtschaften aus. Regional-ökonomische Interpretationen der Wachstumstheorien setzen die Erweiterung der Modelle auf zwei Regionen voraus, zwischen denen entweder die Faktorwanderung oder der Güter-handel untersucht wird. **Grossman und Helpman** (1990) haben eine regionale Variante des Romer-Modells entwickelt, die von folgenden **Annahmen** ausgeht (Koschatzky 2001, 72ff.):

- Betrachtet werden zwei Regionen, in denen es jeweils drei Sektoren gibt (Endprodukte, Zwischenprodukte und Blaupausen).
- Zur Herstellung der Zwischenprodukte wird Arbeit eingesetzt, die interregional nicht mobil ist.
- Arbeit ist intersektoral mobil, es besteht also eine Konkurrenz zwischen den drei Sekto-ren.
- Zwischen- und Endprodukte können zwischen den Regionen gehandelt werden, Trans-portkosten entstehen dabei nicht. Für Blaupausen gibt es dagegen keinen interregionalen Markt. Allerdings kann der Forschungssektor in beiden Regionen auf das gegebene Wis-sen zurückgreifen. Wird der gegebene Wissensbestand erhöht, dann profitieren automa-tisch die Forschungssektoren beider Regionen.
- Wenn der Wissensbestand steigt, werden mehr Designs hergestellt. Der Zwischenpro-duktsektor kauft die zusätzlichen Blaupausen und benötigt infolgedessen mehr Arbeits-kräfte, der Wettbewerb am Arbeitsmarkt nimmt zu. Der Lohnsatz und die Preise für End- und Zwischenprodukte nehmen zu.

Es entstehen positive externe Effekte, weil durch die Herstellung von Zwischenprodukten die Produktivität aller Zwischenprodukt-Hersteller steigt. Hinzu kommt, dass auch durch die Verbreitung von Wissen positive externe Effekte entstehen. Die **Wissensdiffusion** kann in unterschiedlichen Geschwindigkeiten erfolgen. Wenn Wissen den Charakter eines öffentli-chen Gutes hat und beiden Regionen sofort vollständig zur Verfügung steht, dann erfolgt eine Spezialisierung der Regionen auf der Basis ihrer Faktorausstattung. Beide Regionen weisen langfristig dieselbe Wachstumsrate auf. Anders ist die Lage, wenn Wissen nicht un-endlich schnell diffundiert, also Agglomerationsvorteile dahingehend bestehen, dass räumli-che Nähe zur Wissensverbreitung erforderlich ist. Es soll angenommen werden, dass in Re-gion 1 Wissen enstanden ist, das sich erst mit Verzögerung auch in Region 2 ausbreitet. Dann weist Region 1 zunächst höhere Wachstumsraten auf als Region 2, weil die Ressourcen effizienter genutzt werden. Da aber in Region 1 der Lohnsatz und die Preise für End- und Zwischenprodukte zunehmen, also Agglomerationsnachteile auftreten, steigt die Nachfrage nach den Produkten aus Region 2 und die Wachstumsraten nähern sich wieder an. Langfris-tig weisen beide Regionen dann wieder die gleiche Wachstumsrate auf. Dauerhafte Wachs-tumsunterschiede gibt es dem Modell von Grossman und Helpman (1990) zufolge nur, wenn Wissen gar nicht diffundiert. In diesem Fall sind Spezialisierung und Wachstumsunterschie-de zwischen den Regionen von Dauer.

Hinsichtlich des Einsatzes **staatlicher Instrumente** zur Forschungs- und Entwicklungsför-derung ergeben sich aus dem Modell von Grossman und Helpman (1990) unterschiedliche

Schlussfolgerungen. Subventionierung von Endprodukten in Regionen mit schwachem For-
schungs- und Entwicklungssektor führen langfristig zu sinkenden Wachstumsraten. Wird
dagegen der Forschungssektor in beiden Regionen subventioniert, dann steigen die Wachstumsraten. Eine Konzentration der Fördermittel auf die forschungsschwächere Region ist
kontraproduktiv, wenn die Spezialisierung bereits erfolgt ist (Koschatzky 2001, 73).

Unter der Annahme, dass Wissen zwischen den Regionen nur eingeschränkte Mobilität aufweist und damit das Tempo des technischen Fortschritts interregional unterschiedlich sein
kann, lassen sich folgende **Ursachen regionaler Wachstumsunterschiede** ableiten (Bode
1996):

- Wenn Wissen aus einem Prozess des learning by doing branchenübergreifend ist, dann
  steigt nach Barro und Sala-i-Martin (1995) das Pro-Kopf-Einkommen innerhalb einer
  Region mit der Anzahl der Beschäftigten. Mit diesem Ansatz lässt sich regionale Divergenz jedoch nur während des Anpassungsprozesses zeigen, während im Steady State beide Regionen mit der gleichen Rate wachsen.
- Wenn Wissen aus einem Prozess des learning by doing branchenspezifisch ist, so zeigt
  sich im Modell mit interregionalem Handel von Lucas (1988), dass das Wachstum einer
  Region umso größer ist, je stärker die Lerneffekte in dem Bereich sind, auf den sich die
  Region spezialisiert hat. Die komparativen Vorteile aus der Ausstattung mit sektorspezi-
  fischem Humankapital steigen mit verstärkter Spezialisierung.
- Je höher die Produktivität des Forschungs- und Entwicklungssektors innerhalb einer
  Region ist, desto stärker ist im Modell von Romer (1990) das regionale Wachstum. Dies
  gilt jedoch nur dann, wenn Wissen nicht sofort vollständig diffundiert. Im Steady-State-
  Gleichgewicht gibt es nur regionale Wachstumsunterschiede, wenn Wissen immobil ist.
- Das Wachstum einer Region steigt im Modell von Romer (1990) mit dem Potential an
  qualifizierten Arbeitskräften, die in der Lage sind, Innovationen hervorzubringen. Analog
  zum Ansatz des learning by doing impliziert dies ein Wachstum in Abhängigkeit der
  Humankapitalausstattung. Im Modell von Jones (1995) ist dagegen nicht die Humankapitalausstattung, sondern die Zuwachsrate an qualifizierten Arbeitskräften entscheidend für
  das regionale Wachstum.
- Je intensiver im Modell von Stadler (1995) die Lieferbeziehungen zwischen den Unternehmen in einer Region sind, desto höher ist das regionale Wachstum. Das Modell unterstellt die Existenz immobiler Produktionsfaktoren. Die Reduktion entfernungsabhängiger
  Transaktionskosten steigert die Gewinne der Zulieferer, verstärkt den Qualitätswettbe-
  werb und erhöht die Innovationstätigkeit.
- Das regionale Wachstum ist im Modell von Barro (1990) unter sonst gleichen Bedingungen bei optimalem Angebot an öffentlichen Gütern am höchsten.

Die genannten Einflüsse wirken auf interregional unterschiedliches Wachstum. Demgegenüber wirken die folgenden Faktoren in Richtung auf **Konvergenz** zwischen den Regionen
(Bode 1996):

- Sofern Imitationskosten geringer sind als Innovationskosten, können im Modell von
  Barro und Sala-i-Martin (1995) technologisch rückständige Regionen mit niedrigem Pro-

Kopf-Einkommen durch Imitation gegenüber den technologisch führenden Regionen mit hohem Pro-Kopf-Einkommen aufholen.

- Durch eine zentralstaatlich organisierte Umverteilung von Steuermitteln von wohlhabenden in arme Regionen können im Modell von Barro (1990) die Empfängerregionen aufholen, wenn die zusätzlichen Mittel zur Bereitstellung von öffentlichen Leistungen im optimalen Umfang und zur Entlastung von Steuerzahlern innerhalb der Empfängerregion genutzt werden.

- Ist die optimale Agglomerationsgröße überschritten, so steigt im Modell von Barro und Sala-i-Martin (1992) die Inanspruchnahme öffentlicher Leistungen stärker als das Pro-Kopf-Einkommen. Damit steigt die Steuerlast pro Einwohner stärker als in dünner besiedelten Regionen und das regionale Wachstum sinkt.

- Mit zunehmender Geschwindigkeit der regionalen Diffusion von Wissen wachsen im Modell von Grossman und Helpman (1990) Regionen, die sich auf forschungs- und entwicklungsintensive Güter spezialisiert haben, langsamer als Regionen, die sich auf kapital- oder arbeitsintensive Güter spezialisiert haben.

Konkrete **politische Handlungsempfehlungen** lassen sich aus der Neuen Wachstumstheorie nur dann ableiten, wenn weitreichende Informationen über die Produktions- und Nachfragefunktionen, das Ausmaß externer Effekte und die Beschaffenheit künftiger Innovationen vorhanden sind. So kann aus einigen Modellen die Forderung nach Unterstützung des Imitationsprozesses durch Wissensaustausch (z.B. durch Technologietransferzentren) abgeleitet werden. Hier stellt sich in der regionalpolitischen Diskussion allerdings die Frage, welche Imitationsprozesse wachstumssteigernd wirken. Analog gilt für die aus einigen Modellen ableitbare Forderung nach Bereitstellung öffentlicher Güter und Aufstockung des Humankapitals durch Qualifizierung der Arbeitskräfte ein hohes Informationserfordernis bezüglich der wachstumsstimulierenden Bereiche. Aus dem hier näher erläuterten Modell von Romer ergibt sich die Forderung nach Subventionierung von Forschung und Entwicklung. Eine effiziente Förderung setzt allerdings voraus, dass bekannt ist, welche Forschungs- und Entwicklungsaktivitäten das regionale Wachstum anregen und welchen Umfang die zu kompensierenden Externalitäten annehmen (Krieger-Boden 1995, S.66ff.).

Mit Hilfe der Neuen Wachstumstheorie lassen sich wie oben erläutert Divergenzen zwischen Regionen als Ergebnis pfadabhängiger Prozesse beschreiben. Insofern ist dieser aus der neoklassischen Wachstumstheorie abgeleitete Ansatz richtungsweisend. Die Ausgangsbedingungen sind im Gegensatz zu den neoklassischen Modellen nicht mehr irrelevant. Ein noch stärkeres Gewicht wird der **Pfadabhängigkeit** in räumlichen Modellen der Chaostheorie (z.B. Nijkamp/Reggiani 1991) oder der Evolutorischen Ökonomik (z.B. Weidlich/Haag 1988, Allen/Engelen/Sanglier 1985) zugemessen. Hier erweisen sich neben den Anfangsbedingungen auch Zufallseinflüsse als relevant für die räumliche Entwicklung. Kritik an der Neuen Wachstumstheorie bezieht sich vor allem darauf, dass sie zwar in einem formalen Sinne Wachstum endogen erklärt (z.B. durch Wissen), aber die dahinterstehenden Prozesse nicht erläutert. Im Romer-Modell entspricht der technische Fortschritt der Anzahl der Zwischenprodukte. Nicht erklärt wird, warum die neuen Zwischenprodukte nicht alte ersetzen und warum Unternehmen überhaupt um neue Zwischenprodukte bemüht sind. Letzteres lässt sich durch das Streben nach Monopolgewinnen erklären. Wenn aber Monopolrenten in das

Modell eingeführt werden, dann lässt sich technischer Fortschritt nicht nur im Rahmen der Neuen Wachstumstheorie, sondern auch mit Hilfe des traditionellen Ansatzes erklären. Umgekehrt kommt es ohne Monopolrenten weder im Solow-Modell noch im Romer-Modell zu endogenem technischen Fortschritt. Vor diesem Hintergrund ist es zu verstehen, dass Vetreter der traditionellen neoklassischen Wachstumstheorie die These vertreten, dass die Neue Wachstumstheorie gar nicht so viel Neues beinhaltet. Sie verweisen auf die Einfachheit der traditionellen Modellstruktur und sehen es als vorteilhaft an, dass durch leicht nachvollziehbare Modellerweiterungen auch dauerhaftes Wachstum erklärt werden kann. Einige problematische Annahmen des neoklassischen Ansatzes, wie etwa das Rationalverhalten und die vollkommene Information bleiben auch in der Neuen Wachstumstheorie erhalten (Dybe 2003, 38ff.). „Diese Schwachstellen haben zum Aufkommen einer neuen Forschungsrichtung beigetragen, die beansprucht, Beiträge zur Beschreibung der Veränderungsprozesse von Wirtschaften zu leisten: der evolutorischen Ökonomie" (Dybe 2003, 40).

3.2.4   Evolutorische Ökonomik

Im Folgenden soll zunächst das Grundkonzept der evolutorischen Ökonomik kurz erläutert und dann ihr räumlicher Bezug diskutiert werden. Synonym zu „evolutionär" werden die Adjektive evolutorisch, evolutiv und evolutionistisch verwendet Die Darstellungen orientieren sich an Störmann (1993, 5ff.). Allgemein gefasst handelt es sich bei evolutionären Prozessen um Prozesse der Speicherung und selektiven Erhaltung von Informationen (Winter 1987, 614). Kennzeichen der Evolution ist die ständig steigende Komplexität und Differenziertheit von Systemen. Der Versuch einer Einbettung des evolutionären Konzepts in die Gesellschaftswissenschaften scheiterte zunächst an einer Reihe von Fehldeutungen. So wurde kritisiert, dass im klassischen Evolutionsparadigma zufällig entstandene Varianten Reproduktionsvorteile erlangen können, so dass die steigende Komplexität mit diesem Paradigma nicht erklärt werden kann. Mit Hilfe der Thermodynamik irreversibler Prozesse und rekursiver Systemprozesse, die mit dem klassischen Konzept der externen Selektion weiterhin vereinbar sind, lässt sich die steigende Komplexität aber begründen (Wuketits 1987, 50ff.). Evolution ist ein selbstorganisierender Prozess. Dabei sind mit dem Begriff der **Selbstorganisation** vier Merkmale verbunden (Cambel 1989, 117):

- **Offenheit**: Evolutorische Modelle befassen sich mit offenen Systemen, also mit Systemen, die zu ihrer Umgebung in Austauschbeziehung stehen. Während im naturwissenschaftlichen Bereich Systeme von ihrer Umwelt hinreichend gut abgegrenzt werden können, hängt diese Trennung in den Wirtschaftswissenschaften von den getroffenen Annahmen ab. Durch die Bestimmung endogener und exogener Variablen erfolgt die Grenzziehung zwischen dem betrachteten System und seiner Umwelt und damit die Entscheidung über die Analyse offener oder geschlossener Systeme. Vertreter der evolutorischen Ökonomik sind der Auffassung, dass Wirtschaftssysteme insofern offen sind, als sie die Zuführung von Energie und Information benötigen, um den Wirtschaftskreislauf aufrechterhalten zu können.
- **Nichtlinearität**: Evolutorische Ansätze sind dynamisch und nichtlinear. Auf diese Weise werden wesentliche Ergebnisse der traditionellen Gleichgewichtsanalyse in Zweifel ge-

zogen. Typische Resultate evolutorischer Modelle sind eine Vielzahl von Gleichgewichten, Ineffizienz, festgefahrene Prozesse und Pfadabhängigkeit von Marktergebnissen.

- **Raum und Zeit**: In evolutorischen Ansätzen haben die Ereignisse eine räumliche und eine zeitliche Dimension, während in klassisch-neoklassischen Ansätzen der Raumbezug meist fehlt. Die traditionelle Ökonomie verwendet wie fast alle Arbeiten, die sich mit Koordinierungsproblemen befassen, einen logischen Zeitbegriff (Meta-Zeit). Ziel ist es, die Abfolge von Ereignissen nach festgelegten Kriterien zu bestimmen oder vorzugeben. Im einfachsten Fall wird ein Gleichgewicht durch Menge und Preis in einem Markt beschrieben. Unter den Annahmen vollkommener Konkurrenz ruft ein Auktionator einen Preis aus und es kommt erst dann zum Güteraustausch, wenn beide Marktseiten genau die Menge handeln wollen, die in der Volkswirtschaft vorhanden ist. Wenn in einem Markt aufgrund bestimmter Annahmen ein eindeutiges, stabiles Gleichgewicht existiert, bleibt es auf unbestimmte Zeit erhalten. Änderungen erfolgen ausschließlich aufgrund exogener Störungen, das System findet unter Idealbedingungen aber zum ursprünglichen Gleichgewicht zurück. In evolutorischen Modellen wird ein historischer Zeitbegriff verwendet (Kalenderzeit). Damit ist auch der Gleichgewichtsbegriff gegenüber der klassischen Gleichgewichtstheorie verallgemeinert worden. „Weist ein evolvierendes System ein offenes Evolutionsgleichgewicht auf, so kann es während der Evolution ständig im perfekten Gleichgewicht gehalten werden, indem man die Gleichgewichtswerte durch graduelles, also bruchstellenfreies Anpassen nachregelt" (Dybe 2003, 54).
- **Fluktuation** und Bifurkation: Fluktuationen sind kleine Störungen innerhalb eines Systems, die sich selbst verstärken und zur Entstehung einer Ordnung beitragen können. Gegeben sei ein System, in dem die Zustandsvariable x vom Kontrollparameter λ abhängt (siehe Abbildung 3.20). Bis zu einem kritischen Wert von λ können Störungen gedämpft werden und bleiben ohne Einfluss auf die Zustandsvariable. Beim kritischen Wert des Kontrollparameters $\lambda = \lambda_c$ lassen sich Störungen nicht mehr abwehren, die Zustandsvariable x nimmt einen von zwei möglichen Werten an. Der Verzweigungspunkt heißt Bifurkationspunkt. Bis zum Verzweigungspunkt verläuft die Entwicklung linear, im Bifurkationspunkt selbst nichtlinear und nach dem Bifurkationspunkt wieder linear (Fuchs 2001, 10ff.).

Betrachtet man die Anwendung selbst-organisierender Modelle in den Wirtschaftswissenschaften, so lassen sich zwei wesentliche Forschungsrichtungen unterscheiden. Einerseits sind dies dynamische Modelle, die die Bewegungen des Wirtschaftssystems zwischen wenigen verschiedenen Zuständen analysieren. Hierzu zählen u.a. die katastrophentheoretischen Ansätze. Die zweite große Gruppe von selbst-organisierenden Wirtschaftsmodellen befasst sich mit evolutionären Prozessen (Cambel 1989, 125f.). Diese Gruppe dynamischer Ansätze steht im Mittelpunkt der folgenden Darstellungen.

Untersuchungsgegenstände sind endogen erzeugte mikro- und makroökonomische **Neuerungen**. Hierin liegt insofern eine Besonderheit der evolutorischen Ökonomik, als weder die neoklassische Wachstumstheorie noch die Neue Wachstumstheorie die Ursachen von Neuerungen analysieren. Mikroökonomische Neuerungen sind vorher nicht realisierte Handlungsoptionen (neues Verhalten der Akteure am Markt), sie basieren auf individuellen Entscheidungen. Makroökonomische Neuerungen (offene Entwicklungen) bezeichnen den Wechsel von einem Gleichgewicht zu einem anderen. Selbst wenn die exogenen Variablen, Parameter, Verhaltensregeln und Anfangsbedingungen bekannt sind, ist die Zukunft des Systems nicht vorhersehbar. Die mikroökonomische Fundierung der makroökonomischen Neuerungen ist innerhalb der evolutorischen Ökonomik umstritten. Eine Gruppe von evolutionsökonomischen Ansätzen geht davon aus, dass die vollständige Erfassung aller Einflussgrößen auf das individuelle Neuerungsverhalten im Rahmen wirtschaftswissenschaftlicher Modelle nicht möglich ist. Deshalb wird das Verhalten der einzelnen Akteure mit Hilfe von bedingten Wahrscheinlichkeiten modelliert. Aus den Änderungen dieser individuellen Wahrscheinlichkeiten lässt sich dann die Veränderung der Makrostruktur herleiten (Erdmann 1990, 138ff.). Im Gegensatz dazu ist es nach Auffassung einer anderen Forschungsrichtung innerhalb der evolutorischen Ökonomik erforderlich, die Regeln zu untersuchen, die dem individuellen Verhalten zugrunde liegen und Aussagen über den Mechanismus zu treffen, der aus dem individuellen Verhalten der Akteure die beobachtete Makrostruktur hervorbringt (Witt 1987, 29). Die Arbeiten innerhalb dieses Zweiges der evolutorischen Ökonomik basieren größtenteils auf den Werken Alchians (1950) und Schumpeters (1952, 1955)..

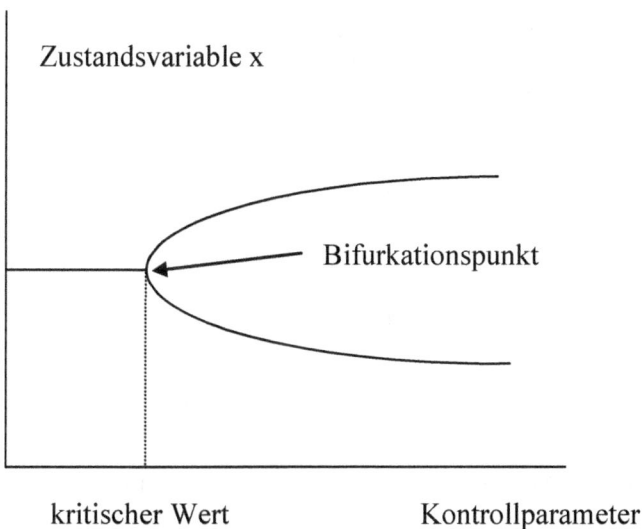

Abb. 3.21 Bifurkationsdiagramm
(Quelle: Fuchs (2001, 12), eigene Darstellung)

Alchian (1950) geht davon aus, dass sich die Wirtschaftssubjekte unter Unsicherheit nicht gewinnmaximierend verhalten, aber der Marktmechanismus die Firmen mit den relativ höchsten positiven Gewinne auswählt (Analogie zur natürlichen Selektion). Entweder imitieren diese Firmen erfolgreiche Wettbewerber (Analogie zur Vererbung) oder bringen Innovationen hervor (Analogie zur Mutation). Wettbewerb wirkt also langfristig, als ob die Unternehmen Gewinne maximieren. Da die „als ob-Hypothese" nur langfristig Gültigkeit besitzt, müssen für die kurze Frist zusätzliche Annahmen eingeführt werden, beispielsweise Simons

Satisfizierungsprinzip. Idee ist, dass Unternehmen nach Regeln entscheiden, die sie beibehalten, solange sie zu befriedigenden Resultaten führen (Analogie zur Vererbung). Ist dies nicht der Fall, dann werden die Verhaltensmuster ersetzt (Analogie zur Mutation). Die neuen Regeln ergeben sich aus einem stochastischen Suchprozess (Röpke 1980, 150ff.).

Neben Alchians Analogie zwischen wirtschaftlicher und biologischer Evolution ist **Schumpeters** Wettbewerbstheorie der zweite wesentliche Ausgangspunkt der hier dargestellten Forschungsrichtung innerhalb der evolutorischen Ökonomik. Schumpeter versteht wirtschaftliche Entwicklung als evolutionären Prozess. Er schreibt: „Unter ‚Entwicklung‘ sollen also nur solche Veränderungen des Kreislaufs verstanden werden, die die Wirtschaft aus sich selbst heraus zeugt, nur eventuelle Veränderungen der ‚sich selbst überlassenen‘, nicht von äußerem Anstoße getriebenen Volkswirtschaft." (Schumpeter 1952, 95). Diese Auffassung wirtschaftlicher Entwicklung entspricht dem Verständnis der Evolution als selbstorganisierendem Prozess. Den Wettbewerb fasst Schumpeter als einen Prozess auf, in dem die Unternehmungen um neue Produktqualitäten und Produktionsverfahren konkurrieren. Dabei versteht er unter neuen Produkten oder Verfahren nur diejenigen, die auf sprunghafte Veränderungen zurückgehen:

„Produzieren heißt die in unserem Bereich vorhandenen Dinge und Kräfte kombinieren … Anderes oder anders produzieren heißt diese Dinge und Kräfte anders kombinieren. Soweit die neue Kombination von der alten aus mit der Zeit durch kleine Schritte, kontinuierlich anpassend, erreicht werden kann, liegt gewiss Veränderung, eventuell Wachstum vor, aber weder ein neues der Gleichgewichtsbetrachtung entrücktes Phänomen, noch Entwicklung in unserem Sinn. Soweit das nicht der Fall ist, sondern die neue Kombination nur diskontinuierlich auftreten kann oder tatsächlich auftritt, entstehen die letztern charakteristischen Erscheinungen. Aus Gründen der darstellerischen Zweckmäßigkeit meinen wir fortan nur diesen Fall, wenn wir von neuen Kombinationen von Produktionsmitteln sprechen. Form und Inhalt der Entwicklung in unserem Sinn ist dann gegeben durch die Definition: Durchsetzung neuer Kombinationen. Dieser Begriff deckt folgende Fälle:

Herstellung eines neuen, d.h. dem Konsumentenkreise noch nicht vertrauten Gutes oder einer neuen Qualität eines Gutes.

Einführung einer neuen, d.h. dem betreffenden Industriezweig noch nicht praktisch bekannten Produktionsmethode, die keineswegs auf einer wissenschaftlich neuen Entdeckung zu beruhen braucht und auch in einer neuartigen Weise bestehen kann mit einer Ware kommerziell zu verfahren.

Erschließung eines neuen Absatzmarktes, d.h. eines Marktes, auf dem der betreffende Industriezweig des betreffenden Landes bisher noch nicht eingeführt war, mag dieser Markt schon vorher existiert haben oder nicht.

Eroberung einer neuen Bezugsquelle von Rohstoffen oder Halbfabrikaten, wiederum: gleichgültig, ob diese Bezugsquelle schon vorher existierte – und bloß – sei es nicht beachtet wurde – sei es für unzugänglich galt – oder ob sie erst geschaffen werden muss.

Durchführung einer Neuorganisation, wie Schaffung einer Monopolstellung (z.B. durch Vertrustung) oder Durchbrechung eines Monopols" (Schumpeter 1952, 100f.).

Die Anwendung neuer Methoden und Qualitäten führt zu temporären **Monopolstellungen**, die die Erwirtschaftung von Monopolgewinnen ermöglichen. Die Monopolstellungen können aber nur vorübergehend sein, denn es werden Imitatoren in Konkurrenz zu dem Teilmonopolisten treten. Durch den Wettbewerb sind alle Firmen zur Anpassung gezwungen. Temporäre Monopolsituationen erlauben allerdings einigen Firmen, sich Ressourcen und Verhaltensmuster anzueignen, die wiederum Wettbewerbsvorteile bedeuten. Sie erleichtern sowohl die Anpassung an veränderte Situationen am Markt als auch die Entwicklung weiterer Innovationen, mit denen erneut eine temporäre Monopolstellung erreicht werden kann. Eine Untersuchung der wirtschaftlichen Entwicklung erfordert demzufolge die Berücksichtigung der Firmengeschichte (Schumpeter 1952, 121ff.). Die Bedeutung der Geschichte für das Verständnis des Wirtschaftsgeschehens ist ein wesentliches Merkmal evolutorischer Theorien. Schumpeter schreibt dazu: „Jeder konkrete Entwicklungsvorgang endlich beruht auf vorhergehenden Entwicklungen … Jeder Entwicklungsvorgang schafft die Voraussetzungen für die folgenden. Dadurch werden deren Formen alteriert, und die Dinge verlaufen anders als sie verlaufen würden, wenn jede konkrete Entwicklung sich ihre Bedingungen erst schaffen müsste" (Schumpeter 1952, 98).

Auch bei Schumpeter werden die Parallelen zu den Grundelementen der **biologischen Evolution** deutlich: Die Weitergabe von Informationen erfolgt durch Imitation der Teilmonopolisten. Auf diese Weise werden erfolgreiche Verhaltensmuster analog zur Vererbung übertragen. Innovationen stellen das Gegenstück zur Mutation dar. Dem Selektionsmechanismus entspricht die Konkurrenz der Unternehmen am Markt, die dazu führt, dass nur erfolgreiche Imitatoren und Innovatoren bestehen können. Das Gesamtergebnis aus Innovationen, d.h. sprunghaften Veränderungen und den dadurch hervorgerufenen Imitationen, also kontinuierlichen Anpassungen, ist Schumpeter zufolge ein weitgehend kontinuierlicher Entwicklungsprozess, in dem das System stets von einem Gleichgewichtszustand in einen anderen übergeht (Schumpeter 1955, 135ff.). Diese Offenheit der Entwicklung ist ein wesentliches Kennzeichen evolutorischer Wirtschaftsprozesse.

Tabelle 3.9 fasst noch einmal die wesentlichen Unterschiede zwischen den neoklassisch geprägten Ansätzen und der evolutorischen Ökonomik zusammen. Neoklassik betrachtet geschlossene Systeme, Evolutorik offene. Während in der Neoklassik die Annahme des Rationalverhaltens gilt, verzichten evolutorische Ansätze entweder ganz auf die Modellierung individueller Entscheidungen oder legen das Satisfizierungsprinzip zugrunde. Ein weiteres Merkmal evolutorischer Ansätze besteht darin, dass der wirtschaftliche Wandel im Mittelpunkt des Interesses steht, er ist untrennbar mit dem Prozess der Ressourcenallokation verbunden. Die Neoklassik trennt demgegenüber statische und dynamische Theorie (Allokations- und Wachstumstheorie). Die Annahme vollkommener Information ist für viele Modelle der neoklassischen Welt prägend, in evolutorischen Ansätzen spielt immer auch der Zufall eine Rolle. In diesem Zusammenhang ist auch klar, warum technisches Wissen in neoklassischen Modellen (z.B. Solow 1956) exogen gegeben und für alle Firmen gleichermaßen anwendbar ist, während es aus evolutorischer Sicht Resultat der Erfahrung einzelner Firmen mit bestimmten Technologien ist (hier zeigen sich Parallelen zu den Konzepten der Neuen Wachstumstheorie, z.B. Romer 1990). Das Erkenntnisinteresse gilt in neoklassischen Modellen dem Gleichgewicht, in evolutorischen Ansätzen dem Anpassungspfad (hier treten Parallelen zwischen Evolutorik und Neuer Ökonomischer Geographie zutage). Vor diesem Hintergrund verwenden neoklassische Modelle einen logischen Zeitbegriff, evolutorische dagegen einen historischen. Angesichts der fundamentalen Unterschiede zwischen den beiden Paradigmen stellt sich die Frage, ob sie nebeneinander bestehen können oder ob Erklärungskonkurrenz auftritt. Röpke schreibt dazu: „Für die Erklärung von komplexen Phänomenen kann sie [die Neoklassik, A.d.A.] keine Relevanz beanspruchen, da es gerade ihr erklärtes Ziel ist und da sie sich bewusst um Methoden bemüht, komplexe auf einfache Zusammenhänge zu reduzieren" (Röpke 1980, 143).

Tab. 3.7   *Unterschiede zwischen Neoklassik und Evolutionsökonomik*

	Neoklassik	Evolutionsökonomik
Verhalten der Wirtschaftssubjekte	Gewinnmaximierung	Satisfizierung
Determinismus	ja	nein
Untersuchungsgegenstand	Gleichgewicht	Anpassungspfad
System	geschlossen	offen
ceteris paribus-Analyse	ja	nein
Zeitbegriff	logisch	historisch
technisches Wissen	gegeben	Innovation durch Unternehmer

Quelle: Röpke (1980, 14 1f.), eigene Darstellung

Eines der ersten evolutorischen Modelle der räumlichen Wirtschaft ist der Ansatz von **Allen und Sanglier** (1979). Zielsetzung ist die Erklärung der Entstehung großer Zentren und die Analyse der Veränderung räumlicher Strukturen im Zeitablauf. Untersucht wird ein offenes System mit Arbeit als alleiniger Ressource. Die Gesamtbevölkerung des Systems ist nicht fest vorgegeben, sondern schwankt stochastisch von Zeiteinheit zu Zeiteinheit. Das wiederum verursacht Zufallsschwankungen erst in der Güternachfrage, dann in der Arbeitsnachfrage und schließlich wieder in den Bevölkerungszahlen. Das Modell ist dynamisch und nichtlinear, alle Ereignisse haben eine räumliche und zeitliche Dimension. Ursachen für makroökonomische Neuerungen sind Fluktuationen und Bifurkationen. Fluktuationen oder historische Zufälle kommen in den Gleichungen nicht explizit zum Ausdruck, sie werden durch die zufälligen Schwankungen der Einwohnerzahlen erzeugt. So ermitteln Allen und Sanglier zunächst mit Hilfe von vier deterministischen Modellgleichungen Werte für die Wachstumsraten der Bevölkerung in allen Orten des Systems. Die so berechneten Wachstumsraten werden dann in einem weiteren Schritt um zufällig bestimmte Bruchteile der ursprünglichen Werte verändert. Diese stochastischen Einflüsse bewirken dann den Übergang von einem Zustand des Systems in einen anderen. Insbesondere zu Beginn des Prozesses können historische Zufälle den Entwicklungspfad des Systems entscheidend beeinflussen. Zur Spezifizierung der Gleichungen greifen Allen und Sanglier auf Elemente der Exportbasistheorie und der Theorie der zentralen Orte zurück. Die Berücksichtigung des Einflusses der Entfernung zwischen den Orten auf die Entstehung von Raumstrukturen erfolgt in Anlehnung an die Technik der Gravitations- und Potentialmodelle. Der Ansatz ist mikroökonomisch fundiert. Er bezieht nicht nur die Standortwahl von Unternehmen, sondern auch die Wanderungsentscheidung von Individuen ein. Letztere sind positiv von der Arbeitsnachfrage und den Agglomerationsvorteilen sowie negativ von den Überfüllungseffekten abhängig. Die Ansiedlung der Unternehmen und damit der Arbeitsnachfrage erfolgt entsprechend den Absatzchancen an den unterschiedlichen Standorten, die wiederum durch die Bevölkerungswanderung, die Marktpreise und die Transportkosten beeinflusst werden. Abbildung 3.21 veranschaulicht die beschriebenen Interdependenzen. Im ersten Beitrag (Allen/Sanglier 1979) betrachten die Verfasser neben der ubiquitären Funktion Null nur zwei weitere Funktionen. In allen später veröffentlichten Modellvarianten gehen Allen und Sanglier von vier Funktionen aus. Hier werden zur besseren Darstellbarkeit ebenfalls vier Funktionen unterstellt.

Das Modell von Allen und Sanglier (1979) besteht aus vier interdependenten Gleichungen zur Bestimmung des Bevölkerungswachstums, der Arbeits- und der Güternachfrage pro Zeiteinheit. Es handelt sich um deterministische Gleichungen, die das Durchschnittsverhalten von Wirtschaftssubjekten widerspiegeln. Die erste Gleichung des Modells beschreibt das **Bevölkerungswachstum** x_i des Ortes i über die Zeit t. Dabei bezeichnen x_i die Bevölkerung am Ort i, b die Geburtenrate, m die Sterberate, J_{i0} die Arbeitsnachfrage aus der ubiquitären Funktion und J_{ik} die Arbeitsnachfrage aus der Aktivität k (mit $k = 1...4$):

$$\frac{dx_i}{dt} = b \cdot x_i \cdot \left(J_{i0} + \sum_{k=1}^{4} J_{ik} - x_i \right) - m \cdot x_i, i = 1, 2, ...N, k = 1, 2, 3, 4 . \qquad (3.188)$$

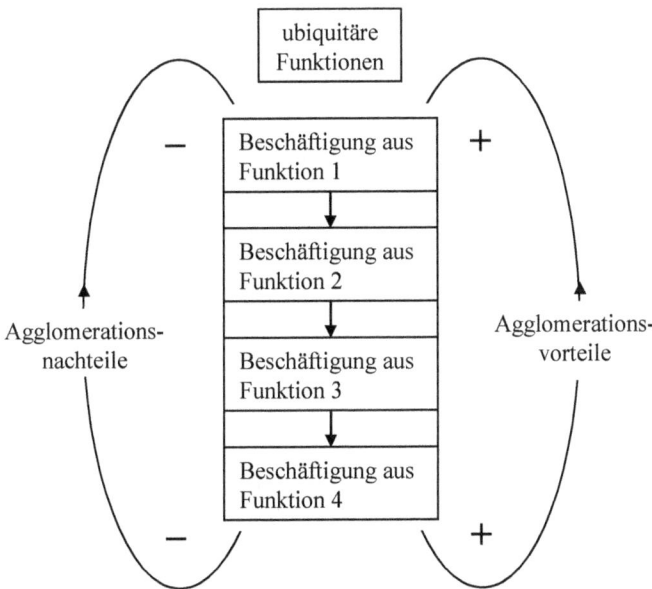

Abb. 3.22 Interdependenzen im Allen-Sanglier Modell
(Quelle: Allen/Sanglier (1981, 150), eigene Darstellung)

Wie in der Theorie der zentralen Orte ergibt sich hier eine mit steigender Stadtgröße wachsende Anzahl wirtschaftlicher Aktivitäten. Nach der Theorie der zentralen Orte produzieren kleine Städte lediglich Dienstleistungen geringer Ordnung für ihr eigenes Hinterland, große Zentren versorgen dagegen ihre eigene Bevölkerung, das Hinterland und die Kleinstädte. Sie produzieren zusätzlich zu den Dienstleistungen niedriger auch solche höherer Ordnung. Im Modell von Allen und Sanglier produzieren die kleinsten Orte nur das ubiquitäre Gut Null. Für alle anderen Güter ($k = 1 \ldots 4$) gilt, dass erst die Stadtgröße x_{kth} erreicht sein muss, bevor ein Ort die Aktivität k ausüben kann. Die erste Gleichung des Allen-Sanglier Modells charakterisiert das logistische Bevölkerungswachstum im Ort i bis zu den jeweiligen Schwellenwerten x_{kth} mit $k = 1 \ldots 4$. Die Formulierung der Gleichung greift auf ein aus der Biologie bekanntes Konzept zurück (Verhulst-Gleichung), bei der sich für kleine Bevölkerungszahlen ein exponentielles Wachstum ergibt, das sich bei Annäherung an die exogenen Kapazitätsgrenzen abschwächt und nach Erreichen der maximalen Aufnahmekapazität gleich Null wird. Die Verhulst-Gleichung ist eine Erweiterung der zur Erfassung des Räuber-Beute-Zyklus formulierten Volterra-Gleichung. Ist in einem Ort i der Schwellenwert für Gut k überschritten und wird das Gut k produziert, dann wird in diesem Ort die Arbeitsnachfrage J_{ik} wirksam, woraufhin der Ort weiter wachsen kann. Hier zeigen sich auch Bezüge zur Exportbasistheorie, denn die Güter $k = 1 \ldots 4$ werden exportiert und bilden die Basis für Wachstum. Anders als in der Exportbasistheorie wird hier jedoch ein nichtlinearer Zusammenhang zwischen Exporten und Stadtgröße postuliert.

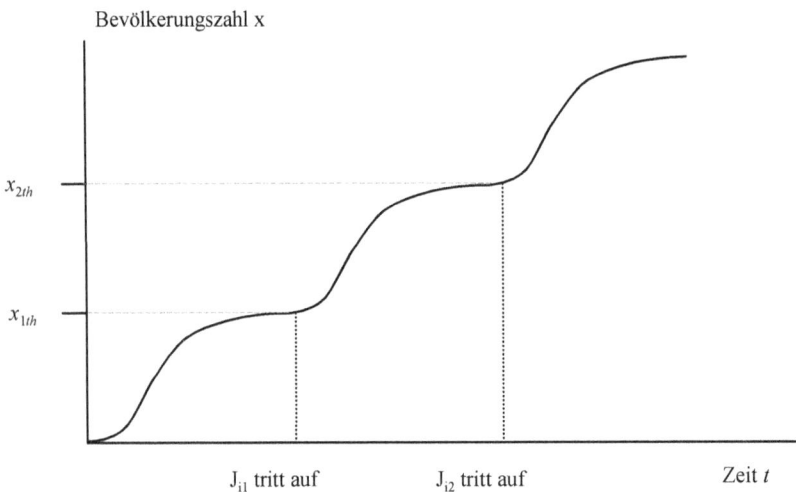

Abb. 3.23 Entwicklung der Bevölkerungszahl im Allen-Sanglier Modell
(Quelle: Allen/Sanglier (1979, 259), eigene Darstellung)

Mit der oben genannten Gleichung wird zudem angenommen, dass die Arbeitsnachfrage stets befriedigt wird und dass Wohn- und Arbeitsort eines Individuums stets übereinstimmen. Sobald ein Ort den kritischen Schwellenwert überschreitet, von dem an sich die Produktion eines bestimmten Gutes lohnt, fragen die Unternehmen Arbeitskräfte nach, diese kommen in den Ort und erhöhen die Bevölkerungszahl. Das Arbeitsangebot hängt also nicht vom Lohnsatz ab und der Produktionsfaktor Arbeit unterliegt keiner Ressourcenbeschränkung. Die

Gesamtzahl der Arbeitskräfte und damit die Gesamtbevölkerung des Systems ist variabel und ändert sich von Periode zu Periode in Abhängigkeit der Arbeitsnachfrage. An dieser Stelle wird die Offenheit des Systems deutlich. Für die einzelnen Orte zeigt sich nach Überschreiten des Schwellenwertes einer bestimmten Funktion zunächst ein exponentielles Wachstum der Bevölkerungszahl, das sich bei zunehmender Stadtgröße abschwächt und schließlich gegen Null geht, bis der nächste Schwellenwert erreicht ist und wieder ein exponentielles Wachstum einsetzt. Abbildung 3.22 veranschaulicht die Bevölkerungsentwicklung im Zeitablauf.

Die zweite Gleichung des Modells von Allen und Sanglier (1979) zeigt die Entwicklung der **Arbeitsnachfrage** J_{ik} der Branche k in Ort i in Abhängigkeit der Nachfrage nach Gut k. Dabei ist M_{ik} das Marktpotential, also die Nachfrage nach dem im Ort i hergestellten Gut k. Die Einsatzmenge des Produktionsfaktors Arbeit, die zur Herstellung einer Einheit des Gutes k erforderlich ist, gemessen in der Anzahl der Beschäftigten, heißt β (marginaler Arbeitskoeffizient). Schließlich ist α die Messgröße der Anpassungsgeschwindigkeit des Angebotes an die Nachfrage. Mit der Einführung des Parameters α wird unterstellt, dass auf dem Gütermarkt die Nachfrage zunächst nur teilweise befriedigt wird.

$$\frac{dJ_{ik}}{dt} = \alpha \cdot J_{ik} \cdot \left(\beta \cdot M_{ik} - J_{ik} \right). \tag{3.189}$$

Die Gleichung zeigt die gegenseitige Abhängigkeit von Güter- und Arbeitsmarkt. Die aus der zweiten Gleichung des Modells ermittelbare Arbeitsnachfrage wird erst befriedigt, wenn sich (wie in Gleichung 1 beschrieben) die Bevölkerungszahl ändert. Die veränderte Einwohnerzahl hat wiederum Auswirkungen auf die Arbeitsnachfrage.

Die dritte Gleichung des Allen-Sanglier-Modells gibt das **Marktpotential** M_{ik} des Ortes i bezüglich des Gutes k an:

$$M_{ik} = \sum_{j=1}^{N} \frac{x_j \cdot q_k}{p_k + c_k \cdot d_{ij}^{\eta}} \cdot \frac{A_{ijk}}{\sum_{h=1}^{N} A_{hjk}}. \tag{3.190}$$

Die Summe über die Mengen des Gutes k, die vom Ort i in den Orten $j=1,2,..,N$ abgesetzt werden können, heißt Marktpotential M_{ik}. Konsumenten sind annahmegemäß in allen Orten identisch und fragen jeweils die Menge q_k nach. In der Gleichung bezeichnen q_k die Pro-Kopf-Nachfrage nach Gut k zum Einheitspreis, p_k den Preis des Gutes k am Produktionsort, c_k die Transportkosten pro Entfernungseinheit und d_{ij} die Distanz zwischen den Orten i und j. Der Parameter η gibt die Preiselastizität der Nachfrage nach Gut k an. A_{ijk} ist die Attraktivität des Ortes i für die Konsumenten des Gutes k in Ort j. Die Nachfrage

$$x_j \cdot q_k \tag{3.191}$$

von Kunden in Ort j nach dem in Ort i hergestellten Gut k ist eine fallende Funktion des Verbraucherpreises

$$p_k + c_k \cdot d_{ij}^{\eta} \, . \tag{3.192}$$

Sie wird mit der relativen Attraktivität des Ortes i

$$\left[A_{ijk} \Big/ \sum_{h=1}^{N} A_{hjk} \right] \tag{3.193}$$

gewichtet.

Die Annahme einer fallenden Nachfragefunktion entspricht der üblichen Modellierung des Gütermarktes. Durch Einbeziehung der Transportkosten

$$c_k \cdot d_{ij}^{\eta} \tag{3.194}$$

in den Konsumentenpreis

$$p_k + c_k \cdot d_{ij}^{\eta} \tag{3.195}$$

kommt die Anlehnung an Potentialmodelle zum Ausdruck. Sie haben zum Ziel, auf der Grundlage des aus der Physik bekannten Potentialkonzepts die Anziehungskraft eines Ortes aus Sicht der Bevölkerung zu ermitteln.

Wie in der Theorie der **zentralen Orte** wird angenommen, dass es in jedem Ort genau einen Unternehmer gibt. Alternativ kann unterstellt werden, dass die Unternehmen innerhalb eines Ortes über dieselbe Produktionsfunktion und eine identische Preissetzungsregel verfügen. Entgegen der gebräuchlichen Modellierung ist das Güterangebot keine steigende Funktion des Preises, sondern wie in der zweiten Gleichung beschrieben stellt ein Ort stets einen konstanten Anteil α der zum Preis p_k nachgefragten Menge M_{ik} des Gutes k bereit. Das Güterangebot ist also vollkommen preisunelastisch. Der Preis p_k ist an allen Orten des Systems gleich und es wird unterstellt, dass bei diesem Preis ein angemessener Gewinn erzielbar ist. Durch den Parameter α in der zweiten Gleichung des Modells wird die verzögerte Anpassung des Angebotes an die Nachfrage erfasst. Solange eine Überschussnachfrage nach Gut k besteht, können Gewinne erwirtschaftet werden, die den Normalgewinn übersteigen. Es werden also keine Grenzkostenpreise gesetzt, sondern andere Preissetzungsregeln verwendet. Eine Kalkulationsmethode, die zu „Normalgewinn" führt, ist die Zuschlagskalkulation. Implizit wird unterstellt, dass nicht ein einziger Ort die Gesamtnachfrage nach einem bestimmten Gut befriedigt und kein Ort mit Verlust arbeitet. Weiterhin wird angenommen, dass sich alle potentiellen Anbieter den gleichen Produktions- und Transportkostenfunktionen gegenübersehen. Die Gestalt der Produktionsfunktionen, die Faktorkosten und die Transportkostensätze sind damit überall gleich. Auch die Preiselastizität η ist für alle Güter identisch.

Die Messzahl A_{ijk} in der dritten Gleichung des Allen-Sanglier-Modells gibt an, wie attraktiv es einem Individuum, das in Ort j wohnt erscheint, das Gut k in Ort i zu erwerben. Nicht diese absolute Attraktivität des Ortes i ist aber zur Bestimmung der Nachfrage *Mik* entscheidend, sondern die relative Attraktivität

$$\left[A_{ijk} \Big/ \sum_{h=1}^{N} A_{hjk} \right] \tag{3.196}$$

Die relative Attraktivität gibt an, wie reizvoll Ort i erscheint im Vergleich mit allen anderen Orten, in denen das Gut angeboten wird. Die Summe

$$\sum_{h=1}^{N} A_{hjk} \tag{3.197}$$

läuft zwar über alle Orte $h = 1, 2, ..., N$. Wenn aber ein Ort l das Gut k gar nicht anbietet, so ist die Attraktivität A_{ljk} gleich Null gesetzt. Die relative Attraktivität gibt an, wie sich die Gesamtbevölkerung des Systems auf die Absatzmärkte aufteilt. Würde in einem geschlossenen System die relative Attraktivität des Zentrums i aus Sicht der Kunden in j über alle Zentren $i = 1, 2, ..., N$ aufsummiert, dann beliefe sich die Summe auf Eins. Dies ist jedoch aufgrund der Distanzen in der Bestimmung der Verbraucherpreise nicht der Fall. Damit wird dem Grundgedanken der Evolutionsökonomik Rechnung getragen und ein offenes System modelliert.

In der vierten und letzten Gleichung des Modells von Allen und Sanglier wird die **Attraktivität** des Ortes i bezüglich Gut k für einen Kunden in j näher bestimmt:

$$A_{ijk} = \left[\frac{(1 + \lambda \cdot n_i)}{(p_k + c_k \cdot d_{ij})} \right]^{\mu} . \tag{3.198}$$

Dabei ist λ eine Konstante, n_i die Anzahl der Funktionen, die von Ort i ausgeübt werden und μ ein Homogenitätsparameter der Bevölkerung. Die Attraktivität eines Zentrums steigt also mit der Anzahl der dort produzierten Güter, es werden damit Agglomerationsvorteile für Haushalte berücksichtigt. Eine exaktere Formulierung würde die Agglomerationseffekte in Abhängigkeit der Bevölkerungszahl erfassen, hier ist nur die Größenklasse der Stadt relevant, also das Überschreiten des Schwellenwertes und damit die Übernahme möglichst vieler Funktionen. Damit wird die Grundidee der Theorie zentraler Orte aufgegriffen. Allen und Sanglier gehen aber nicht nur von positiven Agglomerationseffekten aufgrund eines breiten Konsumgüterangebotes aus, sondern nennen als Ursache für die Agglomerationsvorteile auch eine verbesserte Infrastruktur, also die Bereitstellung öffentlicher Güter. Daneben sollen durch den Term

$$(1 + \lambda \cdot n_i) \tag{3.199}$$

auch externe steigende Skalenerträge für Unternehmen aufgrund von Arbeitsteilung erfasst werden. Diese Agglomerationsvorteile für Unternehmen sind aus Konsumentensicht genau dann positiv zu bewerten, wenn die Firmen aufgrund der Kostenvorteile die Güterpreise senken. Da im Modell die Güterpreise p_k als überall einheitlich unterstellt werden, versuchen Allen und Sanglier, auch diese Agglomerationswirkungen über die Attraktivitätsmesszahl zu erfassen. Mit der Berücksichtigung des negativen Einflusses der Distanzen auf die Attraktivität des Ortes i aus Sicht des Kunden in j erfolgt wiederum eine Anlehnung an die Potentialmodelle. Die Messgröße μ gibt an, ob die Bevölkerung x_j in Ort j einmütig auf die relative Attraktivität der Orte reagiert und hängt sowohl von den Entscheidungskriterien der Individuen ab als auch von ihrer Information über die verschiedenen Zentren. Hier wird eine Möglichkeit geschaffen, die allzu restriktive Annahme identischer Individuen zugunsten einer realitätsnäheren Prämisse aufzugeben. Je homogener die Bevölkerung, desto größer wird μ. Geht μ gegen Unendlich, dann kaufen die Einwohner x_j in Ort j alle im attraktivsten Zentrum und das Hinterland ist in Bezug auf jede Funktion klar abgegrenzt. Für geringere Werte von μ überschneiden sich die Nachfragekegel und das Hinterland kann nicht mehr eindeutig bestimmt werden. Die Tabelle 3.10 fasst die wesentlichen Bestandteile des Modells von Allen und Sanglier noch einmal zusammen.

Tab. 3.8   Elemente des Modells von Allen und Sanglier

Entscheidungsmuster	Orientierung an Inputs und Endproduktmärkten
Agglomerationsvorteile	Kosten- und Nachfragefaktoren
Arten von Agglomerationsvorteilen	Interne Skalenerträge, Lokalisationsvorteile, Urbanisierungsvorteile
	(Vorteile der Ballung einzelner und mehrerer Industrien)
Ursachen	Arbeitsteilung, Verminderte Unsicherheit, da Kontakt zu anderen Firmen,
Formen von Lokalisationsvorteilen	Spezialisierte Arbeitskräfte, Bildungsstätten, Forschungseinrichtungen,
	Marketingorganisationen, Reparatur- und Zulieferbetriebe
Formen von Urbanisationsvorteilen	Umfangreiches Angebot spezialisierter Arbeitskräfte, große Absatzmärkte, umfangreiches Dienstleistungsangebot, Infrastruktur
Agglomerationsnachteile	Höhere Bodenpreise, Überfüllung des Transportsystems

Quelle: Eigene Darstellung

Das Modell von Allen und Sanglier kann nicht analytisch, sondern nur mittels einer **Simulation** gelöst werden, wie Abbildung 3.23 veranschaulicht. Zunächst muss die vierte Gleichung (Attraktivität) berechnet werden, um die dritte Gleichung (Marktpotential) lösen zu können. Das in der dritten Gleichung ermittelte Marktpotential hat wiederum Auswirkungen auf das Ergebnis der zweiten Gleichung (Arbeitsnachfragezuwachs) und letzteres auf die Lösung der ersten Gleichung (Bevölkerungszuwachs). Das Bevölkerungswachstum, das sich aus der ersten Gleichung ableiten lässt, wird nun wiederum zur Berechnung der Attraktivität des Ortes in der nächsten Periode benötigt. Allen und Sanglier (1979) haben in ihrer Simulation fünfzig Orte betrachtet. Bis zum Erreichen des stationären Zustands hatten sich von den fünfzig Orten sechs mit annähernd gleicher Bevölkerungszahl als Zentren etabliert, sechs andere wiesen einen schwankenden Verlauf ihrer Bevölkerungszahlen auf, die übrigen Orte haben die kritischen Schwellenwerte zur Ausübung höherer Funktionen nie erreicht.

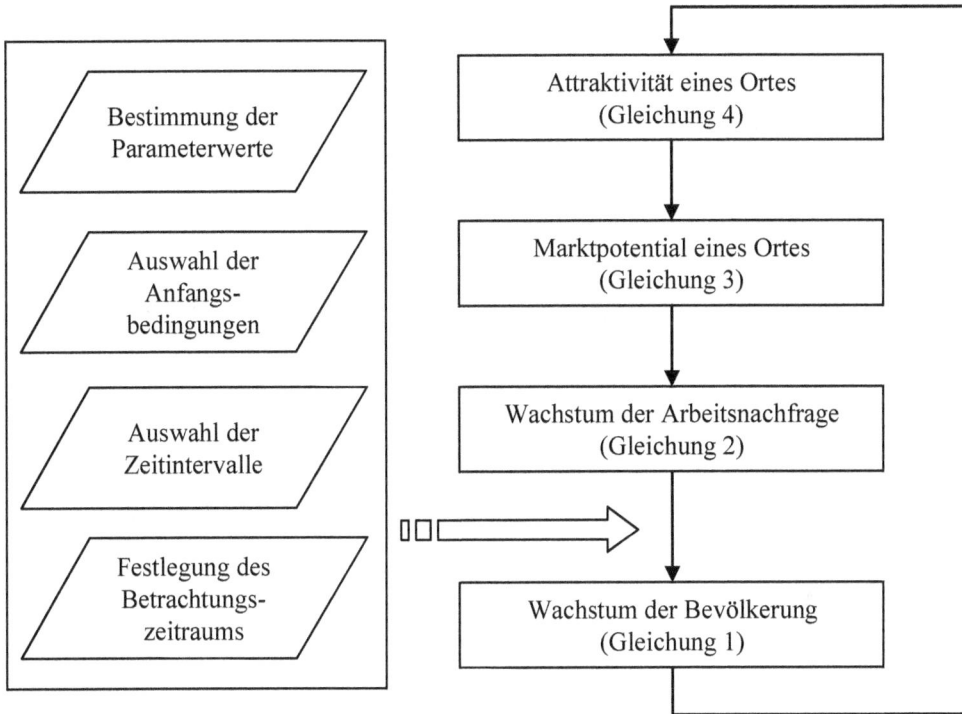

Abb. 3.24 Simulationsschritte des Modells von Allen und Sanglier
(Quelle: eigene Darstellung)

Die Simulationsergebnisse hängen entscheidend von den Parameterwerten, von der Schwankungsbreite der Bevölkerungszahlen, von der Größe der Zeitintervalle und vom Betrachtungszeitraum ab. Dies allein ist häufig Gegenstand der Kritik. Darüber hinaus betrifft Kritik am Modell von Allen und Sanglier vor allem die Annahmen eines preisunelastischen Güter- und Arbeitsangebotes sowie die Vernachlässigung der Agglomerationseffekte für Unternehmen. Durch die Annahme überall gleicher Transportkostensätze wird der Umstand vernachlässigt, dass Transportinfrastruktur in großen Zentren effizienter bereitgestellt werden kann und dadurch Kostenersparnisse entstehen. Andererseits führt aber auch Überfüllung der Verkehrswege zu unterschiedlichen Transportkostensätzen. Alle diese Einflüsse der Stadtgröße werden im Modell nicht berücksichtigt. Hinzu kommt, dass Agglomerationseffekte für Unternehmen und Haushalte notwendigerweise zu unterschiedlichen Lohnkosten in unterschiedlichen Orten führen. Mit unterschiedlichen Lohnkosten ergeben sich aus der Zuschlagskalkulation unterschiedliche Güterpreise. Im Allen-Sanglier-Modell sind die Güterpreise dagegen überall einheitlich. Agglomerationsvorteile für Unternehmen kommen nur mittelbar über die Attraktivitätsmesszahl eines Ortes zum Ausdruck.

Die Ursachen der Entstehung von Ballungsgebieten, in denen Haushalte und Unternehmen zusammentreffen, sind zahlreich und gegenwärtig Gegenstand vieler Forschungsarbeiten. Speziell der Entstehung und Weiterentwicklung von **Clustern** wird ein großer Einfluss auf die wirtschaftliche Entwicklung von Regionen zugeschrieben. Unter Clusterbildung wird die Ansiedlung von (miteinander verbundenen) Unternehmen und der dazugehörigen spezialisierten Zulieferbetriebe und Dienstleistungsunternehmen verstanden. Hinzu kommen die Existenz von Universitäten und Forschungseinrichtungen sowie die Verfügbarkeit gut ausgebildeter Arbeitskräfte in ausreichender Zahl als Kennzeichen erfolgreicher Wirtschaftsräume. Hier wurden im Wesentlichen die in der Regionalökonomik vorherrschenden drei Konzepte zur Erklärung von Agglomerationen vorgestellt, die Neue Wachstumstheorie, die Neue Ökonomische Geographie und die Evolutionsökonomik. Daneben finden sich aber in der Regionalökonomik und in der Wirtschaftsgeografie zahlreiche weitere wissenschaftliche Untersuchungen zur Clusterbildung, von denen in Tabelle 3.11 einige hinsichtlich ihrer wesentlichen Merkmale charakterisiert werden.

Tab. 3.9   Theoretische Konzepte zur Erklärung der räumlichen Ballung ökonomischer Aktivität (Auswahl)

Merkmal	New Industrial Spaces	Industriedistrikttheorie	Innovative Milieus	Cluster (nach Porter)	Innovationssysteme (national, regional)
Basisargument, -these, Hauptakteure	vertikale Desintegration bewirkt räumliche Konzentration der Produktion	lokale Akteure, eingebettet in sozial-kulturelles Milieu	ein Milieu als Organisation vernetzter Akteure	Unternehmensstrategie in Abhängigkeit des „Diamanten"	System institutioneller Bindungen
Raumbezug	komplettes Spektrum von Zentrum bis Peripherie	vorwiegend erfolgreiche Regionen	vorwiegend erfolgreiche High-tech Regionen	besonders wettbewerbsfähige Länder/Regionen	breites Regionenspektrum mit Innovationspotential
Prozesse der Veränderung in der Zeit infolge von …	„Windows of opportunity"; lock-in Effekte, Pfadabhängigkeit	Kleinunternehmertum, Einbettung im soziokulturellen Umfeld	Entrepreneurship	komparative Vorteile, Interaktion zwischen Diamantelementen	lange Wellen führen zu Pfadabhängigkeit
Ursache der räumlichen Ballung	Agglomerationseffekte, „untraded interdependencies"	Einbettung und Flexibilisierung führen zu verstärkter Standortbindung	standortgebundene Lernprozesse	intraregionale Interaktion von Wettbewerbern, Produzenten, Konsumenten usw.	Raum als Container, räumliche Nähe erleichtert Interaktion von Produzent und Konsument
Bestimmende Akteure	eher Großunternehmen	Kleinunternehmen, lokale Institutionen	lokale Unternehmer, Politiker	eher Großunternehmen	Institutionen und ihre Systeme, Unternehmer
Vertreter	Scott, Storper, Walker	Sabel, Granovetter, Marshall	Camagni, Aydalot, Maillat	Porter	Nelson, Lundvall, Freeman

Quelle: Sternberg (2001, 161), eigene Darstellung

4 Wirtschaftspolitische Eingriffe in die räumliche Entwicklung

4.1 Regionale Strukturpolitik

Regionalpolitik kann unterschieden werden in eine „**Politik für die Regionen**" und eine „Politik der Regionen". Der erstgenannte Begriff bezeichnet eine Politik, die ein übergeordneter Träger (EU, Bund) für die ihm zugeordneten Regionen (Mitgliedsstaaten, Länder) durchführt, es handelt sich also um eine vertikale Kompetenzaufteilung. Unter „Politik der Regionen" werden dagegen Maßnahmen auf horizontaler Ebene erfasst, die einzelne Regionen selbst im Standortwettbewerb ergreifen. Die folgenden Abschnitte befassen sich mit der vertikalen Perspektive, der Regionalpolitik der EU und des Bundes für die Regionen. Idealtypisch lässt sich „Politik für Regionen" in eine **ordnungspolitisch orientierte** und eine **interventionistische Regionalpolitik** untergliedern. Eine ordnungspolitisch orientierte Politik für Regionen beschränkt sich auf die Schaffung der geeigneten Rahmenbedingungen für einen funktionierenden Standortwettbewerb. Hierunter fallen die Bereitstellung einer geeigneten großräumigen Infrastrukturausstattung, die Internalisierung externer Effekte und ein effizienter Finanzausgleich. Interventionistische Regionalpolitik trifft dagegen diskretionäre Entscheidungen, reagiert also auf spezielle strukturpolitische Probleme mit der Subventionierung von kleinräumiger Infrastruktur oder Unternehmensinvestitionen. In diesem Sinne handelt es sich sowohl bei der EU Regionalpolitik als auch bei der Regionalpolitik des Bundes um interventionistische Maßnahmen. Begründet wird die interventionistische Politik für Regionen nicht allokativ, sondern distributiv mit dem Ausgleichsziel. Dieses Ziel kann auf der strategischen Ebene sowohl durch Förderung regionalen Wachstums (z.B. durch Stärkung der Exportbasis) oder durch direkte Transfers in die armen Regionen zur Absicherung eines bestimmten Lebensstandards der Bevölkerung erfolgen. In beiden Fällen handelt es sich um gebundene Mittelzuweisungen, die aus Sicht des Mittelgebers den Vorzug haben, dass der Verwendungszweck genau dem regionalpolitischen Ziel entspricht. Während aber die regionale Wachstumspolitik darauf ausgerichtet ist, die Förderung langfristig überflüssig zu machen, muss die bedarfsorientierte Redistributionspolitik dauerhaft aufrecht erhalten werden. Unabhängig davon, ob das Distributionsziel durch regionale Wachstumsförderung oder bedarfsorientierte Umverteilung erreicht werden soll, ist es sinnvoll, die jeweiligen Entscheidungskompetenzen auf höchster Ebene anzusiedeln, weil Umverteilung als Kollektivgut aufgefasst werden kann und in der Verwaltung Skalenerträge festzustellen sind. Der Kollektivgutcharakter von Redistributionsmaßnahmen ergibt sich daraus, dass einerseits Vorteile entstehen, wenn unerwünschte Wanderungsbewegungen verhindert werden, andererseits aber Freifahrerverhalten auftritt, wenn es um die Finanzierung der Umverteilung geht. Freiwillige Umverteilung auf horizontaler Ebene wird daher immer weniger umfangreich sein als die Redistribution, die der optimalen Bereitstellung des öffentlichen Gutes entspricht. Wenn also die Umverteilung zwischen den armen und reichen Regionen der Europäischen Union einen Nutzen stiftet und bei freiwilligen Vereinbarungen ein zu geringes Umverteilungsniveau erreicht würde, muss die Kompetenz für interventionistische Regionalpolitik von den Mitgliedsstaaten auf die EU verlagert werden. Diese **Kompetenzverlagerung** ist allerdings nur dann möglich, wenn sich die Bürger der Europäischen Union zugehörig fühlen. Ist dies nicht in ausreichendem Maße der Fall, so kann man daraus die Forderung nach einer entsprechenden Kompetenzverlagerung auf die nächst untere Ebene ableiten, im Fall Deutschlands also auf die Bundesebene (Postlep/Blume/Fromm 2001, 5ff.). In den folgenden Abschnitten soll zunächst die Regionalpolitik in der Europäischen Union und in Deutschland dargestellt und kritisch betrachtet werden. Anschließend wird der Blick auf den Finanzausgleich gelenkt, der in Deutschland wesentlich zum Erreichen des regionalpolitischen Ausgleichsziels beiträgt.

4.1.1   Europäische Regionalpolitik

Rechtsgrundlage der Europäischen Regionalpolitik sind die Artikel 158 bis 162 EG-Vertrag auf der Basis der Einheitlichen Europäischen Akte. Nach Artikel 158 verlangt der für die „harmonische Entwicklung der gesamten Gemeinschaft" notwendige „wirtschaftliche und soziale Zusammenhalt", „die Unterschiede im Entwicklungsstand der verschiedenen Regionen und den Rückstand der am stärksten benachteiligten Gebiete" zu reduzieren.. Zur Verwirklichung dieser Ziele nennt der **EG-Vertrag** drei Möglichkeiten:

- koordinierte Wirtschaftspolitik,
- Umsetzung des Binnenmarktes und
- Einsatz der Strukturfonds.

Die Strukturfonds und hier insbesondere der Europäische Fonds zur regionalen Entwicklung (EFRE) gelten heute als wesentliche Instrumente der regionalen Strukturpolitik in Europa, die es im eigentlichen Sinne aber erst seit Mitte der 1980er Jahre gibt.

Zielsetzung des Europäischen Fonds für Regionale Entwicklung (EFRE) ist die Reduktion der ökonomischen und sozialen Unterschiede in der Europäischen Union. Der Fonds soll dazu beitragen, bestehende **Disparitäten** zwischen den einzelnen Regionen abzubauen. Regionale Unterschiede bestehen in fast allen Mitgliedsländern, die Schere zwischen den ärmsten und reichsten Regionen eines Staates ist jedoch unterschiedlich weit geöffnet. Vergleicht man die Pro-Kopf-Einkommen mit dem Durchschnitt der EU 27, dann zeigen sich die größten Differenzen zwischen armen und reichen Gebieten in Großbritannien. Normiert man den EU-Durchschnitt im Jahr 2004 auf 100, so erreicht das Pro-Kopf-Einkommen in West Wales etwa den Wert 80, während das Pro-Kopf-Einkommen in Inner London mehr als das Dreifache des durchschnittlichen Pro-Kopf-Einkommens beträgt. Große Unterschiede zeigen sich auch in Belgien mit einem Wert von rund 80 in Hainaut und knapp 250 in Brüssel. Die ärmste Region Deutschlands ist Dessau mit einem Wert von rund 75, die reichste Hamburg mit einem Wert von knapp 200 (http://www.eu-info.de/foerderprogramme/strukturfonds/EFRE/).

Das Ziel eines ausgeglichenen regionalen Wachstums in ganz Europa wurde bereits in der Präambel zum **EWG-Vertrag** vom 25. März 1957 formuliert. Hier heißt es, die Europäische Wirtschaftsgemeinschaft werde gegründet „in dem Bestreben, ihre Volkswirtschaften zu einigen und deren harmonische Entwicklung zu fördern, indem sie den Abstand zwischen einzelnen Gebieten und den Rückstand weniger begünstigter Gebiete verringern." Inhalt der **Römischen Verträge** von 1957 ist der Abbau von Disparitäten durch Schaffung eines gemeinsamen Marktes, aber noch keine explizite Regionalpolitik. Eine implizite Regionalpolitik wurde mit dem im Jahr 1960 gegründeten Europäische Sozialfonds (**ESF**) betrieben, dessen Ziel es ist, Aus- und Weiterbildung zu fördern, Existenzgründungen zu unterstützen und die Beschäftigung in Europa zu stabilisieren. Im Jahr 1962 kam der Europäische Ausrichtungs- und Garantiefonds für die Landwirtschaft (**EAGFL**) hinzu mit der Aufgabe, die Peripherie zu fördern und die Agrarwirtschaft neu zu strukturieren. Einen ersten Vorstoß zur Formulierung der Ziele einer europäischen Regionalpolitik unternahm die Europäische Kommission 1965. Aufgabe regionalpolitischer Eingriffe war es demnach, starke regionale Einkommensunterschiede abzumildern und für eine gleichmäßigere Verteilung der Wirtschaftsaktivitäten im Raum zu sorgen (**Ausgleichsziel**), aber auch Entwicklungspotenziale von Regionen zu nutzen und unter Berücksichtigung sozialer Auswirkungen das Wachstum zu fördern (**Wachstumsziel**). Das Spannungsverhältnis zwischen Ausgleichs- und Wachstumsziel prägt die europäische Strukturpolitik bis heute. Im Jahr 1969 forderte die Europäische Kommission die finanzielle Förderung und Koordinierung raumwirksamer Politikinstrumente sowie die Erarbeitung regionaler Entwicklungsprogramme gemeinsam mit den Mitgliedsstaaten. Ende 1972 wurde schließlich die Einrichtung eines Europäischen Fonds zur regionalen Entwicklung (**EFRE**) beschlossen. Beim EFRE handelt es sich erstmals um einen echten Regionalfonds, der vor allem auf die Schaffung wirtschaftsnaher Infrastruktur und die Unterstützung von Unternehmensinvestitionen gerichtet ist. Bei seiner Gründung war es das Ziel des EFRE, mit Mitteln des Europäischen Haushalts die Regionalpolitik der Mitgliedsstaaten zu unterstützen und benachteiligte Regionen in ihrer Entwicklung zu fördern. Eine eigenständige EU-Regionalpolitik war jedoch mit der Gründung des EFRE noch nicht vorgesehen. Im Rahmen der EU-Erweiterung um die südeuropäischen Mitgliedsstaaten Spanien, Portugal und Griechenland nahmen die Entwicklungsunterschiede zwischen den Ländern der Europäischen Union deutlich zu und erforderten ein verändertes regionalpolitisches Instrumentarium. Vor diesem Hintergrund wurden die Mittel des EFRE aufgestockt und 1986 mit der Einheitlichen Europäischen Akte die Basis für eine Kohäsionspolitik geschaffen, die es Regionen mit Entwicklungsrückstand ermöglichen sollte, den Anforderungen des europäischen Binnenmarktes gerecht zu werden.

Zwischen 1989 und 1993 erfolgte eine Reform der jetzt als **Strukturfonds** bezeichneten regionalpolitischen Instrumente, die mit einer erneuten deutlichen Mittelaufstockung auf 68 Mrd. ECU in Preisen von 1997 einherging. Für die Mittelvergabe wurden die folgenden neue **Grundsätze** beschlossen:

- Konzentration der Fonds nach Ziel und Region
- Partnerschaft zwischen Kommission, Mitgliedstaaten und regionalen Behörden bei der Planung, Umsetzung und Begleitung der Interventionen
- Programmplanung der Interventionen
- Komplementarität der gemeinschaftlichen und nationalen Beihilfen

Zur Konzentration der Mittelvergabe wurden fünf **Ziele** festgelegt: die Förderung der Entwicklung und der strukturellen Anpassung der Regionen mit Entwicklungsrückstand (Ziel 1), die Umstellung der Regionen, Grenzregionen oder Teilregionen (einschließlich Arbeitsmarktregionen und städtische Verdichtungsräume), die von der rückläufigen industriellen Entwicklung schwer betroffen sind (Ziel 2), die Bekämpfung der Langzeitarbeitslosigkeit (Ziel 3), die Erleichterung der Eingliederung der Jugendlichen in das Erwerbsleben (Ziel 4) sowie im Hinblick auf die Reform der Gemeinsamen Agrarpolitik die beschleunigte Anpassung der Agrarstrukturen (Ziel 5a) und die Förderung der Entwicklung des ländlichen Raumes (Ziel 5b) (Verordnung (EG) 2052/88). Die Verbesserung der Zusammenarbeit zwischen drei Verwaltungsebenen (EU, Bund, Regionen bzw. in Deutschland Bundesländer) ist Antwort auf einen zentralen Kritikpunkt, demzufolge die Fördermittel zum großen Teil unkoordiniert vergeben wurden. Beginnend mit der Reform der Strukturfonds wurde die Vergabe immer stärker nach dem Subsidiaritätsprinzip gestaltet. Heute erfolgt die Planung von „unten" nach „oben", indem die Bundesländer (in manchen Fällen auch der Bund) der EU Förderregionen, Maßnahmen und Finanzierungskonzepte vorschlagen. Die Finanzierungsbeteiligung der Mitgliedsstaaten beträgt in der Regel 50%, in Ausnahmefällen nur 25%. Mit der Eigenbeteiligung soll gewährleistet werden, dass tatsächlich nur solche Projekte durchgeführt werden, die den regionalen Präferenzen entsprechen. Auf der Basis der Vorschläge aus den Ländern erarbeiten die Europäische Kommission und die Mitgliedsstaaten **Gemeinschaftliche Förderkonzepte** (GFK). Darin werden die Schwerpunkte der Förderung, die Finanzausstattung und die Form der Investitionen bestimmt. Auf der Grundlage der Gemeinschaftlichen Förderkonzepte werden **Operationelle Programme** (OP) erstellt, die durch regionale und lokale Verwaltungseinheiten umgesetzt werden (Näheres unter http://www.bundesregierung.de).

Im Jahr 1993 trat der **Vertrag über die Europäische Union** in Kraft, mit der Absicht, den Binnenmarkt und die Wirtschafts- und Währungsunion zu verwirklichen und den wirtschaftlichen und sozialen Zusammenhalt der Mitgliedsstaaten zu stärken. Dazu sollte auch der neu geschaffene **Kohäsionsfonds** beitragen, mit dessen Mitteln in weniger entwickelten Regionen der Infrastrukturausbau im Umwelt- und Verkehrsbereich gefördert wird. Zwischen 1994 und 1999 wurden die Strukturfonds um das Finanzinstrument für die Ausrichtung der Fischerei (**FIAF**) erweitert und das Mittelvolumen für die Kohäsionspolitik auf 177 Mrd. ECU in Preise von 1999 aufgestockt. Damit umfassten die Strukturfonds bereits etwa ein Drittel des Haushalts der Europäischen Union.

Zwischen 1994 und 1999 wurde der **Zielkatalog** der Strukturfonds noch einmal **neu formuliert** (ausführlich dazu http://ec.europa.eu). Für die Vergabe der Strukturfondsmittel galten jetzt folgende Ziele:

- Ziel 1: Entwicklung und strukturelle Anpassung der Regionen mit Entwicklungsrückstand
- Ziel 2: Umstellung der Regionen/Teilregionen, die von rückläufiger industrieller Entwicklung schwer betroffen sind
- Ziel 3: Bekämpfung der Langzeitarbeitslosigkeit und Erleichterung der Eingliederung von Jugendlichen und der vom Ausschluss aus dem Arbeitsmarkt bedrohten Personen in das Erwerbsleben, Förderung der Chancengleichheit für Männer und Frauen auf dem Arbeitsmarkt
- Ziel 4: Erleichterung der Anpassung der Arbeitskräfte an die industriellen Wandlungsprozesse und an Veränderungen der Produktionssysteme
- Ziel 5: Förderung der Entwicklung des ländlichen Raumes,
- Ziel 5a:Anpassung der Agrarstrukturen im Rahmen der GAP-Reform, Modernisierung und Umstrukturierung des Fischereisektors
- Ziel 5b: Entwicklung und strukturelle Anpassung der ländlichen Gebiete
- Ziel 6: Förderung der Entwicklung und strukturellen Anpassung von Gebieten mit einer extrem niedrigen Bevölkerungsdichte

Während sich die Ziele 1, 2, 5b und 6 ausschließlich auf bestimmte Gebiete bezogen und aus Mitteln des ERFE gefördert wurden, betrafen die Ziele 3, 4 und 5a alle Regionen der Europäischen Gemeinschaft und wurden von den übrigen Strukturfonds (ESF, EAGFL, FIAF) unterstützt. Zusätzlich wurden von der Europäischen Kommission dreizehn **Gemeinschaftsinitiativen** ins Leben berufen, mit denen spezielle sektorale und regionale Probleme gelöst werden sollten. Im Einzelnen waren dies die Gemeinschaftsinitiativen

- Interreg II (Gemeinschaftsinitiative für Grenzgebiete)
- „Beschäftigung"
- Leader II (Aktionen zur ländlichen Entwicklung)
- Adapt (Gemeinschaftsinitiative „Anpassung der Arbeitnehmer an den industriellen Wandel")
- KMU (Kleine und mittlere Unternehmen)
- Urban (Gemeinschaftsinitiative für städtische Gebiete)
- Konver (Gemeinschaftsprogramm zur Rüstungs- und Standortkonversion)
- Regis II (Gemeinschaftsinitiative zugunsten der Regionen in extremer Randlage)
- Retex (Gemeinschaftsinitiative zugunsten der vom Textil- und Bekleidungssektor stark abhängigen Regionen)
- Resider II (Gemeinschaftsprogramm zugunsten der Umstellung von Eisen- und Stahlrevieren)
- Rechar II (Gemeinschaftsinitiative zur wirtschaftlichen Umstellung von Kohlerevieren)
- Peace (Friedensinitiative für Nordirland)
- Pesca (Gemeinschaftsinitiative Fischerei)

Interpretiert man die Absicht der Gemeinschaftsinitiativen als gesonderte Zielsetzungen, so finden sich in der Planungsperiode 1994 bis 1999 insgesamt 20 Ziele, die mit sechs Finanzinstrumenten finanziert wurden. Dies führte zu einem hohen Grad an **Intransparenz** und dem Vorwurf, dass sich Maßnahmen gegenseitig konterkarieren. Hinzu kommt die Kritik, es

handele sich um Förderung nach dem „Gießkannenprinzip", weil ein großer Teil der Bevölkerung in Fördergebieten lebte (Zeitel 1998, 76). Selbst ohne Berücksichtigung der Gemeinschaftsinitiativen waren schon die Ziele 1 bis 6 so umfassend angelegt, dass eine Vielzahl
von Region unter irgendeinem Aspekt förderfähig war.

In der Programmperiode 2000 bis 2006 wurde die Anzahl der **Ziele** und **Gemeinschaftsinitiativen** deutlich **reduziert** (Näheres siehe http://ec.europa.eu). Die Ziele lauteten nun:

- Ziel 1: Unterstützung der Entwicklung der am wenigsten wohlhabenden Regionen, also
  der Regionen, deren Bruttoinlandsprodukt pro Kopf weniger als 75% des Gemeinschafts-
  durchschnittes betrug.
- Ziel 2: Wiederbelebung der Gebiete mit Strukturproblemen. Gefördert wurden Gebiete,
  die nicht unter Ziel 1 fielen, aber hohe Arbeitslosigkeit aufwiesen wie etwa altindustrielle
  Gebiete, aber auch Städte und der ländliche Raum.
- Ziel 3: Entwicklung der Humanressourcen. Gefördert wurden beschäftigungspolitische
  Maßnahmen im gesamten Gemeinschaftsgebiet mit Ausnahme der Ziel 1-Regionen

Finanziert wurde Ziel 1 aus sämtlichen Strukturfonds, Ziel 2 aus Mitteln des EFRE und des
ESF. Für Ziel 3 konnten ausschließlich ESF-Mittel in Anspruch genommen werden. Nicht
nur die Anzahl der Ziele, sondern auch die Zahl der Gemeinschaftsinitiativen wurde für den
Planungszeitraum 2000 bis 2006 drastisch verringert. Durchgeführt wurden nur noch vier
Gemeinschaftsinitiativen: Interreg III (Gemeinschaftsinitiative für Grenzgebiete), Lea-
der+((Aktionen zur ländlichen Entwicklung), Urban (Gemeinschaftsinitiative für städtische
Gebiete) sowie Equal (Initative zur Bekämpfung von Diskriminierung am Arbeitsmarkt).
Hinzu kam die Förderung des ländlichen Raumes und des Fischereisektors außerhalb von
Ziel 1, so dass es insgesamt immer noch acht Ziele gab, die mit sechs verschiedenen Finanz-
instrumenten gefördert wurden. Das Gesamtvolumen der Strukturfondsmittel stieg in der
Förderperiode 2000 bis 2006 auf 213 Milliarden Euro. Speziell zur Vorbereitung der EU-
Erweiterung um zehn neue Mitgliedsstaaten im Jahr 2004 und weitere zwei Länder im Jahr
2007 wurden überdies das Strukturpolitische Instrument zur Vorbereitung auf den Beitritt
(ISPA) und das Heranführungsinstrument für die Landwirtschaft (Sapard) eingeführt.

Im Jahr 2000 beschloss der Europäische Rat die **Lissabon-Strategie** mit dem Ziel, die Europäische Union „bis zum Jahr 2010 zum wettbewerbsfähigsten und dynamischsten wissensbasierten Wirtschaftsraum der Welt" zu machen. Dieses Ziel wurde später durch das Prinzip
der **nachhaltigen Entwicklung** ergänzt. Der Haushalt der Europäischen Union umfasst für
die gegenwärtige Förderperiode 2007 bis 2013 ein Mittelvolumen von 347 410 Milliarden
Euro für die Kohäsionspolitik. Damit ist die Ausweitung der Mittel seit Beginn der Europäischen Regionalpolitik kontinuierlich fortgesetzt worden. Dies ist nicht zuletzt durch die Ab-
stimmungsmechanismen in der Europäischen Union zu erklären (Einstimmigkeitsprinzip). Es
zeigt sich, dass insbesondere dann erhebliche **Mittelaufstockungen** beschlossen werden,
wenn einschneidende Veränderungen wie beispielsweise Beitritte neuer Mitgliedsstaaten
anstehen. In diesen Fällen scheint es manchmal, als sollten potentielle Verluste von Mitgliedsstaaten durch Erweiterung der Strukturfondsmittel kompensiert werden (Axt 1997, 20).
Ein anderer Ansatz zur Erklärung der kontinuierlichen Mittelausweitung findet sich in der
Bürokratietheorie. In einem Kontext, in dem eigennutzorientierte Akteure um die Verteilung

von Ressourcen konkurrieren, liegt es im Interesse der Bürokraten, durch Maximierung des von ihnen verwalteten Budgets Macht, Prestige und Einfluss zu gewinnen und ihren Arbeitsbereich zu sichern. Auch mit diesem Ansatz lässt sich erklären, warum die Finanzausstattung der Strukturfonds seit ihrer Schaffung stetig angestiegen ist.

Tab. 4.1   EU-Strukturfonds

2000-2006	-	2007-2013	-
Ziele	Finanzinstrumente	Ziele	Finanzinstrumente
Kohäsionsfonds	Kohäsionsfonds	„Konvergenz"	EFRE
Ziel 1	EFRE	-	ESF
-	ESF	-	Kohäsionsfonds
-	EAGFL-Garantie und EAGFL-Ausrichtung		
-	FIAF	-	-
Ziel 2	EFRE	„Regionale Wettbewerbsfähigkeit und Beschäftigung"	EFRE
-	ESF	regionale Ebene	ESF
Ziel 3	ESF	nationale Ebene: Europäische Beschäftigungsstrategie	-
Interreg	EFRE	„Europäische territoriale Zusammenarbeit"	EFRE
URBAN	EFRE	-	-
EQUAL	ESF	-	-
Leader+	EAGFL-Ausrichtung	-	-
Entwicklung des ländlichen Raums und Umstrukturierung des Fischereisektors außerhalb von Ziel 1	EAGFL-Garantie FIAF	-	-
9 Ziele	6 Instrumente	3 Ziele	3 Instrumente
Rechtsakt	Datum des Inkrafttretens-Datum des Außerkrafttretens	Termin für die Umsetzung in den Mitgliedstaaten	Amtsblatt
Verordnung (EG) Nr. 1083/2006	1.8.2006	-	ABl. L 210 vom 31.7.2006
Ändernde(r) Rechtsakt(e)	Datum des Inkrafttretens	Termin für die Umsetzung in den Mitgliedstaaten	Amtsblatt
Verordnung (EG) Nr. 1989/2006	1.1.2007	-	ABl. L 411 vom 30.12.2006

Quelle: http://europa.eu/scadplus/leg/de/lvb/g24231.htm

Um die Unterschiede zwischen den Regionen abzumildern, finanziert der EFRE in der **gegenwärtigen Planungsperiode** folgende **Maßnahmen** *(Art. 3 Abs. 2 VO (EU) 1080/2006):*

- „produktive Investitionen, die zur Schaffung und Erhaltung dauerhafter Arbeitsplätze beitragen, und zwar in erster Line durch Direktbeihilfen für Investitionen vor allem in kleine und mittlere Unternehmen (KMU);
- Investitionen in die Infrastruktur;

- die Erschließung des endogenen Potenzials durch Maßnahmen zur Unterstützung der regionalen und lokalen Entwicklung. Zu diesen Maßnahmen gehören die Unterstützung von Unternehmen und Dienstleistungen für Unternehmen, insbesondere KMU, die Schaffung und der Ausbau von Finanzierungsinstrumenten wie Risikokapital, Darlehens- und Garantiefonds, lokale Entwicklungsfonds und zinsverbilligte Darlehen, die Vernetzung, die Zusammenarbeit sowie der Erfahrungsaustausch zwischen den Regionen, Städten sowie den relevanten Akteuren aus der Gesellschaft, der Wirtschaft und dem Umweltbereich …"

Mit den genannten Maßnahmen verfolgt der EFRE drei **Ziele**: „Konvergenz", „Regionale Wettbewerbsfähigkeit und Beschäftigung" sowie „Europäische territoriale Zusammenarbeit". Gemeinschaftsinitiativen gibt es in der Planungsperiode 2007 bis 2013 nicht mehr, so dass die Anzahl der Ziele tatsächlich von acht auf drei reduziert werden konnte. Dabei werden alle drei Ziele aus dem EFRE finanziert, das Konvergenzziel zusätzlich aus dem Kohäsionsfonds und das Ziel „Regionale Wettbewerbsfähigkeit und Beschäftigung" zusätzlich aus dem ESF. Gegenüber der Planungsperiode 2000 bis 2006 wurde die Zahl der Finanzinstrumente damit halbiert (siehe Tabelle 4.1). Mit der Reduktion der Anzahl der Ziele und Instrumente ist ein Schritt in Richtung auf verbesserte Transparenz und damit zugleich erhöhte Effizienz der Europäischen Strukturpolitik erfolgt.

Mittel im Rahmen des Konvergenzziels erhalten Regionen, in denen das Pro-Kopf-Bruttoinlandsprodukt unter 75 Prozent des EU-Durchschnitts liegt. Diese Voraussetzungen erfüllen die zwölf neuen EU-Mitgliedstaaten beinahe flächendeckend, hinzu kommen der größte Teil der ostdeutschen Regionen sowie einige weitere Gebiete der EU-15. Insgesamt werden etwa 78 Prozent der Finanzmittel unter dem Konvergenzziel vergeben. Damit ist das Mittelvolumen absolut und relativ höher als früher unter Ziel 1 (dies umfasste rund 70 Prozent der Strukturfondsmittel). Die unter dem Konvergenzziel zugewiesenen Fördermittel werden vorzugsweise eingesetzt, um die Wirtschaftsstruktur der Empfängerregionen zu modernisieren und zu diversifizieren. Beabsichtigt wird die Schaffung dauerhafter Beschäftigung durch Investitionen in den folgenden Bereichen:

- Forschung und Entwicklung
- Innovation und unternehmerische Initiative
- Informationsgesellschaft
- Umwelt
- Risikoprävention
- Tourismus
- Kultur
- Verkehr
- Energie
- Bildung
- Gesundheit.

Nach dem Beitritt der zwölf neuen Mitgliedsstaaten hat sich das Pro-Kopf-Einkommen im europäischen Durchschnitt deutlich verringert. Dadurch gibt es Regionen, wie beispielsweise den Südwesten Brandenburgs, die das 75%-Kriterium nicht mehr erfüllen und denen deshalb der Verlust von EFRE-Mitteln unter dem Konvergenzziel drohte. Um den Übergang nicht zu abrupt zu gestalten wurde mit dem „Phasing Out" eine Übergangslösung geschaffen, der zufolge die Finanzhilfen bis 2013 weiterhin gewährt, aber degressiv gestaffelt werden.

Regionen, die nach dem **Konvergenzziel** keine Zuweisungen erhalten, können mit dem Ziel „**Regionale Wettbewerbsfähigkeit und Beschäftigung**" gefördert werden. Das unter diesem Ziel vergebene Mittelvolumen beträgt rund 18 Prozent der Strukturfondsmittel. Die Prioritäten liegen bei folgenden drei Themenbereichen:

- Innovation und wissensbasierte Wirtschaft
- Umwelt und Risikovermeidung
- Zugang zu Transport- und Telekommunikationsdienstleistungen von allgemeinem wirtschaftlichem Interesse

Im Rahmen des Ziels „**Europäische territoriale Zusammenarbeit**" wird mit etwa 4 Prozent der Strukturfondsmittel die länderübergreifende Zusammenarbeit in Grenzgebieten gefördert. Vorgesehen sind die folgenden Maßnahmen:

- Entwicklung von grenzüberschreitenden wirtschaftlichen und sozialen Projekten
- Schaffung und Entwicklung transnationaler Zusammenarbeit, auch in den Küstengebieten sowie die Förderung von grenzüberschreitenden Netzwerken
- Erhöhung der Wirksamkeit von Regionalpolitik durch die Verbesserung der Zusammenarbeit zwischen verschiedenen administrativen Ebenen

Spezielle Hilfen aus dem EFRE sind für die speziellen sozialen, ökonomischen und ökologischen Probleme von Städten vorgesehen. Auch besonders dünn besiedelte Regionen oder schwer erreichbare Gebiete wie Inseln oder Gebirgsregionen werden verstärkt gefördert (http://www.eu-info.de/foerderprogramme/strukturfonds/EFRE/).

Hinsichtlich der **Wirksamkeit** der Strukturfonds ist festzustellen, dass sich die Disparitäten zwischen den Regionen der Europäischen Union vom Ende der 1980er Jahre bis zum Ende der 1990er Jahre deutlich verringert haben. Rund ein Drittel der Annäherung wird von der EU selbst auf den Einsatz der Strukturfonds zurückgeführt, der zum Erhalt oder zur Schaffung von etwa 2,2 Millionen Arbeitsplätzen beigetragen hat (Eckey 2006, 192f.). Dennoch findet sich ein breiter Strang von ordnungspolitisch orientierter Literatur, die die Sinnhaftigkeit einer europäischen Regionalpolitik bezweifelt. Gegen eine europäische Regionalpolitik sprechen die folgenden Argumente (Apolte 2008, 25):

- Nach dem Prinzip der fiskalischen Äquivalenz sollten öffentlich bereitgestellte Güter und Leistungen immer von der föderalen Ebene angeboten werden, mit deren Grenzen die Reichweite der Güter und Leistungen übereinstimmt.
- Dezentrale Entscheidungen über öffentlich angebotene Güter und Leistungen werden Präferenzunterschieden der Bürger besser gerecht als zentrale Entscheidungen.
- Dezentrale Entscheidungen über öffentlich angebotene Güter und Leistungen ermöglichen einen Wettbewerb zwischen den Regionen (Abstimmung mit den Füßen).

Eine Zentralisierung der regionalpolitischen Entscheidungskompetenzen auf europäischer Ebene ist aus finanzwissenschaftlicher Sicht nur wünschenswert wenn (Apolte 2008, 25):

- öffentlich angebotene Güter und Leistungen überregionale Reichweite haben, also nicht nur einzelne Mitgliedsländer oder Regionen innerhalb dieser Staaten betreffen oder
- es zu runiösem Steuerwettbewerb kommt
- der Wettbewerb aufgrund von Regulierungen versagt.

Vor diesem Hintergrund argumentiert beispielsweise Stehn (2002), dass sich Regionalpolitik auf europäischer Ebene nicht allokativ begründen lässt, weil es keine räumlichen externen Effekte gibt, die mehrere Mitgliedsstaaten betreffen. Hier gehe es höchstens um Spillover-Effekte in Grenzregionen, die nach dem Coase-Prinzip in bilateralen Verhandlungen gelöst werden sollten. Aus distributiver Sicht könnten Eingriffe zwar erwünscht sein, sie würden aber effizienter in Form ungebundener Finanzzuweisungen erfolgen. Aufgrund des mit den Strukturfonds verbundenen hohen Verwaltungsaufwands ist nach Auffassung der ordnungs-politischen Literatur der horizontale Finanzausgleich die billigere Alternative zur Umverteilung über die Strukturfonds. Zudem sind die ungebundene Mittelzuweisung im Rahmen eines Finanzausgleichs aus Effizienzgründen einer zweckgebundenen Mittelzuweisung über die Strukturfonds überlegen, weil die Empfänger entsprechend ihrer Präferenzen dezentral über den Mitteleinsatz entscheiden können (Stehn 2002). Für eine **Dezentralisierung** des Mitteleinsatzes spricht auch, dass die meisten öffentlich bereitgestellten Güter eine begrenzte Reichweite haben. Wenn sie vom Gesamtstaat aus Steuermitteln finanziert werden, aber nur den Bewohnern einer bestimmten Region zugute kommen, führt dies tendenziell zur Übernachfrage (Apolte 2008, 25). Vor diesem Hintergrund sprechen Effizienzargumente für einer Ersatz der interventionistischen Regionalpolitik durch einen **Europäischen Finanzausgleich** als Basis für einen Wettbewerb zwischen den Regionen. Die Effizienz des Finanzausgleichs setzt allerdings voraus, dass das Ausgleichsniveau nicht zu hoch ist. Anderenfalls verlieren Geber- und Nehmerregionen den Anreiz, sich im regionalen Wettbewerb zu behaupten und möglichst hohe eigene Einnahmen zu erzielen. Regionaler Wettbewerb kann überdies nur dann funktionieren, wenn die Disparitäten zwischen den Teilgebieten nicht zu groß sind und die Mobilität der Produktionsfaktoren gewährleistet ist. Überdies muss sichergestellt werden, dass es einen fairen Steuerwettbewerb gibt. Bei ruinöser Steuerkonkurrenz droht eine Unterversorgung mit öffentlichen Gütern, so dass das Effizienzziel verfehlt würde (Postlep/Blume/Fromm 2001, 22ff.).

Festzuhalten bleibt, dass ein Europäischer Finanzausgleich nur unter strikten Voraussetzungen effizient wäre. Gegenwärtig sind die Disparitäten in der Europäischen Union relativ stark ausgeprägt, die Mobilität der Beschäftigten ist noch nicht sehr hoch und auch die Rahmenbedingungen für einen funktionsfähigen Steuerwettbewerb entsprechen noch nicht den idealisierten Anforderungen. Nimmt man die Argumente der Politischen Ökonomie hinzu und berücksichtigt das Eigeninteresse der Bürokraten am Erhalt der interventionistischen Regionalpolitik sowie die Abstimmungsverhältnisse in der EU, dann spricht vieles dafür, dass es in absehbarer Zeit nicht zu einem Ersatz der Strukturfonds durch einen europäischen Finanzausgleich kommen wird.

4.1.2 Instrumente der regionalen Strukturpolitik in Deutschland

Ziel der regionalen Strukturpolitik in Deutschland ist es, die wirtschaftliche Entwicklung von Regionen zu beeinflussen und andere Ergebnisse zu erzielen, als sie der Marktprozess hervorbringen würde (Eckey 2005, 933 f.). Beabsichtigt wird, die Unterschiede zwischen wirtschaftsstarken und wirtschaftsschwächeren Gebieten zu verringern und auf eine gleichmäßigere Entwicklung der Teilräume hinzuwirken (Bundesministerium für Raumordnung, Bauwesen und Städtebau 1996, 4). Die Forderung nach der Verwirklichung gleichwertiger Lebensbedingungen in allen Teilräumen der Bundesrepublik Deutschland ist aus dem Grundsatz des Sozialstaatsprinzips (Art. 20 Abs. 1 und Art. 28 Abs. 1 GG) abzuleiten. Danach ist die Existenz von erheblichen regionalen Unterschieden in Bezug auf Wohlstand und Lebensqualität nicht vereinbar mit dem Sozialstaatsprinzip, das die Einhaltung von Mindeststandards für die räumlichen Lebensbedingungen der Bürger und Bürgerinnen beinhaltet. Weitere Hinweise auf die **Einheitlichkeit der Lebensverhältnisse** finden sich in: Art. 29 Abs. 1 GG, Art. 72 Abs. 2 Nr. 3 GG, Art. 91a Abs. 1 GG, Art. 104a Abs. 4 GG, Art. 106 Abs. 3 Satz 4 Nr. 2 GG, Art. 107 Abs. 2 Satz 1 GG, § 2 Abs. 3 ROG, Art. 34 Abs. 1 Einigungsvertrag. Mit ökonomischen Anpassungshilfen sollen die Lebensbedingungen der Bevölkerung in wirtschaftsschwachen Regionen vor allem im Hinblick auf Erwerbsmöglichkeiten, Wohnverhältnisse, Umweltbedingungen, Verkehrs-, Versorgungs- und Entsorgungseinrichtungen verbessert und denen im übrigen Bundesgebiet angepasst werden.

Instrumente der regionalen Strukturpolitik in Deutschland finden sich auf verschiedenen staatlichen Ebenen (Bund, Länder, Kommunen). Grundsätzlich sind direkte und indirekte Instrumente der Wirtschaftsförderung zu unterscheiden. Zu den direkten Maßnahmen zählen die Instrumente der Versorgungspolitik und der Administration. Instrumente der indirekten Zielerreichung sind Anreizpolitik, Informationspolitik, Liegenschaftspolitik, Kommunalplanung sowie Raumordnung und Landesplanung. Im Rahmen der Anreizpolitik sind wirtschaftsorientierte Infrastrukturpolitik, also indirekte Anreize, und materielle Hilfen, also direkte Anreize zu unterscheiden. Wirtschaftsorientierte Infrastrukturpolitik beinhaltet beispielsweise den Ausbau von Verkehrsverbindungen sowie von Ver- und Entsorgungsanlagen. Materielle Hilfen umfassen u.a. steuerliche Maßnahmen wie Sonderabschreibungen und Investitionszulagen, aber auch Investitions- und Zinszuschüsse, Darlehen, Bürgschaften und ERP-Kredite (Störmann/Ewringmann 1992, 45ff.).

Im Rahmen der regionalen Strukturpolitik kommt den Instrumenten der **Investitionsförderung** für Unternehmen besondere Bedeutung zu. Hierunter fallen zum einen steuerliche Förderinstrumente (Investitionszulagen), zum anderen umfasst die Investitionsförderung auch Investitionszuschüsse, also Geld- oder Sachtransfers des Staats an Unternehmen zur Kofinanzierung von Anlagevermögen. Sowohl Investitionszulagen als auch Investitionszuschüsse wirken auf den Produktionsfaktor Kapital, sie reduzieren die regionalen Kapitalkosten. Folge der Kapitalkostenverringerung ist in beiden Fällen die Erweiterung der Produktionskapazitäten in der Region. Sowohl Zulagen als auch Zuschüsse erreichen das Unternehmen bei Realisierung der Investition. Sie tragen auf diese Weise dazu bei, die Rendite der Investition zu erhöhen und Liquiditätsschwierigkeiten zu vermeiden. Für einen Investor bestehen die Vorzüge der Investitionszulage gegenüber dem Zuschuss in der formalen Sicherheit, in jedem Fall gefördert zu werden, weil ein diesbezüglicher Rechtsanspruch besteht. Zuschüsse werden demgegenüber diskretionär nach Überprüfung der Investitionsbedingungen in den antragstellenden Unternehmen gewährt. Unter regionalpolitischen Gesichtspunkten spricht für den Zuschuss, dass die Mittel zielgenauer eingesetzt und in ihrer Verwendung kontrolliert werden können. Der Mitnahmeeffekt ist aufgrund des fehlenden Rechtsanspruchs beim Zuschuss geringer als bei der Zulage (Gräber/Holst 1988). Unter fiskalischem Aspekt sind Zuschüsse insofern vorteilhafter als Zulagen, weil das Mittelvolumen der Fördermaßnahmen a priori bekannt ist.

Neben Investitionszuschüssen und -zulagen für private Unternehmen ist die Förderung der wirtschaftsnahen **Infrastruktur** das zweite Standbein der regionalen Strukturpolitik. Vergleicht man die Wirkungen einer verbesserten wirtschaftsnahen Infrastruktur mit denjenigen von Investitionszuschüssen und -zulagen, so zeigt sich, dass Zuschüsse und Zulagen eine Kapitalkostenreduktion zur Folge haben, während Infrastrukturverbesserungen zu Hicksneutralen Produktivitätssteigerungen führen. Verwendet man zur Darstellung der Produktivität von Regionen eine Funktion vom CES- oder Cobb-Douglas-Typ, so verschiebt sie sich durch die Verbesserung der Infrastruktur parallel nach außen. Die Produktivitätssteigerungen infolge einer verbesserten Infrastruktur rufen ebenso wie Zulagen und Zuschüsse die Anziehung weiterer Produktionsfaktoren hervor. Aus allokativer Sicht sind Infrastrukturinvestitionen insofern Zuschüssen und Zulagen vorzuziehen, als sie die relativen Preise der Faktoren unverändert lassen. Zulagen und Zuschüsse führen dagegen zu einer relativen Verteuerung des Faktors Arbeit und wirken damit in Richtung verstärkter Substitution von Arbeit durch Kapital. Diesem Effekt wird dadurch entgegengewirkt, dass die Förderung zumindest teilweise an die Schaffung von Arbeitsplätzen gekoppelt ist.

Finanziert werden die Maßnahmen der regionalen Strukturpolitik aus Mitteln verschiedener staatlicher Ebenen, zum Großteil handelt es sich um sogenannte **Mischfinanzierungsinstrumente**. Zuweisungen im Rahmen von Mischfinanzierungsinstrumenten sind Finanzmittel, die das Empfängerland befähigen sollen, eigene Aufgaben aus Bundesmitteln zu finanzieren (Smekal 1977, 416). Dabei sind die innerstaatlichen Transferzahlungen nicht nur an Empfangs- sondern zusätzlich an Verwendungs- und Finanzierungsauflagen gebunden. Überdies sind sie betraglich beschränkt. Transfers im Rahmen der Mitfinanzierung von Länderaufgaben durch den Bund sind damit aus ökonomischer Sicht grundsätzlich zur Beeinflussung der regionalen Wirtschaftspolitik und zur Verfolgung raumordnerischer Ziele geeignet. In der Praxis ist die Mischfinanzierung jedoch mit vielfältigen Problemen behaftet, auf die noch näher einzugehen ist. Zuweilen wird deshalb die Hoffnung geäußert, das Volumen der Mischfinanzierung ließe sich im Rahmen der Neugliederung des Bundesgebietes reduzieren (Bergmann/Crome 1998, 645). Tabelle 4.2 gibt einen Überblick über das Volumen der Mitfinanzierung von Länderaufgaben durch den Bund in den Haushaltsjahren 2007 und 2008.

Im Folgenden sollen die Mischfinanzierungsinstrumente im einzelnen unter dem Aspekt erörtert werden, inwieweit sie geeignet sind, strukturelle Defizite von wirtschaftsschwachen Regionen abzubauen. Nach der üblichen Klassifizierung der Einflussinstrumente regionaler Wirtschaftspolitik lassen sich die Finanzzuweisungen auf der Grundlage der Art. 91 a und b

sowie 104 b GG als anreizpolitische Maßnahmen zur indirekten Zielerreichung charakterisieren. Dabei umfassen die Hilfen der Gemeinschaftsaufgaben „Verbesserung der regionalen
Wirtschaftsstruktur" und „Verbesserung der Agrarstruktur und des Küstenschutzes" sowohl
direkte als auch indirekte Anreize, während sich die Transfervergabe nach Art. 91 b und 104
a GG auf Maßnahmen der wirtschaftsorientierten Infrastrukturpolitik beschränkt. Gemeinschaftsaufgaben unterscheiden sich von den übrigen Mitfinanzierungsmöglichkeiten des
Bundes an Länderaufgaben dadurch, dass sich die Mitwirkung des Bundes nicht auf die
Finanzierung beschränkt, sondern er auch auf die Mittelverwendung Einfluss nehmen kann
(Geske 1982, 35).

Tab. 4.2   Mitfinanzierung von Länderaufgaben durch den Bund

	Ist 2007	Soll 2008
- in Mrd. € - *)		
1. Gemeinschaftsaufgaben nach Art. 91 a GG	1,3	1,3
davon		
1.1 Regionale Wirtschaftsstruktur	0,6	0,6
1.3 Agrarstruktur und Küstenschutz	0,6	0,6
2. Zusammenwirken bei Bildungsplanung (Art. 91 b GG)	0,1	0,1
3. Zusammenwirken bei Forschungsförderung (Art. 91 b GG)	4,2	4,7
davon		
3.1 Großforschungseinrichtungen	1,5	1,6
3.2 Andere Forschungseinrichtungen (Blaue Liste)	0,4	0,4
3.3 Sonstige Forschungsförderung	2,3	2,7
4. Geldleistungsgesetze (Art. 104 a Abs. 3 GG)	12,0	12,6
davon		
4.1 BAföG	1,1	1,3
4.2 Wohngeld	0,9	1,0
4.3 Elterngeld (einschl. Ausfinanzierung des bisherigen Erziehungsgeldes	3,7	4,5
4.4 Unterhaltsvorschuss	0,3	0,3
4.5 Bundesbeteiligung an Leistungen für Unterkunft und Heizung	4,3	3,9
4.5 Sonstiges	1,7	1,6
5. Finanzhilfen (Art. 104 a Abs. 4 GG -alt- (Ausfinanzierung) bzw. Art. 104 a Abs. 4 GG -neu)	1,7	1,3
davon		
5.1 Städtebauförderung	0,5	0,5
5.2 Investitionsprogramm Ganztagsschulen	0,9	0,5
5.3 Sonstige Finanzhilfen	0,3	0,2

*) Differenzen durch Rundung

Quelle: Bundesministerium der Finanzen 2008, 15, eigene Darstellung.

In Art. 91 a GG waren von 1969 bis 2006 drei Gemeinschaftsaufgaben verfassungsrechtlich
verankert: die Verbesserung der regionalen Wirtschaftsstruktur, die Verbesserung der Agrarstruktur und des Küstenschutzes sowie der Ausbau und Neubau von Hochschulen einschließ-

lich der Hochschulkliniken. Die zuletzt genannte Gemeinschaftsaufgabe wurde im Rahmen der **Föderalismusreform** 2006 abgeschafft, die beiden anderen existieren mit einigen Änderungen weiter. Zusätzlich eröffnet Art. 91 b des Grundgesetzes Bund und Ländern eine Möglichkeit zur Kooperation von Bund und Ländern in Fragen der Bildungsplanung und Forschungsförderung. Die Bedeutung der Bildungsplanung und Forschungsförderung für die regionale Strukturpolitik ist darin begründet, dass der Bestand an Forschungseinrichtungen und das Potential an qualifizierten Arbeitskräften zu den wichtigsten Entscheidungskriterien bei der unternehmerischen Standortwahl zählen. Darüber hinaus sind die Verfügbarkeit von Forschungseinrichtungen und die Innovationstätigkeit einer Region ebenso positiv korreliert wie das Wachstum und der technische Fortschritt (Störmann 1993, 27ff.).

Neben den Gemeinschaftsaufgaben nach Art. 91 a und b des Grundgesetzes bieten auch Investitionshilfen nach Art. 104 b Abs. 4 des Grundgesetzes die Möglichkeit zur Mitfinanzierung von Länderaufgaben durch den Bund. (Vor der Finanzreform 2006 war dies in Art. 104a Abs. 4 des Grundgesetzes geregelt). Demnach kann der Bund Finanzhilfen für „besonders bedeutsame" Investitionen der Länder und Kommunen gewähren. Mögliche Ziele dieser Finanzhilfen sind erstens die Abwehr von Störungen des gesamtwirtschaftlichen Gleichgewichts (konjunkturpolitische Zielsetzung), zweitens der Ausgleich wirtschaftlicher Diskrepanzen zwischen den Ländern (regionalpolitische Zielsetzung) sowie schließlich drittens die Wachstumsförderung (strukturpolitische Zielsetzung). Investitionen gelten als besonders bedeutsam, wenn sie ein hohes Volumen aufweisen, im Verhältnis zu den übrigen Investitionen des betreffenden Gemeinwesens von Bedeutung sind und voraussichtlich die Struktur der Gesamtwirtschaft verbessern (Maunz 1991). Die Funktion des Bundes beschränkt sich im Rahmen der Finanzhilfen nach Art. 104 b Abs. 4 im Gegensatz zur Mischfinanzierung nach Art. 91 a GG hauptsächlich auf die Finanzierung der Investitionen. Schließlich bilden auch die Geldleistungsgesetze nach Art. 104 Abs.3 Satz 1 des Grundgesetzes eine Ausnahme vom Grundsatz der Lastenverteilung. Im Rahmen von Geldleistungsgesetzen gewährt der Bund Transferzahlungen und übernimmt ganz oder teilweise die damit verbundenen Ausgaben. Beispiele sind das Bundesausbildungsförderungsgesetz, das Wohngeld oder das Gesetz zum Elterngeld und zur Elternzeit (Bundesministerium der Finanzen 2008, 11ff.)

Das Hauptinstrument der regionalen Strukturpolitik in Deutschland ist die **Gemeinschaftsaufgabe „Verbesserung der regionalen Wirtschaftsstruktur"**. Allgemein bezeichnet der Begriff der Gemeinschaftsaufgabe alle öffentlich bereitgestellten Güter, die grundsätzlich von einem einzigen Gemeinwesen zur Verfügung gestellt werden müssen, an deren Bereitstellung aber mehrere Gebietskörperschaften interessiert und beteiligt sind. Die Regelung der Gemeinschaftsaufgaben war ein Gegenstand der Finanzreform von 1969. In diesem Rahmen wurde der Begriffsinhalt in Art. 91 a Abs.1 GG dahingehend präzisiert, dass alle jene Verwaltungsaufgaben der Länder gemeint sind, deren Erfüllung der Bund inhaltlich beeinflusst und an deren Finanzierung er beteiligt ist (Klein 1972, 291). Weitere Konkretisierungen sollten nach Art. 91 a Abs. 2 GG durch Bundesgesetz erfolgen. Es liegt hier also eine Ausnahme vom Lastverteilungsgrundsatz nach Art. 104 a Abs. 1 GG vor, nach dem grundsätzlich jede Gebietskörperschaft für die Finanzierung ihrer eigenen Aufgaben zuständig ist. Nach dem Willen des Gesetzgebers darf der Bund allerdings nur dann an der Aufgabenerfüllung der Länder mitwirken, wenn „diese Aufgaben für die Gesamtheit bedeutsam sind und die Mitwirkung des Bundes zur Verbesserung der Lebensverhältnisse erforderlich ist".

Grundgesetzkommentaren (z.B. Maunz 1991, Literaturübersicht in Maunz 1977) zufolge sind die Aufgaben dann als gesamtwirtschaftlich bedeutsam zu betrachten, wenn die Lebensverhältnisse der Bevölkerung mehrerer Bundesländer verbessert werden. Eine Mitwirkung des Bundes gilt als erforderlich, sofern ohne Eingriffe des Bundes keine Möglichkeit zur Verbesserung der Lebensverhältnisse bestünde. Wesentlich ist, dass die Erfüllung von Länderaufgaben unter Mitwirkung des Bundes im Rahmen der Gemeinschaftsaufgaben die Zustimmung des betreffenden Landes voraussetzt (Geske 1982, 37f.). Die Abrufung von Bundesmitteln im Rahmen der Gemeinschaftsaufgaben ist an die Finanzierungsbeteiligung der Länder gebunden. Diese Konstruktion fördert durch finanzielle Anreize die effiziente Verwendung der Mittel durch die Länder. Damit aber die Länder ihren Finanzierungsanteil überhaupt aufbringen und so die vom Bund bereitgestellten Mittel zur Mitfinanzierung der Länderaufgaben in Anspruch nehmen können, muss die allgemeine Finanzkraft der wirtschaftsschwachen Länder zum Beispiel über Bundesergänzungszuweisungen gestärkt werden. Bundesergänzungszuweisungen sind allgemeine Finanzzuweisungen des Bundes an leistungsschwache Länder. Sie bilden nach der vertikalen und horizontalen Steuerverteilung, dem Umsatzsteuervorwegausgleich und dem horizontalen Länderfinanzausgleich die fünfte Stufe des Finanzausgleichs.

Der **Maßnahmenkatalog** der Gemeinschaftsaufgabe „Verbesserung der regionalen Wirtschaftsstruktur" umfasst nach § 1 Abs. 1 GRWG folgende Elemente

- „Investive Förderung der gewerblichen Wirtschaft bei Errichtung, Ausbau, Umstellung oder grundlegender Rationalisierung von Gewerbebetrieben,
- investive Förderung der wirtschaftsnahen Infrastruktur, soweit sie unmittelbar für die Entwicklung der regionalen Wirtschaft erforderlich ist,
- nichtinvestive und sonstige Maßnahmen zur Stärkung der Wettbewerbsfähigkeit von Unternehmen, zur regionalpolitischen Flankierung von Strukturproblemen und zur Unterstützung von regionalen Aktivitäten, soweit sie unmittelbar für die Entwicklung der regionalen Wirtschaft erforderlich sind,
- Evaluierung der Maßnahmen und begleitende regionalpolitische Forschung."

Gefördert werden nach § 1 Abs. 2 GRWG Regionen „mit erheblichen wirtschaftlichen Strukturproblemen", insbesondere solche Gebiete, in denen die EU Regionalbeihilfen zulässt. Hier sind insbesondere die Regelungen zur Beihilfenkontrolle (nach Art. 87 bis 89 EG-Vertrag) und zum wirtschaftlichen und sozialen Zusammenhalt (nach Art. 158 bis 162 EG-Vertrag) zu berücksichtigen. Die Förderung kann auch dann erfolgen, wenn die Strukturprobleme zwar noch nicht eingetreten, aber „in erheblichem Umfang absehbar sind". Nach § 1 Abs. 3 GRWG können schließlich auch Projekte in Nachbarregionen der wirtschaftsschwachen Gebiete erfolgen, „wenn sie in einem unmittelbaren Zusammenhang mit geförderten Projekten innerhalb benachbarter Fördergebiete stehen".

Formen der Förderung der gewerblichen Wirtschaft können nach § 3 GRWG Zuschüsse, Darlehen oder Bürgschaften sein. Dabei tragen Bund und Länder nach § 7 GRWG jeweils die Hälfte der Ausgaben. Die Mittelvergabe erfolgt nach § 4 Abs. 3 GRWG auf der Basis eines gemeinsamen Koordinierungsrahmens, in dem

- die förderfähigen Maßnahmen nach § 1 Abs. 1,
- „die Festlegung der Fördergebiete nach §1 Abs. 2 nach einem sachgerechten Bewertungsverfahren,
- Voraussetzungen, Art und Intensität der Förderung,
- die sachgerechte Verteilung der Bundesmittel auf die Länder,
- Regelungen über die Mittelbereitstellung und Rückforderungen zwischen Bund und Ländern,
- Berichtswesen, Evaluierung und statistische Auswertungen"

vorgeschrieben sind.

Mit der Finanzreform 2006 ist die strikte Vorgabe entfallen, **Rahmenpläne** zu erstellen, die sich jeweils auf mehrere Jahre beziehen, aber jährlich auf ihre Angemessenheit im Hinblick auf die wirtschaftliche Entwicklung überprüft werden mussten. Vielmehr haben Bund und Länder nun größere Freiheiten bei der Wahl des geeigneten Koordinationsmechanismus. Dennoch wurde für die Jahre 2007 ein Rahmenplan erstellt (Deutscher Bundestag 2007), der den in Tabelle 4.3 dargestellten Finanzierungsplan enthält.

Tab. 4.3   Verpflichtungsermächtigung 2007 (Bund) in Mio. Euro

Bundesland		Quote in % GA-West	Quote in % GA-Ost
Brandenburg	82,630		16,42
Mecklenburg-Vorpommern	65,319		12,98
Sachsen	128,827		25,60
Sachsen-Anhalt	89,223		17,73
Thüringen	78,453		15,59
Baden-Württemberg			
Bayern	9,393	11,20	
Berlin	58,778		11,68
Bremen	1,795	2,14	
Hamburg			
Hessen	3,749	4,47	
Niedersachsen	25,631	30,56	
Nordrhein-Westfalen	25,153	29,99	
Rheinland-Pfalz	3,565	4,25	
Saarland	2,197	2,62	
Schleswig-Holstein	12,387	14,77	
GA-West gesamt	83,870		
GA-Ost gesamt	503,230		

Quelle: Deutscher Bundestag 2007, 28, eigene Darstellung

In § 2 GRWG Abs.1 ist geregelt, dass sich die Förderung im Rahmen der Gemeinschaftsaufgabe in das Konzept der übrigen wirtschaftspolitischen Maßnahmen sowie in die Raumordnungs- und Landesplanung einfügen muss. Die Förderung soll im Rahmen einer räumlichen und sachlichen Schwerpunktsetzung erfolgen und mit „anderen öffentlichen Entwicklungsvorhaben", insbesondere im Rahmen der **Europäischen Union**, abgestimmt sein.

Grundgedanke der europäischen Strukturpolitik ist das Ausgleichsziel, nach dem wirtschaftlich unterentwickelte Regionen gefördert und damit Beiträge zur Konvergenz geleistet werden sollen. Dabei soll der Mitteleinsatz entsprechend der Lissabon-Strategie wachstumsorientiert erfolgen. Vor diesem Hintergrund wurden die Förderkriterien der europäischen Strukturpolitik für die Förderperiode 2007 bis 2013 wie folgt festgelegt (Deutscher Bundestag 2007, 27):

- „Im Ziel ‚Konvergenz' sind die wirtschaftlich schwächsten Regionen förderfähig, d.h. Regionen mit einem BIP pro Kopf unter 75% des EU-25-Durchschnitts und Übergangsregionen (Regionen mit BIP pro Kopf unter 82,19% in EU-25, d.h. entsprechend 75% in EU-15).
- Im Ziel ‚Regionale Wettbewerbsfähigkeit und Beschäftigung' sind alle übrigen Gebiete der Gemeinschaft förderfähig.
- Im Ziel ‚Europäische territoriale Zusammenarbeit' wird die grenzüberschreitende, transnationale und interregionale Zusammenarbeit gefördert."

In der Förderperiode 2007 bis 2013 sind für Deutschland insgesamt Mittel in Höhe von 26,3 Mrd. Euro (in laufenden Preisen) vorgesehen, davon 16,1 Mrd. Euro für die neuen Bundesländer und die Region Lüneburg nach dem Konvergenzziel, 9,4 Mrd. Euro für die alten Bundesländer ohne die Region Lüneburg nach dem Ziel „Regionale Wettbewerbsfähigkeit und Beschäftigung" sowie 851 Mio. Euro nach dem Ziel der territorialen Zusammenarbeit. Tabelle 4.4 gibt eine Übersicht über die Mittelverteilung nach Bundesländern

Tab. 4.4   Aufteilung der Strukturfondsmittel 2007–2013 nach Bundesländern (in Mio. Euro, laufende Preise)

Bundesland	Konvergenzziel	Ziel „Regionale Wettbewerbsfähigkeit und Beschäftigung"
Brandenburg	2119	
Mecklenburg-Vorpommern	1670	
Sachsen	3963	
Sachsen-Anhalt	2576	
Thüringen	2107	
Baden-Württemberg		409
Bayern		886
Berlin		1212
Bremen		231
Hamburg		126
Hessen		450
Niedersachsen	799	876
Nordrhein-Westfalen		1967
Rheinland-Pfalz		331
Saarland		284
Schleswig-Holstein		474
Bundesprogramm Verkehr	1520	
Bundesprogramm ESF	1326	2162
Summe	16079	9409

Quelle: Deutscher Bundestag (2007, 28), eigene Darstellung

Der **räumliche Schwerpunkt** der regionalen Strukturpolitik sowohl aus Mitteln der Gemeinschaftsaufgabe „Verbesserung der regionalen Wirtschaftsstruktur" als auch aus Mitteln der Europäischen Strukturfonds liegt demnach auch in den kommenden Jahren in den neuen Bundesländern. Den theoretischen Hintergrund der **sachlichen Schwerpunktsetzung** bildete ursprünglich die Exportbasis-Theorie. Letztere versucht, die industrielle Struktur und das Wachstum mit Hilfe ihres Ausfuhrhandels zu erklären. Dabei wird unterstellt, dass das Einkommen einer Region aus der Produktion von Gütern und Leistungen, die innerhalb einer Region abgesetzt werden (sog. Nichtbasis-Aktivitäten), von der Entwicklung des Ausfuhrbereichs (sog. Basis-Aktivitäten) abhängig ist. Mit dieser Begründung war die Förderung lange Zeit auf Unternehmen fokussiert, die Güter herstellen und Leistungen erbringen, deren Absatzmärkte typischerweise über die Region hinausgehen. Investitionsförderung kam demnach dem verarbeitenden Gewerbe zugute. Kritik an der Exportbasistheorie bezieht sich jedoch u.a. darauf, dass der Nicht-Basissektor den Basissektor beeinflusst. So ist die Exportfähigkeit des Basissektors auch vom lokalen Dienstleistungsangebot abhängig, so dass zumindest diese Teile des Nichtbasissektors aus wachstumspolitischer Sicht ebenfalls förderfähig sein sollten. Aus dieser Überlegung heraus wurde der Kreis der möglichen Empfänger um Bereiche des Handwerks und der produktionsorientierten Dienstleistungen erweitert.

Die Grundkonzeption der Gemeinschaftsaufgabe „Verbesserung der regionalen Wirtschaftsstruktur", nämlich eine Koppelung aus Förderung der Wirtschaft mit Hilfe von Zuschüssen einerseits und Infrastrukturausbau andererseits, sind als Instrumente der regionalen Wirtschaftspolitik zur Zielerreichung geeignet (Milbradt 1991, 61). Viele der bisher durchgeführten Förderprogramme weisen jedoch Fehler auf, die zwar nicht das Gesamtkonzept in Frage stellen, aber dennoch die Wirksamkeit der Maßnahmen erheblich reduzieren. Diese Fehler in der konkreten Ausgestaltung der Programme betreffen die Auswahl der geförderten Unternehmen bzw. Branchen sowie die Art der geförderten Arbeitsplätze (Spehl 1983,21).

Gegen die generelle Konzeption der Gemeinschaftsaufgabe wurde häufig eingewendet, es träten „**Mitnahmeeffekte**" auf, d.h. die geförderten Investitionen wären auch ohne die Finanzhilfen durchgeführt worden. Diese These wurde teilweise durch empirische Studien gestützt (zur Untermauerung der These siehe beispielsweise Asmacher/Schalk/Thoss 1987, gegenteilig z.B. Schalk 1988). Andererseits ist zu beachten, dass die hier angesprochenen Förderungen diskretionär gewährt werden. Damit können die Zuschussmittel grundsätzlich zielgenau eingesetzt und ihre Verwendung überprüft werden. Betrachtet man insbesondere die gewerbliche Wirtschaft, so ist der Mitnahmeeffekt etwa im Vergleich zur Investitionszulage, auf die ein Rechtsanspruch besteht, als gering einzustufen (Störmann/Ziegler 1997, 514 ff). Der zielgenaue Mitteleinsatz gilt generell als bedeutender Vorteil der Gemeinschaftsaufgabe gegenüber anderen regionalpolitischen Instrumenten (Petersen/Anton/Bork 2001, 16f.).

Ein wesentlicher Kritikpunkt an der Gemeinschaftsaufgabe „Verbesserung der regionalen Wirtschaftsstruktur" betrifft das Übergewicht des Bundes bei der Planung (These von der **Angebotsdiktatur** des Bundes) (Soell 1972, 408). Dagegen lässt sich jedoch einwenden, dass sich Rahmenpläne nur mit Ländermehrheit durchsetzen lassen und keine Maßnahmen gegen den Willen des betreffenden Landes durchgeführt werden dürfen. Eine Ablehnung der Maßnahmen durch das Länderparlament hat allerdings nach Ansicht der Kritiker der Gemeinschaftsaufgabe nicht nur einen Verzicht auf die Bundesmittel sondern auch eine Isolation des ablehnenden Landes zur Folge, so dass die Entscheidung gegen die Maßnahme faktisch erschwert wird. Kritisch wird auch angemerkt, dass mit der Festlegung der Maßnahmen im Rahmen der Gemeinschaftsaufgabe aufgrund des **Kofinanzierungserfordernisses** auch Landesmittel gebunden und damit finanzielle Handlungsspielräume auf Länderebene eingeschränkt sind. Das gleiche Argument – die Einflussnahme des Bundes auf die Planung der Länder – kann im Hinblick auf die Verfolgung gesamtwirtschaftlicher konjunktureller und strukturpolitischer Ziele aber auch als Vorteil der Gemeinschaftsaufgabe interpretiert werden (z.B. Petersen/Anton/Bork 2001, 15ff.). So bietet die Gemeinschaftsaufgabe die Möglichkeit zur Optimierung des Angebotes an öffentlichen Gütern und zur Internalisierung räumlicher externer Effekte (z.B. Döring 2001, 349).

Kritiker der Gemeinschaftsaufgabe führen weiterhin an, mit der Mischfinanzierung entstehe ein **Nebenfinanzausgleich** mit unerwünschten Verteilungseffekten (de Maizière 2002, 42f.). Allerdings werden die Mischfinanzierungsinstrumente ebenso wie die Sonderbedarfs-Ergänzungszuweisungen nicht zur allgemeinen Finanzkraftstärkung gewährt, so dass ein Finanzkraftvergleich nach Mischfinanzierung nur dann aussagekräftig ist, wenn man nicht die durchschnittliche Finanzkraft als Kennzahl des Finanzbedarfs wählt, sondern die tatsächlichen Finanzbedarfe der Länder berücksichtigt.

Andere Kritik stellt die These auf, die Gemeinschaftsaufgabe sei nur unzureichend mit den übrigen Instrumenten der Regionalpolitik abgestimmt. Diesem Vorwurf ist jedoch entgegenzuhalten, dass die Rahmenpläne jeweils ein Kapitel über „Zusammenarbeit mit anderen raumwirksamen Politiken" enthalten und daher die Koordinierung der raumwirksamen Aktivitäten der Gebietskörperschaften prinzipiell gegeben ist.

Daneben wird befürchtet, dass das **Verantwortungsbewusstsein** aller Beteiligten durch die derzeitige Ausgestaltung der Befugnisse reduziert sei (Geske 1998, 556). Als Alternative wird die Verlagerung der Länderaufgaben auf den Bund vorgeschlagen (so schon Kisker 1971, 281), dies scheint allerdings im Hinblick auf die föderative Struktur der Bundesrepublik nicht wünschenswert. Andere Kritiker sehen infolge der heutigen Kompetenzverteilung die Ministerialbürokratie unsachgemäß gestärkt (Rosenfeld 2002, 119), so dass hier durch das Verfolgen von bürokratischen Eigeninteressen Länderinteressen verletzt werden (Renzsch 1999, 163). Wenn davon ausgegangen wird, dass ein zu hohes Ausgabevolumen und auch Produktionsineffizienzen Indizien für eine eigennutzorientierte Bürokratie sein können, so wird die These von der übermäßigen Bedeutung der Ministerialbürokratie durch die Feststellung mangelnder Transparenz und hoher Verwaltungskosten gestützt (Fromme 2002, 69, Karl-Bräuer-Institut 2001, 29).

Ein weiterer Einwand gegen die Konzeption der Gemeinschaftsaufgabe bezieht sich darauf, dass die **Folgekosten** allein von den Ländern zu tragen sind (Soell 1972, 404). Dieses Argument hat in Bezug auf die Infrastrukturförderung durchaus Gewicht, hinsichtlich der betrieblichen Investitionsförderung jedoch nicht.

Probleme bestehen nicht zuletzt auch in der Festlegung der geförderten Gebiete und Branchen. In der alten Bundesrepublik zählte zeitweise mehr als die Hälfte der Fläche zum Fördergebiet der Gemeinschaftsaufgabe. Dies führte zum Vorwurf der Förderung nach dem **Gießkannenprinzip** (Spehl 1983, 12). Das Prinzip der Förderung von Schwerpunktorten ist zwar strukturpolitisch ebenfalls umstritten, die regionale Wachstumstheorie besagt jedoch, dass das Wachstum von den Zentren ausgeht und auf die umliegenden dünner besiedelten Gebiete ausstrahlt. Im Sinne einer wachstumsorientierten Regionalpolitik sollte die Förderung daher auch künftig auf Schwerpunktorte beschränkt werden.

Die sachliche Schwerpunktsetzung hat sich bereits von der reinen Exportbasistheorie gelöst und umfasst inzwischen auch Bereiche des Handwerks und der produktionsorientierten Dienstleistungen. Dies ist zweifellos positiv zu bewerten, allerdings wäre ein stärker innovationsorientiertes Förderkonzept aus raumwirtschaftstheoretischer Sicht noch vorteilhafter. In diesem Sinne sollten in strukturschwachen Gebieten Investitionen im Bereich **Forschung und Entwicklung** gefördert und überdies Maßnahmen zur Beschleunigung der Diffusion von Innovationen in die Fördergebiete ergriffen werden. Dabei erweisen sich vier Faktoren als relevante Ansatzpunkte regionalpolitischer Eingriffe: der Informationsprozess, die wirtschaftliche und technische Durchsetzbarkeit, die Existenz potentieller Unternehmer in der Region und der Wachstumseffekt der Innovation. Der Informationsprozess ist wesentlich von der Infrastrukturausstattung der Region abhängig, in diesem Sinne sollte die Gemeinschaftsaufgabe „Verbesserung der regionalen Wirtschaftsstruktur" vor allem die Kommunikationsinfrastruktur stärken. Ob eine Innovation wirtschaftlich und technisch durchsetzbar ist, wird von der Verfügbarkeit eines ausreichend spezialisierten Arbeitsangebotes sowie der Qualität und Quantität von Forschungseinrichtungen beeinflusst. Diesem Aspekt trägt die Förderung nach Art. 91b GG Rechnung. Im Hinblick auf eine innovationsorientierte Regionalpolitik sollte dieses Instrument quantitativ ausgeweitet werden. Die Existenz potentieller Unternehmer hängt maßgeblich von der sozialen Struktur, dem Pro-Kopf-Einkommen und der Marktgröße ab. Insofern wirken sich wachstumsfördernde Maßnahmen, die positive Effekte auf Einkommensentwicklung und Marktvolumen zeigen, wiederum innovationsfördernd aus, es treten also zwischen regionaler Innovationstätigkeit und regionalem Wachstum positive Rückkopplungseffekte auf. Die Steigerung des Produktionspotentials, wie sie im Rahmen der Gemeinschaftsaufgabe „Verbesserung der regionalen Wirtschaftsstruktur" beabsichtigt wird, kann damit als Teil einer innovationsorientierten Regionalpolitik bestehen bleiben. Dabei sollten jedoch die Infrastrukturinvestitionen stärker gefördert und die Subventionen so ausgerichtet werden, dass sie nicht durch ungleichgewichtige Reduktion der Faktorkosten allokative Verzerrungen im Produktionssektor hervorrufen.

Ebenso wie gegen die Gemeinschaftsaufgabe „Verbesserung der regionalen Wirtschaftsstruktur" wird auch gegen die **Finanzhilfen** nach Art. 104a Abs. 4 GG häufig angeführt, sie reduzierten die Selbständigkeit der Länder in starkem Maße (so schon Kisker 1971, 239) und stünden damit im Widerspruch zum föderalistischen Prinzip. Durch die Finanzhilfen wird nach Ansicht der Kritiker das Ausgabeverhalten der Länder beeinflusst und damit allokative Verzerrungen hervorgerufen (Huber 2001, 22). Darüber hinaus wird kritisiert, dass die Mittel aufgrund der Langfristigkeit der Projekte notwendigerweise nach einem starren Schlüssel verteilt werden müssten und eine Schwerpunktförderung deshalb nicht möglich sei (so schon Scharpf/Reissert/Schnabel 1976). Gegen die regionalpolitische Zielsetzung wird auch in der Diskussion um die Mischfinanzierung nach Art. 104 b GG die bekannte Kritik laut, eine Vereinheitlichung der Lebensverhältnisse sei nicht anreizverträglich und führe somit zu gesamtwirtschaftlich ineffizienten Ergebnissen. Akzeptiert man jedoch das Ausgleichsziel, so sind die zweckgebundenen Finanzhilfen des Bundes durchaus zur Zielerreichung geeignet. Kritiker befürworten demgegenüber einen Ersatz der Finanzhilfen durch eine erhöhte Umsatzsteuerbeteiligung der Kommunen oder eine Aufstockung der Bundesergänzungszuweisungen (Huber 2001, 22f.). Eine Erhöhung allgemeiner Finanztransfers, wie beispielsweise der Umsatzsteueranteile oder der Fehlbetrags-Ergänzungszuweisungen, ist aus regionalpolitischer Sicht zweckgebundenen Zuweisungen notwendigerweise unterlegen. Gegen die Aufstockung von Sonderbedarfs-Ergänzungszuweisungen spricht vor allem das bereits heute hohe Volumen dieses Instruments, das damit seinen intendierten subsidiären Charakter verliert. Die Finanzhilfen bleiben daher auf einige Zeit unverzichtbar.

4.2 Regionale Effekte des Finanzausgleichs

4.2.1 Horizontaler Finanzausgleich

Die Regelung des bundesstaatlichen Finanzausgleichs für die Jahre 2005 bis 2019 erfolgte mit dem Gesetz zur Fortführung des Solidarpaktes, zur Neuordnung des bundesstaatlichen Finanzausgleichs und zur Abwicklung des Fonds „Deutsche Einheit" vom 20. Dezember 2001 (BGBl. I S. 3955, **Solidarpaktfortführungsgesetz** – SFG, zu den Neuregelungen siehe auch Störmann 2004). Der Finanzausgleich enthält zahlreiche regionalpolitische Maßnahmen, die an sich systemfremd sind und den allgemeinen Anforderungen an ein Finanzausgleichssystem widersprechen. Hier sollen sie aber insbesondere im Hinblick auf ihre Ausgleichswirkung untersucht werden. Denn neben der regionalen Strukturpolitik, der diese Aufgabe aus theoretischer Sicht zukommt, ist in der politischen Praxis auch der Finanzausgleich darauf ausgerichtet, die Lebensbedingungen in den verschiedenen Regionen einander anzugleichen. Beispielsweise versetzt er finanzschwache Länder erst in die Lage, Fördermittel aus den Mischfinanzierungsinstrumenten in Anspruch zu nehmen, weil hier üblicherweise eine Eigenbeteiligung des Empfängerlandes vorausgesetzt wird.

Der **Begriff** des Finanzausgleichs umfasst im weitesten Sinne den passiven Finanzausgleich, d.h. die Aufgabenverteilung zwischen den Gebietskörperschaften, sowie den aktiven Finanzausgleich, der die Einnahmeverteilung regelt (siehe hierzu ausführlich Kops 1989). Die folgenden Ausführungen beziehen sich hauptsächlich auf den aktiven Finanzausgleich, der wiederum in fünf Stufen unterteilt werden kann (Fuest/Lichtblau 1991, 15): (1) vertikale Steuerverteilung, (2) horizontale Steuerverteilung (Lohn-, Körperschaft-, Umsatzsteuerzerlegung), (3) Umsatzsteuervorwegausgleich, (4) Länderfinanzausgleich im engeren Sinne, (5) Bundesergänzungszuweisungen. Dabei bilden die ersten drei Stufen den originären Finanzausgleich, der die Aufteilung der originären Steuerquellen beinhaltet. Die vierte und fünfte Stufe werden als ergänzender aktiver Finanzausgleich bezeichnet (Gottfried/Wiegard, 1992).

Zweck des **ergänzenden aktiven Finanzausgleichs** ist es, die Finanzmittel innerhalb des öffentlichen Sektors so umzuverteilen, dass die Mängel des passiven und originären aktiven Finanzausgleichs beseitigt werden (Kops 1989). Hier wird auf die Erreichung des staatspolitischen Ziels einer angemessenen Finanzausstattung abgestellt. Es sei jedoch darauf hingewiesen, dass ein rationaler Finanzausgleich neben dem staatspolitischen auch ökonomische und finanzwirtschaftlich-technische Ziele verfolgt (Peffekoven 1980). Die Gesamtkonstruktion aller fünf Ausgleichsstufen ist daran zu messen, ob sie zur Verwirklichung dieser Ziele führt und ob sie den Beurteilungskriterien für einen rationalen Finanzausgleichsmechanismus genügt.

Wesentliche **Anforderungen** an ein Finanzausgleichssystem sind in diesem Sinne die Vollständigkeit des Mechanismus, d.h. die Übereinstimmung des gesamten Zuweisungsvolumens mit der Gesamtsumme aller aufzubringenden Ausgleichsbeträge, daneben aber auch die Widerspruchsfreiheit, d.h. die simultane Erfüllbarkeit aller Anforderungen. Sowohl Vollständigkeit als auch Widerspruchsfreiheit sind dabei ganz allgemeine Forderungen, die an jedes Regelsystem zu stellen sind. Spezieller auf den Finanzausgleich bezogen ist zu fordern, dass die Finanzkraftrangfolge nach dem Ausgleich dieselbe sein soll wie zuvor (Monotoniegebot). Damit soll für jedes Land der Anreiz zur Verbesserung der eigenen Finanzkraft erhalten bleiben. Dieses Postulat wird materiell dadurch verstärkt, dass die den Bundesdurchschnitt übersteigende Finanzkraft eines Landes nie vollständig abgeschöpft werden soll, sondern dem Land ein so großer Anteil daran zu verbleiben hat, dass es den Anreiz zur Pflege seiner Steuerquellen nicht verliert (Anreizkompatibilität). Selbstverständlich muss auch umgekehrt gelten, dass die Finanzkraft eines finanzschwachen Landes nicht auf den Bundesdurchschnitt angehoben werden darf. Insofern wird der in Deutschland realisierte Nivellierungsgrad oft als problematisch angesehen (Berthold/Fricke 2003). Darüber hinaus sollten die Zuweisungen bzw. Zahlungsverpflichtungen der Bundesländer eine stetige Funktion ihrer Finanzkraft sein (Stetigkeit) und das Gesamtsystem der Ausgleichsstufen eindeutig und durchschaubar bleiben (Transparenz). Beide Postulate sind durch die Vielzahl von Bemessungsgrundlagen in der heute gültigen Finanzausgleichsregelung verletzt. Die mit dem Solidarpaktfortführungsgesetz beschlossene Reform des Finanzausgleichs hat zumindest die bis dahin bestehenden Sprünge im Tarifverlauf beseitigt und insofern eine Verbesserung mit sich gebracht. Weiterhin ist die Internalisierung räumlicher externer Effekte zur Erzielung allokativer Effizienz zu fordern. Betrachtet man die derzeitigen Lösungsversuche des Stadt-Umland-Problems, so wird diese Forderung nur unzureichend erfüllt. Schließlich wird die Gewährleistung einer angemessenen Finanzkraft aller Länder sowie die Angleichung der Lebensverhältnisse in den verschiedenen Teilräumen des Bundesgebiets gefordert. Diesem Anspruch wurde die Finanzausgleichsregelung vor der Vereinigung Deutschlands durchaus gerecht (Fuest/Lichtblau 1991, Buhl 1986, Buhl/Pfingsten 1986, Taube 1990). Mit der Vereinigung haben die räumlichen Disparitäten in Deutschland erheblich zugenommen. Mängel hinsichtlich der „räumlichen Gleichheit" oder „horizontalen Gleichmäßigkeit" – interpretierbar als überall gleiche effektive Pro-Kopf-Ausgaben, gleiche Versorgung mit Leistungen des öffentlichen Sektors, gleicher Finanzkraft je Einwohner oder gleichen Durchschnittseinkommen der Bevölkerung (Fuest/Lichtblau 1991, 10) waren Anlass für zahlreiche, überwiegend vertikale, innerstaatliche Transfers. Über die Notwendigkeit dieser Hilfen besteht weitgehend ein gesellschaftlicher Konsens. Gleichwohl ist die Form der Transfers für ihre Wirksamkeit entscheidend. Um regionale Defizite gezielt zu vermindern, sind zweckgebundene, betragsmäßig beschränkte und mit einer Eigenbeteiligung der Empfänger verknüpfte Transfers wesentlich effizienter als die ungebundenen Zuweisungen im Rahmen des Finanzausgleichs (Störmann/Ziegler 1997).

Nach § 2 FAG wird der Länderanteil an der Umsatzsteuer zu drei Vierteln entsprechend der Einwohnerzahl der Länder verteilt. Mit einem Viertel des Länderanteils an der Umsatzsteuer wird ein **Umsatzsteuervorwegausgleich** vorgenommen. Die Steuereinnahmen der Länder berechnen sich aus der Einkommensteuer, der Körperschaftsteuer, der Gewerbesteuerumlage und den nach § 7 Abs. 1 FAG berechneten Landessteuern, d.h. den Einnahmen aus der Vermögensteuer, der Erbschaftsteuer, der Kraftfahrzeugsteuer, der Biersteuer, der Rennwett- und Lotteriesteuer mit Ausnahme der Totalisatorsteuer, der Grunderwerbsteuer, der Feuerschutzsteuer sowie der Spielbankabgabe mit Ausnahme der Sonderabgabe und der Troncabgabe. Nach § 2 FAG ergibt sich der **Ergänzungsanteil** (E_i) eines Landes als Produkt aus den Steuereinnahmen der Ländergesamtheit je Einwohner (S_d), multipliziert mit seiner Einwohnerzahl (Ew_i) und einem Faktor (F_{Ui}), der sich in Abhängigkeit der Steuereinnahmen eines Landes i je Einwohner (S_i) im Verhältnis zu den Steuereinnahmen der Ländergesamtheit je Einwohner (S_d) wie folgt ermittelt:

$$E_i = S_d \cdot F_{Ui} \cdot Ew_i \text{ mit } F_{Ui} = \begin{cases} \dfrac{19}{20} \cdot \left(1 - \dfrac{S_i}{S_d}\right) - \dfrac{21}{4000} \text{ für } & S_i < 0,97 \cdot S_d \\[2ex] \left(1 - \dfrac{S_i}{S_d}\right) \cdot \left(\dfrac{35}{6} \cdot \left(1 - \dfrac{S_i}{S_d}\right) + \dfrac{3}{5}\right) \text{ für } & S_i \geq 0,97 \cdot S_d \end{cases} \qquad (4.1)$$

Nach diesen Regelungen profitieren alle Länder mit unterdurchschnittlicher Finanzkraft vom Umsatzsteuervorwegausgleich. So werden mit der maximalen Auffüllquote von 95% die Einnahmen derjenigen Länder aufgefüllt, die unter 97% des Länderdurchschnitts liegen. Für Länder, deren Einnahmen zwischen 97 und 100% des Durchschnitts liegen sinkt die Auffüllquote degressiv bis auf 60% bei durchschnittlichen Steuereinnahmen (Fehr 2001). Die Ergänzungsanteile werden proportional vermindert, falls mehr als ein Viertel des Länderanteils an der Umsatzsteuer erforderlich wäre, um allen Empfängerländern die ihnen nach der oben angegebenen Gleichung zustehenden Einnahmen zu gewähren. Ist für den Umsatzsteuervorwegausgleich weniger als 25% des Länderanteils an der Umsatzsteuer erforderlich, so wird der Restbetrag entsprechend dem Verhältnis der Einwohnerzahlen vergeben.

Abbildung 4.1 stellt die Finanzkraft der deutschen Bundesländer vor dem Länderfinanzausgleich dar. Dabei bezeichnen BE Berlin, MV Mecklenburg-Vorpommern, BB Brandenburg, TH Thüringen, ST Sachsen-Anhalt, SN Sachsen, HB Bremen, HH Hamburg, SL Saarland, SH Schleswig-Holstein, RP Rheinland-Pfalz, HE Hessen, NI Niedersachsen, BW Baden-Württemberg, BY Bayern und NW Nordrhein-Westfalen.

Im **Länderfinanzausgleich im engeren Sinne** wird beabsichtigt, eine Angleichung der Deckungsquoten, d.h. der Verhältnisse von Finanzkraft und Finanzbedarf in den einzelnen Ländern zu erzielen (Kops 1989, 56ff.). Vereinfacht formuliert ergibt sich die **Finanzkraftmesszahl** eines Landes als Summe seiner Steuereinnahmen korrigiert um die bergrechtliche Förderabgabe und einem Anteil an den Gemeindesteuern. Zu den Steuereinnahmen des Landes zählen nach § 7 Abs. 1 FAG die im Ausgleichsjahr zugeflossenen Einnahmen aus den folgenden Quellen: Anteil an der Einkommen- und Körperschaftsteuer, Anteil an der Gewerbesteuerumlage, Vermögensteuer, Erbschaftsteuer, Kraftfahrzeugsteuer, Biersteuer, Rennwett- und Lotteriesteuer (ausgenommen Totalisatorsteuer), Grunderwerbsteuer, Feuerschutzsteuer und Spielbankabgabe (ausgenommen Sonderabgabe und Troncabgabe). Als Steuereinnahmen gelten auch die Anteile des Landes an der Umsatzsteuer. Zur Ermittlung der Finanzkraft eines Landes wird den Steuereinnahmen nach § 7 Abs. 2 FAG das Aufkommen aus der bergrechtlichen Förderabgabe hinzuaddiert. Hinzukommen außerdem nach § 8 FAG ein Anteil von 64 v.H. der Steuereinnahmen der Gemeinden des betrachteten Landes. Der Bedarf wird mit der **Ausgleichsmesszahl** erfasst, die sich aus dem Durchschnitt der (Steuer)einnahmen aller Länder und Gemeinden multipliziert mit der Bevölkerungszahl des betreffenden Landes berechnet.

Ein wesentlicher Kritikpunkt am Finanzausgleichssystem bestand lange Zeit darin, dass die Länder infolge hoher Zuweisungs- bzw. Abschöpfungsquoten kaum Anreize hatten, durch erfolgreiche Standortpolitik ihr Steueraufkommen zu steigern (Thöne/Jacobs 2001). Im derzeit gültigen Finanzausgleich wird den Ländern mit § 7 Abs. 3 FAG ein Anreiz zur Pflege ihrer Steuerquellen gesetzt, der sich allerdings quantitativ kaum bemerkbar macht. Maßgeblich ist wiederum die Entwicklung der Pro-Kopf-Steuereinnahmen, wobei die Einwohnerzahlen hier nicht nach § 9 FAG gewichtet werden, sondern die tatsächlichen Einwohnerzahlen des Ausgleichsjahres und des dem Ausgleichsjahr vorangegangenen Jahres die Basis der Berechnungen bilden. Die nach § 7 Abs. 1 und 2 errechneten Einnahmen eines Landes werden gekürzt, falls die Pro-Kopf-Steuereinnahmen eines Landes im Vergleich zum Vorjahr stärker gestiegen sind als im Durchschnitt der Länder. Durch die Kürzung der ermittelten Einnahmen sinken die Ausgleichsbeiträge der ausgleichspflichtigen Länder. Der **Kürzungsbetrag** (K_i) eines finanzstarken Landes ergibt sich dabei wie folgt:

$$K_i = 0,12 \cdot \left(WR_i - WR_d \right) \cdot T_{i,t-1} \cdot EW_i \qquad\qquad (4.2)$$

wobei WR_i die Wachstumsrate der Pro-Kopf-Steuereinnahmen des Landes i im Ausgleichsjahr gegenüber dem Vorjahr, WR_d die Wachstumsrate der Pro-Kopf-Steuereinnahmen der Ländergesamtheit im Ausgleichsjahr gegenüber dem Vorjahr, $T_{i,t-1}$ die Steuereinnahmen des Landes i je Einwohner im Vorjahr und EW_i die Einwohnerzahl des Landes im Ausgleichsjahr bezeichnen. Dies entspricht etwa der Grundidee eines Selbstbehaltes, wie er in der finanzwissenschaftlichen Diskussion gefordert wurde (Thöne 2000, 6).

Die **Steuereinnahmen der Gemeinden** eines Landes ermitteln sich nach § 8 Abs. 1 FAG aus den Gemeindeanteilen an der Umsatz- und Einkommensteuer sowie den Steuerkraftzahlen der Grundsteuer und der Gewerbesteuer vermindert um die geleistete Gewerbesteuerumlage. Nach § 8 FAG werden als Steuerkraftzahlen diejenigen Beträge zugrundegelegt, die sich ergeben, wenn das Aufkommen der einzelnen Realsteuern entsprechend den länderweisen Grundbeträgen dieser Steuern aus dem Vorjahr verteilt würde. Nach § 8 Abs. 3 FAG gehen die Steuereinnahmen der Gemeinden eines Landes zu 64% in den Länderfinanzausgleich im engeren Sinne ein.

Die **Ausgleichsmesszahl** eines Landes (AM_i) ergibt sich als Summe aus den durchschnittlichen Pro-Kopf-Einnahmen aus Steuern (oben als S_d bezeichnet) und bergrechtlicher Förderabgabe nach § 7 FAG multipliziert mit der Einwohnerzahl des Landes und den durchschnittlichen Pro-Kopf-Steuereinnahmen der Gemeinden nach § 8 FAG. Bei der Multiplikation mit den Einwohnerzahlen des jeweils betrachteten Landes ist nicht die tatsächliche Einwohnerzahl, sondern die nach § 9 FAG ermittelte gewichtete Einwohnerzahl zugrunde zu legen.

Basis zur Emittlung der Einwohnerzahl ist nach § 9 Abs. 1 FAG die Wohnbevölkerung. Bei der Berechnung der Messzahl zum Ausgleich der Einnahmen der Länder werden nach § 9 Abs. 2 FAG die **Einwohnerzahlen** der Stadtstaaten mit 135% und die Einwohnerzahlen der Flächenländer mit 100% gewertet. Bei der Ermittlung der Messzahlen zum Ausgleich der Gemeindesteuereinnahmen nach § 9 Abs. 3 FAG werden die Einwohnerzahlen der Stadtstaaten mit 135%, die Einwohnerzahlen der Gemeinden Mecklenburg-Vorpommerns mit 105%, diejenige der Gemeinden Brandenburgs mit 103%, die Einwohnerzahl der Kommunen Sachsen-Anhalts mit 102% und die Einwohnerzahl der übrigen Bundesländer mit 100% gewichtet. Damit werden neben der Stadt-Umland-Problematik auch die Probleme der flächendeckenden Versorgung strukturschwacher und bevölkerungsarmer Bundesländer berücksichtigt. Unberücksichtigt bleiben demgegenüber etwaige erhöhte Finanzbedarfe westdeutscher Flächenländer (Fehr 2001, 8).

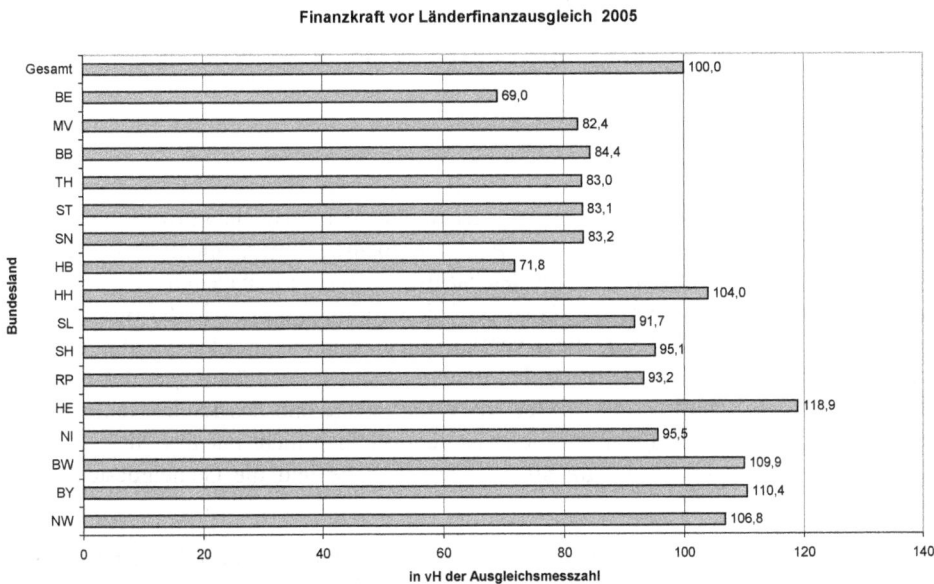

Abb. 4.1   *Ausgleichswirkungen des Finanzausgleichs*
(Quelle: Bundesministerium der Finanzen (2003, 44), Eigene Berechnungen)

Der **Tarifverlauf** des Finanzausgleichs sieht vor, dass ein Land Ausgleichszuweisungen erhält, wenn seine Finanzkraftmesszahl geringer ist als seine Ausgleichsmesszahl. Übersteigt die Finanzkraftmesszahl eines Landes dagegen die Ausgleichsmesszahl, so leistet das Land Ausgleichsbeiträge. Der Tarifverlauf nach § 10 Abs. 1 und 2 FAG ist im Bereich der Ausgleichszuweisungen und Ausgleichsbeiträge symmetrisch. Mit dem neuen Tarif wird die Auffüll- bzw. Abschöpfungsquote auf maximal 75 v.H. begrenzt. Bei Annäherung an den Durchschnitt wird die jeweilige Quote auf 44 v.H. begrenzt (Fehr 2001, 7). Ausgleichszuweisungen haben ein positives Vorzeichen, Ausgleichsbeiträge ein negatives. Die Ausgleichszuweisung bzw. der Ausgleichsbeitrag eines Landes (A_i) ergibt sich als Produkt aus der Ausgleichsmesszahl eines Landes (AM_i) und einem Faktor (FL_i), der vom Verhältnis der Finanzkraftmesszahl eines Landes (FM_i) zu seiner Ausgleichsmesszahl (AM_i) abhängt.

$$A_i = AM_i \cdot F_{Li} \tag{4.3}$$

mit

$$F_{Li} = \begin{cases} \dfrac{3}{4} \cdot \left(1 - \dfrac{FM_i}{AM_i}\right) - \dfrac{317}{20000} & \text{für } FM_i < 0,8 \cdot AM_i \\[2ex] \left(1 - \dfrac{FM_i}{AM_i}\right) \cdot \left(\left(\dfrac{5}{26}\right) \cdot \left(1 - \dfrac{FM_i}{AM_i}\right) + \dfrac{35}{52}\right) - \dfrac{2121}{260000} & \text{für } 0,8 \cdot AM_i \le FM_i < 0,93 \cdot AM_i \\[2ex] \left(1 - \dfrac{FM_i}{AM_i}\right) \cdot \left(\left(\dfrac{13}{7}\right) \cdot \left(1 - \dfrac{FM_i}{AM_i}\right) + \dfrac{11}{25}\right) & \text{für } 0,93 \cdot AM_i \le FM_i < 1,07 \cdot AM \\[2ex] \left(1 - \dfrac{FM_i}{AM_i}\right) \cdot \left(\left(\dfrac{5}{26}\right) \cdot \left(1 - \dfrac{FM_i}{AM_i}\right) + \dfrac{35}{52}\right) - \dfrac{2121}{260000} & \text{für } 1,07 \cdot AM_i \le FM_i < 1,2 \cdot AM_i \\[2ex] \dfrac{3}{4} \cdot \left(1 - \dfrac{FM_i}{AM_i}\right) - \dfrac{317}{20000} & \text{für } FM_i > 1,2 \cdot AM_i \end{cases} \tag{4.4}$$

Die Summe der Ausgleichsbeiträge muss mit der Summe der Ausgleichszuweisungen übereinstimmen. Zu diesem Zweck werden die Ausgleichsbeiträge mit demjenigen Prozentsatz angesetzt, der erforderlich ist, um die Ausgleichszuweisungen zu finanzieren. Kritisch anzumerken bleibt, dass die Bestimmungsgrößen der Faktoren F_{Ui} und F_{Li}, d.h. die Bemessungsgrundlagen der Transferzahlungen, nicht vereinheitlicht sind. So werden im Rahmen des Umsatzsteuervorwegausgleichs lediglich die Steuereinnahmen der Länder aus der Einkommensteuer, der Körperschaftsteuer, der Gewerbesteuerumlage und den Landessteuern angesetzt, während in der vierten Finanzausgleichsstufe zusätzlich nicht nur das Umsatzsteueraufkommen, sondern auch die bergrechtliche Förderabgabe und die Gemeindesteuern zu berücksichtigen sind.

Zum Schutz finanzstarker Länder vor übermäßiger Belastung aus dem Länderfinanzausgleich i.e.S. enthält § 10 Abs. 3 FAG neuer Fassung lediglich folgende Vorschrift: Für einen Ausgleichsbeitrag (A_i) mit der folgenden Eigenschaft

$$A_i > 0,725 \cdot \left(FM_i - AM_i\right) \tag{4.5}$$

ist der übersteigende Betrag hälftig von allen ausgleichspflichtigen und ausgleichsberechtigten Ländern zu übernehmen. Die Finanzierung erfolgt jeweils proportional zu den Ausgleichszuweisungen bzw. Ausgleichsbeiträgen. Die durchschnittliche Abschöpfungsquote ist damit auf 72,5% des Überschusses der Finanzkraft eines Landes über seinen fiktiven Finanzbedarf begrenzt.

Abbildung 4.2 stellt die Finanzkraft der Bundesländer nach dem Länderfinanzausgleich dar. Wieder bezeichnen BE Berlin, MV Mecklenburg-Vorpommern, BB Brandenburg, TH Thüringen, ST Sachsen-Anhalt, SN Sachsen, HB Bremen, HH Hamburg, SL Saarland, SH Schleswig-Holstein, RP Rheinland-Pfalz, HE Hessen, NI Niedersachsen, BW Baden-Württemberg, BY Bayern und NW Nordrhein-Westfalen.

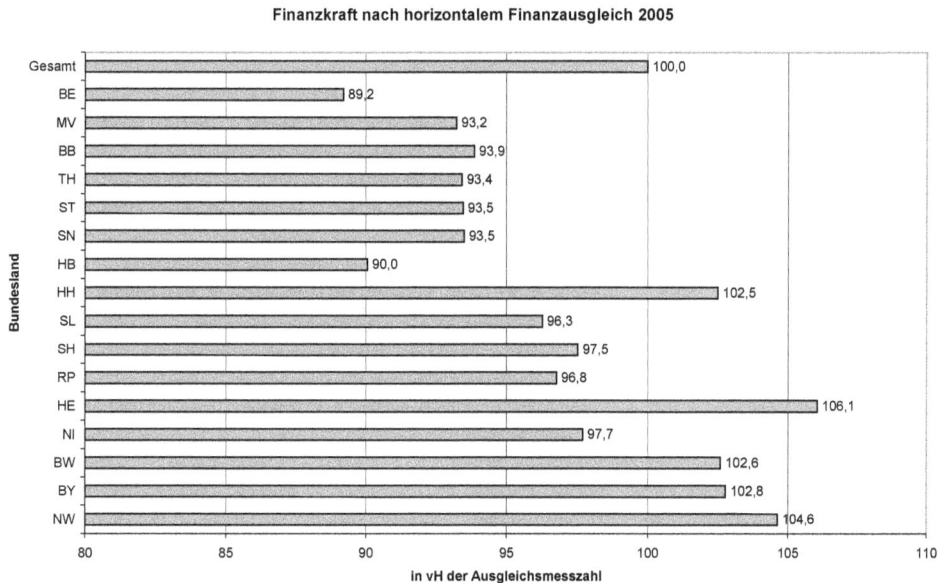

Finanzkraft nach horizontalem Finanzausgleich 2005

Bundesland	in vH der Ausgleichsmesszahl
Gesamt	100,0
BE	89,2
MV	93,2
BB	93,9
TH	93,4
ST	93,5
SN	93,5
HB	90,0
HH	102,5
SL	96,3
SH	97,5
RP	96,8
HE	106,1
NI	97,7
BW	102,6
BY	102,8
NW	104,6

Abb. 4.2   Ausgleichswirkungen des Finanzausgleichs
(Quelle: Bundesministerium der Finanzen (2003, 44), Eigene Berechnungen)

Abschließend sei auf die Problematik der **Finanzbedarfsmessung** verwiesen. Mit der Festlegung der Ausgleichsmesszahl als Kennziffer des Finanzbedarfs wird unterstellt, dass der Finanzbedarf pro Kopf grundsätzlich in allen Ländern gleich ist und mit den durchschnittlichen Steuereinnahmen übereinstimmt (Kops 1989, 65). Diese Konstruktion ist auf die Unmöglichkeit einer objektivierten Finanzbedarfsmessung zurückzuführen. Würden beispielsweise die Ausgaben eines Landes als Indikator seines Finanzbedarfs verwendet, so hätte jedes Land einen Anreiz, seine Ausgaben zu erhöhen und Leistungen zu erbringen, die allein seinen Bürgern Nutzen stiften. Die Kosten würden so auf die Solidargemeinschaft abgewälzt. Im FAG finden sich jedoch einige Ausnahmen von der Hypothese des überall gleichen Finanzbedarfs. So werden bestimmte Sonderbedarfe zum einen über die Einwohnerwertung im horizontalen, zum anderen über die Sonderbedarfs-Bundesergänzungszuweisungen im vertikalen Finanzausgleich berücksichtigt. Bei der Einwohnerwertung im horizontalen Finanzausgleich werden Deglomerationsnachteile berücksichtigt, da auch kleine Gemeinden über Verwaltungseinrichtungen verfügen und mit „Einrichtungen der Daseinsvorsorge ausgestattet werden (müssten), die Voraussetzung der zivilisatorischen Gleichstellung aller Staatsbürger seien" (BVerfGE vom 27.5.1992 zum Finanzausgleich). Die besondere Belastung bestimmter Regionen aufgrund der demographischen, arbeitsmarktpolitischen und sozialen

Entwicklung wird allerdings im § 9 Abs. 3 FAG nicht beachtet. Neben den Deglomerations-nachteilen könnten weitere Indikatoren wie etwa die Anteile Arbeitsloser, alter Menschen, Kinder oder auch Transferempfänger an der Gesamtbevölkerung als Kennzahlen des Finanz-bedarfs herangezogen werden. Ähnliche Kriterien zur Bestimmung regionaler Bedarfe finden bereits im kommunalen Finanzausgleich Verwendung (Ewringmann et al. 1986, 223). In diesem Zusammenhang ist allerdings darauf hinzuweisen, dass die gezielte Förderung spe-ziell abgegrenzter Regionen trotz der Berücksichtigung regionalpolitischer Kriterien im Rahmen der Finanzbedarfsindikatoren nicht möglich ist. Die Mittel werden den Ländern jeweils zur Deckung ihres allgemeinen Finanzbedarfs gewährt, ob das Land sie tatsächlich zum Ausgleich der besonderen Belastung einer bestimmten Region einsetzt, bleibt offen. Zur Prüfung dieser Frage wäre u.a. der kommunale Finanzausgleich zu untersuchen. Im vertika-len Finanzausgleich werden Sonderbedarfe über Sonderbedarfs-Bundesergänzungs-zuweisungen berücksichtigt.

4.2.2   Vertikaler Finanzausgleich

Bei der fünften Stufe des aktiven Finanzausgleichs, den Bundesergänzungszuweisungen (siehe dazu auch Gawel/Störmann 1992), handelt es sich um vertikale Transfers, also Ein-kommensübertragungen vom Bund zu den Ländern (Smekal 1980, 152f.). Im Rahmen einer aufgabenorientierten Betrachtung kann man Ergänzungszuweisungen als Finanzmittel klassi-fizieren, die ein Empfängerland befähigen, eigene Aufgaben aus Mitteln einer anderen ge-bietskörperschaftlichen Ebene (Bund) zu finanzieren (Smekal 1977, 416). Instrumentbezo-gen können Bundesergänzungszuweisungen als Mittel der sekundären Einnahmeverteilung definiert werden, präziser formuliert als allgemeine Zuweisungen, die nach den Kriterien Finanzkraft und Finanzbedarf verteilt werden. Wenn eine allgemeine Finanzkraftanhebung leistungsschwacher Länder beabsichtigt wird, so muss der Bund alle leistungsschwachen Länder gleichbehandeln. Sollen Sonderlasten berücksichtigt werden, die einen erhöhten Finanzbedarf hervorrufen, dann sind sie zu benennen und zu begründen. Alle Länder, die die betrachteten Sonderlasten aufweisen, müssen in diesem Fall Ergänzungszuweisungen erhal-ten. Auch die Berücksichtigung von Sonderlasten darf in der Regel nicht zu überdurch-schnittlicher Finanzkraft der Empfängerländer führen, da in der Verbesserung der Finanz-kraft leistungsschwacher Länder das wichtigste Ziel der Ergänzungszuweisungen gesehen wird (Voss 1986, 1585). Sonderlastbedingte Ergänzungszuweisungen können in Ausnahme-fällen auch finanzstarken Ländern zugewiesen werden, allerdings nur dann, wenn der Son-derbedarf zu einer Leistungsschwäche führt.

Die Gewährung von Bundesergänzungszuweisungen kann entweder mit dem Ziel einer Stär-kung der allgemeinen Finanzkraft leistungsschwacher Länder („allgemeine Bundesergän-zungszuweisungen") oder zum Ausgleich von Sonderlasten erfolgen („Sonderbedarfs-Bundesergänzungszuweisungen"). **Allgemeine Ergänzungszuweisungen** werden nach der zum Durchschnitt fehlenden Länderfinanzkraft bemessen. Allerdings erhalten nur solche Länder allgemeine Ergänzungszuweisungen, deren Finanzkraft nach der vierten Stufe des aktiven Finanzausgleichs (Länderfinanzausgleich i.e.S.) unter 99,5% des Länderdurch-schnitts liegt. Im Rahmen der Ergänzungszuweisungen werden 77,5% der an 99,5% des Länderdurchschnitts fehlenden Finanzkraft transferiert:

$$BEZ_F = 0,775 \cdot (0,995 \cdot AM_i - FM_{i4}) \qquad (4.6)$$

Dies führt zu einer Nivellierung der Einnahmen durch den aktiven Finanzausgleich, die jedoch wesentlich geringer ausfällt als unter der zuvor gültigen Regelung. Vor 2005 konnte kein finanzschwaches Land unter 99,5% der durchschnittlichen Finanzkraft absinken, wobei die Einnahmen der ausgleichspflichtigen Länder ebenfalls in Richtung des Durchschnitts abgesenkt wurden.

Finanzkraft nach allgemeinen BEZ 2005

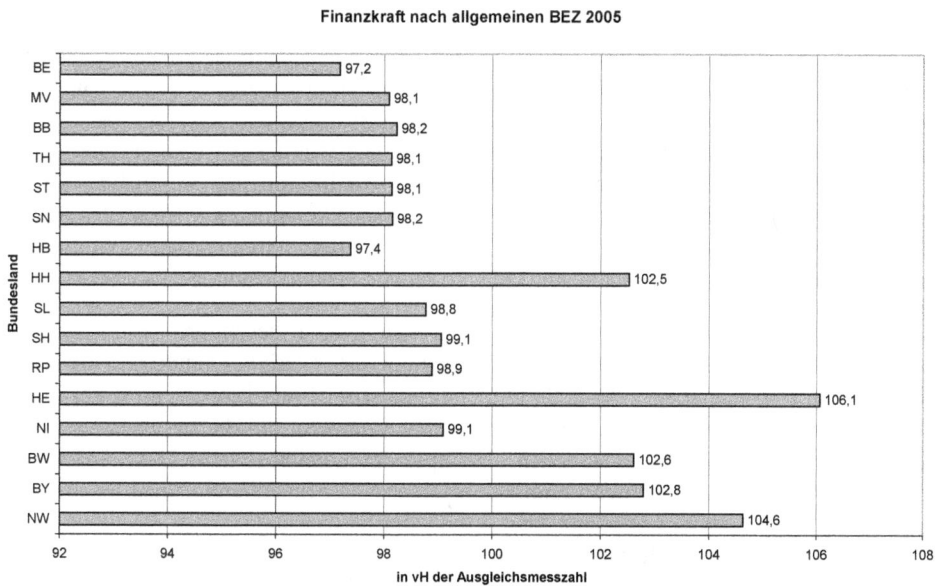

Abb. 4.3   Ausgleichswirkungen des Finanzausgleichs
(Quelle:Bundesministerium der Finanzen (2003, 44), Eigene Berechnungen)

Sonderbedarfs-Bundesergänzungszuweisungen müssen befristet und degressiv gestaffelt sein, sofern es keine sachlichen Gründe gegen eine Reduktion der Zuweisungen im Zeitablauf gibt. Das Solidarpaktfortführungsgesetz berücksichtigt zwei Sonderlasten, dies sind einerseits die teilungsbedingten Belastungen der neuen Länder, andererseits die überproportional hohen Kosten der politischen Führung kleiner Bundesländer. Sonderbedarfs-Ergänzungszuweisungen zur Abgeltung der „Kosten der Kleinheit" bemessen sich an den Kosten politischer Führung in den Nicht-Empfängerländern dieser Zuweisungen (Bundesministerium der Finanzen 2002, 101).

Quantitativ sind jährlich folgende Sonderbedarfs-Bundesergänzungszuweisungen zur Abgeltung der Kosten der politischen Führung vorgesehen: Berlin erhält 43 Mio. Euro, Brandenburg 55 Mio. Euro, Bremen 60 Mio. Euro, Mecklenburg-Vorpommern 61 Mio. Euro, Rheinland-Pfalz 46 Mio. Euro, Saarland 63 Mio. Euro, Sachsen 26 Mio. Euro, Sachsen-Anhalt 53

Mio. Euro, Schleswig-Holstein 53 Mio. Euro und Thüringen 56 Mio. Euro. Zur Abgeltung
der teilungsbedingten Sonderlasten und der unterproportionalen Kommunaleinnahmen werden den neuen Bundesländern von 2005 bis 2019 degressiv gestaffelte Sonderbedarfs-
Bundesergänzungszuweisungen im Gesamtvolumen von 105,3 Mrd. Euro gewährt. Die Zuweisungen beginnen mit rund 10,5 Mrd. Euro im Jahr 2005 und enden mit etwa 2 Mrd. Euro
im Jahr 2019. Dabei erhalten die ostdeutschen Bundesländer die folgenden Anteile an den
Ergänzungszuweisungen: Berlin 19 v.H., Brandenburg 14 v.H., Mecklenburg-Vorpommern
11 v.H., Sachsen 26 v.H., Sachsen-Anhalt 16 v.H. und Thüringen 14 v. H. Begründet werden
die Sonderbedarfs-Bundesergänzungszuweisungen für die neuen Bundesländer mit dem
anhaltenden infrastrukturellen Nachholbedarf und der unterdurchschnittlichen kommunalen
Finanzkraft in Ostdeutschland. Neben den Sonderbedarfs-Ergänzungszuweisungen zum
Abbau teilungsbedingter Sonderlasten und für überdurchschnittlich hohe Kosten politischer
Führung können nach § 12 Abs. 4 MaßstG Bundesergänzungszuweisungen zur Unterstützung von Bundesländern mit extremen Haushaltsnotlagen eingesetzt werden. Die Gewährung von Ergänzungszuweisungen bei Sonderlasten infolge von exogen verursachten Haushaltsnotlagen ist dann als vorübergehende Hilfe zur Selbsthilfe des Empfängerlandes konzi-
piert. Anforderungen und Grundsätze solcher Zuweisungen orientieren sich an der Recht-
sprechung des Bundesverfassungsgerichts. Im Solidarpaktfortführungsgesetz sind jedoch
keine Bundesergänzungszuweisungen zur Abfederung von Haushaltsnotlagen vorgesehen.

Die Gewährung von Sonderbedarfs-Ergänzungszuweisungen, insbesondere derjenigen zum
Ausgleich teilungsbedingter Sonderbedarfe, verschiebt die relative Finanzkraft zwischen
alten und neuen Bundesländern erheblich. Dieser Effekt war bei der Einbeziehung der neuen
Bundesländer in den bundesstaatlichen Finanzausgleich gewollt, um die bestehenden Infra-
strukturdefizite in Ostdeutschland wirksam bekämpfen zu können (Färber 2000, 141). Hier
wären allerdings Hilfen im Rahmen regionalpolitischer Mischfinanzierungsinstrumente systemgerechter. Nach dem Grundgesetz sind Ergänzungszuweisungen dem Volumen nach
nicht beschränkt. Es ist jedoch dabei zu beachten, dass die Zuweisungen den horizontalen
Finanzausgleich nicht ersetzen, sondern ergänzen sollen. Die Subsidiarität der Ergänzungszuweisungen ist in den Grundgesetzkommentaren kaum umstritten. Sie wird formell dadurch
gesichert, dass Ergänzungszuweisungen nur im Zusammenhang mit den übrigen Finanzaus-
gleichsstufen nach Art. 197 GG im FAG geregelt werden dürfen. In der Literatur wird die
Subsidiarität der Ergänzungszuweisungen häufig mit deren Aufgabe als Tariergewicht
gleichgesetzt. Aus der Feinsteuerungsfunktion kann dann eine volumenmäßige Begrenzung
der Ergänzungszuweisungen abgeleitet werden. Schließt man sich dieser Ansicht an, dann
entspricht ein im Verhältnis zur vierten Stufe des aktiven Finanzausgleichs hohes Ergän-
zungszuweisungsvolumen nicht der Absicht des Verfassungsgebers, sondern steht im Widerspruch zum subsidiären Charakter der Ergänzungszuweisungen und damit zum Grundgesetz
(Peffekoven 1987, 213ff.). Unter Hinweis auf die Subsidiarität der Ergänzungszuweisungen
wäre ihre Reduktion oder sogar Abschaffung zugunsten eines höheren Länderanteils an der
Umsatzsteuer zu diskutieren (so bereits Angenendt 1982). Einer Abschaffung der Ergänzungszuweisungen zugunsten eines erhöhten Länderanteils an der Umsatzsteuer stehen aber
vielfache Interessen entgegen: Wenn das Ausgleichsziel nicht entsprechend angehoben wird,
dann ziehen die ärmeren Bundesländer vertikale Zuweisungen vor. Für die reicheren Länder
birgt ein erhöhtes Ausgleichsziel gegenüber dem status quo einerseits trotz gestiegener Um-

satzsteuereinnahmen das Risiko verstärkter Zahlungspflichten, bietet aber andererseits auch die Chance einer finanziellen Verbesserung. Entscheidend ist jeweils die Entwicklung der Steuerkraftunterschiede zwischen den Bundesländern. Der Bund schließlich versucht unter der Bedingung, dass ein bestimmtes Verteilungsziel gewährleistet ist, den Einsatz eigener Mittel möglichst gering zu halten. Grundsätzlich ermöglicht die Intensivierung des vertikalen Finanzausgleichs dem Bund die einfachere Durchsetzung seiner Verteilungsziele, andererseits ist er daran interessiert, die Ausgaben zur Zielerreichung auf die Länder abzuwälzen, d.h. den horizontalen Finanzausgleich zu intensivieren. Als Fazit ergibt sich, dass die politischen Möglichkeiten zur Intensivierung des horizontalen zulasten des vertikalen Finanzausgleichs nur gering sind (Störmann/Ewringmann 1992, 35).

Finanzkraft nach allen BEZ 2005

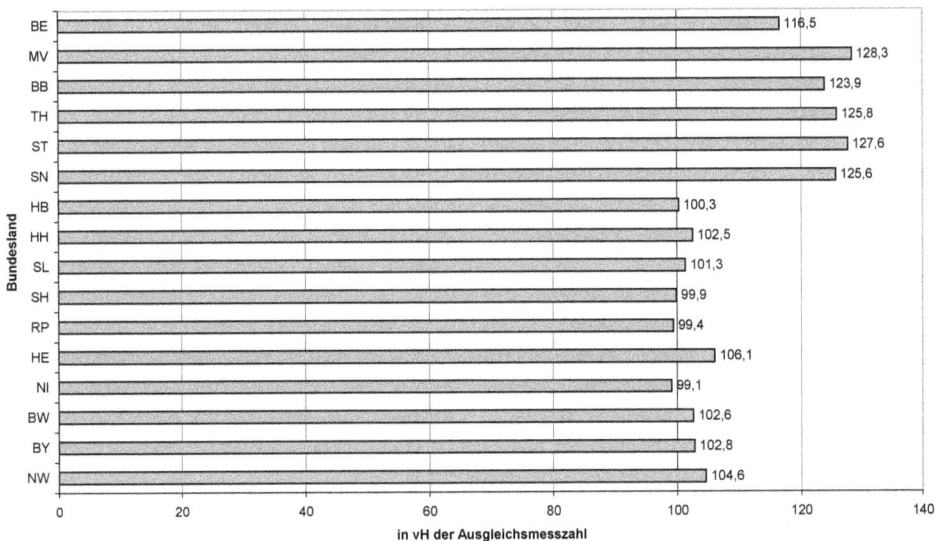

Bundesland	in vH der Ausgleichsmesszahl
BE	116,5
MV	128,3
BB	123,9
TH	125,8
ST	127,6
SN	125,6
HB	100,3
HH	102,5
SL	101,3
SH	99,9
RP	99,4
HE	106,1
NI	99,1
BW	102,6
BY	102,8
NW	104,6

Abb. 4.4   Ausgleichswirkungen des Finanzausgleichs
(Quelle: Bundesministerium der Finanzen (2003, 44), eigene Berechnungen)

Abbildung 4.3 stellt die Finanzkraft der deutschen Bundesländer nach den allgemeinen Bundesergänzungszuweisungen dar, Abbildung 4.4 gibt die Finanzkraft nach allen Ergänzungszuweisungen wieder. Dabei bezeichnen BE Berlin, MV Mecklenburg-Vorpommern, BB Brandenburg, TH Thüringen, ST Sachsen-Anhalt, SN Sachsen, HB Bremen, HH Hamburg, SL Saarland, SH Schleswig-Holstein, RP Rheinland-Pfalz, HE Hessen, NI Niedersachsen, BW Baden-Württemberg, BY Bayern und NW Nordrhein-Westfalen. Dabei zeigen sich erhebliche Umverteilungswirkungen sowohl der allgemeinen als auch der Sonderbedarfs-Bundesergänzungszuweisungen. Über alle Stufen des Finanzausgleichs lässt sich damit feststellen, dass mit dem System der ungebundenen Finanzzuweisungen öffentlichen Einnahmen zugunsten der strukturschwachen Länder mit unterdurchschnittlicher Finanzkraft umverteilt werden. Im Vordergrund stehen hierbei regionalpolitische Ziele, faktisch handelt es sich hier also um eine Dezentralisierung der Regionalpolitik. Wie zuvor bereits erörtert wurde, sind aus regionalpolitischer Sicht zweckgebundene Zuweisungen einer Erhöhung allgemeiner Finanztransfers überlegen. Die regionalpolitischen Ziele des Finanzausgleichs sollten daher systemgerechter mit Mischfinanzierungsinstrumenten und hier vor allem mit der Gemeinschaftsaufgabe „Verbesserung der regionalen Wirtschaftsstruktur" verfolgt werden.

Literaturverzeichnis

Abdel-Rahman, H./Anas, A. (2004): Theories of systems of cities, Handbook of Regional and Urban Economics, in: J. V. Henderson & J. F. Thisse (ed.), Handbook of Regional and Urban Economics, ed.1, vol. 4, 2293–2339.

Albers, G. (1988): Stadtplanung. Darmstadt 1988.

Alchian, A. (1950): Uncertainty, Evolution and Economic Theory, Journal of Political Economy, 58, 211–221.

Allen, P./Sanglier, M. (1979): A Dynamic Model of Growth in a Central Place System, Geographical Analysis, 11, 3, 256–272.

Allen, P./Sanglier, M. (1981): A Dynamic Model of a Central Place System – II, Geographical Analysis, 13, 2, 149–164.

Allen, P./Engelen, G./Sanglier, M. (1985): Auf dem Weg zu einem allgemeinen Modell der räumlichen Entwicklung städtischer Systeme, übersetzt von A. Kilchenmann und Mitarbeiter, Karlsruher Manuskripte zur Mathematischen und Theoretischen Wirtschafts- und Sozialgeographie, 77, August 1985.

Alonso, W. (1960): A Model of the Urban Land Market: Location and Densities of Dwellings and Business, Diss., Philadelphia.

Alperovich, G./Katz, E. (1983): Transport Rate Uncertainty and the Optimal Location of the Firm, Journal of Regional Science 23, 389–396.

Angenendt, W. (1982): Neuordnung der Finanzbeziehungen zwischen Bund und Ländern, in: Wirtschaftsdienst 62, 457–462.

Apolte, T. (2008): Zentralisierung, Dezentralisierung und institutioneller Wettbewerb in: Bauer, Helfried/Pitlik, Hans/Schratzenstaller, Margit (Hrsg.): Reformen der vertikalen Aufgabenverteilung und Verwaltungsmodernisierung im Bundesstaat, Wien, 23–35.

Asmacher, C./Schalk, H.J./Thoss, R. (1987): Analyse der Wirkungen regionalpolitischer Instrumente, Beiträge zum Siedlungs- und Wohnungswesen und zur Raumplanung, Bd. 120, Münster.

Audretsch, D./Stephan, P. (1996): Company-Scientist Location Links: the Case of Biotechnology, American Economic Review, 86, 641–652.

Axt, H. (1997): Einführung in das Thema: Leistungen, Defizite und Reformbedarf der europäischen Strukturpolitik, in: Axt, H. (Hrsg.), Strukturwandel in Europa-Südosteuropa, Ruhrgebiet und Reform der EU-Strukturpolitik, Südosteuropa-Gesellschaft, München, 15–49.

Badri, M. A. (2007): Dimensions of Industrial Location Factors: Review and Explanation, Journal of Business and Public Affairs, 1,2, 1–26.

Barro, R. (1990): Government spending in a simple model of endogenous growth, Journal of Political Economy 98, 103–117.

Barro, R./Sala-i-Martin, X. (1992): Public finance in models of economic growth, Review of Economic Studies, 59, 645–661.

Barro, R./Sala-i-Martin, X. (1995): Economic Growth, New York.

Barro, R./Sala-i-Martin, X. (1998): Wirtschaftswachstum, München.

Baßeler, U./Heinrich, J./Koch, W. (1999): Grundlagen und Probleme der Volkswirtschaft, 15. Aufl., Köln.

Baumol, W. (1959): Business Behavior, Value and Growth, New York.

Behrens, C. (2004): Makroökonomie, Wirtschaftspolitik, 2. Aufl., München.

Berman, O./Larson, R./Chiu, S. (1985): Optimal Server Location on a Network Operating as an M/G/1 Queue, Operations Research 33, 746–770.

Bergmann, E./Crome, B. (1998): Förderalismus, Raumordnung und Länderneugliederung, in: Informationen zur Raumentwicklung, Heft 10, 631–645

Berthold, N./Fricke, H. (2003): Deutschland im Herbst 2003 – Blockierter Standortwettbewerb der Bundesländer?, Bayrische Julius-Maximilians-Universität Würzburg, Wirtschaftswissenschaftliche Beiträge des Lehrstuhls für Volkswirtschaftslehre, Wirtschaftsordnung und Sozialpolitik, Nr. 69, Würzburg.

Blattner, N. (1977): Volkswirtschaftliche Theorie der Firma, Berlin, Heidelberg.

Blotevogel, H. (2005): Raum, in: Akademie für Raumforschung und Landesplanung (Hrsg.): Handwörterbuch der Raumordnung, 4. Aufl., Hannover, 831–841.

Bode, E. (1996): Ursachen regionaler Wachstumsunterschiede: Wachstumstheoretische Erklärungsansätze, Kieler Arbeitspapiere, 740, Kiel.

Borchert, M. (1975a): Das Heckscher-Ohlin-Theorem, Wirtschaftswissenschaftliches Studium, 4, 3, 141.

Borchert, M. (1975b): Das Lerner-Samuelson-Theorem, Wirtschaftswissenschaftliches Studium, 4, 3, 146–147.

Borchmann, M./Mann, T./Püttner, G./Elvers, T. (2007): Handbuch der kommunalen Wissenschaft und Praxis: Band 1: Grundlagen und Kommunalverfassung, 3. Aufl., Berlin u.a.

Böventer, E. v. (1962): Die Theorie des räumlichen Gleichgewichts, Tübingen.

Bos, H. (1965): The Spatial Dispersion of Economic Activity, Amsterdam.

Brandeau, M./Chiu, S. (1989): An overview of representative problems in location research, Management Science, 35, 6, 645–674.

Bretschger, L. (2004): Wachstumstheorie, 3. Aufl., München.

Brösse, U. (1982): Raumordnungspolitik. 2. Aufl. Berlin.

Bundesministerium für Raumordnung, Bauwesen und Städtebau (1996): Raumordnung in Deutschland, Bonn.

Buhl, H. U. (1986): Ein finanzwissenschaftlich-methodischer Diskussionsbeitrag zur Neuordnung des Länderfinanzausgleichs, in: Finanzarchiv N.F. 44, 476–483.

Buhl, H. U./Pfingsten A. (1986): Eigenschaften und Verfahren für einen angemessenen Länderfinanzausgleich in der Bundesrepublik Deutschland, in: Finanzarchiv N.F. 44, 98–109.

Bundesministerium der Finanzen (2002): Der neue bundesstaatliche Finanzausgleich ab 2005, BMF Monatsbericht 2, 99–102.

Bundesministerium der Finanzen (2003): Bund-Länder-Finanzbeziehungen auf der Grundlage der geltenden Finanzverfassungsordnung, 5. Auflage, Berlin.

Bundesministerium der Finanzen (2008): Bund-Länder-Finanzbeziehungen auf der Grundlage der Finanzverfassung, Berlin.

Bundesministerium für Raumordnung, Bauwesen und Städtebau (1996): Raumordnung in Deutschland, Bonn.

Cambel, A.(1989): An Overview of Self-Organization in Social Structures, in: Cambel, A./Fritsch, B. et al. (Hrsg.): Dissipative Strukturen in Integrierten Systemen, Baden-Baden 1989.

Campbell, J. (1974): A Note on Growth Poles, Growth & Change, 5, 2, 43–45.

Chan, R. (2005): Does the natural-resource-based view of the firm apply in an emerging economy? A survey of foreign invested enterprises in China, Journal of Management Studies, 42 (3), 625–672.

Chowdhury, D./Squire, L. (2006): Setting weights for aggregate indices. An application to the commitment to development index and human development index, in: Journal of Development Studies, 42 (2006) 5, S. 761–771.

Christaller, W. (1966): Central Places in Southern Germany, Englewood Cliffs.

Christaller, W. (1993): Die zentralen Orte in Süddeutschland: eine ökonomisch-geographische Untersuchung über die Gesetzmässigkeit der Verbreitung und Entwicklung der Siedlungen mit städtischen Funktionen, Jena.

Cieslik, A. (2005): Location of foreign firms and national border effects: the case of Poland, Tijdschrift voor Economische en Sociale Geografie, 96, 3, 287–297.

Clement, D. (2004): Urban Legends, Region, 18, 3, 10–59.

Collins, L. (1972): Industrial Migration in Ontario, Ottawa.

Combes, P./Overman, H. (2003): The Spatial Distribution of Economic Activities in the EU, Centre for Economic Policy Research CEPR Discussion Paper Series No. 3999, London.

Cooper, L. (1963): Location-Allocation Problems, Operations Research, 11, 331–343.

Coulter, P. (1989): Measuring Inequality, Boulder.

Cyert, R., March, J. (1963): A Behavioural Theory of the Firm, Englewood Cliffs, NJ.

D'Aspremont, C./J. Gabszewicz/J., Thisse, J.F.. (1979): On Hotelling's „Stability in Competition", Econometrica 47, 1145–1150.

Debreu, G. (1984): Economic Theory in the Mathematical Mode, American Economic Review, 74,3, 267–279.

Deutscher Bundestag (2006), Fünfunddreißigster Rahmenplan der Gemeinschaftsaufgabe „Verbesserung der regionalen Wirtschaftsstruktur" für den Zeitraum 2006 bis 2009, 16. Wahlperiode, Drucksache 16/1790, 7.6.2006.

Deutscher Bundestag (2007): Sechsunddreißigster Rahmenplan der Gemeinschaftsaufgabe „Verbesserung der regionalen Wirtschaftsstruktur" für den Zeitraum 2007 bis 2010, 15. Wahlperiode, Drucksache 15/5215, 07. 04. 2005.

Devereux, M./Griffith, R./Simpson H. (1999): The geographic distribution of productive activity in the UK, Institute for Fiscal Studies Working Paper, W99/26, London.

Döring, T. (2001): Institutionenökonomische Fundierung finanzwissenschaftlicher Politikberatung. Grundfragen und Anwendungsfall der Reform des bundesstaatlichen Finanzausgleichssystems in Deutschland, Marburg.

Domar, E. (1946): Capital Expansion, Rate of Growth and Employment, Econometrica 14, 137–147.

Drezner, T./Drezner, Z. (1996): Competitive facilities: market share and location with random utility, Journal of Regional Science, 36, 1–15.

Dybe, G. (2003): Regionaler wirtschaftlicher Wandel, Berlin u.a.

Eckey, H.-F. (2005): Regionale Strukturpolitik, in: Akademie für Raumforschung und Landesplanung (Hg.): Handwörterbuch der Raumordnung, 4. Aufl., Hannover, 933–940.

Eckey, H.-F./Schwengler, B./Türck, M. (2007): Vergleich von deutschen Arbeitsmarktregionen, IAB Discussion Paper 3.

Economides, N. (1984): The principle of minimum differentiation revisited, European Economic Review 24, 345–368.

Ellwein, T./Mittelstraß, J. (Hrsg.) (1996): Regionen, Regionalismus, Regionalentwicklung; Oldenburg.

Enke, S. (1951): On Maximizing Profits: A Distinction between Chamberlin and Robinson, The American Economic Review, 41, 2, 566–578.

Erdmann, G. (1990): Evolutionäre Ökonomik als Theorie ungleichgewichtiger Phasenübergänge, in: Witt, U. (Hrsg.): Studien zur Evolutorischen Ökonomik I, Schriften des Vereins für Socialpolitik, N.F., 195/I, Berlin, 135–161.

Evans, A.W. (1972): The Pure Theory of City Size in an industrial Economy, Urban Studies 9, 1, 49–77.

Ewringmann, D./Freund, U./Hansmeyer, K.-H./Kortenkamp, L./Vorholz, F. (1986): Die Gemein-schaftsaufgabe „Verbesserung der regionalen Wirtschaftsstruktur" unter veränderten Rahmenbedin-gungen, Finanzwissenschaftliche Forschungsarbeiten, N.F., Bd. 55, Berlin.

Färber, G. (2000): Probleme der regionalen Steuerverteilung im bundesstaatlichen Finanzausgleich, Baden-Baden.

Falcioglu, P./Akgüngör, S. (2006): Geographical concentration patterns and innovativeness of Turkish manufacturing industry, Istanbul.

Farmer, K./Wendner, R. (1999): Wachstum und Außenhandel, Eine Einführung in die Gleichgewichts-theorie der Wachstums- und Außenhandelsdynamik, 2. Aufl., Heidelberg.

Fehr, H. (2001): Fiskalische und allokative Konsequenzen des neuen Länderfinanzausgleichs, in: Wirt-schaftsdienst, 81, 573–579.

Felderer, B./Homburg, S. (2005): Makroökonomik und Neue Makroökonomik, 9. Aufl., Heidelberg.

Figueiredo, O./Guimaraes, P./Woodward, D. (2002): Home-field advantage: location decisions of Portugese entrepreneurs, Journal of Urban Economics, 52, 341–361.

Friedman, M. (1966): Essays in Positive Economics, 5. Aufl., Chicago.

Friedrichs, J. (2005): Segregation, räumliche, in: Akademie für Raumforschung und Landesplanung (Hg.): Handwörterbuch der Raumordnung, 4. Aufl., Hannover, 1021–1025.

Fritsch M. (1991): Exportbasistheorie, Wirtschaftswissenschaftliches Studium (WiSt), 20,527–529.

Fromme, J.-K. (2002): Wege zum Abbau der Mischfinanzierung, in: Maizière, T. de et. al., Föderalis-musreform: Die deutsche Finanzordnung auf dem Prüfstand, Konrad-Adenauer-Stiftung, Arbeitspapier Nr. 44, 66–74.

Fuchs, C. (2001): Soziale Selbstorganisation im informationsgesellschaftlichen Kapitalismus, Norder-stedt.

Fuest, W./Lichtblau, K.(1991): Finanzausgleich im vereinten Deutschland, Beiträge zur Wirtschafts-und Sozialpolitik 192, Köln.

Fürst D./Klemmer P./Zimmermann, K. (1976): Regionale Wirtschaftspolitik, Tübingen Düsseldorf.

Fürst, D./Zimmermann, K. (1973): Standortwahl industrieller Unternehmen, Schriftenreihe der Gesell-schaft für Regionale Strukturentwicklung, 1, Bonn.

Gallo, J. Le, Chasco, C. (2008): Spatial analysis of urban growth in Spain, 1900-2001, Empirical Economics, 24, 59–80.

Gawel, E./Störmann, W. (1992): Bundesergänzungszuweisungen (BEZ) und die Neuordnung der Finanzverfassung, in: LIST Forum für Wirtschafts- und Finanzpolitik, 325–338.

Geske O.E. (Bearb.) (1982): Die Finanzbeziehungen zwischen Bund, Ländern und Gemeinden aus finanzverfassungsrechtlicher und finanzwirtschaftlicher Sicht, hrsg. vom Bundesminister der Finanzen, Bonn.

Geske, O.-E. (1998): Eine neue Finanzverfassung zur Wiederherstellung eines strikten Konnexitätsprinzips, in: Wirtschaftsdienst, 78,9, 556–564.

Gold, S. (1991): A new approach to site selection, Distribution, 90, 29–33.

Gottfried, P./Wiegard, W. (1992): Finanzausgleich zum Selberrechnen, in: Wegner, E. (Hrsg.): Probleme der Einheit, Marburg, S.125–210.

Gräber H./Holst M. (1988): Umstrukturierung der regionalen Wirtschaftspolitik im Zuge der Steuerreform 1990, in: Wirtschaftsdienst, 325–332.

Graitson, D. (1982): Spatial Competition a la Hotelling, A selective Survey, The Journal of Industrial Economics, 1/2, 13–25.

Greenhut, M.L. (1956): Plant Location in Theory and Practise, North Carolina.

Groothuis, P./Miller, G. (1994): Locating hazardous waste facilities, American Journal of Economics and Sociology, 53, 335–346.

Grossman, G./Helpman, E. (1990): Comparative Advantage and Long Run Growth, American Economic Review, 80, 796–815.

Grossmann, V./Steger, T. (2007): Growth, Development and Technological Change, IZA Discussion Paper 2558, Januar 2007, Bonn.

Haas, A./Südekum, J. (2005): Spezialisierung und Branchenkonzentration in Deutschland, IAB Kurzbericht,1 (2005), 1–5.

Haitani, K./Marquis, C. (1990): Japanese investment in the Southeast United States: factors, obstacles, and opportunities, Economic Development Review, 8, 42–49.

Hansen, N.M. (1974): Public policy and Regional Economic development, Cambridge, Mass.

Hansen, P./Roberts, F. (1996): An impossibility result in axiomatic location theory, Mathematics of Operations Research, 11, 121–136.

Hansmeyer, K.-H./Fürst, D./Zimmermann, K. (1975): Infrastruktur und unternehmerische Standortentscheidungen, in: Akademie für Raumforschung und Landesplanung: Ausgeglichene Funktionsräume, Forschungs- und Sitzungsberichte, Bd. 94, Hannover, 117–156.

Harrod, R. (1939): An Essay in Dynamic Theory, Economic Journal, 49, 14–33.

Hartmann, M. (2005): Gravitationsmodelle als Verfahren der Standortanalyse im Einzelhandel, Statistik Regional SR-2005-02, Martin-Luther-Universität Halle-Wittenberg.

Heckman, J. (1978): An analysis of the changing location of iron and steel production in the twentieth century, American Economic Review, 68, 123–133.

Heckscher, E., (1919): The Effects of Foreign Trade on the Distribution of Income, in: Ekonomisk Tidskrift, Vol. XXI (1919), 497–512, wieder abgedruckt in englischer Übersetzung in: Ellis, H./Metzler L (Hrsg.) Readings in the Theory of International Trade, 4. Aufl., London 1961, 272–300.

Heine, B./Meyer, M./Strangfeld, O. (2007): Das Konzept der stilisierten Fakten zur Messung und Bewertung wissenschaftlichen Fortschritts, Die Betriebswirtschaft 5, 583–608.

Helmedag, F. (2000): Wie du mir, so ich dir: Preispolitik im räumlichen Dyopol, Jahrbuch für Regionalwissenschaft, 20, 117–131.

Helpman, E./Krugman, P. (1985): Market Structure and Foreign Trade, Cambridge, Mass.

Henrich, K. (2004): Globale Einkommensdisparitäten und -polaritäten, Volkswirtschaftliche Diskussionsbeiträge/Universität Kassel, Fachbereich Wirtschaftswissenschaften; 60, Kassel.

Hirsch, S. (1967), Location of Industry and International Competitiveness, Oxford.

Hirschman, A. (1958): The Strategy of Economic Development, New Haven, Conn.

Hoover, E. (1937): Location Theory and the Shoe and Leather Industries, Cambridge, Mass.

Hoover, E. (1948): The Location of Economic Activity, New York.

Hotelling, H. (1929): Stability in Competition, The Economic Journal, 39, 41–57.

Huber, B. (2002): Finanzkrise der Gemeinden: eine Reform ist überfällig, in: Volkswirtschaftliche Korrespondenz der Adolf-Weber-Stiftung, 41, 7, 1–6.

Hudson, R. (1988): Uneven development in capitalist societies: changing spatial division of labor, forms of spatial organization of production and service provision, and their impacts on localities, Transactions, Institute of British Geographers (New Series), 13, 484–496.

Isard, W. (1956): Location and Space Economy, Cambridge, Mass. u.a.

Jones, C. (1995): R & D based models of economic growth, Journal of Political Economy 103, 759–784.

Kaldor, N. (1970): The Case for Regional Policies, Scottish Journal of Political Economy 17, 337–348.

Karl-Bräuer-Institut des Bundes der Steuerzahler (2001): Abbau von Mischfinanzierungen, Wichtiger Beitrag zu rationaler Finanzpolitik, zu Einsparungen und Entlastungen, Stellungnahme Nr. 28, Wiesbaden.

Kisker, G. (1971): Kooperation im Bundesstaat. Eine Untersuchung zum kooperativen Förderalismus in der Bundesrepublik Deutschland, Tübingen.

Klein, B.H. (1988): Luck, Necessity, and Dynmic Flexibility, in: Hanusch, H. (Hrsg.): Evolutionary Economics, Applications of Schumpeters Ideas, Cambridge u.a., 95–136.

Klein F. (1972): Die Regelung der Gemeinschaftsaufgaben von Bund und Ländern im Grundgesetz, in: Der Staat, Bd. 11, 1972, 289–291.

Kops, M. (1989): Möglichkeiten und Restriktionen einer Berücksichtigung von Sonderbedarfen im Länderfinanzausgleich, Forschungsberichte des Landes Nordrhein-Westfalen 3233, Opladen.

Koschatzky, K. (2001): Räumliche Aspekte im Innovationsprozess, Wirtschaftsgeographie,19, Münster.

Krätke, S. (2007): Europas Stadtsystem zwischen Metropolisierung und Globalisierung. Profile und Entwicklungspfade der Großstadtregionen Europas im Strukturwandel zur wissensintensiven Wirtschaft. Münster, Hamburg, London:

Krieger-Boden, C. (2005): Raumwirtschaftstheorie, in: Akademie für Raumforschung und Landesplanung (Hg.): Handwörterbuch der Raumordnung, 4. Aufl., Hannover, 899–906.

Krugman, P. (1991): Increasing Returns and Economic Geography, Journal of Political Economy, 99, 3, 483–499.

Krugman, P./Obstfeld, M. (1997): International Economics, 4. Aufl., Reading, Mass. u.a.

Kuhn, H. W./Kuenne, R.E. (1962): An Efficient Algorithm for the Numerical Solution of the Generalized Weber Problem in Spatial Economics, Journal of Regional Science,4, 21–33.

Läpple, D. (1991): Essay über den Raum – Für ein gesellschaftswissenschaftliches Raumkonzept, in: Häußermann, H. et al. (hrsg.), Stadt und Raum, Pfaffenweiler, 1–47.

Lendi, M./Elsasser, H. (1985): Raumplanung in der Schweiz, Zürich.

Levy, A./Chowdhury, K. (1995): A Geographical Decomposition of Intercountry Income Inequality, Comparative Economic Studies 37 (1995) 4, 1–17.

Lichtenberg, R.M. (1960): One-Tenth of a Nation, Cambridge, Mass.

Lloyd, P.E./Dicken, P. (1972): Location in Space: a theoretical approach to Economic Geography, New York u.a.

Lösch, A. (1940): Die räumliche Ordnung der Wirtschaft, Jena.

Lösch, A. (1944): Die räumliche Ordnung der Wirtschaft, 2. Aufl., Jena.

Lösch, A. (1954): Die räumliche Ordnung der Wirtschaft, Übersetzung von W.H. Wolgom und W.F. Stolper: The Economics of Location, New Haven.

Lösch, A. (1962): Die räumliche Ordnung der Wirtschaft, 3. unveränderte Aufl., Stuttgart.

Löw, M. (2001): Raumsoziologie, Frankfurt am Main.

Lucas, R. (1988): On the mechanics of economic development, Journal of Monetary Economics 22, 1,3–42.

Luce, T. (1994): Local Taxes, public services, and the intra-metropolitan location of firms and households, Public Finance Quarterly, 22 139–167.

Lüthi, A. (1981), Messung wirtschaftlicher Ungleichheit, Lecture Notes in Economic and Mathematical Systems, Nr. 189, Berlin/Heidelberg/New York.

Ma, A. (2006): Geographical location of foreign direct investment and wage inequality in China, The World Economy, 1031-1055.

Maddison, A. (2001): The World Economy: A Millennial Perspective, Paris.

Maier, G. (2005): Regionalwissenschaft, in: Akademie für Raumforschung und Landesplanung (Hg.): Handwörterbuch der Raumordnung, 4. Aufl., Hannover, 973–980.

Maier, G./Tödtling, F./Trippl, M. (2006): Regional- und Stadtökonomik 2, 3. Aufl., Wien, New York.

Maizière, T. de (2002): Berücksichtigung der Finanzautonomie bei der Gestaltung der Finanzausgleiche, in: Maizière, T. de et. al. (Hrsg.): Föderalismusreform: Die deutsche Finanzordnung auf dem Prüfstand, Konrad-Adenauer-Stiftung, Arbeitspapier Nr. 44, 41–49.

March, J. (1978/1990): Beschränkte Rationalität, Ungewissheit und Technik der Auswahl (1978), wieder abgedruckt in: March, J. (Hrsg.): Entscheidung und Organisation, Wiesbaden 1990, 297–328.

Marcus, M. (2004): What Is the Economic Base of This Place?, Indiana Business Review, Fall 2004, 5–7.

Mason, C. (1987): The small firm sector, in: Lever, E. (Hrsg.): Industrial Change in the United Kingdom, London, 125–148.

Maunz, T. (1977): Gemeinschaftsaufgaben im Bildungsbereich, in: Um Recht und Freiheit, Festschrift für v.d. Heydte, Berlin.

Maunz, T. u.a. (1991): Grundgesetzkommentar, München.

Mazzarol, T./Choo, S. (2003): A study of the factors influencing the operating location decisions of small firms, Property Management, 21, 2, 190–208.

McCann, P. (2001): Urban and Regional Economics, Oxford u.a.

Mc Connell, V./Schwab, R. (1990): The Impact of environmental regulation on industry location decisions, Land Economics, 66, 67–81.

McDonald, J. (2007): William Alonso, Richard Muth, Ressources for the Future, and the Founding of Urban Economics, Journal of the History of Economic Thought, 29,1, 67–84.

Mc Kinnon, A. (1989): Physical Distribution Systems, London.

Midelfart-Knarvik, K./Overman, H. (2002): Delocation and European integration: Is structural spending justified, Economic Policy 35, 323–359.

Mikkelsen, E. (2004): New Economic Geography – an introductory survey, NORUT Samfunnsforskning AS Notat nr 1/2004, Tromso.

Miksch, L. (1951): Zur Theorie des räumlichen Gleichgewichts, Weltwirtschaftliches Archiv, 66, I, 5–50.

Milbradt G., Die neuen Bundesländer zügig in die Finanzverfassung einbeziehen – nicht abkoppeln! Wirtschaftsdienst, 1991, S.61

Minieka, E. (1977): The Centers and Medians of a Graph, Operations Research 25, 641–650.

Minieka, E. (1983): Anticentres and Antimedians of a Network, Networks 13, 359–364.

Molle, W. (1997): The Regional Economic Structure of the European Union: An Analysis of Long Term Developments in: Peschel, K. (Hrsg.): Regional Growth and Regional Policy Within the Framework of European Integration, Heidelberg, 66–86.

Moriaty, B. (1980): Industrial Location and Community Development, Chapel Hill, N.C.

Moses, L. (1958): Location and the Theory of Production, Quarterly Journal of Economics 72, 259–272.

Müller, B. (2005): Raumwissenschaft, in: Akademie für Raumforschung und Landesplanung (Hg.): Handwörterbuch der Raumordnung, 4. Aufl., Hannover, 906–911.

Mueller, E./Morgan, J. (1969): Location Decision of Manufacturers, in: Karaska, G.J./Bramhall, D.F.: Locational Analysis for Manufacturing, Cambridge, 429–442.

Muth, R. (1961a): Economic Change and Rural-Urban Land Conversion, Econometrica, 29,1, 1–29.

Muth, R. (1961b): The Spatial Structure of the Housing Market, Papers and Proceedings, Regional Science Association, 7,1, 207–220.

Myrdal, G. (1957): Economic Theory and Under-Developed Regions, London.

Myrdal, G. (1959): Ökonomische Theorie und unterentwickelte Regionen, Stuttgart.

Neary, P. (2000): Of Hype and Hyperbolas: Introducing the New Economic Geography, University College Dublin and CEPR, April 2000, Dublin.

Neary, P. (2001): Of Hype and Hyperbolas: Introducing the New Economic Geography, Journal of Economic Literature, 39, 2, 536–561.

Nelson, J. (1973): Transportation pricing and costs, in: Fair, M./Nelson, J. (Hrsg.): Criteria for Transport Pricing, Cambridge, Mass.

Nelson, R./Winter, S./Schuette, H. (1976): Technical Change in an Evolutionary Model, Quarterly Journal of Economics, 90, 90–118.

Nelson, R./Winter, S. (1982): An Evolutionary Theory of Economic Change, Cambridge, Mass..

Nijkamp, P., Reggiani, A. (1991): Space-time dynamics, spatial competition and the theory of chaos, Serie Research Memoranda, 1991–94, University Amsterdam.

Nübler, I. (1995): The Human Development Index revisited, in: Intereconomics, 30, 4, 171–176.

Ohlin, B. (1933): Interregional and International Trade, Cambridge

Otremba, E. (1973): Wirtschaftsgeographie und regionale Wirtschaftspolitik. In: Zehn Jahre Österreichische Gesellschaft für Wirtschaftsraumforschung. Wiener Geographische Schriften 40, 13–24.

Palley, T. (2008): Institutionalism and New Trade Theory: Rethinking Comparative Advantage and Trade Policy, Journal of Economic Issues, XLII, 1, 195–208.

Paluzie, E./Ons, J./Tirado, D.A. (2001): Regional integration and specialization patterns in Spain, Regional Studies 35(4), 286–296.

Papageorgiou, G. J. (1983): Models of Agglomeration, Sistemi Urbani 3, 391–410.

Parr, J.B. (1970): Models of City Size in an Urban System, Papers of the Regional Science Association, 25, 221–253.

Pedersen, P.O. (1970): Innovation Diffusion within and between National Urban Systems, Geographical Analysis 2, 203–254.

Peffekoven, R. (1987): Zur Neuordnung des Länderfinanzausgleichs, in: Finanzarchiv N.F. 45, 181–228.

Perloff, H. et al. (Hrsg.) (1960): Regions, Ressources and Economic Growth, Baltimore.

Perroux, F. (1955): Note sur la notion de „pole de croissance", Economie Appliquée, 307–320.

Peters, H. (2005): Gesamt- und regionalwirtschaftliche Beschäftigungswirkungen des öffentlichen Personennahverkehrs am Beispiel des Raums Köln, Theoretische Grundlagen und empirische Abschätzungen, Köln.

Petersen, H.-G./Anton, S./Bork, C. (2001): Mischfinanzierungen im deutschen Länderfinanzausgleich, Aachen 2001.

Pflüger, M. (2007): Die Neue Ökonomische Geographie: Ein Überblick, Universität Passau, Passau.

Pietlock, B. (1992): Developing foreign location factors, Cost Engineering, 34, 7–11.

Portnov, B./Felsenstein, D. (2005) Measures of Regional Inequality for Small Countries, pp. 47–62 in: Felsenstein, D./Portnov B. (Hrsg.): Regional Disparities in Small Countries, Heidelberg..

Postlep, R./Blume, L./Fromm, O. (2001): Regionalpolitik im föderativen Staatsaufbau, Universität Gesamthochschule Kassel, Fachbereich Wirtschaftswissenschaften, Volkswirtschaftliche Diskussionsbeiträge 26, Kassel.

Pred, A. (1967): Behavior and Location, Foundations for a Geographic and Dynamic Location Theory, Part 1, Lund.

Pred, A. (1969): Behavior and Location: Foundations for a Geographic and Dynamic Location Theory. Part 2, Lund.

Pred, A. (1977): City Systems in Advanced Economics, London.

Predöhl, A. (1954): Alfred Weber, The Theory of Location in its Relation to General Economics, in: Newman, P./Gayer, A./Spencer, M. (Hrsg.): Source Readings in Economic Thought, New York, 331–336.

Reichel, R. (1991): Der „Human Development Index" ein sinnvoller Entwicklungsindikator?, in: Zeitschrift für Wirtschaftspolitik, 40, 1, 57–67.

Renzsch, W. (1999): „Finanzreform 2005" – Möglichkeiten und Grenzen, in: Wirtschaftsdienst 79,3, 156–163.

Rex, T. (1993): Quality of life is important factor in site selection, Arizona Business, 40, 1–3.

Ricardo, D. (1817): The Principles of Political Economy and Taxation, Nachdruck Dover 2004.

Richardson, H.W. (1972): Optimality in City Size, Systems of Cities and Urban Policy: A Sceptics View, Urban Studies 9, 29–48.

Richardson, H.W. (1973): The Economics of Urban Size, Dordrecht.

Richardson, H.W. (1979): Regional Economics, Urbana, Chicago, London.

Richter, D. (1991): Geographie 1, Wolfenbüttel.

Röpke, J. (1980): Zur Stabilität und Evolution marktwirtschaftlicher Systeme aus klassischer Sicht, in: Streißler, E./Watrin, C. (Hrsg.): Zur Theorie marktwirtschaftlicher Ordnungen, Tübingen, 124–154.

Romer, P. (1990): Endogenous technological change, Journal of Political Economy 98,5,71–102.

Rosenfeld, M.T.W. (2002): Bundesstaatliche Mischfinanzierung und Gemeindefinanzen in der Reform, in: Finanzpolitik in der Informationsgesellschaft, 117–128.

Ruffin, R. (2002): David Ricardo's Discovery of Comparative Advantage, History of Political Economy, 34, 4, 727–748.

Ruhwedel, R. (2001): Produktvielfalt und Wirtschaftswachstum: Eine theoretische und empirische Analyse für die OECD-Länder, Diss., Hamburg.

Rybczynski, T. (1955): Factor Endowments and the Relative Commodity Prices, Economica 22, 336–341.

Samuelson; P.A. (1952): Spatial Price Equilibrium and Linear Programming, American Economic Review, 42, 283–303.

Schätzl, L. (2000): Wirtschaftsgeographie 2, 3. Aufl., Paderborn u.a.

Schätzl, L. (2001): Wirtschaftsgeographie 1, 8. Aufl., Paderborn u.a.

Schätzl, L. (2003): Wirtschaftsgeographie 1, Theorie, 9. Aufl., Paderborn u.a.

Schalk, H.J. (1988): Regionalförderung und private Investitionstätigkeit, Wirtschaftsdienst, 579–586.

Scharpf, F.W./Reissert, B./Schnabel, F. (1976): Theorie und Empirie des kooperativen Föderalismus in der Bundesrepublik, Kronberg/Ts.

Schmenner, R. (1982): Making business location decisions, Englewood Cliffs, N.J.

Schumpeter, J. (1911): Theorie der wirtschaftlichen Entwicklung, Berlin, 8. Aufl. 1993.

Schumpeter, J. (1952): Theorie der wirtschaftlichen Entwicklung, 5. Aufl., Berlin.

Schumpeter, J. (1955): Kapitalismus, Sozialismus und Demokratie, 2. Aufl., München.

Seifert, V. (1986): Regionalplanung. Braunschweig.

Siebert, H. (2006): Locational competition: a neglected paradigm in the international division of labor, The World Economy, 29,2, 137–159.

Siebert, H./Lorz, O. (2006): Außenwirtschaft, 7. Aufl., Stuttgart.

Simon, H. (1955): A Behavioural Model of Rational Choice, Quarterly Journal of Economics, 69, 99–118.

Simons, R. (1992): Site attributes in retail leasing: an analysis of a fast-food restaurant market, The Appraisal Journal, 60, 521–531.

Sinz, M. (2005a): Raumordnung/Raumordnungspolitik, in: Akademie für Raumforschung und Landesplanung (Hg.): Handwörterbuch der Raumordnung, 4. Aufl., Hannover, 863–872.

Sinz, M. (2005b): Region, in: Akademie für Raumforschung und Landesplanung (Hg.): Handwörterbuch der Raumordnung, 4. Aufl., Hannover, 919–923.

Smekal, C. (1977): Operationalisierung eines intragovernmentalen Transferbegriffs für den Finanzausgleich und Quantifizierung alternativer Nettotransfersalden, in: Matzner, E. (Hrgs.): Öffentliche Aufgaben und Finanzausgleich, Wien, 410–438.

Smekal, C. (1980): Transfers zwischen Gebietskörperschaften – Ziele und Ausgleichsprobleme, in: Pohmer, D. (Hrsg.): Probleme des Finanzausgleichs II, Schriften des Vereins für Socialpolitik, N.F. 96/II, Berlin, 151–220.

Soell, H. (1972): Sind Gemeinschaftsaufgaben nach Art. 91a GG ein geeignetes Instrument zur Weiterentwicklung des föderativen Systems? In: Schnur, R. (Hrsg.): Festschrift für Ernst Forsthoff zum 70. Geburtstag, München.

Solidarpaktfortführungsgesetz – SFG (2001): Gesetz zur Fortführung des Solidarpaktes, zur Neuordnung des bundesstaatlichen Finanzausgleichs und zur Abwicklung des Fonds „Deutsche Einheit" vom 20. Dezember 2001, Bundesgesetzblatt Jahrgang 2001, Teil I, G5702, Nr. 74, ausgegeben am zu Bonn am 27. Dezember 2001, 3955–3963.

Solow, R. (1956): A Contribution to the Theory of Economic Growth, The Quarterly Journal of Economics, 70, 1, 65–94.

Spehl, H. (1983): Regionalpolitik in der Bundesrepublik Deutschland, DISP 74, 19–29.

Stadler, M. (1995): Geographical Transaction Costs and Regional Quality Ladders. Journal of Institutional and Theoretical Economics, 151, 490–504.

Stehn, J. (2002): Leitlinien einer ökonomischen Verfassung für Europa, Die Weltwirtschaft,3, 300–315.

Steiner, M. (1990): Regionale Ungleichheit, Wien u.a.

Sternberg, R. (2001): New Economic Geography und Neue regionale Wachstumstheorie aus wirtschaftsgeographischer Sicht, Zeitschrift für Wirtschaftsgeographie, Jg. 45, Heft 3/4, 159–180.

Stevens, B.H. (1985): Location of Economic Activities: The JRS Contribution to the Research Literature, Journal of Regional Science, 25, 4, 663–685.

Störmann, W./Ewringmann, D. (1992): Raumordnerische Aspekte einer Umstrukturierung der Finanzverfassung. Gutachten für das Bundesministerium für Raumordnung, Bauwesen und Städtebau, Bonn.

Störmann, W. (1993): Agglomeration aus Sicht der evolutorischen Ökonomik, Berlin.

Störmann, W./Hansmeyer, K.-H. (1993): Zur Konzeption eines kommunalen Finanzausgleichs im neu zu schaffenden Bundesland Berlin-Brandenburg, Köln.

Störmann, W. Ziegler, A. (1997): Wirtschaftliche Förderung in den neuen Bundesländern, WSI Diskussionspapier 38, Wirtschafts- und Sozialwissenschaftliches Institut (WSI) in der Hans-Böckler-Stiftung, Düsseldorf.

Störmann, W./Ziegler, A. (1997): Die wirtschaftliche Förderung in den neuen Bundesländern nach 1998, Wirtschaftsdienst, 513–519.

Störmann, W. (2004): Föderale Finanzbeziehungen ab 2005 und Länderfusion – Ein Beispiel, List Forum, 30,3, 271–289.

Swan, W. (1956): Economic Growth and Capital Accumulation, Economic Record, 32, 334–361.

Taube, R. (1990): Ein Vorschlag zur Reform des Länderfinanzausgleichs, in: Wirtschaftsdienst 70, 372–380.

The Quarterly Journal of Economics, 80 (1966) 2, 190–207.

Thisse, J. F. (1987): Location Theory, Regional Science and Economics, Journal of Regional Science, 27, 519–528.

Thisse, J.F./Botton, J./Nijkamp, P. (Hrsg.) (1996): Location Theory (Modern Classics in Regional Science, Vol 1), Williston,VT.

Thöne, M. (2000): Ein Selbstbehalt im Länderfinanzausgleich?, Finanzwissenschaftliche Diskussionsbeiträge 00–1, Köln.

Thöne, M./Jacobs, C. (2001): Länderfinanzausgleich in Deutschland – Analyse und umsetzungsorientierte Reformmodelle, Finanzwissenschaftliche Forschungsarbeiten N.F. Bd. 71, Berlin.

Thünen, J. v. (1826): Der isolierte Staat in Beziehung auf Landwirtschaft und Nationalökonomie, oder Untersuchungen über den Einfluß, den die Getreidepreise, der Reichthum des Bodens und die Abgaben auf den Ackerbau ausüben, Hamburg.

Tinbergen, J. (1961): The Spatial Dispersion of Production, Schweizerische Zeitschrift für Volkswirtschaft und Statistik, 97, 412–419.

Tosh, D./Festervand, T./Lumpkin, J. (1988): Industrial site selection criteria: are economic developers, manufacturers and industrial real estate brokers operating on the same wave length, Economic Development Review, 6, 62–67.

Turwoski, G. (2005): Raumplanung (Gesamtplanung), in: Akademie für Raumforschung und Landesplanung (Hg.): Handwörterbuch der Raumordnung, 4. Aufl., Hannover, 893–898.

UNDP United Nations Development Programme (Hrsg.) (1990): Human Development Report 1990. Concept and Measurement of Human Development, New York.

UNDP United Nations Development Programme (Hrsg.) (1999): Human Development Report 1999, Globalization with a Human Face, New York.

UNDP United Nations Development Programme (Hrsg.) (2007): Human Development Report 2007/2008. Fighting climate change: Human solidarity in a divided world, New York.

Vernon, R. (1960): Metropolis 1985 – New York Metropolitan Region Study, Cambridge, Mass.

Vernon, R. (1966), International Investment and international Trade in the Product Cycle, Quarterly Journal of Economics, 80, 190–207.

Voss, F. (1986): Der Finanzausgleich im Bundesstaat, in: Betriebs-Berater 41, 1581–1587.

Weber, A. (1909): Über den Standort der Industrien, Erster Teil: Reine Theorie des Standortes, Tübingen.

Weber, A. (1922): Über den Standort der Industrien, Zweiter Teil: Der deutsche Industriekörper seit 1860, Tübingen.

Weber, A. (1923): Industrielle Standortslehre, in: Grundriss der Sozialökonomik, VI. Abteilung, Industrie, Bauwesen, Bergwesen, Tübingen, 58–86.

Weber, A. (1929): Theory of the Location of Industries, Chicago.

Weidlich, W./Haag, G. (Hrsg.)(1988): Interregional Migration. Dynamic Theory and Comparative Analysis, Berlin u.a.

Wheeler, D./Moody, A. (1992): International investment location decisions: the case of U.S. firms, Journal of international Economics, 33, 57–76.

Winter, S.G. (1987): Natural Selection and Evolution, in: Eatwell, J./Milgate, M./Newman, P.: The New Palgrave, A Dictionary of Economics, London, 614–617.

Wissenschaftsrat (2000): Stellungnahmen zu den Instituten der Blauen Liste. Raumwissenschaftliche Institute der Blauen Liste, Bd. VIII, Köln.

Witt, U. (1987): Individualistische Grundlagen der evolutorischen Ökonomik, Tübingen.

Wolf, N. (2004): Endowments, Market Potential, and Industrial Location: Evidence from Interwar Poland (1918–1939), London.

Wolf, K. (2005): Stadt, in: Akademie für Raumforschung und Landesplanung (Hg.): Handwörterbuch der Raumordnung, 4. Aufl., Hannover, 1048–1054.

Woll, A. (1996): Allgemeine Volkswirtschaftslehre, 12. Aufl., München.

Wollnik, T. (1997): Demokratisierung und Wirtschaftslage, Empirische Untersuchungen am Beispiel dreier afrikanischer Länder –, MATERIALIEN UND KLEINE SCHRIFTEN 164, Institut für Entwicklungsforschung und Entwicklungspolitik der Ruhr-Universität Bochum, Bochum.

Wuketits, F. (1987): Evolution, Causality, and Human Freedom, in: Schmid, M./Wuketits, F.: Evolutionary Theory in Social Sciences, Dordrecht, 49–77.

Young, G. (1994): International competitiveness, international taxation and domestic investment, National Institute Economic Review, 148, 44–48.

Zehner, K. (2001): Stadtgeographie. Straßfurt.

Zeitel, N. (1998): Europäische Regionalpolitik im Spannungsfeld zwischen ökonomischer Zielsetzung und Interessenausgleich, Europäische Hochschulschriften, Reihe 31, Politikwissenschaft, Bd. 354, Frankfurt/M. u.a.

Zimmermann, M. (2002): Standortplanung für Dienstleistungsunternehmen, Wiesbaden.

Zipf, G. (1949): Human behavior and the principle of least effort, Cambridge.

Stichwortverzeichnis

Agglomeration 6, 30
Agglomerationsnachteile 8
Alonso 73, 74, 77, 79, 80, 81
Alphabetisierungsrate 23, 24
Als-ob-Hypothese 45
Arbeitseffizienzeinheiten 156, 158
Ausgleichsmesszahl 218, 219, 221
Ausgleichsziel 195, 197, 211, 214, 224
Außenhandelstheorie 2, 107, 112, 119, 124,
   125, 133, 137, 138, 172
Basis-Sektor 125
Bid rent 68, 69, 70, 75, 76, 77, 78
Bifurkation 182
Bildungsindex 23, 24
BIP-Index 24
Bodenpreise 42, 61, 77
Bundesergänzungszuweisungen 209, 215, 221,
   222, 223, 225
Christaller 52, 87, 88, 92, 93, 94, 95
Cluster 8, 20, 21, 22
Clusterbildung 139, 194
Diffusion 7
Divergenz ... 144, 145, 146, 147, 172, 173, 179
Duopol 66, 83
EAGFL 197, 199, 201
EFRE 196, 197, 200, 201, 202, 203
Einkommen 2, 6, 13, 14, 16, 18, 19, 23, 24, 28,
   29
Einkommenseffekt 161, 163
Einschulungsquote 23, 24
Entwicklung 1, 2, 9, 11, 12, 13, 14, 20, 21, 22,
   23, 24, 25, 26, 28, 29, 30
ESF 197, 199, 200, 201, 202, 211
Europäische territoriale Zusammenarbeit .. 201,
   202, 203, 211
Evolution 181, 182, 184, 185

Exportbasistheorie 125, 126, 128, 186, 188
Faktorausstattungen 113
Faktorbewegungen 120
Faktorpreisausgleich 114, 118
Faktorwanderung 123, 124, 170, 173, 178
FIAF 198, 199, 201
Finanzausgleich. 2, 5, 195, 204, 215, 216, 218,
   221, 222, 223, 224, 225
Fluktuation 182
fundamentalpsychologisches Gesetz 125
Gastil Index 101
Gemeinschaftsaufgabe 127, 208, 209, 210,
   212, 213, 214, 226
Gini Koeffizient 18, 19, 21
Gravitationsmodelle 49, 51
Heckscher-Ohlin -Theorem 114
Hierarchiestufe 91, 93, 94
Hinterland 87, 91, 102, 103, 105
Hoover Koeffizient 18
Hotelling 42, 45, 52, 66, 81, 82, 86, 87, 88
Human Development Index 14, 20, 22, 23, 25,
   28, 30
Imitation 180, 185
Inada-Bedingungen 148, 149
Innovation 186
Input-Output-Analyse 125, 128, 132
interventionistische Regionalpolitik 195
Investitionszulagen 205
Investitionszuschüsse 205
Kapazitätseffekt 162, 163
Kapitalintensität 121, 122, 123, 149, 150, 151,
   153, 154, 156, 157, 158, 166, 167
Kaufkraftparitäten 19, 22, 23, 28
Konvergenz 114, 120, 124, 138, 144, 146, 151,
   152, 173, 179, 201, 202, 211
Konvergenzziel 202, 203, 211

Konzentration 9, 14, 34, 35, 36, 37
Kostenfaktoren 39, 54
Kostenvorteile 107, 125, 133, 137, 168, 192
Krugman Index 14
Krugman-Spezialisierungsindex 33, 35
Lagerente 68, 70
Länderfinanzausgleich 209, 215, 217, 218, 220, 222
Lebenserwartungsindex 23, 24
Leontief-Produktionsfunktion 165
Lokalisationsvorteile 41, 46, 47, 54, 61, 96
Lokalisierungskoeffizient 14
Lösch 42, 52, 86, 87, 88, 89, 90, 91, 92, 94, 95, 96
Marktnetz 95
Migration 47, 122, 123, 124, 145, 146
Mischfinanzierungsinstrumente . 206, 213, 224
Mulitplikator 126, 162
Multiplikatorprozess 125, 126
Nachfrageeffekt 144, 146
Nachfragefaktoren 39, 40, 41, 43
Neue Ökonomische Geographie 133, 138, 139, 147, 172, 173, 194
Neuerungen 182, 186
Nicht-Basis-Sektor 125
Peripherie 98, 102, 105
persönliche Entscheidungskriterien 39, 44, 47, 48
Pfadabhängigkeit 180, 182, 194
Politik der Regionen 195
Politik für die Regionen 195
Potentialmodelle 49, 51
Preistheorie 82, 86
Ranggrößenregel 97
Raumkonzepte 9
Raumordnung 11, 12
Raumordnungspolitik 11, 12
Raumplanung 12
Raumwirtschaftstheorie 1, 2, 3, 4, 9
Region . 1, 3, 4, 5, 8, 10, 13, 14, 19, 30, 31, 32, 33, 34, 35
Regionale Wettbewerbsfähigkeit und Beschäftigung 201, 202, 203, 211
Regionalökonomik 3, 9
Regionalpolitik 1, 2, 4, 11, 12

Rückkopplungseffekte 139
Rybczynski-Theorem 115
Satisfizierung 186
Satisfizierungsprinzip 45, 46, 184, 185
Segregation 6, 75, 76
selbstverstärkender Prozess 170
Skaleneffekte 133, 136, 137
Skalenerträge 113, 114, 124, 133, 136, 138, 140, 148, 169, 171, 173, 176, 192
Solidarpaktfortführungsgesetz .. 215, 216, 223, 224
Sparquote ... 150, 153, 154, 155, 157, 158, 160, 161, 164, 166, 167
Spezialisierung . 7, 9, 14, 30, 33, 34, 35, 36, 37
Spezialisierungskoeffizient 14
Spillover 172, 177
Stadt 1, 3, 5, 7, 8, 9, 10
Stadtgrößenverteilung 87, 90, 97
Standortquotient 14, 31, 32, 33, 128
Standortwahl 39, 40, 43, 44, 45, 46, 52, 53, 54, 61, 65, 66, 67, 70, 82
Steuerverteilung 209, 215
Stolper-Samuelson-Theorem 115
Strukturfonds 196, 197, 198, 199, 200, 201, 203, 204, 212
Strukturpolitik 2, 11, 12
Technischer Fortschritt 172
Theil Index 13, 18, 19, 20
Thünen 52, 67, 68, 69, 70, 73, 77, 79
Tomahawk-Diagramm 146
Transportkostenminimum 57, 59
Überfüllungseffekte 8
Umsatzsteuervorwegausgleich... 209, 215, 217
Ungleichheit 6, 17, 18, 19, 20, 21
Urban Primacy 98
Urbanisierungsvorteile 43, 47, 48, 95, 96, 99
Verhulst-Gleichung 188
Volterra-Gleichung 188
Wachstumsgleichgewicht .. 151, 157, 158, 160, 163, 172, 176
Wachstumspoltheorie . 139, 147, 167, 168, 172
Wachstumstheorie . 2, 147, 148, 160, 172, 173, 180, 182, 185, 194
Wanderung 47, 103

Weber.....42, 45, 52, 53, 54, 55, 56, 57, 58, 59,
    60, 61, 64, 65, 66
Wettbewerbseffekt 144, 145
Wohlfahrtsgewinne 112, 113

Wohlstandsindikator 16
Zentralität 5, 8
Zipf's Law 97

Verliert der Staat an Bedeutung?

Arthur Benz
Der moderne Staat
Grundlagen der politologischen Analyse
2., überarbeitete und erweiterte Auflage 2008
385 S. | gebunden
€ 27,80 | ISBN 978-3-486-58749-4

Verliert der Staat an Bedeutung? Sind die Globalisierung der Ökonomie, die Internationalisierung bzw. Europäisierung der Politik, die Überlastung wohlfahrtsstaatlicher Verteilungspolitik, die Grenzen hoheitlich-hierarchischer Steuerung in der funktional differenzierten Gesellschaft sowie die Diskrepanz zwischen dem Legitimationsbedarf und den Leistungen des demokratischen Staates dafür verantwortlich? Hat der Staat an innerer Souveränität gegenüber der eigenen Wirtschaft wie an äußerer Souveränität durch Einbindung in internationale Organisationen verloren? Kann man gar von einem Niedergang des Staates sprechen?

Dieses Buch stellt aus dem Blickwinkel des akteurszentrierten Institutionalismus ein analytisches Instrumentarium für Politikwissenschaftler bereit, die sich mit dem Staat befassen wollen. Eine solche Herangehensweise hat den Vorteil, dass sie der empirischen Forschung nur wenige theoretische Prämissen voranstellt. Aber auch andere Staatstheorien werden berücksichtigt.

Prof. Dr. Arthur Benz lehrt Politikwissenschaft an der FernUniversität in Hagen.

150 Jahre
Wissen für die Zukunft
Oldenbourg Verlag

Bestellen Sie in Ihrer Fachbuchhandlung oder direkt bei uns: Tel: 089/45051-248, Fax: 089/45051-333
verkauf@oldenbourg.de

Oldenbourg

Verstehen Sie Europa!

Ingeborg Tömmel
Das politische System der EU
3., vollst. überarb. und akt. Aufl. 2008. XVIII, 307 S., Br.
€ 29,80
ISBN 978-3-486-58547-6
Lehr- und Handbücher der Politikwissenschaft

Wo andere Werke entweder Wald oder Bäume darstellen, liefert dieser Band eine Gesamtsicht. Er vermittelt eine umfassende und klar strukturierte Darstellung des politischen Systems der EU. Dessen Genese, Struktur und Funktionsweise werden behandelt. Darüber hinaus thematisiert die Autorin die EU-Erweiterung und aktuelle Probleme der Union.
Für die zweite Auflage wurde der Text komplett aktualisiert; insbesondere die Regelungen des Verfassungsvertrags wurden in die entsprechenden Kapitel eingearbeitet. Bei der Darstellung des EU-Systems stehen durchgängig die Interaktionsbeziehungen zwischen allen beteiligten Institutionen und Akteuren im Vordergrund. Den Abschluss des Buches bildet eine theoretische Betrachtung des EU-Systems.

Die EU kurz und prägnant erklärt – ein Buch für alle, die Europa verstehen wollen.

Der Band richtet sich an Studierende der Politikwissenschaft in allen Studienphasen. Er bietet Einsteigern wie Fortgeschrittenen gleichermaßen Informationen und Denkanreize.

Univ.-Prof. Dr. Ingeborg Tömmel lehrt Internationale Politik an der Universität Osnabrück.

Oldenbourg

www.ingramcontent.com/pod-product-compliance
Lightning Source LLC
Chambersburg PA
CBHW080131270326
41926CB00021B/4440